刘自稳 主编

中国古代法律文献研究

中国政法大学法律古籍整理研究所 编

第十七辑

中西书局

本书系国家社会科学基金中国历史研究院重大历史问题研究专项"中国古代地方治理的理论与实践及借鉴"（项目号：LSYZD21006）阶段性成果

目　录

中国古代地方治理

法律文献与法制史研究

中国古代地方治理

《中国古代法律文献研究》第十七辑

2023 年，第 003~014 页

五一简所反映的水上治安[*]

李均明^{**}

摘　要：五一简中可见许多与水上活动相关的资料，涉及治安管理，主要反映湘江长沙段的情况，但也涉及整个流域和其他水系。水上活动如人员与物资运输、放流竹木排、货物买卖呈现繁忙景象。为了维系正常的水上秩序，当局设置了严格的例行检查措施并认真实施。对发生的案件，逐一侦调处理以维护一方平安。

关键词：五一简　水路　治安

长沙五一广场东汉简牍中多数为与临湘县贼曹有关的往来文书，多涉及治安事务，已引起人们的充分重视。但对水上治安的内容，未有专门的讨论，本文试为拾遗补缺，以期抛砖引玉。

一、水　上　活　动

五一简中可见许多与水上活动相关的资料，涉及治安管理，弥足珍贵。简文主要反映湘江长沙段（包括支流）的情况，但也涉及整个流域和

　＊　本文为"古文字与中华文明传承发展工程"规划项目"五一广场简牍整理与研究"（项目号 G2433）的阶段性成果。

＊＊　清华大学出土文献研究与保护中心、"古文字与中华文明传承发展工程"协同攻关创新平台教授。

其他水系。湘江古称湘水，是湖南省最大的河流，贯穿省境南北。《水经注·湘水》云："湘、漓同源，分为二水。南为漓水，北则湘川，东北流。罗君章《湘中记》曰：湘水之出于阳朔，则觞为之舟；至洞庭，日月若出入于其中也。"① 由于灵渠的修建，使之成为当时两湖与两广的重要交通运输线路。而流经古临湘的湘水段相对顺直，又有许多支流，故水上活动相对频繁，主要如：

人员与物资运输

《五一简（壹）》383："干之县下为南郡不处姓名男子债，刺船到樊。"② 干，人名。县，当指临湘县。南郡为不知姓名男子的居住地，债，指催债或收债。刺船，撑船。《史记·陈丞相世家》："平恐，乃解衣裸而佐刺船。"③ 樊，《后汉书·郡国志》所见为"任成国"属县，④ 位于今山东西南部济宁市东。从临湘至樊距离遥远，行船要经过湘水、江水、淮水、泗水。当然"樊"或另有所指。《五一简（壹）》977："熹、闵、游、□子男元等俱乘文船，九月四日发便，其月十六日"⑤ 熹、闵、游、元、文皆人名，文为船主。便，《后汉书·郡国志》所见为"桂阳郡"属县，⑥ 位于今湖南省郴州市北之永兴，行船要经过湘水及其支流耒水。《五一简（贰）》692："江陵世，会稽纲，下坏徐、建、申，交址孟、信、都，不处年中各来客。福，吏次今年四月六日兼庚亭长。伯卖篷。孟、债为桂阳送谷。船师张建、福辟车卒月直"⑦ 江陵，南郡县名。会稽、交址，郡名。下坏，下邳国。世、纲、徐、建、申、孟、信、都，皆为人名。以

---

① 陈桥驿译注、王东补注：《水经注》，中华书局，2009，第314、315页。
② 长沙市文物考古研究所、清华大学出土文献研究与保护中心、中国文化遗产研究院、湖南大学岳麓书院：《长沙五一广场东汉简牍（壹）》，中西书局，2018，本文简称《五一简（壹）》。
③ 《史记》卷五六《陈丞相世家》中华书局，1959，第2053页。
④ 《后汉书》卷一一一《郡国志》，中华书局，1965，第3452页。
⑤ 长沙市文物考古研究所、清华大学出土文献研究与保护中心、中国文化遗产研究院、湖南大学岳麓书院：《长沙五一广场东汉简牍（叁）》，中西书局，2019，本文简称《五一简（叁）》。
⑥ 《后汉书》卷一一二《郡国志》，第3483页。
⑦ 长沙市文物考古研究所、清华大学出土文献研究与保护中心、中国文化遗产研究院、湖南大学岳麓书院：《长沙五一广场东汉简牍（贰）》，中西书局，2018，本文简称《五一简（贰）》。

上外郡县诸人来客临湘，即使不是全程，也有部分路段是乘船而来。船师张建、福则为专职驾船人，尚需雇佣车辆运输，呈现了水陆联运模式。《五一简（贰）》510："送吏刺船上下者，尽力实核，有异 复 ……叩头死罪死罪，敢言之。"上下，指往来。所送之吏当为执行公务的官吏，非私人出行。表明乘船走水路亦为公务出行的重要形式。由于人员来往频繁，许多信息也随着水路传递。如《五一简（肆）》1490："衡屋邸，兰不肯。今月十五日，晓复诣县自言。成主人区仲阳从成，假致持书一封，于庚亭渚下求湘乡船寄书与晓母妾。其日餔时，成令致持刺及书于渚"① 简文后半段叙述一位名叫"成"的人，让另一位叫"致"的人带着"晓"的名片和给他母亲叫"妾"的私信，在庚亭边的沙滩上等着前往湘乡的船，托人将信件带回去。湘乡，零陵郡县名，见《后汉书·郡国志》。② 由于水运发达，必然涉及造船、驾船及船只买卖等，以致有的行政区划便以"船丘"命名，见《五一简（壹）》382。亦见以撑船为业者，如《五一简（捌）》3186："……月竟去。复债，为贾客不审郡县男子陈仲刺船"③ 指某人给商人陈仲撑船，或为偿债而为。船只买卖也时行，如《五一简选释》例65："未敢擅付。又次妻孝自言，皮买船，直未毕……"④ 以上种种，足以说明水上交通之频繁。

放流竹木排

《五一简（贰）》681："枚，下到其亭渚，得。兼尉曹史周香赍府胡卒史橄召庞置材亭渚，之澄阳乡诣卒史。卒史以材留迟，敕巫发民下材。月十九日还，廿日将民下材。其日日入时"渚，沙洲（或包括岸边沙滩）。

---

① 长沙市文物考古研究所、清华大学出土文献研究与保护中心、中国文化遗产研究院、湖南大学岳麓书院：《长沙五一广场东汉简牍（肆）》，中西书局，2019，本文简称《五一简（肆）》。

② 《后汉书》卷一一二《郡国志》，第3483页。

③ 长沙市文物考古研究所、清华大学出土文献研究与保护中心、中国文化遗产研究院、湖南大学岳麓书院：《长沙五一广场东汉简牍（捌）》，中西书局，待刊，本文简称《五一简（捌）》。

④ 长沙市文物考古研究所、清华大学出土文献研究与保护中心、中国文化遗产研究院、湖南大学岳麓书院：《长沙五一广场东汉简牍选释》，中西书局，2015，本文简称《五一简选释》。

《说文》："《尔雅》曰：小州曰渚。"①顺流行水通常称为下，反之则为上。"下到其亭渚"指竹或木排顺流抵达所在亭附近的沙洲。简文所示，放流竹木排事宜由临湘县兼尉曹史周香经办，姓胡的郡府卒史督办。先暂时放置在某亭沙洲。经周香亲自前往卒史所在地请示，卒史认为放流过程已迟到，指令组织民工继续放流。所以周香返回该亭的第二天即率领民工实施。

货物买卖

由于水路便于载运较多物资，故简文亦多见在水路上的交易。如《五一简（壹）》91："郭亭部市不处姓名男子鲜鱼以作炙。今年正月不处日，持随溇溪水上，解止徐舍，卖，得米卅四斛。三月不处日，持米下于横溪，糴尽，余米五十斛在徐舍。冯立"简文未展现全部买卖过程，但知物资沿水路运输，交易在水边进行。某人在郭亭部买到鲜鱼加工成品后，曾沿溇溪水逆流而上，暂住在姓徐的人家，卖掉加工好的鱼，换得米四十四斛。两个月后，又载米顺流而下，到横溪卖掉全部的米，但有没有运来的五十斛还留在徐家。简文所述，其实是时隔两个月的两个交易过程，但都沿水路进行。《五一简（肆）》1505："成，南阳宛。次，陈留扶沟。此，武陵零阳。次、成遭其县米谷贵。成、次今年六月不处日，此七月廿五日，各起家。次、成逐贼。此与男子陈伯、潭成俱持麻八千斤之临湘，船泊麓"简文末段所见与水路交易直接相关，名此的人和男子陈伯、潭成一起运了八千斤麻到临湘。"麓"后或为"山"字，船泊之麓山当在今湘江长沙段之西岸（河西才有山）。一次运来八千斤物资，不仅说明交易量之大，载货之船也不小了。水网地区，渔产丰富，故有人以买卖鱼产品为业，如前《五一简（壹）》91所见，又《五一简（壹）》137："□武陵酉阳。起江夏安陆都乡平里，父母前皆物故。斋与妻起勋□宛等俱居其县都亭部，与□人（？）等相比近，各以贩鱼鲚行"，上述诸人落脚临湘后亦当重操旧业，以贩鱼为生。故五一简屡见鱼产品的交易记录。

鉴于上述频繁的水上活动，为保障其有序进行，强化治安的措施必然提上议事日程，以杜绝或减少非法行为的发生。

---

① （汉）许慎撰、（清）段玉裁注：《说文解字注》，上海古籍出版社，1981，第540页。

二、例 行 检 查

五一简所见，当局对水上交通实行严格的管理，过往船只都要登记在册，称"船剌"，登录内容包括搭载人员情况及运送物资的品种、数量等，今见如：

零陵湘乡南阳乡新亭里男子伍次，年卅一，长七尺，黑色，持橹船一楼、绢三束、矛一只☑ 　《五一简（贰）》709

☑同里男子胡佐，年卅一，长七尺，黑，持绢一束、矛一，字伯成 　《五一简（贰）》711

☑同里男子张得，年卅六，长七尺，黑……☑ 　《五一简（贰）》713

同里男子陈孟，年卅，长☑☑ 　《五一简（贰）》714

☑☑里男子师文，年卅五，长七尺，黑色，持絮三百斤、矛☑ 　《五一简（贰）》715

同里男子师陵，年廿，长七尺，白色，持絮一百斤，刀、矛☑ 　《五一简（贰）》716

同里男子彭宗，年廿五，长七尺☑☑ 　《五一简（贰）》717

货主零陵湘乡宜贵里男子陈迫，年廿四，长七尺，黑色，持☑☑☑ 　《五一简（叁）》838

货主汝南吴市里男子王奉，年卅三，长七尺，赤色，持缲一☑☑ 　《五一简（贰）》712

货主颍川昆阳都乡仓里男子陈次，年廿五，长七尺，白色……☑ 　《五一简（贰）》740

货主颍川舞阳都乡☑☑ 　《五一简（贰）》761

☑持絮二百斤、缲☑☑ 　《五一简（叁）》803

☑☑☑关（？）矛一只，字 伯 陵 。 　《五一简（叁）》842

☑麗刀各一，字次仲。 　《五一简（叁）》843

以上为"船剌"册，书于竹简，属正件或抄件（即使是抄件，也能反映"船刺"本文面貌）。完整的简当署写居住地（郡、县、乡、里，与船主同居住地者则仅署"同里"）、姓名、年龄、身高、肤色、所携带物品、字号等。据简文所见"持槽船一艘"，《五一简（贰）》709所记乃船主：居住地为零陵郡湘乡县（皆见于《后汉书·郡国志》）南阳乡新亭里，姓名伍次，年龄三十一，身高七尺，肤色偏黑，携带物品有槽船一艘（腹）、绢三束、矛一柄。同船的乘客凡与船主居住地相同的，仅书"同里"。居住地不同的则郡、县、乡、里全署（包括不同里），如《五一简（贰）》838以下诸简。册书所见身高皆"七尺"，当为目视之成年人标准，非实测；肤色之分辨甚细，含黑、白、赤诸色。所携带物资品种较多，其中多见丝絮及纺织品，有的数量还比较多，如《五一简（贰）》715"持絮三百斤"，当用于交易；携带兵器数量则以一件居多，或仅用于自卫。凡是外郡县的人都冠以"货主"称谓，则意味着其为长途贩运的买卖人。此类登记册为例行检查提供了前提与方便，以下文件即表明案件调查过程需要查阅"船刺"：

  ☐府告兼贼曹史汤、临湘：临湘言，攸右尉谢栩与贼捕掾黄忠等别问僦赵明宅

  ☐者完城旦徒孙诗，住立，诗畏痛自诬：南阳新野男子陈育、李昌、董孟陵、赵☐☐等劫杀明及王得

  ☐等。推辟谒舍、亭例船刺无次公等名。县不与栩等集问诗，诗自诬，无检验。又诗辞：于其门闻

  ☐不处姓名三男子言渚下有流死二人…… 《五一简选释》例117节录

  案件涉水路，故办案过程调查了"谒舍"和"亭例船刺"。"谒舍"为旅馆、招待所之类。《汉书·食货志》"坐肆列里区谒舍"，如淳注："谒舍，今之客舍也。"[①] "亭例船刺"则为诸亭检查过往船只的登记本，如上文所列。又如《五一简（肆）》1448+1387："廷谒言府：移书广信、洮阳、鄙、湘南、醴陵、罗、下隽，考实县界中船刺。洮阳、鄙实核沨、

---

① 《汉书》卷二四《食货志》，中华书局，1962，第1181页。

扶、讳自将妻子行不？尽力广设耳目，阴微起居，高必得。有异，复言。敬、永、晖"，简文言临湘县廷呈报长沙郡府通告广信侯国等查阅有关"船刺"，核实相关人员通过情况。又询问洮阳与酃县沿、扶、讳有否携带妻子通行？文中地名：广信，广信侯国，属苍梧郡，位今广西梧州市；洮阳县，属零陵郡，位今广西全州县西北；湘南侯国及酃、醴陵、罗、下隽诸县皆属长沙郡（皆见于《后汉书·郡国志》）。简文表明上述地区皆可通航，且航行皆须登记造册。

沿河设置检查站，以陆制水。当时在沿河及山丘交通要道处设检查站，称"例亭"，许多例亭是在必要时才设置的，五一简所见如：

兼左部贼捕掾勤叩头死罪白。案故事：横溪深内匿，常恐有小发，置例亭长禁奸。从闲以来，省罢。方今民输租时，闲潦阳乡民多解止横溪，入县输　　　十一月六日开　　　《五一简（伍）》1792（正面）

租，或夜出县归主人，恐奸猾，昏夜为非法，奸情难知，愿置例亭长一人，禁绝奸人，益为便。唯

廷。勤愚蠢，职事无状，惶恐叩头死罪死罪。　　　·十一月五日甲申白　　　《五一简（伍）》1792（背面）①

☑贼捕掾勤言：所部横溪道前有例亭长，闲　　　《五一简（伍）》1800

时横溪奸匿有小发，前置例亭，并循行冢间，防遏未　　　《五一简（伍）》1798

然，如勤言，可复请□□□选亭长一人以傅（？）例　　　《五一简（伍）》1801

☑猾（？）为（？）非，愿置例亭长一人，禁绝案往　　　《五一简（伍）》1796

以上所见，《五一简（伍）》1792为木牍，两面署字。其下四枚皆为

---

① 长沙市文物考古研究所、清华大学出土文献研究与保护中心、中国文化遗产研究院、湖南大学岳麓书院编：《长沙五一广场东汉简牍（伍）》，中西书局，2020。

竹简。"例"读"迾"，本意指遮拦阻挡。《说文》"例，比也"，段玉裁注："此篆盖晚出，汉人少言例者。杜氏说《左传》乃云发凡言例。例之言迾也。迾者，遮迾以为禁。经皆作列、作厉，不作迾。《周礼·司隶》注：厉，遮迾也。"① 简文引申指检查。横溪是湘水的重要支流，水陆交通皆便利，但治安状况欠佳，尤其是秋收冬藏之间的收租季节，溇阳乡民到临湘县交租皆须途经横溪，过往人员陡增，路途较远且幽深，贼人不时出没，途中存在隐患，故需临时设置例亭以维护行人安全。简文多见冠以某溪的例亭名，如《五一简（贰）》426"繻溪例亭"、《五一简（壹）》359"楮溪例亭"等。《五一简（壹）》3 见"沂口例亭"，当因设于沂水河口而得名。知此类溪边例亭与水上交通直接相关，大多设于水路与陆路交叉的码头上，可以达到以陆制水的目的。

主流湘水当设有津渡，与关口之功能同，故秦汉简牍屡见"津关"连称。《五一简（壹）》307："君教若　右贼史牧，兼史蒙、胜白：右部贼捕掾敬等椟言：男子张度与黄叔争言斗，度拔刀欲斫叔，不中，无状，适度作下津横屋二月，以付将吏嵩。守丞护、掾英议如敬等言。请属左□曹……"张度因与黄叔斗殴，伤害罪未遂，故被谪罚在"下津"服役。则"下津"无疑在临湘县的管理范围，当属湘水长沙段的一个渡口。"横屋"为渡口之附属建筑。卞鸿翔曾对汉晋南北朝时期长沙的两个津城做过详尽的考证，认为北津城遗址应在今长沙市通泰街西端的湘江东岸，而南津城遗址当在今长沙市猴子石江滨附近。② 简文仅见"下津"，或还有"上津"与其对应，则与卞氏引述《水经注》"北津""南津"的说法合。如以"下津"作为处于下游的津渡，则它相当于卞说之"北津"，位今湘江大桥东岸稍往北处。津渡无疑是治安检查的重要关口。张家山汉简《二年律令》专设有《津关令》。《张家山汉简·津关令》："廿三、丞相上备塞都尉书，请为夹溪河置关，诸漕上下河中者，皆发传，及令河北县为亭，与夹溪关相直。·阑出入、越之，及吏卒主者，皆比越塞阑关令。·丞

---

① （汉）许慎撰、（清）段玉裁注：《说文解字注》，第 381 页。

② 卞鸿翔：《古桔洲与南津城新探》，《湖南师范大学自然科学学报》1987 年第 1 期。卞鸿翔：《长沙古"北津城"考析》，《湖南师范大学自然科学学报》1990 年第 2 期。

相、御史以闻，制曰：可。"① 则五一简所见"下津"相当于夹溪河所置关，据卞鸿翔的考察，"北津"对岸亦有屯兵遗址，与张家山汉简所云"令河北县为亭，与夹溪关相直"的布局相同，皆为以陆制水的态势。

三、案 件 处 理

对于水路上发生的各种案件，当局有责任做出甄别与处理。如前引《五一简选编》例117所见有"流死人"的记载，如果事件是人为的故意，需承担法律责任。张家山汉简《二年律令·贼律》："船人渡人而流杀人，耐之，船啬夫、吏主者赎耐。其杀马牛及伤人，船人赎耐；船啬夫、吏赎罢（迁）。其败亡粟米它物，出其半，以半负船人。舳舻负二，徒负一；其可纽毄（系）而亡之，尽负之，舳舻亦负二，徒负一；罚船啬夫、吏金各四两。流杀伤人，杀马牛，有（又）亡粟米它物者，不负。"② 流死，淹死。因摆渡而淹死人及造成其他物资损失，不仅驾船人有罪，其上级管理人员亦负有连带责任。再举三则具体案件：

水路抢劫案

不分别实，当从今。又阳前考问，赦辞：元兴元年八月廿一日，与赣、襄、叔、厚五人劫诗、林等。九月四日，于赣舍分臧，各持所得，分去。赦与叔合臧盛麓中，儵载泉陵男子李叔成橚　《五一简（壹）》80

持把刀一、柘弩一张，赦持矛一只、把刀一，李叔持吴镯刀一，俱乘栱之阳马亭界。至亭可十里所，留止须史。林等船到，赣等各以粉粉面。叔、敬谓赣等曰：但（？）从　《五一简（肆）》1262

☐☐勿杀之。赣等曰：可。赣、赦、叔三人持栱邀遮林等船。前叔、敬、厚止岸

① 张家山二四七号汉墓竹简整理小组：《张家山汉墓竹简〔二四七号墓〕》（释文校订本），中华书局，2001，第210页。
② 张家山二四七号汉墓竹简整理小组：《张家山汉墓竹简〔二四七号墓〕》（释文校订本），第134页。

☐上，赦以厚所持弩与叔、敬，各以箸箭射林等船前后各二发，皆无所中。　　《五一简（肆）》1513

☐☐敬☐等前☐林等船，谓曰：无撘，我穷人，从若贷用耳。林等各走出船，士上岸☐追逐☐出左肩一下。令士☐于碛上与林等俱往。赦、叔入林等船中　　《五一简（柒）》2902

以上四简涉及一桩抢劫案的调查审讯，简文所列仅为其水上犯罪的过程，而且是第二次报告，故简文云"不分别实，当从今"，表明它是对前一次报告的修订，应以此次报告为准。案发于元兴元年八九月间。"元兴"为东汉和帝年号。元兴元年，合公元 105 年。主要犯罪嫌疑人为赣、衰、叔、厚等五人，被害人诗、林等。作案过程长达半个月左右，已遂，故简云"于赣舍分臧，各持所得，分去"，指罪犯在赣的家里瓜分了赃物，然后分别携带自己所得乘别人的船离开。"櫺"下当为"船"字，位另一简顶端，已缺失。则《五一简（壹）》80 简所见为总述，其下三简才是对具体过程的陈述。下文"栱"皆为"栱船"的省称。《五一简（捌）》3249 见"栱船"。作案工具除了乘坐的栱船外，还包括各式兵器：有柘弩、矛、把刀、吴镯刀等。犯罪行为是有预谋、按计划进行的：罪犯们备齐武器后，先乘船到离阳马亭约 10 里的河面等待。被害人林等的船经过时，罪犯即"以粉粉面"。"以粉粉面"的第一个"粉"是名词，《说文》："粉，傅面者也。"[1] 第二个"粉"是动词，指涂抹。全句谓以粉状物涂脸以改变容貌，使人不易辨识。而后先跟从尾随，再超越遮拦，向被害人乘坐的船发射两发箭（通常每发 15 支），终而靠帮登船，叫嚷"无撘，我穷人，从若贷用耳"，犹今表示要"留下买路钱"，十足的土匪行径。然后逼迫被害人出船上岸，匪徒则进船洗劫。整个过程就是一次海盗式的袭击，对水路安全造成巨大的威胁。关于犯罪情节主要是犯罪嫌疑人赦的供词。

落水溺亡案

不处姓名麻放船艇上，卧。高船与郴船相比。高妻姬病，时高上

---

[1]　（汉）许慎撰、（清）段玉裁注：《说文解字注》，第 333 页。

归视姬。郴卧有顷，比船男子何仲病在船中，见郴转则隋水中，即出呼成、幼曰：郴隋水中。成、幼即走之船上，各持檋　　《五一简（叁）》948

财隋水中，即呼成幼□□求时，水盛，幼不得，郴死□以□□　　《五一简（叁）》970

☑郴与成、幼□☑　　《五一简（柒）》2859

以上三简中，首简为木两行，后二简为竹简，显然不属于同一册，但所述皆为同一案件，涉落水溺亡事。船梃，或指船舷。相比，并排比邻。此处指高船与郴船并排停靠。郴在船舷上躺下不久，病中的邻船男子何仲看见郴翻侧坠入水中，就跑出来对成和幼喊道"郴掉水里了！"成和幼立即跑到船上，各自拿着竹竿施救。箸，本意为筷子，左旁加"木"，或指形似筷子的撑船竹竿或船桨之类。据下简，由于"水盛"，即水势汹涌，施救没有成功，故郴溺亡。简文所见即对此事之调查，虽然能看出有排除他杀的倾向，但因缺简较多，未能确知其结果。

官吏失职案

月钱，直千五百。顺前为南亭租船。史顺脱不税汝南不处姓名男子珠货银筭，后为江湖掾所觉得。府覆考南亭银筭簿不相应。今年十一月二日论决，录见　　《五一简（陆）》2190①

府，当指长沙郡府。此案由郡府处理，则江湖掾当为郡府负责江湖水面管理的负责人。筭，《玉篇·竹部》"计筭也，数也。"② 简文乃指"算钱"，按一定比例收税的份额。"珠货银筭"是对金银珠宝类商品征收的税钱。此例所见当指水上运输过程中征收的，故归江湖掾督察。史顺没有依法征收税款，失职，故被查处。

综上，五一简所见水上活动频繁，活动范围主要涉及湘江及其支流，

---

① 长沙市文物考古研究所、清华大学出土文献研究与保护中心、中国文化遗产研究院、湖南大学岳麓书院编：《长沙五一广场东汉简牍（陆）》，中西书局，2020。
② 王平、刘元春、李建廷编著：《宋本玉篇》，上海书店出版社，2017，第232页。

亦见于诸多与之连贯的江河流域。而临湘又处于湘水的重要河段，故实行严格的水面管理：由贼曹掾及诸部贼捕掾、诸亭具体负责例行检查、案件侦调，由县廷论决。简文虽然未能展现当时水上治安的全貌，但许多细节乃为史籍所缺，故弥足珍贵。

《中国古代法律文献研究》第十七辑

2023 年，第 015~026 页

魏晋"鞭杖"刑罚与地方军政治理[*]

——以长沙吴简与吐鲁番文书为中心

王　素^{**}

摘　要： 刑罚之有"鞭杖"，具体施行始于东汉初年，初仅限于皇帝对尚书郎施行，其性质类似天子"家法"，并不具备普适性。至魏晋制定《鞭杖令》，始使鞭杖成为"国法"，适用对象也从中央向基层和地方发展演变。通过对长沙吴简和吐鲁番文书相关材料的梳理，可知"鞭杖"在孙吴时期的临湘和十六国时期的高昌使用广泛；鞭杖司法权由县掌管，施行对象是"治官事"的掾吏和兵士，其作用是"纠"工作和军中的各种"慢怠"。高昌"鞭杖"数目较临湘为重，可能与北方战乱较多、乱世须用重典有关。"鞭杖"对中古时期地方军政治理发挥了重要的作用。

关键词： 鞭杖　长沙吴简　吐鲁番文书　治官事　军政治理

刑罚之有"鞭杖"源远流长。《尚书》谓舜时已将"鞭作官刑"，孔

---

* 本文为"古文字与中华文明传承发展工程"规划项目"长沙走马楼三国吴简·竹木牍"（项目号 G1416）和国家社会科学基金重大招标项目"吐鲁番出土文书再整理与研究"（项目号 17ZDA183）的阶段性研究成果，得到"万科-奉先殿研究性保护项目"专项经费资助。

** 故宫博物院"古文字与中华文明传承发展工程"协同攻关创新平台研究馆员。

氏传云："以鞭为治官事之刑。"① 《唐律疏议》记"五刑"有杖刑，称：《尚书》所谓鞭刑"犹今之杖刑者也。"② 可见"鞭杖"一体。《三国志》记先主"除安喜尉。督邮以公事到县，先主求谒，不通，直入缚督邮，杖二百。"注引《典略》作"鞭杖百余下"。③ 这是东汉末年事。同书又载魏明帝青龙二年二月癸酉诏曰："鞭作官刑，所以纠慢怠也，而顷多以无辜死。其减鞭杖之制，著于令。"④ 这是曹魏初年事。说明单称"鞭"或单称"杖"，在中古时期，多是并"鞭杖"二者而言。此外，中古时期称"捶楚""扑挞""答棰"者，也往往是指"鞭杖"。还有一些具体规定，譬如"鞭杖"用"蒲鞭""竹棰""生荆""生革"，以及"立秋施鞭扑""答者无更人"等。但这些都不在本文探讨范围。本文希望探讨的是，"鞭杖"作为中古时期最常见的刑罚，在孙吴时期的临湘和十六国时期的高昌：（1）对象是否皆为"治官事"者？（2）作用是否皆为"纠慢怠"者？

一、 汉唐"鞭杖"施行对象

程树德《汉律考》"鞭杖"条说："汉有鞭杖始于世祖，然亦仅施之郎官，与六朝隋唐以鞭杖列为五刑者异。盖《九章》原无此制也。"⑤ 按程氏之说出自《北堂书钞》引《三辅决录》，原文为："丁邯，字叔春，选邯为（尚书）郎，托疾不就，诏问：'实病否？'邯对曰：'实不病，耻以孝廉为令史职耳。'世祖怒曰'虎贲灭头杖之数十。'"⑥ 此事《续汉志》注引《决录注》记载更详。⑦ "世祖"指东汉光武帝。《九章》是西汉初年

---

① 十三经注疏整理委员会：《尚书》卷二《舜典》，北京大学出版社，2000，第77页。

② （唐）长孙无忌等：《唐律疏议》卷一《名例·杖刑》，中华书局，1983，第4页。

③ 《三国志》卷三二《蜀书·先主传》，中华书局，1964，第873页。

④ 《三国志》卷三《魏书·明帝纪》，第101页。

⑤ 程树德：《汉律考》卷二《刑名考》，载《九朝律考》，商务印书馆，1927，第61页。

⑥ （隋）虞世南：《北堂书钞》卷四五《杖刑》，中国书店，1989，第125页。

⑦ 原文为："故事尚书郎以令史久缺补之，世祖始改用孝廉为郎，以孝廉丁邯补焉。邯称病不就。诏问：'实病？羞为郎乎？'对曰：'臣实不病，耻以孝廉为令史职耳。'世祖怒曰：'虎贲灭头杖之数十。'诏曰：'欲为郎不？'邯曰：'能杀臣者陛下，不能为郎者臣。'中诏遣出，竟不为郎。"见《后汉书》卷一一六《百官志三》，中华书局，1973，第3598页。

相国萧何"攈摭秦法"制定的国家法典。当时尚书郎是官,四百石,主文书起草;尚书令史是吏,二百石,主文书抄写。二者虽然尊卑有别,但待遇相近,从事的工作又都属于文案,所以时人往往等同,不加区别。而孝廉属于国家贡士,十分清贵,选为尚书郎,等同选为尚书令史,故丁邯坚决不就。需要指出者有二:(1)东汉时期的尚书属于宫官,① 类似天子"家奴",使用鞭杖处罚,类似天子"家法";(2)《九章》是国家法典,不收天子"家法",没有鞭杖记载,实不足为怪。据此可知,鞭杖刑罚,在东汉时期,使用应仅限于宫廷,并不具备普适性。

关于鞭杖刑罚的起始时间,还有东汉明帝新创说。如《后汉书·左雄传》曰:"是时大司农刘据以职事被谴,召诣尚书,传呼促步,又加以捶扑。雄上言:'九卿位亚三事,班在大臣,行有佩玉之节,动有庠序之仪。孝明皇帝始有扑罚,皆非古典。'帝从而改之,其后九卿无复捶扑者。"② 其中"帝"指顺帝,距明帝不过六七十年,所说"孝明皇帝始有扑罚"似更为可信。左雄时任尚书令,熟知尚书典制,知道大司农是朝官九卿之一,不应受鞭杖处罚,所以要上言谏止。顺帝也可能是因为将刘据"召诣尚书",误把刘据当尚书郎对待了。至于明帝,颇有鞭杖尚书郎的恶名。《后汉书·循吏传·序》注云:"明帝性褊察,好以耳目隐发为明,又引杖撞郎,朝廷竦栗,争为苛刻。"③ 其中"郎"也是指尚书郎。又《太平御览》"鞭"条引《汉晋春秋》云:"明帝勤于吏事,苛察逾甚,或于殿前鞭杀尚书郎。"④ 明帝竟然鞭杀尚书郎,如此枉法,未闻朝臣谏净,也有可能仍是因为尚书属于宫官,天子对"家奴"动用"家法",他人难以置喙之故。

魏晋以后,情况就不同了。首先,鞭杖成为了国法。前揭《三国志》魏明帝诏说"其减鞭杖之制,著于令",证明曹魏曾经制定《鞭杖令》。《唐六典》"刑部郎中"条注谓"晋命贾充等撰《令》四十篇",第十五为

---

① 王素:《三省制略论(增订本)》,中西书局,2021,第29—34页。
② 《后汉书》卷六一《左雄传》,第2022页。
③ 《后汉书》卷七六《循吏·序》,第2458页。
④ (宋)李昉等:《太平御览》卷六四九《刑法部》,中华书局,1995,第2902页。

《鞭杖》。① 证明西晋也曾制定《鞭杖令》。西晋的《鞭杖令》，与曹魏的《鞭杖令》，应有继承关系。这样，鞭杖就具有一定的普适性了。其次，尚书演变成为了朝官。②《南史·萧琛传》记南齐明帝"用法严峻，尚书郎坐杖罚者皆即科行"，琛乃密启曰："……自魏、晋以来，郎官稍重。方今参用高华，吏部又近于通贵，不应官高昔品，而罚遵曩科。"史称："帝纳之，自是应受罚者，依旧不行。"③ 鞭杖成为国法，尚书成为朝官，鞭杖尚书原本也没有什么问题。但尚书成为朝官后，身份和地位都较过去有所提高。这样，对尚书进行鞭杖处罚就不得不慎重了。在这种情况下，鞭杖的普适性自然会向基层和地方发展演变。《颜氏家训》先说"晋朝南渡，优借士族"，对文义之士"惜行捶楚"，接称对"台阁令史，主书监帅，诸王籤省"等小吏仍"皆可鞭杖肃督"。王利器《集解》引杜甫《送高三十五书记》诗："脱身簿尉中，始与捶楚辞。"杜牧《寄侄阿宜》诗："参军与簿尉，尘土惊皇皇，一语不中治，鞭棰身满疮。"王利器指出："则唐时于参军与簿尉，亦行鞭棰也。"④ 说明向基层和地方发展演变，逐渐成为了主流。《唐律疏议》记死、流、徒、杖、笞"五刑"的司法权，称："大理当其死坐，刑部处以流刑；一州断以徒年，一县将为杖罚（包括笞刑）。"⑤ 唐代由县掌鞭杖司法权，自然不会是唐代新创，其来应该有渐。

二、 长沙吴简所见"鞭杖"

《三国志》关于鞭杖记载甚少。除了前揭蜀先主和魏明帝两条外，还有三条：第一条记东汉末年司马朗任堂阳长，称："其治务宽惠，不行鞭杖，而民不犯禁。"⑥ 第二条记东汉末年黄盖任石城守长，以文书委付两掾，希望宜各尽心，后两掾有奸欺，盖"不以鞭杖相加"，皆杀

---

① （唐）李林甫等：《唐六典》卷六《尚书刑部》，中华书局，1992，第184页。
② 王素：《三省制略论（增订本）》，第34—38页。
③ 《南史》卷一八《萧思话附子惠开从孙琛传》，中华书局，1975，第505—506页。
④ 王利器：《颜氏家训集解（增补本）》卷四《涉务》，中华书局，2002，第317—321页。
⑤ （唐）长孙无忌等：《唐律疏议》卷一《名例》，第3页。
⑥ 《三国志》卷一五《魏书·司马朗传》，第467页。

之。① 第三条记魏明帝时仓慈任敦煌太守，称："先是属城狱讼众猥，县不能决，多集治下。慈躬往省阅，料简轻重，自非殊死，但鞭杖遣之，一岁决刑曾不满十人。"② 司马朗与黄盖都是以县长掌鞭杖司法权，仓慈是以太守代县长掌鞭杖司法权，可见由县掌鞭杖司法权在东汉末年至三国初年已成定制。表面上看，鞭杖的对象似乎有吏有民，但实际上，当时吏与民同籍，称"吏民簿"，③ 史籍所称的"民"，大多都应该是"吏"。

长沙吴简以临湘侯国的县级文书档案为主，其中关于县掌鞭杖司法权的材料不少，可惜过于零碎，不成系统，需要分类进行梳理介绍。

（一）乡吏督缴钱粮未毕受鞭杖处罚

> 未毕三万……鞭杖乡吏孙义各□（卅?）（壹·1366）
>
> 未毕三万……鞭杖乡吏五训各卅五（壹·1373）
>
> 未毕一百廿二斛一斗九升四合请鞭乡吏郭宋五十（伍·7328）
>
> 未毕八万九千　　鞭杖乡吏文腾各卅（陆·4686）④

这四条材料：第一、二、四条都是乡吏督缴某钱未毕受鞭杖处罚。"各"是分别的意思，即分别受鞭和杖多少。第一、二条都是"未毕三万"，但处罚鞭杖数目明显不同。第四条"未毕八万九千"数目较第二条为多，而处罚鞭杖数目却较第二条为少。第三条是乡吏督缴粮食未毕由主者上请单独受鞭处罚。有的未毕数目少而处罚重，有的未毕数目多而处罚轻。有的受鞭杖双重处罚，有的仅单独受鞭处罚。这种差异很难解释。推测应是根据"慢急"情节决定处罚轻重吧。

---

① 《三国志》卷五五《吴书·黄盖传》，第 1284 页。
② 《三国志》卷一六《魏书·仓慈传》，第 512 页。
③ 王素：《说"吏民"——读长沙走马楼三国吴简札记》，原载《中国文物报》2002 年 9 月 27 日第 7 版，后增订改名《说"吏民"——读长沙吴简札记之一》，收入《汉唐历史与出土文献》，故宫博物院学术文库，故宫出版社，2011，第 173—175 页。
④ 长沙市文物考古研究所、长沙简牍博物馆等：《长沙走马楼三国吴简·竹简》［壹］、［伍］、［陆］，文物出版社，2003、2018、2017，第 922、878、841 页。下引［陆］不再出注。

（二）乡吏督缴财用钱未毕受鞭杖处罚

尉曹谨列二乡领财用钱已入未毕簿（陆·4687）

□乡领（逋）元年财用钱四万二千　　吏五训主请鞭杖各六十
（陆·4688）

□乡领（逋）元年财用钱一万二百　　吏刘□主请鞭杖各□
（陆·4690）

模乡逋元年财用钱八万七千九百　　吏五训主请鞭杖各卅（陆·
4811）

乐乡逋元年财用钱五万五百　　吏孙仪主请鞭杖各卅（陆·
4813）

广成乡逋元年财用钱九万二百　　吏□□主请鞭杖各卅（陆·
4814）

乐乡逋元年财用钱……　　吏□□主请鞭杖各卅（陆·4815）

西乡逋元年财用钱……千　　吏□□主请鞭杖各卅（陆·4821）

小武陵乡逋元年财用钱□万□千　　吏□□主请鞭杖各卅（陆·
4826）

这九条材料：第一条是标题简，当然不是以下八条材料的标题简，而是同类材料的标题简，置于此处，仅想说明此类材料的基本性质。以下八条材料分别是各乡逋欠元年（应是嘉禾元年）财用钱数目，与分管乡吏由主者上请受鞭和杖各多少数目。第一条标题简中的"已入未毕"，均指"财用钱"而言。该钱始于汉代，汉简偶见，[①] 吴简常见。据研究，是"政府一项固定的财税项目"[②]。"未毕"应指以下八条材料中的"逋"。第二、三条材料中的"领"，据图版应是"逋"之误，因为如果是"领"，那就是"已入"，下面不应再有分管乡吏由主者上请受鞭和杖各多少数目。这是此类乡吏受鞭杖处罚材料的大致情况。

---

① 赵宠亮：《说"财用钱"》，《历史研究》2006年第2期，第181—183页。

② 孟彦弘：《释"财用钱"》，《吴简研究（第1辑）》，崇文书局，2004，第222—229页。

值得注意的是"尉曹"。按"尉曹"为列曹名，中央和地方都有。《后汉书·百官志一》"太尉"条记掾史有"尉曹"，职"主卒徒、转运事"。①《宋书·百官志上》"太尉"条记掾属同。② 这是中央太尉府"尉曹"。郡也有"尉曹"，职"主徒卒转运事"。③ 当时郡县对口领导，县的情况应该亦同。"卒徒"和"徒卒"，日藏隋人萧吉《五行大义》作"士卒"。该书记汉代郡县列曹，以干支相配，根据五行，以五藏配六府，解说众曹官的职掌，关于"尉曹"，其言曰："辛为尉曹，共本使。……翼奉云：肝之官尉曹，木性仁，尉曹主士卒，宜得仁。……尉曹以狱司空为府，主士卒、狱闭、逋亡。与之奸，则螟虫生，木性静。与百姓通，则鱼食于民，从类故虫。"④"共"意为涉及。"翼奉"为西汉人，律历阴阳占卜家。"狱司空"为掌牢狱之列曹。"鱼食"指钓饵。这段话总体比较费解。如果尉曹掌管士卒，那么兵曹掌管什么？从尉曹与狱司空合署办公看，尉曹应掌管"治官事"慢怠不力掾吏处罚诸事。前揭乡吏受鞭杖材料与之正合。

（三）许迪割米案罪犯吏与审案吏分别受鞭杖拷问与处罚

许迪割米案是孙吴时期临湘侯国发生的一桩官吏盗窃官物大案，从案发到审结，刑事诉讼经历了三年，涉及人员众多，其中，罪犯吏许迪和审案吏陈旷、潘琬，分别受到鞭杖拷问和鞭杖处罚。关于这桩大案，研究者众多，各有不同创见，这里不作详细介绍。⑤ 先移录四条竹简材料如下：

> 溇口典盐掾许迪前依□促考问不堪捶杖招言割用实不割（捌·4066）
> 不堪捶杖服言割食米咎在当死乞□罪□□以实□□（捌·4067）
> 琬所列得以□□□一百押已列合四百五十迪不堪捶杖服言（捌·4206）

① 《后汉书》卷一一四《百官志一》，第3559页。
② 《宋书》卷三九《百官志上》，中华书局，1974，第1220页。
③ 陈仲安、王素：《汉唐职官制度研究（增订本）》，中西书局，2018，第164页。
④ ［日］中村璋八：《五行大义校注（增订版）》，汲古书院，1998，第190—191页。
⑤ 参阅徐畅《新刊长沙走马楼吴简与许迪割米案司法程序的复原》，《文物》2015年第12期，第71—83页。

加诬言答（？）须（？）加捶杖实不枉加捶杖狱吏□□□☑（捌·4287）①

这四条材料虽然都有残缺，但大致意思清楚。前二条都是罪犯典盐掾许迪声称自己先招供，是因为忍受不了"捶杖"，故现在进行翻供。第三条似是录事掾潘琬统计许迪所受"捶杖"总数有"四百五十"之多。第四条似是狱吏证实给许迪增加"捶杖"并不冤枉。说明县级掾吏犯法可以进行鞭杖拷问。

还有一件《嘉禾五年（236）五月七日录事掾潘琬白为重考实大男许迪割食盐贾米事》木牍，正面存文六行，背面无字，释读如下：

1　录事掾潘琬死罪白：关启：应府曹召，坐大男许迪见督军支辞，言不

2　割食所领盐贾米一百一十二斛六斗八升。郡曹启府君，执鞭核事掾

3　陈旷一百，杖琬卅，敕令更五毒考迪。请敕旷及主者掾石彭考实

4　迪，务得事实。琬死罪死罪。

5　**然考人当如官法，　不得妄加毒痛。**

6　　　　　　　　　　　　　五月七日壬申白

这是临湘侯国录事掾潘琬给上级的呈文。此时许迪已定性为罪犯，故第一行仅称"大男"。第三行"更五毒"之"更"意为替代、调换，因为"五毒"属于法外酷刑，自汉以来法律就禁止使用。② 第五行十三个粗体字为长沙郡太守浓墨草书批语。③ 呈文显示，由于许迪翻供，郡府认为负责案件初审的临湘侯国相关掾吏考实不力，对核事掾陈旷、录事掾潘琬分别给以鞭一百与杖卅的处罚。说明县级掾吏工作慢怠可以进行鞭杖处罚。对许

① 长沙简牍博物馆、故宫研究院古文献研究所等：《长沙走马楼三国吴简·竹简［捌］》，文物出版社，2019，第750、754、756页。

② 徐世虹：《对两件简牍法律文书的补考》，《中国古代法律文献研究（第2辑）》，中国政法大学出版社，2004，第99—100页。

③ 王素、宋少华：《长沙走马楼吴简书法综论》，原载《中国书法》2014年第5期，第59页，再刊《长沙走马楼吴简书法研究》，西泠印社，2019，第7页。

迪则令仍用"五毒"以外的刑罚考问。批语也特别强调:"然考人当如官法,不得妄加毒痛。"说明县级掾吏犯法,仍是只能使用常规刑罚如鞭杖等进行拷问。

三、 吐鲁番文书所见"鞭杖"

《晋书·载记》关于鞭杖记载也不多。而且多见鞭,少见杖。值得一说的是《苻坚载记下》记国士王猛,字景略,得坚信任,云:

> 及坚僭位,以猛为中书侍郎。时始平多枋头西归之人,豪右纵横,劫盗充斥,乃转猛为始平令。猛下车,明法峻刑,澄察善恶,禁勒强豪。鞭杀一吏,百姓上书讼之,有司劾奏,槛车征下廷尉诏狱。坚亲问之,曰:"为政之体,德化为先,莅任未几而杀戮无数,何其酷也。"猛曰:"臣闻宰宁国以礼,治乱邦以法。陛下不以臣不才,任臣以剧邑,谨为明君翦除凶猾。始杀一奸,余尚万数,若以臣不能穷残尽暴,肃清轨法者,敢不甘心鼎镬,以谢孤负。酷政之刑,臣实未敢受之。"坚谓群臣曰:"王景略固是夷吾、子产之俦也。"于是赦之。①

所谓"枋头西归之人",指前秦支援前燕与东晋大司马桓温进行枋头之战的立功将士。这些人多住"始平"(今陕西兴平),居功自傲,犯法无人敢问,有点"河南帝城多近臣,南阳帝乡多近亲"的味道。当时县级"吏"多以本县"豪右"充任。"百姓"指那些立功将士。"无数"不是多的意思,而是指没有限额。王猛仅"鞭杀一吏",就引起立功将士"上书讼之",因为他们知道王猛是以"鞭"代"杀",即那些豪吏虽然罪不至死,很难判处死刑,但施以鞭杖刑罚,增加数目,也能变相将他们打死。可见在北方十六国,县掌鞭杖司法权之滥。

吐鲁番文书很多属于高昌县的县级军政文书,其中关于县掌鞭杖司法权的材料不少,可惜也过于零碎,不成系统,这里按时间先后进行梳理介绍。

---

① 《晋书》卷一一四《苻坚载记下》,中华书局,1974,第2930页。

（一）《前秦建元廿年（384）韩瓮辞为自期召弟应见事》

1　建元廿年三月廿三日，韩瓮自期二日召
2　弟到应见。逋违，受马鞭一百。期
3　具。①

这是前秦统治高昌时期文书。韩瓮身份不详，推测应是县级小吏。他答应召弟来署见官，弟到期未至，瓮被罚受"马鞭"一百。特别注明是"马鞭"，是因为当时"马鞭"一般皆用皮革制作，较用荆、蒲、竹等制作的刑鞭打人更重更痛。

（二）《北凉义和（431—433）某年兵曹行罚部隤五人文书》

这件文书全十三行，仅下部部分残断，大意是说：兵曹掾张预、史左法强报告：部隤□双等五人"由来长［逋］，不逐部伍"，现决定"各罚髡鞭二百"，请批准。② 这是沮渠氏北凉统治高昌时期文书。"部隤"应是兵种名称。"髡鞭"作为刑罚，屡见于《三国志·吴书》《宋书》《魏书》《隋书》《通典》等书，应与"髡笞"属于同类刑罚，即先剃去须发，然后鞭打身体，带有很强的羞辱性。

（三）《翟强辞为受赇事》

这件文书前后均缺，存文六行，下部残断，大意是说：兵曹征发鲁得、令狐国、王朴子等九人服兵役，翟强当时是高昌军事部门胥吏，③ 接受他们的贿赂，帮助他们"逋不从征"，事发后，他们都受到"鞭二百"的处罚，翟强也因此受到查办和惩处。④ 这是阚爽政权统治高昌时期文书，具体时间应在缘禾五年（436）六月廿三日前。⑤ 当时河西北凉政权势力因故

---

① 唐长孺主编：《吐鲁番出土文书［壹］》，文物出版社，1992，第4页。
② 唐长孺主编：《吐鲁番出土文书［壹］》，第65页。
③ 胡如雷：《几件新疆出土文书中反映的十六国时期租佃契约关系》，《文物》1978年第6期，第23—24页。
④ 唐长孺主编：《吐鲁番出土文书［壹］》，第49页。
⑤ 王素：《吐鲁番出土高昌文献编年》第160号，台北新文丰出版公司，1997，第110页。

撤出高昌,阚爽为本地豪族,自为高昌太守,处北魏、北凉、柔然三大势力之间,为了自保,重视兵役,可以理解;对于逃避兵役的人处以重罚,也可以理解。但每人"鞭二百",仍嫌酷虐。

(四)《兵曹行罚幢校文书》

这件文书后缺,存文十一行,上部残断,大意是说:兵曹掾张预、史毛恩报告:幢兵□兴、周次等,皆应专在某地承担守望工作,但因幢和校将逋惰,幢兵都逃亡不归,现在决定"幢杖五十,校将杖七十",请批准。[①] 这也是阚爽政权统治高昌时期文书,具体时间应在缘禾六年(437)四月十四日。[②] 幢是当时高昌基本军事编制名称,下面还有校:幢设领幢主将一人,简称幢;校一般设将二人,简称校或校将。[③] 主将幢仅杖五十,校将却杖七十,也是根据情节决定的吧。

此外,还有同属阚爽政权时期的《下二部督邮、县主者符》《县兵曹刺为点阅兵人事》等文书,也有处罚幢、校将、兵士鞭杖的材料。国家博物馆藏《北凉建平六年(442)田地县召催诸军到府文书》,记高昌郡所属田地县要求廷掾侯馥、李珍,录事阚银、阚林等,召催诸军到府,说明如果"违召不到",廷掾、录事将"受罚二百,受顿鞭,远使一道"。到了麴氏王国时期,如《永平元年(549)十二月十九日祀部班示为知祀人上名及谪罚事》《永平元年(549)十二月廿九日祀部班示为明正一日知祀人上名及谪罚事》等文书,也有"罚杖"材料。这里限于篇幅,不一一介绍,有兴趣者可以自行查询检阅。

小　　结

本文根据汉唐时期"鞭杖"对象的地方化演变,通过对长沙吴简与吐鲁番文书相关"鞭杖"材料的梳理介绍,对魏晋时期南方的临湘和北方的

---

① 唐长孺主编:《吐鲁番出土文书[壹]》,第71页。

② 王素:《吐鲁番出土高昌文献编年》第175号,第114页。

③ 唐长孺:《吐鲁番文书中所见高昌郡军事制度》,原载《社会科学战线》1982年第3期,收入《唐长孺文集:山居存稿》,中华书局,2011,第374—400页。

高昌的县掌鞭杖司法权的情况，有了进一步的了解，并可作如下小结：

（一）刑罚之有“鞭杖”，据记载虽然源远流长，但具体施行却始于东汉初年光武帝或明帝时期，且仅限于尚书郎。当时尚书属于宫官，类似天子“家奴”，对尚书郎施行鞭杖，类似天子“家法”，并不具备普适性。魏晋制定《鞭杖令》，始使鞭杖成为了“国法”，施行对象也从中央向基层和地方发展演变。唐代正式确定由县掌鞭杖司法权，这自然不会是唐代新创，而是其来有渐。

（二）据《三国志》记载，东汉末年至三国初年，县掌鞭杖司法权已渐成定制，施行对象主要是县级掾吏。关于这一点，长沙吴简有不少记载。乡吏督缴钱粮未毕要受鞭杖处罚，乡吏督缴财用钱未毕也要受鞭杖处罚，鞭杖数目根据情节从各卅到各六十不等，也有单鞭五十的记载。著名的许迪割米案，罪犯典盐掾许迪受拷问时被先后捶杖多达四百五十，审案的核事掾陈旷和录事掾潘琬，也因工作慢怠，分别给以鞭一百与杖卅的处罚。

（三）据《晋书·载记》记载，北方十六国也是县掌鞭杖司法权，其中《苻坚载记下》记王猛任始平令，下车伊始便“鞭杀一吏”，较为典型，可见鞭杖刑罚之重。吐鲁番文书有不少高昌县掌鞭杖司法权的记载。小吏韩瓮失信被罚受“马鞭”一百。部隤五人长逋兵役被罚各受“髡鞭”二百。兵曹征发九人服兵役，胥吏翟强受贿，帮助他们“逋不从征”，他们都被罚“鞭二百”，翟强也受到查办和惩处。幢兵逃亡，幢和校将逋惰被问责，幢杖五十，校将杖七十。

（四）据此可见，“鞭杖”作为中古时期最常见的刑罚，司法权确实主要由县掌管。在孙吴时期的临湘和十六国时期的高昌施行十分广泛。施行对象都是“治官事”的掾吏和兵士，作用也都是“纠”工作和从军中的各种“慢怠”，包括贪污和受贿。从“鞭杖”数目看，北方的高昌似较南方的临湘为重。这恐怕与北方战乱较多，乱世须用重典，存在一定关系。总之，“鞭杖”作为县掌司法权最常见的刑罚，对于中古时期地方军政的治理，发挥了相当重要的作用。

《中国古代法律文献研究》第十七辑
2023 年，第 027~040 页

中古高昌僧俗交涉中的法律问题

——以佛教契券文书为中心*

张重洲**

摘　要：中古时期的高昌是典型的绿洲政权与佛教社会。高昌特殊的地理环境和统治政策，使得佛教僧团与世俗社会之间形成了往来交涉、互利共生的基本格局。吐鲁番出土文书中保存有大量具有法律性质的佛教契券文书。契券文书在神圣与世俗之间构建了基本保障，也得到了僧俗两界的共同承认和遵守。在高昌地区的佛教契券文书中，绝大部分都是以经济活动为中心的民事类案件。同时，广大佛教僧尼还以执笔人、保人、见证人等多种身份出现于契券文书之中，从而构成了中古时期僧俗互动交涉的生动案例。

关键词：高昌　法律　正法　私契

吐鲁番出土文书中保存了大量的法律判罚和契券文书，中古高昌社会

---

* 本文为国家社科基金青年项目"中古高昌佛教与社会研究"（22CZJ015）、中国博士后第72 批面上资助项目"4—8 世纪西域佛教与民族社会关系研究"（2022M721899）的阶段性成果。

** 清华大学人文学院助理研究员。

中也有"官有政法，人从私契。两和立契，画指为信"①的习惯法原则。契券作为法律文书的一种基本形式，学术界曾对中古时期高昌社会中出现的契券文书做过不少研究，如乜小红、裴成国、屈蓉蓉等多位学者都曾从多角度探讨过吐鲁番出土的契券文书。然而，众多学者的研究却未曾涉及过佛教僧尼和世俗百姓两个群体间的互动交涉，部分学者甚至提出"吐鲁番契券则基本和寺院无关"②的观点。因此，本文拟探讨高昌社会中僧俗群体交涉互动的法律可能，特别是两个群体共同出现于契券之中的问题。从契券文书的视角切入考察僧俗群体的诉讼演变情况，解释作为诉讼主体的寺院或僧人在其中扮演何种角色，又是如何在遵守法律的前提下与世俗百姓同居共存。

一、 高昌僧俗交涉的法律可能

高昌位于今新疆吐鲁番盆地，在中古时期的西域地区属于典型的绿洲政权。法国年鉴学派认为历史地理是影响历史的长时段因素，绿洲国家内的人口和资源往往较为集中，客观地理因素对区域内佛教人口的分布起到了决定性影响。依据历史记载和考古发掘，中古时期高昌城市建设的基本特征是围绕着高昌故城和交河故城展开，另外还包括下辖郡县的核心城市，这些城市不但地处交通要道，也是国家内部人口分布最集中的区域。绿洲资源的有限性使得王室贵族、世俗百姓、僧尼大众等社会各阶层均聚集于城市之中。

由于资料的缺乏，早期高昌的佛教寺院数量尚未有明确定论。学者们曾对麴氏高昌国时期的寺院数量有所推测，如町田隆吉认为不少于 165 所，③ 严耀中认为有 150 余所，④ 谢重光统计为 140 余所，⑤ 杜斗城认为在

---

① 唐长孺主编：《吐鲁番出土文书》第 3 册（录文本），文物出版社，1981，第 216 页。学术界对这一表述有多种认识。参见黄正建《唐代契约中"官有政法，人从私契"用语再析》，《魏晋南北朝隋唐史资料》第 42 辑，上海古籍出版社，2021，第 143~166 页。

② 陈丽萍：《敦煌契券文书整理所得与展望》，《文汇学人》XR12 版，2016 年 11 月 4 日。

③ ［日］町田隆吉：《吐鲁番出土文書に見える仏教寺院名について——吐鲁番出土文書研究ノート》，《東京学芸大学附属高等学校大泉校舎研究紀要》第 15 集，1990，第 27~42 页。

④ 严耀中：《麴氏高昌王国寺院研究》，《文史》第 34 辑，1992，第 129 页。

⑤ 谢重光：《麴氏高昌寺院经济试探》，《中国经济史研究》1987 年第 1 期，第 46 页。

140 至 200 所之间。① 虽然统计数据略有差异，但这一时期高昌拥有众多数量的寺院成为了共识。佛教寺院的数量随着出土文书公布还在不断增加，但高昌国时期的寺院数量无疑超过了历代，仅《高昌义和二年七月马帐》中所列出的寺院就多达二十四所。佛寺的类型通常分为三种，国家寺院、私人精舍和佛堂。这里仅列举高昌豪族所建立的寺院：

> 阿润寺、阿酉寺、安寺、阴寺、员寺、王寺、王阿勒寺、贾寺、珂寒寺、隗寺、解寺、郭寺、郭恩寺、郭崇寺、阚寺、韩寺、韩安孙寺、韩统寺、鞠寺、北刘都寺、橘寺、牛寺、许寺、弘光寺、元寺、玄领寺、孔寺、高寺、侯寺、黄寺、康寺、广昌寺、杠进寺、吴寺、严寺、严马寺、左寺、索寺、史寺、竺寺、车寺、周寺、朱寺、尚寺、尚乐寺、树支寺、神谦寺、信相寺、水后寺、西主寺、善寺、善和寺、苏寺、曹寺、曹令寺、宋寺、宋阿口寺、大韩寺、大张寺、提勲寺、张寺、张令寺、张阿忠寺、张辰师寺、张玄隆寺、张法开寺、赵寺、赵元夏寺、赵光义寺、赵厕之寺、赵浮桃寺、赵里贤寺、中主寺、宙寺、忠寺、陈寺、郑寺、程寺、田寺、东寺、东许寺、唐寺、董令寺、昙畅寺、波演寺、裴寺、白寺、樊寺、范寺、范都寺、马寺、冯寺、普济寺、张寺、浮桃寺、卜寺、北寺、北许寺、妙德寺、杨寺、刘寺、刘都寺、令狐寺、和子落寺。②

相比于官府兴建的佛寺和其他类型的寺院，高昌社会中数量最多的是家族寺院。众多家族寺院的建立则必然导致僧尼人数的激增，而大量的僧尼正是由世俗百姓转变而来。同时，最新的考古工作中还发现了佛教寺院同市场之间的联系，高昌故城中两个规模较大的"市"均位于城市的西南角，与佛教寺院之间仅有一堵坊墙相隔，这就表明高昌佛教不可避免地要与世俗社会进行接触和交涉。因此，当我们处在国家治理的视域之下去审视高

---

① 杜斗城等：《高昌王国的民族和人口结构》，《西北民族研究》1988 年第 1 期，第 80～86 页。
② ［日］小田义久：《大谷文书の研究》，法藏馆，1996，第 173～200 页。

昌基层社会的运行逻辑，高昌政权要采取何种方式和制度来保证僧俗双方交涉中的共同利益，就成为了当时社会中亟待解决的问题，而契券文书的出现与通行刚好为其提供了根本保证。

高昌百姓在日常生活中常以契券为凭，通常"契券"二字可以拆分，麹氏高昌国以前称"券"，以后称"契"。一件完整的契券文书包含有具体时间、交易金额、商品数量、违反规定的处罚、双方画押签名等内容。契券通常一式两份，两者背部可以相互重合，即契合为凭。早期仅有一份由买主保存，后期交易双方各执一份，各自承担约定的义务。高昌国时期，订立契券可列为官府中的"八事"之一，目的是"听买卖以质剂者，有人争市事者，则以质剂听之"①，如遇纠纷以契券为凭，说明契券要得到基层社会和官方的双重承认后才能够流行于世，《高昌延和十二年张相憙等三人边雇人岁作券》记载："四主和同立券，□□之后，各不得返悔，々者□□□□□悔者"②，可见此时的契券已经不只是民间习惯法，而是具备了正式法律效力的文书。

不仅如此，高昌统治者也会通过订立契券的方式给予寺院财产以强制性的保护。统治者施舍土地建造佛寺是自北凉高昌时期开始的传统，《凉王大且渠安周造寺功德碑》就记载了沮渠安周资助建设高昌城中的一座佛寺，外加出资抄写了四部佛经的事迹。高昌国中后期，家族势力出资建设佛教寺院的情况更加普遍，其中《麹斌造寺碑》就充分反映了当时的社会现状，此碑建于延昌十五年（575），立碑之人麹亮是高昌国的核心官员，此时正担任新兴县令。碑阳《高昌新兴令麹斌芝造寺施入记》记述了其父麹斌在二十年前施舍土地和宅院来建造寺院的经过，碑文用很长的骈体文序来歌颂和纪念麹斌所做的功德。碑阴《高昌绾曹郎中麹斌造寺铭》正是他施舍土地时所立的契券，而碑阳《施入记》第16至19行记载：

（前略）

16 亡魂、宗眷往魄、皆越三途、游神□界、面圣餐音、获苦提果。

---

① （清）沈家本撰，邓经元、骈宇骞点校：《历代刑法考》，中华书局，1985，第823页。

② 唐长孺主编：《吐鲁番出土文书》第4册（录文本），文物出版社，1983，第156页。

身及亲属、壹切群生、普蒙斯庆、永保来祥。后若有

17　不肖子孙、内姓外族、依倚势力、□侵寺物。及寺主不良、费用非理。令千载之福、断于当时、斋餐僧供、绝于一

18　人。罪衅之科、如经诚言。兼以□□罚黄金廿斤、十斤入时主、十斤入寺。罚负既竟、施意如故。□□道众、流慈

19　圣上、降惠贤僚良佐、赐署一□，令取验当时、传证后代。福报之弘、岂不伟欤。弟子麹就艺和南敬白。①

（后略）

麹斌将个人土地捐赠给寺院，并强调不论是本家族子孙或其他外姓家族的成员，都不允许侵吞寺院财产。为了避免寺院集体财产的流失，进一步确立契券的神圣性与法律效力，作为佛教信徒的麹斌在立碑之时邀请了众多僧尼前来见证，高僧大德有"上坐，中坐，下坐。毗尼都学问斋主愿泰典录，维那，弘道都学问斋主。法师维那"等释门领袖。根据碑文结尾所列出的名单，作为国家高官的麹斌还邀请了高昌王等世俗成员前来共同作证，高昌工麹宝茂，右卫将军、高昌令尹麹乾固等官员悉数在列。据此可知，造寺立碑不仅是麹斌的个人行为，高昌王的亲自出席意味着这份碑契受到了国家政权的强力保护，契券本身被赋予了神圣的法律效力。而寺院内的三纲属于聘任制，僧官对寺院财产只有管理权而无决定权，寺产的管理与分配仍由所在家族来加以决定。

二、 高昌僧俗交涉中的诉讼演变

中古高昌时期涉及僧俗两界的诉讼活动中，绝大部分都是订立有契券文书的民事类案件。契券文书中经常出现固定化的表述，如《高昌道人真明夏田券》："二主先和，后为卷要，卷 成 之 后 □□□□"②，《高昌夏某寺葡萄园券》："二主和同□□□□□□□□得返悔，悔者□罚二人不悔

---

① ［日］池田温著、谢重光译：《高昌三碑略考》，《敦煌学辑刊》1988 年第 1~2 期，第 151 页。
② 唐长孺主编：《吐鲁番出土文书》第 3 册（录文本），第 108 页。

者"①，这类契券的行文表述大致相同且至少说明了两个问题：一是僧尼群体已经广泛参与到世俗社会经济活动中，与寺院经济相关的文书也多使用契券的方式作为中介保障。二是出土的各类契券文书表明，"和""和可""和同"等词汇被广泛使用于各类契券结尾的格式套语，指交易双方协商达成一致，立契者务必要遵守契券条款，寺院僧尼也概莫能外。"人从私契"虽然成为了高昌社会中僧俗两界的基本共识和恪守准则，但寺院日常活动中并非所有的事务都要订立契券。特别是当寺院与僧尼之间的矛盾无法在僧团内部调和之时，双方直接诉诸国家公权力机构的案件也时有发生。

僧尼向官府提请诉讼的过程中产生有两种形式的分野，既有订立了契券的诉讼案件，也有未订立契券的情况。前者多是与经济活动相关的民事纠纷，后者集中为其他类型的纠纷。同时，不论僧俗诉讼的主体有何种差别，所有契约关系首先要得到国家政权的认可。当僧俗群体围绕经济问题发生纠纷时，根据诉讼主体的差异有不同的处理方式。若产生纠纷的一方为寺院中的某位僧尼，应当由其个人独立承担相应责任。如果涉及寺院的集体财产，通常是由寺主作为寺院的法定代表人对外进行交涉。根据高昌佛教寺院三纲的职能分配，寺主的责任和职能之一正是代表并维护本寺院的集体利益，僧寺或尼寺均一视同仁，② 如《唐贞观十四年西州高昌县弘宝寺主法绍辞稿为请自种判给常田事》记载：

1　贞观十四年十二月廿七日，弘宝寺主法绍辞：

件亩数

2　前判得附庸上常田，为作弘宝寺田业。

运粪着田中，并斫田竟。

3　以充僧供养。今时量官田家不与。乞索

4　作寺名，寺家自种。请以谘陈，请裁，谨辞。

5　上坐　　　寺主　　　都维那　　　寸辞③

---

① 唐长孺主编：《吐鲁番出土文书》第2册（录文本），文物出版社，1981，第336页。

② 张重洲：《吐鲁番地区尼僧初探——以高昌国及唐西州为例》，《甘肃广播电视大学学报》2016年第5期，第19页。

③ 唐长孺主编：《吐鲁番出土文书》第4册（录文本），第46页。

这是一件因未履行契约条款而提起民事讼词的文书。根据判文可知，引起纠纷的原因在于这块土地曾被官府判为寺院的附庸常田，土地上的收成被充作弘宝寺的日常开销，但供应寺院和僧尼的官田户却不向寺院缴纳田租。故而寺主法绍代表寺院向官府提起了诉讼，要求官田户按时向寺院缴纳租赋，收回土地的实际经营权并改由寺院自主耕种。寺主法绍合法占有和经营这块土地的依据，正是官府之前所判发的具有法律效力的"判文"。

僧俗两界向官府提起的诉讼中还有大量非经济活动，这些活动一般都无需订立纸质契券。诸如晋唐时期寺院中普通僧尼要受到上层僧尼的驱使，上层僧尼欺压下层僧尼、沙弥的事情屡见不鲜，寺院中"案摩身体，擘叠衣裳，或时扫拭房庭，观虫进水，片有所作，咸皆代为"① 的服务工作都需要下层僧尼和沙弥来加以完成，戒律中甚至规定上层僧官可以对下层僧尼施以刑罚。高昌国虽然地处西域绿洲，但戒律制度及僧团生活与中原地区无异，而出土文书中的记载则可以为我们还原真实的寺院生活。哈拉和卓第 96 号墓出土的《北凉真兴某年道人德受辞》中记载了一位普通僧人向官府状告僧官维那之事：

（前缺）

1 ☐☐☐☐ 应甘心。然

2 受素自贫薄，岂可自活。为维那

3 所逼，无 ☐☐☐

（中缺）

4 ☐☐☐ 可当使

5 圣上获无穷之福。恩☐之诚，事

6 ☐ ☐☐☐☐ 今为维那所

7 道人德受　　正月十五日上

8 户曹张万　道允道人法

9 真兴　☐☐☐②

① （唐）义净撰：《南海寄归内法传》卷三，《大正藏》第 54 册，第 222 页。
② 唐长孺主编：《吐鲁番出土文书》第 1 册（录文本），文物出版社，1981，第 71~72 页。

文书虽然只有寥寥几句，却勾勒出一个完整的诉讼案件，即僧人"德受"向官府提交诉状控诉当寺维那的压迫。道人德受自称生活"贫薄"，很明显是属于寺院中地位较低、经济情况较差的僧人，相比僧官"维那"则是寺院三纲之一。通常僧官和僧众的矛盾首先会在寺院和僧团内部加以解决，无须诉诸世俗政权。反之，当僧官和僧众的矛盾无法调和之时，普通僧尼也会主动寻找世俗政权以维护自身权益。

文书结尾处户曹张万的签名表示官府受理了此件上诉文书，本件后部记有大写的"可"字也预示官府对此案作出了判决。从判决结果来看官府并没有支持寺院维那，反而是站在了普通僧人德受一方。尽管高昌佛教受到了家族势力和国家政权的双重控制，但家族寺院聘用僧官的根本目的是管理寺院日常事务。前文《麹斌芝造寺施入记》中"不肖子孙、内姓外族、依倚势力、□侵寺物、及寺主不良、费用非理"① 的规定已经强调了公共财产的不可侵犯，维那压榨僧徒德受致使其愈加贫薄，这种看似是个人中饱私囊的行为，实质却损害了家族寺院的集体利益。因此，维那虽然是寺院僧官，但官府却选择支持普通僧尼的诉求。国家政权向寺院和僧团建立的诉讼机制，为寺院中下层与上层之间提供了解决矛盾的渠道，也是为了限制上层僧尼的过分举动，实质是防止和制约其损害家族和国家利益，这也解释了一位普通僧人为何有胆量直接状告寺院僧官的原因。

僧俗两个群体在法律方面的交涉不仅体现在现世，甚至出现在中古时期高昌地区的冥诉之中，据《冥讼文书》记载："缘禾二年十月廿七日，高昌郡高宁县都乡安邑里民赵货辞：行年卅，以立身不越王法，今横为叔琳见状枉死，即就后世，衔恨入土。皇天后土，当明照察；盐罗大王，平等之主，愿加威神，召琳夫妻及男女子孙检校。冀蒙列理，辞具。"② 这份冥讼文书记载了原告赵货被叔叔赵琳告到官府，赵货来到冥界后向阎罗王提起诉讼的事情，冥讼中的情节是套用了阎罗王地狱审判的佛教故事。文书中的"就后世"一词是典型的佛教用语，常见于魏晋十六国时期的佛教典籍之中，如《六度集经》记载："佛以天耳遥闻诸比丘讲议非常无上之

① ［日］池田温著、谢重光译：《高昌三碑略考》，《敦煌学辑刊》1988 年第 1～2 期，第 151 页。

② 荣新江、李肖、孟宪实主编：《新获吐鲁番出土文献》，中华书局，2008，第 171 页。

谈，世尊即起至比丘所，就座而坐，曰：属者何议？长跪对曰：属饭之后，共议人命恍惚，不久当就后世。"① 其中，"就后世"表达的正是死亡的含义，证明佛教思想已深入至高昌百姓的日常生活。佛教思想和相关的灵验故事极大地影响了高昌国百姓的生死观，冥诉文书正是佛教世俗化和僧俗交涉的真实体现。

总之，高昌社会中僧俗间的关系异常紧密。官府诉讼案件既有僧尼个体的行为，也有佛教寺院整体性的诉讼。尽管诉讼的主体有所不同，但诉讼双方的最终目的都是为了寻求国家强力机构的判决，从而支持自身利益诉求。随着丝绸之路贸易和高昌寺院经济的发展，僧俗交涉的关注点愈发集中在经济案件方面，以寺院诉讼为主体的案件普遍多于个人纠纷。同时，寺院和僧团内部虽然有僧规戒律予以管理，但家族势力和世俗政权始终控制着佛教势力的发展，故而僧俗矛盾和纠纷的最终裁判机构都是世俗国家政权。

三、 高昌法律文书中的僧俗角色

中古时期高昌社会中所流行的契券是具有法律效力的文书。虽然僧人的署名经常出现于契券文书的结尾处，却并非都是以控辩双方的角色出现。一件完整契券文书的结尾部分，首先是由"清书"或"倩书"人代笔并署名，然后由立契双方署名或"画指为信"，最后由"知见"或"时见"人共同构成。从现存出土文书来看，僧尼群体不仅以代笔者的身份参与其中，还经常在契券中担任了"时见"或"知见"的角色，甚至还充当起了保人的角色，以多种方式署名留存于出土文书之中。

高昌地处丝绸之路北道要冲，自汉代以来一直是丝路贸易的必经之地，商品经济的发达加速了各类社会活动的进程，因此社会各阶层对书写契券文书有着大量需求。而在知识文化水平和纸质文本稀缺的中古时期，书写契券往往需要由他人执笔，代笔而书逐步演变为专业化、程式化的活动。作为具有较高知识水平的僧尼恰好成为了代笔的最佳群体，进而间接

① （吴）康僧会译：《六度集经》卷八，《大正藏》第 3 册，第 49 页。

参与到世俗社会的日常活动当中。例如《高昌延寿五年赵善众买舍地券》记载："延寿五年戊子岁三月十八日，赵善众从得逈伯、范庆悦二人边□□□□□□清书道人酉□。时见范□□。临坐张师□。"① 这份由僧人书写的买舍契中交易双方均为俗人，但此件舍地券的执笔人却是"道人酉□"。吐鲁番出土文书中先后出现过名为"酉护""酉贤""酉英"等僧尼名，据此推测"酉□"应当为僧人身份。另外，"倩"有邀请之意，即专门写契券之人。交易双方邀请僧人书写契券一方面是"道人酉□"本身具有较高的知识水平，另一方面更是出于对佛教僧侣的信任。买主"赵善众"也不排除是一位佛教信徒，故而才邀请寺院僧侣来担任保人。同比其他完全由俗人参与的契券文书，也经常会出现邀请僧人来执笔代写的情况，此处仅就部分契券的结尾枚举如下：

部分出土文书枚举	文书结尾"倩书"者
高昌延昌廿二年康长受从道人孟忠边岁出券②	时见 倩书道人法慈
高昌延昌二十八年赵显曹夏田券③	□ 书 道人道收
高昌残券④	倩书道人法贤
高昌延寿元年张寺主赁羊尿粪刺薪券⑤	□自署名为信。清书 法岳师。 时 见 德取师
高昌延寿六年赵明儿夏田券⑥	倩□ 道人 □□
高昌□污子从麹鼠儿边夏田、鼠儿从污子边举粟合券⑦	倩书索僧和。□□□□□ 僧
高昌某人从寺主智演边夏田券⑧	倩 书 □□师

① 唐长孺主编：《吐鲁番出土文书》第 3 册（录文本），第 243~244 页。
② 唐长孺主编：《吐鲁番出土文书》第 1 册（录文本），第 192 页。
③ 唐长孺主编：《吐鲁番出土文书》第 2 册（录文本），第 302 页。
④ 唐长孺主编：《吐鲁番出土文书》第 2 册（录文本），第 304 页。
⑤ 唐长孺主编：《吐鲁番出土文书》第 3 册（录文本），第 205 页。
⑥ 唐长孺主编：《吐鲁番出土文书》第 5 册（录文本），文物出版社，1983，第 136 页。
⑦ 唐长孺主编：《吐鲁番出土文书》第 5 册（录文本），第 158 页。
⑧ 唐长孺主编：《吐鲁番出土文书》第 5 册（录文本），第 159 页。

部分出土文书枚举	文书结尾"倩书"者
高昌□延怀等二人举大小麦券①	倩书道人法贤
高昌价善赁舍残券②	倩书 道人酉海

根据上表可知在中古时期的高昌契券文书中，契券书写的风格与格式基本保持固定不变。无论契券本身是否与佛教寺院相关，"倩书道人"一词已成为标准化的书写用语。僧尼群体"倩书"的传统具有极高的稳定性，以《唐贞观十八年张阿赵买舍契》中所提到的僧人"法贤"为例，僧名"法贤"同样出现在前朝文书《高昌□延怀等二人举大小麦券》之中，推测两者很可能是同一人。这也说明即使在区域政权发生更迭的大背景下，高昌基层社会中僧尼书写契券的行为依然被延续下来，由此更能证明僧尼群体在书写文本方面所承担的重要角色。

前文《赵善众买舍地券》中还出现了"时见"一职。"时见"在部分文书中或可称为"知见"，意为当时订立契券的目击者和证明人。"时见"最初由汉代契券文书中的"旁人"演变而来，目的是双方一旦产生纠纷，目击证人可以凭借第三方的身份予以证明，这对案件的判罚可以起到关键作用。高昌立国前后的多件随葬衣物疏中还出现了借用神祇作为见证者的情况，《西凉建初十四年韩渠妻随葬衣物疏》记载："时见左 青 龙，右白虎。书物数：前朱 雀 ，后玄武"③，《北凉缘禾六年翟万随葬衣物疏》同样记有："时见左 青 龙，右白虎，前朱雀，后玄武。"④ 随葬衣物疏是冥界内通行的法律文书，对比现世的契券文书中仍是以人为中心的"时见"。僧俗双方均可担任"时见"或"知见"，如在《高昌延寿四年赵明儿买作人券》《高昌延寿五年赵善众买舍地券》等文书中多为俗人担任。当涉及寺院之时会出现僧俗随机搭配的情况，《北凉承平五年高昌道人法安、弟阿

---

① 唐长孺主编：《吐鲁番出土文书》第3册（录文本），第42页。
② 唐长孺主编：《吐鲁番出土文书》第2册（录文本），第312页。
③ 唐长孺主编：《吐鲁番出土文书》第1册（录文本），第15页。
④ 唐长孺主编：《吐鲁番出土文书》第1册（录文本），第177页。

奴举锦券》结尾："倩书道人护。时见，道智 惠 ，承安"①，僧名"智惠"还曾在《高昌僧义迁等僧尼得施财物疏》中出现过两次，能够佐证"智 惠 "身份是僧人，这里担任的正是"时见"一职。

此外，部分僧人还在契券文书中充当了保人的角色，保人也是由汉代契券文书中的"任者"演变而来。保人为交易双方作保，还要对契约负连带责任，一般多选择家庭成员或宗族成员担任。若一方不履行责任或义务时，需要由保人代偿，这就要求保人不仅要与被担保人关系密切，还要在社会中具有一定的声望和经济实力。高昌早期契券文书《义熙五年道人弘度举锦券》记载："倩书道护。若弘度身无，仰申智偿"②，契券中会直接标注债务由某人代偿，即如果僧人"弘度"出现了死、走、逃、亡，或不能按时履行债务的情况，"弘度"的债务则全部由"申智"偿还。因此，如何判定"申智"的身份就成为了关键，"申智"一名曾出现于《高昌樊寺等寺僧尼名籍》和《高昌僧义迁等僧尼得施财物疏》两件文书当中，均印证了其僧人的身份。据此推测这是一份僧人之间相互作保且得到了世俗社会交易法则认可的文书。

随着契券文书格式的不断完善，我们发现在文书结尾"时见"之后还记载有"临坐"一职。学术界对于"临坐"的职能长期无法判定，③ 或认为其等同于"时见"，④ 即担任见证者的角色。《高昌价善赁舍残券》记载："▢▢▢道▢赵寺▢▢▢▢价善病死，罚致▢▢▢▢得病，不得听上坐▢。倩书 道人西海。时见范名愿。临坐范师智海、范善熹。"⑤ 文书中出现的"道▢赵寺"说明涉及某所寺院。倩书者"道人西海"的姓氏不明，"倩书"与"时见"各有一人，"临坐"有两人且均为范氏家族的成

---

① 唐长孺主编：《吐鲁番出土文书》第 1 册（录文本），第 181 页。

② 唐长孺主编：《吐鲁番出土文书》第 1 册（录文本），第 189 页。

③ 陈国灿只指出了"临坐"一职的增设，未进一步解释其具体职能。参见陈国灿《对新疆博物馆新集高昌券契的认识》，《魏晋南北朝隋唐史资料》第 27 辑，武汉大学文科学报编辑部，2011，第 549 页；黄正建虽然没有解释"临坐"的职能，却提出了"临坐"之职不必然有，并认为可以根据"临坐"一词判定其时年代为麴氏高昌时期的文书。参见黄正建主编《中国古文书学研究初编》，上海古籍出版社，2019，第 11 页。

④ 冻国栋：《麴氏高昌"遗言文书"试析》，《魏晋南北朝隋唐史资料》第 23 辑，武汉大学文科学报编辑部，2006，第 191 页。

⑤ 唐长孺主编：《吐鲁番出土文书》第 2 册（录文本），第 312 页。

员，其中"范师智海"的姓名印证了其僧人身份。如果按照"时见"等同于"临坐"的职能进行解释，以上范氏家族的内部成员理应回避，否则交易双方一旦发生纠纷，同族之间极易出现互作伪证的情况。反之若将"临坐"理解为保人的角色，邀请宗族成员共同作保不仅符合立契程序，还能够极大增加契券本身的抗风险能力，实质是家族共财的一种反映。同时，根据契券价值的高低邀请不同的人数来参与作保，可以进一步分散契券的责任和风险，故而在《价善赁舍残券》中僧俗两界合力为此件契券作保才成为可能。

需要说明的是，僧尼群体充当保人的情况总体较为少见。高昌国时期契券制度的发展并不完善，契券数量和交易范围也远不及唐西州时期。高昌国时期僧尼作为担保人的主要义务是担保买卖的物品属于卖方所有且可以交易，所承担的责任范围非常有限，只有当出现了上述的极端情况之时才会出现褫夺、偿还财产的情况。"保人"的表述明确出现于唐西州时期，甚至还出现了"保见"的称谓，即将保人和见人的职能合二为一。这里仅以此说明僧尼群体曾以多种方式广泛参与至世俗活动之中，僧俗群体在高昌社会中同居共存，双方合力维持了社会的运转与平衡。

结　语

中古时期的高昌社会中，具有法律效力的契券文书是僧俗群体往来交涉的基本保障，历代国家政权也均为其赋予了不可侵犯的神圣价值。"官有政法，人从私契"作为高昌社会的习惯法准则，得到了僧俗两界的共同承认和遵守。高昌官府中的诉讼活动多是以经济事务为主的民事类纠纷，佛教与世俗社会之间既有订立契券的诉讼，也有非订立契券的诉讼。同时，佛教自身的矛盾与纠纷也逐渐从僧团内部走向了僧俗生活的社会共同体之中，转而主动寻求世俗政权的裁决与判罚。高昌僧俗群体共同出现于以契券为代表的法律文书之中，僧尼群体在其中扮演了代笔者的参与角色，还兼任了"时见"或"知见"的见证人角色，甚至作为"临坐"或"保人"直接负起了连带的法律责任。民间"私契"与国家"政法"共存于高昌绿洲社会，构成了中古时期僧俗互动交涉的生动案例。

《中国古代法律文献研究》第十七辑

2023年，第041~054页

羁縻何义？前唐羁縻州郡属性与
地方治理模式再探[*]

方金平[**]

摘　要： 唐高祖曾于安抚四方内附部落时谓："怀柔远人，义
在羁縻"，随后唐廷逐渐发展出一套后世称为"羁縻州"的统治制
度。然而"羁縻"在唐代时空之下究竟何义，恐怕不易厘清。今日
无论中外学人，一般都将之理解为中原王朝针对非汉族群所设的华
夷分治制度。然而考诸信史及各出土文献，唐廷实际上同时将大量
异族如粟特收入正州郡县，视同编户，然则正州与羁縻州郡之间的
分野或未如一般理解的简单。一般羁縻制度的研究都只集中于其州
郡本身，本文乃将之与前唐吸纳非汉族群的正州一同讨论，在更广
阔的视野及脉络下，重新细读太宗朝有关羁縻州设置之朝议论述，
指出当时朝廷之所以广设此等州郡，系在于管理无法融入正州均田
制体系的百姓。前唐之羁縻州郡于是亦可视为一特殊的经济作业区
域及税收单位。如此一来，不单可以在民族分治的框架以外，重新
理解羁縻制度，甚至可以回头检视前唐"帝国"运转的理路。

关键词： 唐代　羁縻州　粟特　华夷秩序　边疆制度

---

* 本文承蒙黄承炳及赵晶教授赐教而修改成篇，在此一并致谢。

** 耶鲁大学东亚研究博士后研究员。

引　言

中国古代的地方治理一直都是"一国多制"，务求以弹性及灵活的手腕统御国内各种不同背景的人群。尤其在帝国扩张的时代，朝廷既在四方征伐之际不断吸纳各种群体，则更是需要发展不同的制度来加以管理。在唐宋之世，所谓"羁縻州府"的制度就成为中原王廷对非汉族群统治的标志而备受学人关注。考诸今日中外对该制度的通论，大抵都视之为一族群分治系统，即是针对帝国治下的非汉族群而发展出的一套有别于治汉人的行政规划。比如各历史辞典及百科全书就形容羁縻州府为一"唐宋时在周边少数民族内附部落中设置的地方行政单位"①，为"古代封建王朝对周边少数民族推行的统治政策"② 或是"支配异族的一种方法"（异民族を支配する一方法）③。在一英文的中国中古史辞典中，羁縻州府更是直接被指为唐朝的"非汉族领地及行政区域"（non-Han territories and administrative areas）④。

这种表述本身并无问题，毕竟羁縻州府的属民基本上都是非汉人群，这些州府确也是设于其人之上的行政单位，亦是中原王朝所推行的一种政令。然而若从更广阔的历史脉络来理解，该等州府是否就是针对族群的非汉身份而建立则未尝不可议。正如下文所指，前唐朝廷在建立羁縻州的同时，亦将大量非汉族群置于正州县内。例如原来自北朝以来得为自治的粟特群体都被瓦解而被正州吸纳，与汉人一样成为一般百姓。唐廷亦有在新

---

① 中国历史大辞典历史地理卷编纂委员会编：《中国历史大辞典：历史地理卷》，上海辞书出版社，1996，第 1030 页。

② 赵文润，赵吉惠编：《两唐书辞典》，山东教育出版社，2004，第 345 页。相类的表述尚可见俞鹿年《中国官制大辞典》，黑龙江人民出版社，1992，第 838~839 页；丝绸之路大辞典编委会《丝绸之路大辞典》，陕西人民出版社，2006，第 159 页。

③ ［日］京大东洋史辞典编集纂会编：《新编东洋史辞典》，东京创元社，1980，第 199 页，近日日语网络上的表述也类似，见《日本大百科全书》，"羁縻政策"（金子修一）条：https://kotobank.jp/word/%E7%BE%88%E7%B8%BB%E6%94%BF%E7%AD%96 - 51431；2022 年 11 月 4 日。

④ Victor Xiong, *Historical Dictionary of Medieval China*, Lanham, Md.: Scarecrow Press, 2009, p. 254. 相类的形容也可见 Charles Hucker, *A Dictionary of Official Titles in Imperial China*, Stanford, Calif.: Stanford University Press, 1985, p. 132.

征伐而来的非汉族领土设置正州。其实，细考唐廷议论羁縻州建置的话语可见，当初迫使朝廷大量设立羁縻州的关键原因是要照顾世事游牧、不作农耕的突厥降民。其时朝议真正关注的并不是其异族文化及身份，而是其生产作业方式无法被编入正州所行的均田体系。然则，该种州府的建置基础就不确切是非汉族群的异族身份而是其另类的经济生产模式。本文集中讨论前唐——尤其北方——的正州非汉族群与羁縻州府，惟求抛砖引玉，引起未来对其他时期及地域羁縻州府的反思。如此一来，我们或能重估族群身份于帝国制度的重要性。

一、 前唐正州县内的非汉族群

首先，在经历魏晋以来数世纪的分裂与异族入侵，中原在唐朝建国之际已然有大量非汉人群入居，以至正州县内都有不少异族。其中粟特人（Sogdian）的踪迹尤为瞩目。粟特者，系源于古伊朗以及乌兹别克斯坦一带、古称粟特亚那（Sogdiana）的中亚族群。其人聚居绿洲，或事农耕，尤务商业，在中亚以至东南欧希腊等地贸易，建立广大的经贸网络。自东汉末年以来，不少粟特人群亦陆续迁移中土，将其网络扩展至中国。① 而为保障其在此长远距离的贸易安全，其商旅亦多发展自身的武装军备，具一定程度的军事实力，并不时卷入中原的政治风波。② 在三国时期，即有粟特军旅被诸葛亮（181~234）征召而参与北伐的记载。③ 及至唐代，亦有粟特军人参与太宗（626~649 在位）的玄武门之变。④ 凭借此商业及军事力量，粟特人在中原各地建立不少聚落。石见清裕就有据各

---

① Etienne de la Vaissière, *Sogdian Traders: A History*, trans. James Ward, Leiden; Boston: Brill, 2005, pp. 13~42.

② 正如石见清裕总结近年的粟特研究所指，过去学界都集中于粟特人的商业活动而只视之为一商业族群。惟近年出土的粟特武人墓志显示出从前鲜有提及的军事力量。见［日］石见清裕《ソグド人墓誌研究》，汲古书院，2016，第388~394页。

③ ［日］森部丰：《ソグド人の東方活動と東ユーラシア世界の歴史的展開》，关西大学出版部，2010，第27~30页。

④ ［日］山下将司：《唐の太原挙兵と山西ソグド軍府：「唐・曹怡墓誌」を手がかりに》，《東洋学報》2012年第4期，第31~59页；王永平：《粟特后裔与太原元从——山西汾阳出土唐〈曹怡墓誌〉研究》，《山西大学学报》2019年第4期，第27~36页。

传世文献以及出土墓志，作了以下地图展示北朝末年以至唐初，可考的粟特聚落分布：

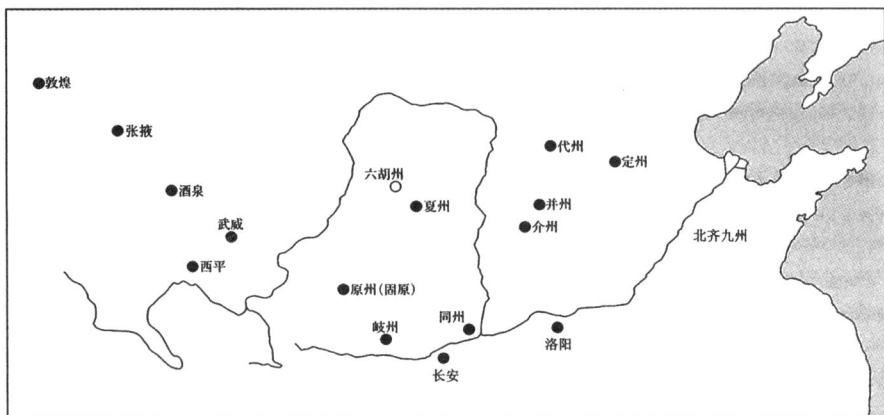

图1 北朝末至前唐可考的粟特聚落①

由此可见，粟特人的聚落在前唐之世已然深入黄河流域的腹地，绝不止居停边疆。其中长安与洛阳为唐朝皇都，历来都有各色异族显贵聚居，自无足怪。而敦煌及武威一直是前唐粟特人在华重镇。原州亦已发现不少北朝至唐初的粟特墓葬，是另一重要聚落。至于夏州是另一据点，直至前唐仍有不少粟特人以夏州作其籍贯。并州也有唐代粟特人的墓志出土。介州则不仅有北朝末年的粟特墓葬出土，且直至北宋仍有祆神庙。祆教（或曰拜火教，Zoroastrianism）为粟特人崇奉，其神庙多说明粟特聚落的存在。②

在北周以至隋代，这些粟特聚落大多为部族自治。朝廷任命各地的族内领袖为"萨宝"（或萨保）以管理聚落，成为毕波所形容的"法定"部族小区。而萨宝之位多为世袭，相当类似日后的羁縻州县。③ 不过，正如

---

① ［日］石見清裕：《ソグド人墓誌研究》，第386页。

② 以上各粟特居地详见荣新江的考证：《北朝隋唐粟特人之迁徙及其聚落补考》，氏著《中古中国与粟特文明》，生活·读书·新知三联书店，2014，第22~42页。

③ 毕波：《中古中国的粟特胡人：以长安为中心》，中国人民大学出版社，2011，第70页。亦可参荣新江《北朝隋唐粟特人之迁徙及其聚落》，氏著《中古中国与外来文明》，第37~53页。

荒川正晴所指，唐朝建国后就不再在地方任命萨宝，变相以州县地方官管治各粟特聚落，废除了各地粟特聚落的自治权。① 而其聚落就如荣新江所谓的"乡里化"，成为正州乡里下的一般编民。② 据敦煌及吐鲁番出土的户籍文书所示，处于正州治下的粟特人即如普通汉民一样，于均田制下分获田土，并须在租庸调制下缴纳税项以及贡献力役。③ 值得注意的是，虽然同为正州编民，不少粟特人都保有鲜明的族群特色而未被完全汉化。池田温对于 8 世纪敦煌从化乡的户籍文书研究就表明，在不少粟特人已改用汉人风格名字（如英贤、令钦、令章等）的同时，许多族民仍以粟特语为名（如伏吐忿、忽娑、阿铠等）。④ 简言之，正州内实在治有不少非汉民人。

与此同时，唐廷在征服新领土之际，对于一些异族地区亦未必建置羁縻州。如唐在贞观十四年（640）攻灭高昌之后，即于其地改置正州，作直接管治。虽然高昌国初为汉人于 4 世纪所建，然而其地处今日吐鲁番，为丝路交通重镇，尔来即有不少异族杂居。事实上，麹氏高昌之王室本身就可能是匈奴之后；⑤ 国民亦杂有粟特、突厥、铁勒诸族人。⑥ 其国内虽通汉文，但亦"兼用胡书"；即使习《毛诗》《论语》《孝经》，而"皆为胡

---

① ［日］荒川正晴：《北朝隋·唐代における「薩寶」の性格をめぐって》，《東洋史苑》，1998，第 164~186 页；《ユーラシアの交通·交易と唐帝国》，名古屋大学出版会，2010，第 340~343 页。

② 荣新江：《从聚落到乡里——敦煌等地胡人集团的社会变迁》，载高田时雄编《敦煌写本研究年报》2009 年第 3 号，京都大学人文科学研究所，第 25~36 页。

③ 不少户籍的赋税及力役记录都见粟特人，姑举一例，如《天宝十载炖煌县差科簿》（Pel. Chin. 3559），载《法国国家图书馆藏敦煌西域文献》（第 25 卷），上海古籍出版社，2003，第 306~307 页。

④ ［日］池田温：《8 世紀中葉における敦煌のソグド人聚落》，载氏著《唐史論攷—氏族制と均田制—》，汲古書院，2014，第 49~92 页；另，有关中土粟特名字的研究，可参 Dieter Weber, "Zur sogdischen Personennamengebung" in *Indogermanische Forschungen*, vol. 77, no. 1（1972），p. 199；Yoshida Yutaka and Kageyama Etsuko, "Sogdian Names in Chinese Characters, Pinyin, Reconstructed Sogdian Pronunciation, and English Meanings", in de La Vaissière and Trombert, ed., *Les Sogdiens en Chine*, Paris: École française d'Extrême-Orient, 2005, pp. 305~306。

⑤ 李志敏：《关于麹氏高昌王族族属问题》，《西域研究》1998 年第 3 期，第 56~60 页。

⑥ 杜斗城、郑炳林：《高昌王国的民族和人口结构》，《西北民族研究》1988 年第 1 期，第 80~86、282 页；李志敏：《关于麹氏高昌王国主体居民族属问题》，《喀什师范学院学报》1999 年第 3 期，第 61~65 页；Valerie Hansen, *The Silk Road: A New History*, Oxford; New York: Oxford University Press, 2015, pp. 83~85。

语"。服饰上则"丈夫从胡法，妇人略同华夏"，可见系一胡汉相当混杂的国度。① 在各代所修的史书中，高昌国都被置于各"诸夷""西戎"或"夷貊"传中。② 而其处于中亚及中原列强之间，政治归属亦随各方势力的消长而摇摆。麹氏在唐建国初年曾入贡长安，与唐室亲善，后来却转而归顺突厥，而招致唐军的攻伐。③

由于此一复杂的背景，加之与唐朝腹地隔相当距离，在唐廷攻占高昌之后如何治理该地，亦为朝臣热议。保守派大臣就有以高昌为蛮夷之国而反对将之改置正州作直接统治。如褚遂良（596～628）谓"高昌，他人手足也。何必耗中华，事无用？"建议太宗如对治突厥及吐谷浑一样，立高昌为羁縻州间接管理。④ 褚氏所谓的损耗，魏徵（580～643）解释得很清楚，那是将帝国的直接管治远伸至当地后的高昂成本：若"以为州县，常须千余人镇守，数年一易，每及交番，死者十有三四……十年之后，陇右空虚""终不得高昌撮谷尺布以助中国"。⑤ 不过，基于高昌一地为进出天山、握控丝路的战略要地，太宗最后仍然坚持将其地置为正州。⑥ 由此可见，决定一地作直接或间接统治可以有各种相当复杂的考虑。当地人群的族属未必为决定性因素。

二、 羁縻州建置朝议

如此一来，前唐朝廷会在什么情况下决定建置羁縻州府的呢？唐代此类行政区域的设立，高祖（618～626 在位）一朝已有端倪。其武德元年

---

① 以上各引文见《周书》卷五十《高昌传》，中华书局，1975，第 914～915 页。
② 如《梁书》列高昌国于《诸夷传》中；《南史》列之于《夷貊传》；《旧唐书》列之于《西戎传》。
③ 见《旧唐书》卷一九八《高昌传》，中华书局，1975，第 5294～5296 页。
④ 见《新唐书》卷二二一《高昌传》，中华书局，1975，第 6223 页。
⑤ 《旧唐书》卷一九八，《高昌传》，第 5296 页。
⑥ ［日］嶋崎昌：《唐朝は高昌を討伐した原因は何ですか》，载《隋唐時代の東トゥルキスタン研究——高昌国史研究を中心として》，東京大学出版会，1983，第 81～112 页；王永兴：《唐灭高昌及置西州、庭州考论》，载氏著《唐代前期西北军事研究》，中国社会科学出版社，1994，第 106～119 页。

（618）已置燕州处靺鞨降人，并"以首领世袭刺史"，可谓早期的羁縻州。① 唐初朝廷在停止任命粟特萨宝的同时，又继续容许若干族群的领袖世袭自治，其原因何在？太宗贞观四年（630）有关如何处置突厥降民的朝议或许可带来线索。是年，唐廷击破东突厥，俘颉利可汗以归。而在边患一时得解之际，亦在边疆遗留数以十万的突厥降人，如何处置他们成为时政焦点，引起朝臣热议。由于朝议的结论是将各突厥部落广置羁縻州管理，由是奠定羁縻制度，其议论内容值得我们细考。

有关议论，《资治通鉴》的记载尤详，可资考察。据《通鉴》记述，朝议之上：

> 朝士多言："北狄自古为中国患，今幸而破亡，宜悉徙之河南兖、豫之间，分其种落，散居州县，教之耕织，可以化胡虏为农民，永空塞北之地。"②

也就是说，不少朝臣其实认为可将突厥族民归于正州县管理："散居州县"，即不立首领自治，是同编户；"教之耕织"，则是将降民纳入正州县内的均田系统。众所周知，前唐奉行均田制度，正州百姓皆分得田土耕织，以供赋税。因此若被编入正州，即须务农。于是《通鉴》将此举形容为"化胡虏为农民"，将突厥人由游牧民转化为农民。《旧唐书》在记述此朝事时，将相关意见载为"散属州县，各使耕田，变其风俗。百万胡虏，可得化而为汉"③。《资治通鉴》后出于《旧唐书》，却不取其"化而为汉"之言但改为"化胡虏为农民"，未知是否有参考前唐之朝廷记录。而中唐名相杜佑（735~812）所编之《通典》，就将之载为"百万胡虏可得化为百姓"④。不过，《通鉴》的演绎该是最能点出议题的核心。朝臣所议并不是空泛笼统的"用夏变夷"或"化而为汉"，更是在实际操作层面，讨论

---

① 见《新唐书》卷三十九《地理志》，第 1020 页。
② （宋）《资治通鉴》卷一九三《唐纪九·太宗贞观四年》，中华书局，2013，第 268 页。
③ 《旧唐书》卷六十一《温彦博传》，第 2361 页。
④ （唐）杜佑著、王文锦等点校：《通典》卷一九七《边防典·突厥上》，中华书局，1988，第 5414 页。

如何将突厥降民纳入帝国常规的地方行政体系当中；而在此"化胡虏为百姓"的过程中，将游牧人化为农民是重中之重。

对于此朝臣之言，朝议上各有论说。反对者亦有沿着传统"夷夏之防"的角度批评"散居州县"之不可。如魏徵秉持其一贯的保守立场，指"戎狄人面兽心，弱则请服，强则叛乱，固其常性"，要太宗顾及西晋末年胡族叛乱的历史教训，切勿将突厥移居中原腹地。① 夏州都督窦静（635卒）也作相类议论，认为"戎狄之性，有如禽兽，不可以刑法威，不可以仁义教……置之中国，有损无益"，朝廷应"假之王侯之号，妻以宗室之女，分其土地，析其部落，使其权弱势分，易为羁制"，即将之视同藩国，许以和亲，分其部落之后不作管治。② 魏氏及窦氏等言似乎不甚为太宗欣赏，朝议直至温彦博（574～637）之建言方息。温氏一方面仍觉突厥可教诲驯化，认为"孔子曰：'有教无类。'若救其死亡，授以生业，教之礼义，数年之后，悉为吾民"③，不过：

> 徙于兖、豫之间，则乖违物性，非所以存养之也。④

他亦反对将其人内迁至"兖、豫之间"，因此举措"乖违物性"。此"物性"所指为何同堪细味。温氏既认为对突厥人可"教之礼义"，他日可"悉为吾民"，则其所指显然并非笼统的"夷狄"之性。而最初朝臣既提议将突厥民迁至兖、豫是要"教之耕织"，则温氏此间所响应的当是"化胡虏为农民"一事，而"物性"就指游牧之性。温氏担心强行将游牧民改为农民，会破坏其传统的生产作业习惯，突厥一时或无法生养，因而"非所以存养之也"。于是他建议：

> 准汉建武故事，置降匈奴于塞下，全其部落，顺其土俗，以实空

---

① 《资治通鉴》卷一九三《唐纪九·太宗贞观四年》，第6269页。
② 《资治通鉴》卷一九三《唐纪九·太宗贞观四年》，第6269页。
③ 《资治通鉴》卷一九三《唐纪九·太宗贞观四年》，第6269页。
④ 《资治通鉴》卷一九三《唐纪九·太宗贞观四年》，第6269页。

虚之地，使为中国扞蔽。①

同样地，此"土俗"应指其游牧生业习俗，容许其留在北方的草原继续畜牧，而不必被强迁内地耕地而改变其经济生产模式。太宗最后采纳温氏之议，"分突利故所统之地，置顺、佑、化、长四州都督府；又分颉利之地为六州，左置定襄都督府，右置云中都督府，以统其众"②。此后，唐廷在领土扩张之际如温氏之策大量建置羁縻州府，使之成恒常制度。因此，虽然此前唐廷已容许如燕州等若干边地"以首领世袭刺史"，但日后《新唐书·地理志》乃以"唐兴，初未暇于四夷，自太宗平突厥，西北诸蕃及蛮夷稍稍内属，即其部落列置州县"等言追述唐代羁縻制度之始。

简言之，唐廷之所以决定建置羁縻州以统御突厥降民，并非出于传统思路下的"夷夏之别"。不少朝臣当初尤其觉得可以迁突厥入正州，"化胡虏为农民"，未觉得有何不可。事实上，唐廷同时既已瓦解粟特之自治聚落于正州县，该番朝臣建言可谓正常不过，因此最初甚至是主流意见（《通鉴》记之为"朝臣多言"之见）。魏徵及窦静等人持"夷夏之别"反对吸收突厥降民，恐怕是朝中少数。而及后温彦博亦未有从根本上反对吸纳突厥民人，不过系考虑到其游牧生产方式而需另有管治制度而已。换言之，太宗及温彦博之置羁縻州县，是要安顿无法编入正州均田制体系的非农耕族群。其异族经济生产的不同才是前唐羁縻制度恒常化的基础。由此观之，亦可明了大量粟特的自治聚落终为唐室瓦解的原因：粟特人虽尤重经贸但亦务农，无论在其中原以至粟特亚那旧地均事耕作，因此并不似突厥一样难以被编入正州体系。③ 同样，高昌虽然胡汉混杂，但其本身亦主事农耕，国家赋税收入亦以农作为主，唐廷在技术上亦不难将之纳入正州均田体制。④ 而且的确，吐鲁番出土文书亦表明，唐廷于攻占高昌改置西

---

① 《资治通鉴》卷一九三《唐纪九·太宗贞观四年》，第6269页。
② 《资治通鉴》卷一九三《唐纪九·太宗贞观四年》，第6269页。
③ Etienne de la Vaissière, *Sogdian Traders: A History*, pp. 105~106.
④ 卢开万：《试论麴氏高昌时期的赋役制度》，载唐长孺编《敦煌吐鲁番文书初探》，武汉大学版社，1983，第66~99页；杨际平：《麴氏高昌赋役制度管见》，《中国社会经济史研究》1989年第2期，第79~87页。

州后不久，即在当地均田授土，同时将异族百姓注册为正州编户。①

三、 作为特别税收区域的羁縻州府

基于上述观察，我们甚至可以视部分羁縻州为一特殊经济及税收区域。关于唐代的羁縻州府是否需要纳税，向来备受争议。此争议源于《新唐书·地理志》指该等州府"贡赋版籍，多不上户部"。然而谭其骧早已指出，此句有一"多"字，即不在述说绝对情况，而且亦有相当之羁縻州县有纳税的记录。② 虽然《新唐书》同时指该等州府为"声教所暨，皆边州都督、都护所领，著于令式"，不过该份"令式"业已失传，因此无由确切分析唐廷以何种制度管治羁縻州府，以及对之有否贡赋要求。但同时，《唐六典》中又载有以下条文：

> 凡诸国蕃胡内附者，亦定为九等，四等已上为上户，七等已上为次户，八等已下为下户；上户丁税银钱十文，次户五文，下户免之。附贯经二年已上者，上户丁输羊二口，次户一口，下户三户共一口。③

相类条文已在高祖武德七年（624）出现，不过因贞观九年（635）以前帝国户口只分三等，该武德条文也只将蕃胡户口分三等。④ 如是则对于

---

① 最为突出的例子为粟特民安苦知延在唐攻取高昌后数月已被注册户籍并被记录授田。不少学者怀疑户籍所记不过系高昌民人本身所拥有的田土，但至少亦说明官方尝试迅速将均田制于新领土推行。见《唐贞观十四年西州高昌县李石柱等户手实》，载唐长孺编《吐鲁番出土文书》第 2 册，文物出版社，1992，第 44 页；［日］西村元佑《東トルキスタンにおける唐の直轄支配と均田制—貞觀一四年九月安苦知延手實と貞觀年中巡撫高昌詔の意義を中心として》，载唐代史研究会编《隋唐帝國と東アジア世界》，汲古書院，1979，第 189~214 页；唐长孺《唐贞观十四年手实中的受田制度与丁中问题》，载《敦煌吐鲁番文书初探》，第 100~125 页；朱雷《唐代均田制实施过程中受田与私田的关系及其他》，载武汉大学魏晋南北朝隋唐史研究室编《魏晋南北朝隋唐史资料》，武汉大学出版社，1996，第 80~88 页。
② 谭其骧：《唐代羁縻州述论》，载氏著《长水粹编》，河北教育出版社，2000，第 148~150 页。
③ （唐）李林甫等著、陈仲夫点校：《唐六典》卷三，中华书局，1992，第 77 页。
④ 有关讨论见李锦绣《唐代财政史稿》，北京大学出版社，1995，第 620~621 页。

该"蕃胡"及"夷獠"的征税应是高祖朝以来的制度。然而，条文既无明言该种"胡夷"系指羁縻州民，又与《新唐书》"贡赋版籍，多不上户部"的记载相冲突，仍然为理解羁縻州的赋税责任带来相当困难。

对此，本文认为此条应是适用于羁縻州。首先，既如前文所述，唐廷将突厥降民置于羁縻州管治是要照顾其人的非农耕生产方式，则沿此考虑发展一套特殊的税收机制以"输羊"为赋就顺理成章，可谓温彦博要"顺其土俗""所以存养之也"的制度化表现。而条文既然在高祖朝已出现，则唐廷或许已在稍早推出此税制，处理如燕州等地"以首领世袭刺史"的早期羁縻州民。而这种税制亦可能是温彦博提出要"顺其土俗"的制度基础：温氏考虑到朝廷一向有"输羊"制度以管理游牧民，则无必要如一众朝臣建议一般将突厥内迁，强行来"化胡虏为农民"。事实上，唐令中另有"外蕃人投化者，复十年"的规定。① 而有如李锦绣及王义康所指，此"外蕃投化者"应是个别或小规模归化唐朝之异族，其人散于正州为寻常百姓。而上述的"诸国蕃胡"则是举国或举族投唐之异族，朝廷乃容许其保有自身的部落组织以及原有的经济生产作业，输羊为税。②

不过，此"蕃胡"是否指涉游牧民有其争议。尤其早年日本学界特别执着于"胡"在唐代系指粟特民人，于是都将此条文理解为对粟特商贾的征税。③ 其实谢海平早在20世纪70年代就已经指出，"胡"一词在唐代指称广泛，实在不只是针对粟特群体。④ 而且正如李锦绣所谓，条文既特别指出系以"输羊"为赋，则明显是用以向游牧民人征税，而不是粟特商贾。李氏亦注意到《新唐书·张说传》有宇文融（730卒）指控张说（667~730）"擅给太原九姓羊钱千万"一语。所谓"太原九姓"不是指粟

---

① 见仁井田陞著，栗劲等编译《唐令拾遗》卷二十三《赋役令》，长春出版社，1989，第610页。

② 李锦绣：《唐代财政史稿》，第621~624页；王义康：《唐代周边内附诸族赋役问题探讨》，《中国经济史研究》2016年第2期，第61~63页。

③ 如［日］日野開三郎《唐の賦役令の嶺南税戸米》，载《日野開三郎東洋史學論集》第12册，三一書房，1989，第39~62頁；［日］石見清裕《唐の内附異民族対象規定》，载氏著《唐の北方問題と国際秩序》，汲古書院，1998，第164~173頁；［日］堀敏一《中華世界——魏晋南北朝·隋唐時代における》，载氏著《東アジアのなかの古代日本》，研文出版，1998，第79~82頁。

④ 谢海平：《唐代留华外国人生活考述》，商务印书馆，1978，第2~7页。

特族群的"昭武九姓"而是"突厥九姓"。其人于开元初内附，散居太原以北，后来被编为天兵军置于忻州刺史张嘉贞（665～729）麾下。① 于是近年日本学者如齐藤胜已转而支持李氏之说，认同该条文系针对游牧民人。② 而早年曾主张该《唐六典》条文的"蕃胡"系指粟特人的石见清裕，亦已修正其见，同意应是指北方的游牧民人为主。③ 如是者，学界目前都大抵认同，该条文的"蕃胡"主要指游牧族群。

然则，此等"内附蕃胡"又是否羁縻州民？若是又如何理解《新唐书》"贡赋版籍，多不上户部"一句？首先，也如谭其骧所指，羁縻州大抵可分为两类，一者系部落移离本域，内迁至唐朝正州县界内而建立的"内地羁縻州"；另外则为部落在上表归顺唐朝后，继续于原地居留，通常于唐朝正州县界外的"外地羁縻州"。④ 对于前者，朝廷的控制自然更强。参之新、旧《唐书》对于前唐羁縻州的记录，前者虽为羁縻但不少都具列户口数，说明其贡赋版籍，应有上户部。如前述的"突厥九姓"，其所组成的天兵军于开元十一年废置，后被迁往灵州分列七羁縻州，寄于回乐县界。此七州，如《旧唐书》所记，俱有户口数字：

燕然州　寄在回乐县界，突厥九姓部落所处。户一百九十，口九百七十八。

鸡鹿州　寄在回乐县界，突厥九姓部落所处。户一百三十二，口五百五十六。

鸡田州　寄在回乐县界，突厥九姓部落所处。户一百四，口四百六十九。

东皋兰州　寄在鸣沙界，九姓所处。户一千三百四十二，口五千一百八十二。

燕山州　在温池县界，亦九姓所处。户四百三十，口二千一百七

① 李锦绣：《唐代财政史稿》，第620～625页。
② ［日］齐藤胜：《唐代内附民族への赋役规程と边境社会》，《史学杂志》2008年第3期，第311～346页。
③ ［日］石见清裕：《唐代内附民族対象规定の再检讨：天圣令・开元二十五年令より》，《东洋史研究》第68卷第1号，2009，第1～33页。
④ 谭其骧：《唐代羁縻州述论》，第148～150页。

十六。

> 烛龙州 在温池界，亦九姓所处。户一百一十七，口三百五十三。①

再结合其众于散居太原时曾贡献"羊钱"，可以推测此各州实有赋税，而尤是通过在前述《唐六典》的条文规定下缴纳。所以该"蕃胡"至少应包括羁縻州民。

不过，正如王义康所指，绝非所有内地羁縻州都向朝廷贡赋。在现实情况下，因为地区经济落后无从贡献，以及地方政府无力统御收赋，都令不少羁縻州最后无可缴税。② 至于其外地羁縻州，本来就于正州界外，朝廷不一定能有效控御，不少州县本身已是徒具虚名，自然无贡赋版籍上户部。如于东北亚的靺鞨粟末部在武后末年已建国，虽曾遣子入唐为侍，中宗并于先天二年以其地为忽汗州，但唐廷对之一直无有管控。其部更于开元年间入寇登州，唐廷击之无果，不过及后朝贡示好，以图与唐保持关系。如此羁縻州与邻国无异，甚至不为旧志所载，但存于新志之目。③ 参《新唐书》所记羁縻州，大都无户口记载，大抵即是无赋税贡输，于是其志乃有羁縻州"贡赋版籍，多不上户部"的结论。

但无论如何，观乎太宗朝廷议置羁縻州的原意，乃至于对于"蕃胡"及"夷獠"赋税的规定，以及该有部分羁縻州确曾贡赋，可见唐廷应有试图发展一套制度向内地羁縻州征税。不论其实际成效如何，至少在唐廷的制度设计上，此等内地羁縻州或可以视为一特殊的经济及税收区域。

结　　论

羁縻州研究一般都只集中在羁縻州本身。本文乃将该州府置于较为广阔的历史脉络下分析，尤其与粟特聚落的"乡里化"现象比较，并细读相

---

① 《旧唐书》卷三十八《地理志》，第 1416~1417 页。

② 王义康:《唐代周边内附诸族赋役问题探讨》，《中国经济史研究》2016 年第 2 期，第 61~63 页。

③ 以上亦参谭其骧《唐代羁縻州述论》，第 148~150 页。

关朝议的话语，试图重新思考羁縻州府在前唐帝国制度设计下的角色。本文指出，部分异族经济作业模式的不同，也许才是该类州府的存在基础。如此一来，也是在重新审视族群身份与文化差异在帝国制度下的意义。许是受今日民族国家的思考模式，以及中国实行"民族区域自治制度"的事实影响，中外学者有意无意之间都以同样的框架来理解羁縻州，基本上将之视为历史上的另一种"民族自治区"。然而距今千年的唐代，未必以同样的视野及概念来构筑其帝国制度与社会秩序，也未必同样以族群标签来划分行政区域。事实上，唐代户籍即无族属标记，而在"华夷一家"（唐太宗语）的世界观下，是否必然要将族类裂土分治，不无疑问。正如前述，大多数朝臣甚至一度认为应将突厥民人归于正州。于是，决定其羁縻与否，或者有更为实际的考虑，例如部族的经济生产以及税收考虑。

当然，如此论说并不意在指出羁縻州的设立纯粹出于经济原因。章群对于唐代蕃将的研究就点明，其时的异族将领常以本族羁縻州之部落为兵。玄宗朝开始，羁縻州府更有军名。[①] 然则，羁縻州亦通过保留异族本身的部落组织，存养其部族之军事力量，以为朝廷所用。再者，各地羁縻州的形态千差万别，要确切理出其背后的逻辑一直都十分困难。本文惟求在"华夷"此一惯常的框架以外，提供另外的角度来理解羁縻州府，愿各方家指正。

---

① 章群：《唐代蕃将研究》，联经出版，1986，第120~188页。

《中国古代法律文献研究》第十七辑

2023 年，第 055~080 页

鹰隼之伺：宋代皇城司
司法职能的双重面向*

陈　玺　范　强**

摘　要： 皇城司在实际运作过程中，很大程度上参与司法活动，从而构成宋代司法制度当中的重要一环。因此，皇城司实质上是宋代特殊司法机构之一。皇城司的司法职能是宋代皇权在司法层面的特殊延伸。与开封府、御史台、大理寺、刑部等机构不同，基于君主特别授权抑或既有司法惯例，皇城司的司法职能广泛涉及侦查、逮捕、执法、审判等刑事诉讼诸多环节。皇城司诸多司法职能的有效行使，使皇权在司法领域得到直接而深入的贯彻。作为与司法机关、监察机关并行的侦事机关，皇城司在惩治贪腐、澄清吏治方面发挥了独特作用。不能忽视的是，皇城司参与司法也存在诸如肆意逮捕、诬告陷害、刑讯残酷以及冤假错案等司法不公、狱政黑暗问题。两宋在政务运行与司法实践中存在着兼具内部整顿与外部监督的旨在规范皇城司权力行使的调适机

---

* 本文系 2023 年国家社会科学基金一般项目 "唐宋时期官僚叙复法转型研究"（项目号：23BFX199）、陕西省 "三秦学者" 创新团队支持计划 "西北政法大学基层社会治理研究团队"、陕西省教育厅青年创新团队科研计划项目 "习近平法治思想中传统智慧的创造性转化（项目号：23JP178）的阶段性研究成果。

** 陈玺，西北政法大学法治学院教授；范强，西北政法大学法治学院中国法律史专业博士研究生。

制。皇城司司法职能双重面向的历史经验与教训对当前深化司法
改革具有重要借鉴价值与启示意义。

关键词：宋代　皇城司　司法

骅骝开道路，鹰隼出风尘。——（唐）杜甫《奉简高三十五使君》

引　言

司法改革呼唤改革理论，改革理论源于法治实践。中华民族有着悠久
的法治传统，古代中国有着丰富的法治实践，中华优秀传统法律文化是当
前深化司法体制综合配套改革可资借鉴的宝贵资源，挖掘、传承和弘扬中
华优秀传统法律文化具有重要的现实意义和当代价值。就司法制度而言，
"宋代是中国古代社会最为完善的朝代"[①]。"宋代司法制度，在前朝的基础
上，不断有所改革和补充，使之日臻成熟，从而达到我国封建社会司法制
度的顶峰。"[②] 皇城司作为天水一朝特有的机构，最早对其进行研究的是日
本学者佐伯富，他在 20 世纪 30 年代发表的《论宋代的皇城司》一文中对
皇城司的机构设置、具体执掌、职源沿革和社会影响等进行了卓有成效的
探讨，着重阐述了皇城司强化宋代君权的方式、效果和意义。[③] 程民生是
国内学界较早对皇城司进行研究的学者，其研究成果《北宋探事机构——
皇城司》详细介绍了北宋皇城司探报公事的内容，并分析了皇城司探事活
动的影响和作用。[④] 与已有研究不同的是，本文拟以宋代皇城司为研究对
象，从法律史特别是诉讼法史的视角切入，考订、分析其司法职能的双重
面向，以此窥视宋代司法文明的多元图景，为当前进一步深化司法改革和
全面推进依法治国提供镜鉴。

皇城司是宋代于禁中设立的重要机构。其长官名义上是皇城使，同

[①] 戴建国：《宋代法制初探》，黑龙江人民出版社，2000，第 1 页。
[②] 王云海：《宋代司法制度》，河南大学出版社，1992，第 8 页。
[③] ［日］佐伯富：《论宋代的皇城司》，载刘俊文主编，索介然译《日本学者研究中国史论著
选译》第五卷"五代宋元"，中华书局，1992，第 337~369 页。
[④] 程民生：《北宋探事机构——皇城司》，《河南大学学报》1984 年第 4 期，第 37~41 页。

时，朝廷会委派诸司使副、内侍都知押班充任提举皇城司、勾当皇城司和干办皇城司等实职差遣。从职官来源上看，"皇城以武臣、宦者"① 兼掌，"但其事权渐为宦官夺去以自壮"②。属官则有勾押官、押司官、勘契官、点检文字使臣、法司使臣等。皇城司兵卒称亲从官、亲事官，人数数千人，至南宋时，"亲从官任大内诸门诸殿宿卫之事，亲事官任皇城内巡铺守把及景灵宫等处宿卫"③。

宋代皇城司职掌较为广泛，其机构本身实际上具有多重属性。首先，其基本职责在于"掌宫城出入之禁令，凡周庐宿卫之事、宫门启闭之节皆隶焉"④。从这一意义而言，皇城司是宿卫宫城、保障皇室生命财产安全的武装保卫机关。其次，皇城司作为宋代禁兵之一，与御前忠佐军头司、骐骥院等共同组成宋代中央核心防卫力量。因此，皇城司是防卫京师、"以制殿前都指挥之兵"⑤ 的重要军事机关。再者，"皇城司在内，最为烦剧，祖宗任为耳目之寄"⑥。"人物伪冒不应法，则讥察以闻"⑦。从这一意义上讲，"皇城司是宋代的情报机关"⑧，此为本文讨论之重点关节所在。此外，皇城司还负有传送文书、随从郊祀、宴设守门、修整皇城、洒扫庭除等多项职责。

据《宋史·职官制》《宋会要辑稿》等史料记载，宋朝官方对皇城司的职能定位并非法司。然而，皇城司在实际运作过程中，很大程度上参与司法活动，从而构成宋代司法制度当中的重要一环。因此，皇城司实质上是宋代特殊司法机构之一。那么，这一特殊司法机构具体行使什么样的司法权？其行使司法权在两宋政治与司法方面产生了什么样的影响？宋代是否存在着监督皇城司司法权的制约机制？这些问题有待一一澄清。

---

① （宋）章如愚辑：《群书考索》别集卷二一《兵门·府卫兵》，广陵书社，2008，第1356页。
② 程民生：《北宋探事机构——皇城司》，《河南大学学报》1984年第4期，第37页。
③ （宋）潜说友撰，王志邦、王福群、金利权标点：《咸淳临安志》卷一四《禁卫兵·内诸司并宫观等兵士》，载《杭州全书·杭州文献集成》第41册，浙江古籍出版社，2017，第160页。
④ 《宋史》卷一六六《职官六》，中华书局，1977，第3932页。
⑤ （宋）章如愚辑：《群书考索》别集卷二一《兵门·府卫兵》，第1356页。
⑥ （宋）王应麟：《玉海》卷一三九《兵制四·太平兴国皇城司》，广陵书社，2018，第2621页。
⑦ 《宋史》卷一六六《职官六》，第3933页。
⑧ 程民生：《北宋探事机构——皇城司》，《河南大学学报》1984年第4期，第37页。

一、多元一体：皇城司司法职能之解构

与开封府、御史台、大理寺、刑部等机构不同，基于君主特别授权抑或既有司法惯例，皇城司的司法职能广泛涉及侦查、逮捕、执法、审判等刑事诉讼诸多环节。可以认为，分析皇城司司法职能的构成元素与运作机理，对于全面、准确认识宋代司法体系具有重要价值。

（一）密行侦事

其一，军中异动。唐末五代藩镇权重一时、武将迭代叛乱之弊使宋朝诸帝对武将及其军队问题格外敏感，"手中掌握了军队，就可使天子的独裁权得以确保和发展，反过来说，军队的背叛也就意味着独裁权的低落"①。基于"防弊"这一祖宗家法和"事为之制，曲为之防"的理政策略，以皇城司侦查军中异动就成为宋天子控制军队的重要手段。熙宁五年（1072），神宗直言：皇城司"本令专探军中事，若军中但事严告捕之法，亦可以防变"②。御史中丞刘挚在《上哲宗弹奏王中正等四宦官之罪》中也说："夫皇城司之有探逻也，本欲知军事之机密，与夫大奸恶之隐匿者。"③建炎年间，李纲在《奏知行遣亲事官札子》中也陈述了高宗曾"差到察视亲事官二十人，分在五军察视"④。值得注意的是，皇城司察探军事亦曾引发臣僚的不满与非议，康定元年（1040）二月己丑，皇城使王守忠领梓州观察使，为陕西都钤辖。知谏院富弼认为："唐代之衰，始疑将帅，遂以内臣监军，取败非一。今守忠为都钤辖，与监军何异？"⑤富弼进而奏请罢免王守忠的此番任命，但是仁宗并未采纳。

---

① ［日］佐伯富：《论宋代的皇城司》，第345~346页。
② （宋）李焘撰，上海师范学院古籍整理研究室、上海师范大学古籍整理研究室点校：《续资治通鉴长编》卷二四〇"神宗熙宁五年十一月"，中华书局，1979，第5837页。
③ （宋）赵汝愚编，北京大学中国中古史研究中心校点整理：《宋朝诸臣奏议》卷六三《百官门·内侍下》，上海古籍出版社，1999，第698页。
④ （宋）李纲：《梁溪先生文集》卷五三《奏知行遣亲事官札子》，载四川大学古籍研究所编《宋集珍本丛刊》影印清道光刊本，第36册，线装书局，2004，第661页上栏。
⑤ （宋）李焘撰，上海师范学院古籍整理研究室、上海师范大学古籍整理研究室点校：《续资治通鉴长编》卷一二六"仁宗康定元年二月"，第2972页。

其二，官员行止。作为皇帝耳目之司，侦查官员不法行为是皇城司的重要职责。除针对一般文武官员外，皇城司对两类特殊官员群体的侦视值得关注。一类是负责与周边少数民族政权礼仪往还的使官。绍兴十四年（1144）三月二十六日，高宗诏："应差生辰、正旦非泛奉使并接、送伴官，合差国信所指使、译语、亲事官及皇城司亲从，并仰依祖宗旧法，听审使、副问答语言及见闻事件，兼觉察一行人，务令整肃。"① 处理与民族政权的关系始终是赵宋王朝必须直面的问题，无论是北宋与辽，还是南宋与金，订立和约后，每逢重大节庆、帝后生辰，双方互派使节庆贺是应有之义。在此过程中，皇城司负有觉察使官能否谨守法度、不失国体、严守机密等职责。另一类特殊群体是内臣。治平二年（1065）六月，应侍御史吴申建言，英宗下诏："入内内侍省今后诸阁分阙使臣，选差谨畏有行止、别无过犯者充，仍常切觉察。及令开封府、皇城司察探，如有内臣于街市作过，即密具名闻。"② 皇城司本由内臣与武臣兼掌，诏书却又令皇城司察探内臣，如此相互察探，天子居中权衡，保障了皇权对左右的掌握与控驭。

其三，科举秩序。皇城司听察科举秩序渊源有自，后唐长兴四年（933）二月，知贡举和凝奏："举人就试日，请皇城司差人于院门前听察。"③ 同年二月十六日，礼部贡院奏："今后试举人日，请令皇城司公干人，于省门外听察叫呼称屈，及知贡院有幸门者，引付皇城司勘问，如是的实虚妄，请严加科断。"④ 宋代因袭了这一做法，政和五年（1115）三月十六日，臣僚上言："伏见朝廷设法取士，最为严密。陛下昨降睿旨，试院令皇城司差察事亲事官二十人。唯贡士举院别试所未有差亲事官察视明文，别试所引试宗学、太学、辟雍、武举并开封府学三舍生人数不少，与贡举事体无异，若不预为关防，深虑他日玩习，复容奸弊。"⑤ 徽宗准其所

---

① （清）徐松辑，刘琳、刁忠民、舒大刚、尹波等校点：《宋会要辑稿》职官五一之一六，上海古籍出版社，2014，第4425~4426页。

② （清）徐松辑，刘琳、刁忠民、舒大刚、尹波等校点：《宋会要辑稿》职官三六之一五，第3895页。

③ （宋）王钦若等：《册府元龟》卷六四二《贡举部·条制第四》，中华书局，2003，第7696页。

④ （宋）王溥：《五代会要》卷二三《缘举杂录》，上海古籍出版社，1978，第369页。

⑤ （清）徐松辑，刘琳、刁忠民、舒大刚、尹波等校点：《宋会要辑稿》选举四之九，第5321页。

请，差亲事官六人察视别试所。政和七年（1117）二月一日，因皇城司亲事官"不知专以察视为职，其苛扰殆至诟詈侵辱，并及无辜"，臣僚祈望"圣慈申命有司，礼闱之中，毋以凌蔑士人"。徽宗"诏从之，仍札与皇城司"。① 南宋绍熙年间，为申严贡举条制，臣僚亦曾奏请光宗加强科场巡逻，"必令皇城司拣选不生事而亦不敢为奸弊者"②。

至此，皇城司与司法相关的侦查范围得以基本廓清。值得注意的是，皇城司在职能范围内进行察探时，倘若其所探得的情状仅仅是为了皇帝获知宫外信息，则其侦事权的行使在属性上是一种侦查情报行为，与刑事诉讼无涉。然而，皇城司探得的各类违法甚至犯罪行为，往往会引发本司抓捕涉事主体、责令法司奉诏鞫治以及皇帝直接下令处断等法律后果。因之，皇城司密行侦事即具有了针对违法犯罪行为开展诉前侦查的性质。

（二）逮捕嫌犯

皇城司在探得有违法犯罪行为后，具有采取强制措施、逮捕有关犯罪嫌疑人的权力。

1. 逮捕对象。根据《宋刑统》卷二《捕亡律》的规定，官府可以对各种罪犯以及逃亡的征人、防人执行逮捕。皇城司的逮捕对象一般不包括《捕亡律》中所详细规定的如"流、徒囚人""宿卫人""官户奴婢"等诸种逃亡人，而是在其侦查活动中所发现的各类犯罪嫌疑人。其中，发表妄议朝政的不当言论之政治犯是皇城司的重要逮捕对象。熙宁变法时，有村民对保甲法不满，因言："农事方兴，而驱我阅武，非斩王相公辈不能休息。""逻者得之付狱。"③ 熙宁五年（1072）春正月，朝廷置京城逻卒，"命皇城司卒七千余人巡察京城，谤议时政者收罪之"④。这些逮捕行动突

---

① （清）徐松辑，刘琳、刁忠民、舒大刚、尹波等校点：《宋会要辑稿》选举四之一○，第5322页。

② （清）徐松辑，刘琳、刁忠民、舒大刚、尹波等校点：《宋会要辑稿》选举一之二二，第5259页。

③ （宋）李焘撰，上海师范学院古籍整理研究室、上海师范大学古籍整理研究室点校：《续资治通鉴长编》卷二二九"神宗熙宁五年正月"，第5581页。

④ （宋）李焘撰，上海师范学院古籍整理研究室、上海师范大学古籍整理研究室点校：《续资治通鉴长编》卷二二九"神宗熙宁五年正月"，第5583页。

出反映了皇城司作为国家暴力机关对于稳定社会秩序、保障封建王朝政治安全的重要作用。

2. 逮捕依据。一般的诉讼类案件，"原告送上起诉状，长官审阅后，认为可以受理，便直接发牒文给有关缉捕机构，也可以派本刑狱机构中的公吏，对案件的被告或罪犯及有关人员进行逮捕"①。基于主动侦查获知违法犯罪行为，皇城司逮捕行动的实施路径与此有异，其逮捕依据有二：一是自行决定逮捕。元丰七年（1084）秋宴神庙，神宗举御觞示丞相王珪及众臣僚，忽然风疾发作，失手洒酒玷污了御袍。当时《侧金盏》在京城广为传唱，"皇城司中官以为不祥，有歌者辄收系之，由是遂绝"②。二是遵奉旨意逮捕。嘉祐四年（1059）七月庚申，"御营卒桑达数十人酗酒斗呼，指斥乘舆，皇城使以旨捕送开封府推鞫"③。因此，皇城司是直接隶属于皇帝的缉捕机构，一般不接受法司的调派而逮捕案件有关人员。也正是由于其直属于皇帝、依附于皇权，所以才拥有自行决定逮捕嫌犯的巨大权力。出于从速革除社会不稳定因素、及时令嫌犯归案的政治考虑，以及古代社会信息传递缓慢的社会现实，皇城司在探知违法犯罪行为后直接抓捕嫌犯具有一定的历史合理性。从这一意义而言，皇城司的逮捕权是其侦查权的自然扩张与伸延。

3. 逮捕处置。逮捕嫌犯后，皇城司的处置方式有四种：其一，送府劾问。开封府作为东京重要法司，可以接收皇城司所送到嫌犯并加以推治。如大中祥符五年（1012）九月十二日，翰林学士李宗谔、龙图阁直学士陈彭年言："入皇城司及殿门外当避而不避者，委亲事官报皇城司捕送开封府，职官具名以闻。"④ 治平三年（1066）九月，"皇城司尝捕销金衣送开封府"⑤。其二，付寺推勘。元丰五年（1082）六月，西京左藏库使、吉州

---

① 王云海主编：《宋代司法制度》，第 191 页。
② （宋）陆游：《老学庵笔记》卷七，中华书局，2007，第 91 页。
③ （宋）佚名撰，汪圣铎点校：《宋史全文》卷九《宋仁宗六》"己亥嘉祐四年春正月丙申朔"，中华书局，2016，第 614 页。
④ （清）徐松辑，刘琳、刁忠民、舒大刚、尹波等校点：《宋会要辑稿》仪制五之一〇，第 2385~2386 页。
⑤ （宋）佚名撰，汪圣铎点校：《宋史全文》卷一〇《宋英宗》"丙午治平三年春正月壬申"，第 560 页。

刺史、内侍押班石得一再任皇城司，每日傍晚扬言："明日要好公事。"
"由是逻察严甚，悉以付大理寺。"① 对此，苏东坡在其当值起草制书中愤
然表示："岂有数年之间，坐致万人之狱！"② 可见其时皇城司捕送大理寺
推勘人数之众。其三，阁门、御史台断罪。淳熙四年（1177）二月二十五
日，皇城司条具到："每遇常朝、后殿并拜表之类，从人并不得上殿门及
于殿廊上立。如有事先拥遏之人，许收领，赴阁门、御史台，送所属断
罪。"③ 其四，自行处断。例如庆元二年（1196）八月二十七日，皇城司
言："缘有不畏公法之人，将请到敕号借赁与人，缘此有伪造之弊，亦系
本司缉获，并已断罪了当。"④

（三）执行处罚

其一，入宫门违禁。宋代对臣僚入出宫门、殿门秩序作出严格要求。
"掌宫城出入之禁令"的皇城司自是落实有关阑入宫门法律规定的执法部
门。治平元年（1064）三月，因谏官吕诲奏，英宗责令皇城司切实检察合
入宫门之人，如有阑入之人，"勘鞫分明，应经历门户及所管司分并一等
科罪"⑤。为了整肃宫门秩序，便于即时执法以惩处虽非阑入而入出时呼喝
拥闹人吏，皇城司"乞自今后诸门约闹人等，如因约栏之次小有误犯"⑥，
改开封府断决为由其酌情断遣。英宗一准其请。对进入皇城门不依法穿戴
制式衣帽的违法人员，也要在皇城司的监督下由其所属衙门执行处罚。靖
康元年（1126）三月十九日，钦宗内降札子："应入皇城门之人，依法服
本色，近来多有靴衣便服及不裹头帽入出。今后如有违犯之人，许守门等

---

① （宋）李焘撰，上海师范学院古籍整理研究室、上海师范大学古籍整理研究室点校：《续资
　　治通鉴长编》卷三二七"神宗元丰五年六月"，第 7867 页。
② （宋）李焘撰，上海师范学院古籍整理研究室、上海师范大学古籍整理研究室点校：《续资
　　治通鉴长编》卷三二七"哲宗元祐元年六月"，第 7867 页。
③ （清）徐松辑，刘琳、刁忠民、舒大刚、尹波等校点：《宋会要辑稿》仪制五之三二，第
　　2397～2398 页。
④ （清）徐松辑，刘琳、刁忠民、舒大刚、尹波等校点：《宋会要辑稿》职官三四之三九，
　　第 3870 页。
⑤ （清）徐松辑，刘琳、刁忠民、舒大刚、尹波等校点：《宋会要辑稿》职官三四之二八，
　　第 3864 页。
⑥ （清）徐松辑，刘琳、刁忠民、舒大刚、尹波等校点：《宋会要辑稿》职官三四之二八，
　　第 3864 页。

地分合干人收领，送所属科杖一百罪。诸官司每季具知委闻奏，仍报皇城司检察。"①

其二，本司人违法。因皇城司担当宿卫宫禁的重大责任，朝廷对其属下亲从、亲事官的岗位职责要求亦相当严格，宋天子屡降诏旨要求皇城司严厉处罚怠惰不谨的宿卫军士。如熙宁元年（1068）五月十八日，神宗下诏开封府："今后皇城司亲从、亲事人员已下真犯罪，勘见情理系杖罪已下，合牒皇城司一面断遣。"明确了所犯在杖罪之下的亲从、亲事官由皇城司执行处罚。这一执行规范到南宋时依然有效，绍兴三十一年（1161）二月十四日，为应对内降诏旨时有泄漏事，给事中黄祖舜向高宗建议，凡在通进司当值的亲从、亲事官，承转内降文字若有遗失稽滞，"仍行下皇城司断遣"②。

其三，牧放人越界。绍兴元年（1131）五月六日，提举皇城司言："乞将皇城周回山坡并皇城脚下系属皇城界至，分明置牌标识，设置笋椿青索，令中军禁止，不得牧放羊马并令人过椿索。"③ 高宗诏令犯者处以杖一百，如果羊马越过椿索，牧放人依此处分。

（四）鞫治狱事

与常设法司不同，皇城司审判的主要是皇帝下令交办的特定案件和本司侦查到的违法犯罪案件。因此，皇城司实际上是宋代于京师设置的专门审判机关之一，其司职鞫治下述两类案件。

其一，诏狱案件。审理诏狱案件是皇城司作为审判机关的基本职能。根据涉案主体与案发地点的不同，皇城司审理的诏狱案件又可以分为禁中要案与其他案件。宋人所说的"禁中"，即宋代皇城。皇城之内发生的重大案件，涉及赵宋皇室生命财产安全，事关社稷，干系重大，一般由皇帝特旨交付皇城司审判。元丰二年（1079），神宗胞弟、岐王赵颢王宫失火，

---

① （清）徐松辑，刘琳、刁忠民、舒大刚、尹波等校点：《宋会要辑稿》职官三四之三三，第3867页。

② （清）徐松辑，刘琳、刁忠民、舒大刚、尹波等校点：《宋会要辑稿》职官二之三四，第3007页。

③ （清）徐松辑，刘琳、刁忠民、舒大刚、尹波等校点：《宋会要辑稿》职官三四之三四，第3867页。

夫人冯氏听闻，派遣二宫婢前往查看，赵颢乳母与嬖妾趁机谗言，谓王宫失火乃冯氏所为。宫婢被屈打成招，赵颢泣诉于太后，太后谓上必斩之。神宗知其平素不相谐睦，"命中使与侍讲郑穆同鞫于皇城司"。结果，"数日狱具，无实。又命翌善冯浩录问"。① 绍圣三年（1096），哲宗女福庆公主病愈，忽有纸钱在旁，公主母、皇后孟氏疑是出自与之交恶的刘婕妤，恶忌非常。不久，皇后母听宣夫人燕氏、尼姑法端与供奉官王坚以左道为皇后祷祠。事闻于上，哲宗"诏入内押班梁从政、勾当御药院苏珪即皇城司鞫之"。② 实际上，这类案件由于关涉宫闱秘闻或朝廷根基，从主审法官的选派，到录问官员的委任，再到案件结果的处理，皇帝的意志发挥着决定性的作用，主导着案件的开展、进程与结果。且没有针对审判结果的上诉机制，外间的刑寺台谏等无由对该类案件施加影响，更加无从染指案件结果的形成。

其他诏狱案件发生于禁中以外，涉案主体不具备特殊身份，并由皇帝诏令皇城司单独审理。如乾道年间，有军妇杀邻舍儿，取其臂钏而弃其尸。刑部审讯完毕，以无证佐而出其罪。孝宗又命干办皇城司郑兴裔"覆治得实"。③ 对于此类案件的审理，皇帝更加希冀其所派遣的皇城司官员能够查明案情、处断得当。因而对该类案件的审判结果，主审官具有较大的决定权。所以，审理诏旨特命案件的皇城司长官往往都是能员干吏，具备较高的政治素质与丰富的治狱实践。复审军妇杀邻舍儿案的郑兴裔更是具有相当司法才干，堪称宋代司法检验名家。淳熙元年（1174）五月壬寅，南宋朝廷颁郑兴裔所创《检验格目》于诸路提刑司，以之作为尸体检验的辅助文件。"凡检覆必给三本：一申所属，一申本司，一给被害之家。"④《检验格目》的颁行，减少了司法舞弊，进一步完善了宋代司法检验制度。《宋史》赞郑兴裔"以材名结主知，中兴外族之贤，未有其比"⑤。皇城司长官亦可因善于审理案件而获致仕途上的升迁。熙宁年间，刘攽所撰《皇

---

① （宋）李焘撰，上海师范学院古籍整理研究室、上海师范大学古籍整理研究室点校：《续资治通鉴长编》卷二九七"神宗元丰二年三月"，第 7229 页。
② 《宋史》卷二四三《后妃下》，第 8633 页。
③ 《宋史》卷四六五《外戚下》，第 13594 页。
④ 《宋史》卷二〇〇《刑法二》，第 4995 页。
⑤ 《宋史》卷四六五《外戚下》，第 13595 页。

城使孙昭谏可差知陇州制》中，在申明皇城使孙昭谏何以被差遣知州时，即言其"武足以守固疆圉，文可以听察狱讼"①。

其二，普通案件。如前文所述，密行侦事是皇城司的重要职能。皇城卒探得有违法犯罪行为后，皇城司长官可以对犯罪嫌疑人进行鞫治，而不必等候皇帝的诏旨与差派。《续资治通鉴长编》记载了这样一个案件："东上阁门使、会州刺史王遵度领皇城司，遣卒刺事。有沈吉者，告贾人张化等为契丹间谍，即捕系本司狱，所连逮甚众。命殿中侍御史李纮覆讯，纮悉得其诬，抵沈吉罪。辛酉，降遵度为曹州都监。"② 这起发生在天圣三年（1025）的契丹间谍案，被完整还原了从侦查起诉到复核执行的梗概。本案中，犯罪行为（为契丹充当间谍）与犯罪嫌疑人（张化等）为皇城卒沈吉所侦查而得，案件的起诉人同样是皇城卒沈吉；皇城司在受理沈吉的举告之后，即派人抓捕了犯罪嫌疑人张化等，并将其投入皇城司狱；案件的审理无疑还是由皇城司负责，至于具体的主审官，《长编》记载虽语焉不详，《宋史》对此事的叙述似乎提供了一些线索："阁门使王遵度领皇城，遣卒刺事，告贾人有为契丹间谍者，捕系皇城司按劾。"③ 结合其后王遵度被降官的处罚，我们基本可以确定皇城司长官王遵度至少参与了该案的审理。换言之，这起契丹间谍案从侦查、起诉、抓捕到审理，均由皇城司一手包办，严重缺乏司法监督与制约机制，极易滋生司法腐败与冤假错案，这也是皇城司审理普通案件所固有的弊端。仁宗或许对此洞若观火，命殿中侍御史李纮复审，终于查明案件事实，还贾人张化等清白，沈吉因诬告抵罪，王遵度因错判降官。

二、 利弊相间： 皇城司司法职能之评析

如上述及，皇城司在宋代司法诉讼的侦查、逮捕、执法、审判诸环节均有相当权力和活动空间。可以认为，皇城一司深度参与了宋代法律实

---

① （宋）刘攽撰，逯铭昕点校：《彭城集》卷二一《内制诰》，齐鲁书社，2018，第 591 页。
② （宋）李焘撰，上海师范学院古籍整理研究室、上海师范大学古籍整理研究室点校：《续资治通鉴长编》卷一〇三"仁宗天圣三年春正月"，第 2387 页。
③ 《宋史》卷二八七《列传第四十六》，第 9654 页。

践，切实构建了宋代司法规则，有力形塑了宋代司法文明。宏观上看，皇城司司法职能的行使具有相当政治意义和司法价值。

皇城司的诸多司法职能，事实上依附和寄生于皇权。反过来说，皇城司诸多司法职能的有效行使，也使皇权在司法领域得到直接而深入的贯彻。宋代因革旧典，建立起了一套包括鞫谳分司、翻异别推、法官回避、限期结案等在内的行之有效的司法制度。运行这一制度的主体乃是通过宋代扩大了选拔名额的科举制而鱼贯进入官僚队伍的文人士大夫，这一群体事实上形成了具备独立意识的宋代文官集团。范仲淹"先天下之忧而忧，后天下之乐而乐"的感悟与文彦博"为与士大夫治天下，非与百姓治天下"的论断即是这一独立意识的代表与明证。随着宋代社会政治经济的发展，为对抗武臣勋贵和高度集中的皇权而得以渐次崛起的文官集团，俨然具有了与皇权分庭抗礼的鲜明特征。"北宋朋党之盛，南宋太学之横，就充分地显示了其群体实力。"① 在文官集团的运行和操作下，事实上大量的司法案件皇帝无得与闻。即便是经过层层上报得以送达御前的部分案件，宰执大臣亦可以封驳谏争的方式使赵宋天子难以乾纲独断。

面对这样的形势，皇权的天然张力与臣权的隐形制约必然引发制度上的深刻变化。赋予皇城司诸多司法职能，以侍从之臣制衡文官集团，以内朝之便替代外朝之繁，即是扩张君主司法权的有效手段。通过赋予皇城司从侦查到执行的广泛司法职能，皇帝实际上形成并控制着一套与朝廷固有司法制度并行而立的"诏狱"司法模式。这一"诏狱"司法模式事实上突破了以往御史台、大理寺、刑部和开封府办理诏狱的司法惯例，亦使皇权凌驾于内臣与外官、文士与武将之上而总揽大权的超然地位更加稳固。

析言之，此"诏狱"司法模式下的案件侦查阶段，皇城司广泛搜求官民违法犯罪行为，发现有犯罪线索或犯罪嫌疑人，直接奏报皇帝，皇帝或者决定将其逮捕治罪，或者决定对其不予置闻。如熙宁五年（1072）时，因有百姓非议新法，被皇城司察得付狱。事闻于上，神宗笑言："村

① 张邦炜：《论宋代的皇权和相权》，《四川师范大学学报》1994 年第 2 期，第 67 页。

民无知。"① 禁系人仅以臀杖十七决放；案件逮捕阶段，皇帝可通过皇城司径行逮捕皇城卒所侦查到的犯罪嫌疑人，将其投入皇城司狱，不必经过官府衙署及其缉捕机构，有效保障了案件办理的自主性与秘密性；案件起诉阶段，皇帝可通过皇城司的举告之权将其意图开展审判的案件纳入司法诉讼程序，而不必受制于是否有被害人自诉、一般人告发和官司纠举等常规起诉途径；案件审理阶段，皇帝可通过直接指定审案官员的方式全程控制审理的方向与进度；案件执行阶段，皇帝则可通过皇城司的笞、杖刑执行权控制一部分系属开封府等有司掌握的轻罪执行权。由此，在从侦查到执行的刑事诉讼全过程配置司法职能，皇帝之身透过皇城司之影将其无形之手伸向了宋代司法的各个角落，皇帝之威亦通过皇城司之权在刑杀与恩宥之际得以全面彰显。

与此同时，作为与司法机关、监察机关并行的侦事机关，皇城司在纠举不法、惩治贪腐方面发挥了独特作用。《续资治通鉴长编》载："自江南平，岁漕米数百万石给京师，增广仓舍，命常参官掌其出纳，内侍副之。上犹恐吏斞量不平，遣皇城卒变服觇逻，于是廉得永丰仓持量者张遇等凡八辈受赇为奸，庚辰，悉斩之。"② 并直接导致与本案牵连的主管官员受到黜责，"监仓右监门卫将军范从简等四人免官，同监内侍决杖"③。太平兴国八年（983），因漕运船只数百艘滞留河津一月有余，"上遣期门卒侦之，计吏自言：'有司除常载外，别科置皮革、赤垩、铅锡、苏木等物，守藏者不即受故也。'上大怒，诏书切责度支使，夺一月俸"④。期门卒，即皇城司中负责侦查的逻卒。又有元丰元年（1078）宗梵告行亲擅用官给常住钱案，宗梵与行亲均系相国寺僧人，行亲私自以相国寺常住钱百千贷与梓州路提举常平官孙纯，被宗梵所告。权发遣开封府苏颂认为："宗梵告非

① （宋）李焘撰，上海师范学院古籍整理研究室、上海师范大学古籍整理研究室点校：《续资治通鉴长编》卷二二九 "神宗熙宁五年正月"，第5581页。
② （宋）李焘撰，上海师范学院古籍整理研究室、上海师范大学古籍整理研究室点校：《续资治通鉴长编》卷一八 "太宗太平兴国二年七月"，第408页。
③ （宋）李焘撰，上海师范学院古籍整理研究室、上海师范大学古籍整理研究室点校：《续资治通鉴长编》卷一八 "太宗太平兴国二年七月"，第408页。
④ （宋）李焘撰，上海师范学院古籍整理研究室、上海师范大学古籍整理研究室点校：《续资治通鉴长编》卷二四 "太宗太平兴国八年春正月"，第551页。

干己事，不当治。钱隶常住，非官给，无貸贷法。"① 原告宗梵坐决杖。有人言孙纯是苏颂女婿堂妹之子，因此苏颂故出其罪。此事被皇城卒所告，神宗遂命权同判刑部员外郎吕孝廉和司勋员外郎、权大理少卿韩晋卿，于同文馆置司勘劾，并令勾当御药院窦仕宣监审。

除起诉官员不法行为外，皇城司奏举民间异事和百姓违法行为也经常能够得到皇帝的有力回应。大中祥符八年（1015）八月二十四日，朝廷禁于龙河捕鱼。这一禁令的起因即是皇城司奏"民有私捕河鱼"，所以真宗"命开封府谕禁之"②。庆历五年（1045）五月七日，皇城司言："访闻在京诸色军人、百姓等讹言云道：'四月不戴皂角牙，直到五月脚拥沙。'恐是不祥之言，乞行禁止。"仁宗"诏开封府严切禁止，如敢狂言，依法施行"③。

之所以皇城司能够在惩治官吏腐败上产生一定效果，与其具有得天独厚的办案资源和特殊的办案模式不无关系。据《续资治通鉴长编》：熙宁五年正月，神宗"命皇城司卒七千余人巡察京城，谤议时政者收罪之"④。这一记载反映了皇城司可以根据皇帝的需要扩充侦查犯罪线索的办案人员人数，形成一支数量可观的侦查犯罪力量。同时，皇城司的侦查人员往往广布民间，具有很大隐蔽性的同时，又保证了消息来源的多样性。宋人张仲文《白獭髓》记载："绍兴间，行都有三市井人，好谈今古，谓戚彦、樊屠、尹昌也，戚彦乃皇城司快行。"⑤ 皇城司吏卒融入百姓之中，且与市井生活浑然一体，这是官府常规缉捕机构难以企及的。另外，皇城司直达天听的办案模式是其能够查处有罪官员的重要制度优势。上述太平兴国二年（977）永丰仓奸赃案和太平兴国八年（983）漕运滞阻案中，皇帝更是直接命令皇城卒侦查有关罪状，而后由皇城卒将案情上报皇帝。这样极致

① （宋）李焘撰，上海师范学院古籍整理研究室、上海师范大学古籍整理研究室点校：《续资治通鉴长编》卷二九三"神宗元丰元年十月"，第 7151 页。
② （清）徐松辑，刘琳、刁忠民、舒大刚、尹波等校点：《宋会要辑稿》刑法二之一五九，第 8388 页。
③ （清）徐松辑，刘琳、刁忠民、舒大刚、尹波等校点：《宋会要辑稿》刑法二之二七，第 8297 页。
④ （宋）李焘撰，上海师范学院古籍整理研究室、上海师范大学古籍整理研究室点校：《续资治通鉴长编》卷二二九"神宗熙宁五年正月"，第 5583 页。
⑤ （元）陶宗仪等：《说郛》卷三八《白獭髓》，上海古籍出版社，1988，第 1733 页下。

扁平化的查案、奏案、办案模式，极大地防止了一般司法诉讼程序中难以避免的官官相护和请托舞弊，在惩治官吏腐败方面达到了较高的效率和较强的执行力。

另一方面，宋代司法不公、刑狱惨刻现象较为突出，大量司法官吏"安习因循，偷惰苟简，有丰禄营私之志，无守法奉公之心"①。审理案件时，"御史多不躬亲，垂帘雍容，以自尊大，鞫按之任委在胥吏"②。地方州县官则往往"出入情罪，上下其手。或捶楚煅炼，文致其罪；或衷私容情，阴与脱免"③。皇城司参与司法诚可谓利弊相间，并在相当程度上加剧了司法黑暗，严重骚扰官员百姓，甚至造成了许多冤假错案。

以皇城司侦查权的行使为例，诚如前文所述，其在惩治官吏腐败问题上发挥了一定效用。然而必须加以正视的是，侦查权在行使过程中不可避免地滋生了权力异化和权力腐败。有关皇城司侦查人员诬告劣迹在宋代史料中多有见及。隆兴元年（1163）进士李祥为钱塘县主簿时，"逻者以巧发为能，每事下有司，必监视锻炼，囚服乃已。尝诬告一武臣子谤朝政，鞫于狱"④。於越先生黄震在其笔记《黄氏日抄》中论及北宋名臣傅尧俞，即赞其在仁宗朝能够"斥离间主婿之内臣，穷诬告富人之皇城卒"⑤。且有市井无赖阴结皇城司亲事卒，横行乡里，为非作歹，鱼肉百姓。据《续资治通鉴长编》：宋真宗天禧年间，开封民董德昌、董利用勾结皇城司巡察亲事卒游斌、朱进等，"伺人阴事，诈欺取财，京城民庶重足畏服，至有'小虫''大虫'之号"⑥。

因皇城司拥有的侦查、逮捕与举发犯罪之权可以直接给被告人带来轻则关押拘禁、重则被刑丧命的不利后果，被皇城卒所特别"关注"的人往

① （宋）李纲：《梁溪先生文集》卷三六《诚谕省台寺监修举职事诏》，载四川大学古籍研究所编《宋集珍本丛刊》影印清道光刊本，第36册，第546页上栏。
② 《宋史》卷一九九《刑法一》，第4970页。
③ （清）徐松辑，刘琳、刁忠民、舒大刚、尹波等校点：《宋会要辑稿》之刑法四之八四，第8491页。
④ 《宋史》卷四〇〇《列传第一百五十九》，第12151页。
⑤ （宋）黄震撰，王廷洽整理：《黄氏日抄》卷五〇，载上海师范大学古籍整理研究所编《全宋笔记》（第十编·十），大象出版社，2008，第32页。
⑥ （宋）李焘撰，上海师范学院古籍整理研究室、上海师范大学古籍整理研究室点校：《续资治通鉴长编》卷九六"真宗天禧四年闰十二月"，第2232页。

往重金贿赂以保全身家性命，这无疑为皇城司侦查人员的权力寻租提供了天然温床。咸平五年（1002）五月庚戌，皇城司言亲从第二指挥使马翰称在京有群贼，愿自行缉捕捉拿。真宗向辅臣评论马翰的一段话颇能代表性地说明这一问题：

> 朕尹京日，闻翰以缉贼为名，乃有三害：都市豪民惧其纠察，常厚赂之，一也；每获贼赃，量以当死之数送官，余悉入己，且戒军巡吏不令穷究，二也；常畜无赖十余辈，俾之侦察，其扰人不下于翰，三也。顾其事未彰败，不欲去之。自今捕贼，止委开封府，勿使翰复预其事。①

马翰恶迹昭彰若此而仍居亲从第二指挥使之职，皇城司中如马翰这般侦捕官兵当非个例。与此同时，皇城司并不能切实保证据实起诉，往来奏报，间或掺杂人情世故，甚至挟私报复而使其纠举不法职能效应大打折扣。天圣年间，内臣罗崇勋前往陈留县请官田不得，于是使皇城卒虚告知县王冲市物有剩利事，章献明肃太后令罗崇勋勘劾，王冲无法交代清楚，天圣九年（1031）四月己巳，王冲"配雷州编管"。"冲弟审刑院详议官、殿中丞渎责监蔡州税，从子著作郎、直贤院尧臣出知泽州，皆坐冲故也"②。仁宗时，三司盐铁副使刘随奉使契丹，贺契丹主母生辰，双脚因病麻痹而不能拜，"为皇城卒所诬，有司劾奏夺一官，出知信州，徙宣州，逾年未复"③。后来天章阁待制李纮贺契丹主生辰还朝，言明曲直，刘随方得以于景祐元年（1034）五月癸亥任工部郎中、知应天府。又据《续资治通鉴长编》引张师正《倦游录》，景祐年间，盐铁副使、兵部员外郎陈贯欲会女客于宅中，因问在三司当差的胥何人可使干办，胥假意应承此事可由其督办。因此前二人有隙，"胥乃携十余岁女子于东华门街，插纸标子

---

① （宋）李焘撰，上海师范学院古籍整理研究室、上海师范大学古籍整理研究室点校：《续资治通鉴长编》卷五二"真宗咸平五年五月"，第1133页。
② （宋）李焘撰，上海师范学院古籍整理研究室、上海师范大学古籍整理研究室点校：《续资治通鉴长编》卷一一〇"仁宗天圣九年四月"，第2558~2559页。
③ （宋）李焘撰，上海师范学院古籍整理研究室、上海师范大学古籍整理研究室点校：《续资治通鉴长编》卷一一四"仁宗景祐元年五月"，第2675页。

于首，曰：'为陈省副请女客，令监厨，无钱陪备，鬻此女子，要若干钱。'"① 同时暗结皇城司逻卒，以其事闻于上。"朝廷将行黜降，赖宰臣辨解，终岁，竟罢去，止得集贤学士"②。绍兴年间，显贵宦官因事请托于知临安府钱塘县孙畋，孙畋没有答应。该宦官"俄领皇城司，嗾逻卒摘县吏之受赇者以闻，欲并诏送廷尉，卒不得，公（孙畋）毫毛罪，犹免所居"③。

尽管皇城司以纠举不法之名行诬告陷害之实所在多有，诸多事例中却鲜见诬告人遭受黜责。不过，当纠举不实的情形发生时，亦有皇城司有关人员承担被处刑责之不利后果的个案存在。嘉祐七年（1062）十二月，皇城司逻卒□清等密奏富人张文政尝杀人，法司鞫问无状，希望传讯□清诘问何以虚报此事，皇城司有意回护而拒绝派遣□清前往。后经御史傅尧俞据理力争，终于使□清等被"决杖，配下军"④。处置一虚报之逻卒尚需大费周章，倘若面对皇城司更高级别的官员，法司恐怕就力有不逮了。

皇城司滥行侦查、奏事的不法行径引发了臣僚的普遍不满与鄙夷。仁宗时，富弼直言曾为亲事官的殿前都指挥使郑守忠与步军都指挥使高化"皆奴才小人，不可用"⑤。苏辙在《二乞罢人从内亲从官》中直陈皇城司亲从官奉使辽国之弊："缘亲从官多系市井小人，既差入国，自谓得以伺察上下，入界之后恣情妄作，都辖以下望风畏避，不敢谁何，虽于使副亦多蹇傲，北人窥见于体不便。"⑥ 绍兴末，王十朋轮对，亦曾言"皇城逻卒，旁午察事，甚于周之监谤"⑦。此外，皇城司治狱以非法刑讯为主要手

① （宋）李焘撰，上海师范学院古籍整理研究室、上海师范大学古籍整理研究室点校：《续资治通鉴长编》卷一二〇"仁宗景祐四年五月"，第 2830 页。

② （宋）李焘撰，上海师范学院古籍整理研究室、上海师范大学古籍整理研究室点校：《续资治通鉴长编》卷一二〇"仁宗景祐四年五月"，第 2830 页。

③ （宋）孙觌：《南兰陵孙尚书大全文集》卷六〇《墓铭·宋故左朝请大夫致仕孙公墓志铭》，载四川大学古籍研究所编《宋集珍本丛刊》影印明钞本，第 35 册，第 707 页下栏。

④ （宋）李焘撰，上海师范学院古籍整理研究室、上海师范大学古籍整理研究室点校：《续资治通鉴长编》卷一九七"仁宗嘉祐七年十二月"，第 4785 页。

⑤ （宋）李焘撰，上海师范学院古籍整理研究室、上海师范大学古籍整理研究室点校：《续资治通鉴长编》卷一二六"仁宗康定元年正月"，第 2970 页。

⑥ （宋）苏辙撰，曾枣庄、马德富点校：《栾城集》卷四二《乞罢人从内亲从官》，上海古籍出版社，1987，第 940 页。

⑦ 《宋史》卷三八七《列传第一百四十六》，第 11884 页。

段，极易造成司法冤滥。殿中侍御史陈次升在其《上哲宗论皇城司狱疏》中即称：

> 臣窃以掖庭之狱，事干宫禁，自来多用内臣专治，不无冤抑。如闻皇城司今者置狱，陛下至仁恻怛，虑及非辜，特差外官杂治，要尽至公，虽虞舜好生之德无以加此，然而刑禁之下，五木所加，何求而不得？若不尽心，辄有观望，必致枉滥，欲乞圣慈严敕推鞫之官，宜加审克，务令平允，庶使狱成之后，适轻适重，各得其实、罪当其情。亦所以彰陛下哀矜庶狱、明慎用刑之意也。①

宋人曾敏行在其笔记《独醒杂志》中亦曾记录了御史董敦逸在绍圣三年（1096）后宫祷祠案中录问嫌犯时之见闻："公入狱引问，见宫官奴婢十数人，肢体皆毁折，至有无眼耳鼻者，气息仅属，言语亦不可晓。问之，只点头，不复能对。"② 皇城司狱惨毒之状不可胜记。

总之，游离于宋代常规司法诉讼规则内外的皇城司，在皇权的庇护下，虽然在打击犯罪、整肃吏治等方面发挥了一定作用。但是，囿于内部司法职能配置的不合理、外部监督制约机制的不完善，皇城司参与司法所造成的肆意逮捕、诬告陷害、刑讯残酷以及冤假错案等司法不公、狱政黑暗问题始终未能得到有效解决。

三、 整饬监督： 皇城司司法职能之调适

皇城司在司法诉讼中权力的膨胀与其所造成的刑狱枉滥，使赵宋君臣自然无法对其视而不见。整饬皇城司并建立相应的监督制度，成为部分臣僚希图重塑国朝廉明政风的一项必然之选。绍兴三年（1133）十一月十二日，殿中侍御史常同奏请隶皇城司于御史台六察，以期对其形成常态化监

---

① （宋）陈次升：《谠论集》卷一《上哲宗论皇城司狱疏》，载台湾商务印书馆发行文渊阁本《四库全书》（第427册），第335～336页。

② （宋）曾敏行撰，朱杰人整理：《独醒杂志》卷五，载上海师范大学古籍整理研究所编《全宋笔记》（第四编．五），大象出版社，2008，第160页。

督，加强对其官兵的约束。然而，在干办皇城司冯益等人的阻挠下，高宗准而复悔，十一月二十一日下诏："皇城司系专一掌管禁庭出入，祖宗法不隶台察，已降指挥更不施行。自今后臣僚不得乱有陈请，更改祖宗法度。如违，重行黜责。"① 断然拒绝了常同的陈请。尊奉祖宗之法虽是皇城司不隶台察的正当依据，高宗此举也不免表露出宋代君主并不希望皇城司受制于国家监察机关，从而更为便利地维护皇权，实现其统治意图。不过，皇城司不受任何监督与制约绝非赵宋天子所能容忍，亦与立国以来推行"上下相维，轻重相制"② 的"防弊"之道方枘圆凿。事实上，两宋在政务运行与司法实践中存在着规范皇城司权力行使的调适机制。

面对皇城司侦查时广为罗织而饱受诟病的困局，宋朝诸帝不得不多次下诏以规范其权力的行使。首当其冲的便是收缩其漫无边际的侦事范围，此类诏书有的直接规定某一具体的侦查豁免事项，如景德三年（1006）九月庚戌，真宗在诏书中称："易简可以便民，慈惠可以布政，由庚万物，乃合大和，顷者戎事犹繁，宵衣在念，精求治本，庶及时雍，中外之臣，方勤率职，宴术之事，未暇赏心。当今稼穑屡登，机务多暇，嘉与群品，适兹泰宁，自今士民任选胜宴乐，内外文武群臣不妨公务，并许游从。御史台、金吾、皇城司勿复纠察。"③ 又如大中祥符二年（1009）四月丁亥，时值每岁竞船之戏，真宗赏赐金明池善泅军士缗钱，并准许群臣游赏，"御史台、皇城司不得察举"④。宴会游赏之际，君臣与民同乐，宋廷意在营造出一派祥和的政治气氛，皇城司若在此时行纠察、刺非违，就显得不合时宜了。有的诏书在原属皇城司侦查权涵摄的某一类事体中加以甄别，从中析出一部分不得侦查的事项，本质上是对皇城司侦查权的具体化、精准化和规范化。如神宗元丰七年（1084）四月，勾当皇城司石得一奏："接伴辽使下亲从官随行亏法，欲乞令过位觉察。"神宗准其所奏的同时规

① （清）徐松辑，刘琳、刁忠民、舒大刚、尹波等校点：《宋会要辑稿》职官三四之三五，第3868页。
② 《宋史》卷三三七《列传第九十六》，第10796页。
③ （宋）佚名撰，司义祖整理：《宋大诏令集》卷一四五《典礼三十·宴集》，中华书局，1962，第529页。
④ （宋）李焘撰，上海师范学院古籍整理研究室、上海师范大学古籍整理研究室点校：《续资治通鉴长编》卷七一"真宗大中祥符二年四月"，第1599页。

定:"其入位与北人私相交易,及转达事情者察之,余勿举。"① 有的由皇帝责成有关部门对皇城司侦事范围予以明确界定。如大中祥符三年(1010),真宗顾虑其侦查恐吓骚扰百姓,令枢密院出台规定:"自今非奸盗及民俗异事所由司不即擒捕者,勿得以闻。"② 又如康定二年(1041)七月二十四日,仁宗诏枢密院,"自今皇城司探事,相度事理,方得行下"③。更有甚者,如徽宗即位初始,曾有振作有为之气象,一度"罢皇城司探报公事,以省刑狱滋彰之敝"④。

精简侦查官兵员额是宋代规范皇城司侦查权的重要着力点。宝元二年(1039)正月戊申,侍御史知杂事段少连言三班院、皇城司等处向来额外增员,因请"检用真宗朝逐司所置定员,悉罢所增置者"。仁宗"诏所增员候岁满更无差人"。⑤ 元符三年(1100)正月戊子,哲宗"罢绍圣后八厢所增探事人"⑥。减轻了京城百姓的恐慌情绪,稳定了畿辅人心。

以侦查对象对侦查人员进行反向监督亦是规范皇城司侦查权的有效路径。绍熙元年(1190)六月十三日,因皇城司人于奉使金国过程中自作威福、妄生事端,光宗采纳臣僚奏请,"万一国信所与皇城司人不遵绳检,犯今来约束,非理求取批借,及如臣前所陈,亦许使、副具名闻奏,庶几事体两全"⑦。更为重要的是,皇祐四年(1052)十一月丙午,仁宗下诏:"开封府皇城金吾司毋得以匿名文书上闻,其辄送官者论如律。"⑧ 首次确

---

① (宋)李焘撰,上海师范学院古籍整理研究室、上海师范大学古籍整理研究室点校:《续资治通鉴长编》卷三四五"神宗元丰七年四月",第 8273 页。

② (宋)李焘撰,上海师范学院古籍整理研究室、上海师范大学古籍整理研究室点校:《续资治通鉴长编》卷七四"真宗大中祥符三年七月",第 1687 页。

③ (清)徐松辑,刘琳、刁忠民、舒大刚、尹波等校点:《宋会要辑稿》刑法二之二五,第 8296 页。

④ (宋)赵汝愚编,北京大学中国中古史研究中心校点整理:《宋朝诸臣奏议》卷四五《天道门·灾异九》,第 472 页。

⑤ (宋)李焘撰,上海师范学院古籍整理研究室、上海师范大学古籍整理研究室点校:《续资治通鉴长编》卷一二三"仁宗宝元二年正月",第 2893 页。

⑥ (宋)李焘撰,上海师范学院古籍整理研究室、上海师范大学古籍整理研究室点校:《续资治通鉴长编》卷五二〇"哲宗元符三年正月",第 12380 页。

⑦ (清)徐松辑,刘琳、刁忠民、舒大刚、尹波等校点:《宋会要辑稿》职官五一之三六,第 4437 页。

⑧ (宋)李焘撰,上海师范学院古籍整理研究室、上海师范大学古籍整理研究室点校:《续资治通鉴长编》卷一七三"仁宗皇祐四年十一月",第 4179 页。

立了包括皇城司在内的上述机构举发违法犯罪实名制，有利于减少诬告、滥告行为，为有效遏制侦查人员挟私报复充实了制度供给。

皇城司长官的人选贤否很大程度上决定了皇城司职能能否良性运作。《宋史·苏利涉传》云："利涉尝干当皇城司，循故事，厢卒逻报不皆以闻。后石得一代之，事无巨细悉以奏，往往有缘飞语受祸者，人始以利涉为贤。"① 至南宋宁宗时，赵宋君臣仍然关注皇城司长官的拔擢问题，着力以贤能之士充任此职。嘉定二年（1209）十一月二十六日，臣僚言："皇城一司，总率亲从，严护周庐，参错禁旅，权亚殿岩。汉以儒生位执戟，唐以勋臣子弟备宿卫，可谓重矣。古制既难遽复，今隶籍于中者，类多市井乌合，训齐不素，全藉统摄得人，岂可轻授？自今乞专以知合、御带兼领，不以界资望轻浅者。倘更有躁进之徒侥逾干请，虽已颁成命，亦许辅臣执奏，给舍缴驳，台谏论列，不容冒滥，务在必行。"② 诸如皇城司长官之类切近要职的人事安排，宋代君主一般以"内降""御笔"的形式加以任命，确保对其所属军事力量的绝对掌控。也正是因此，皇帝在忠诚度上的考量大大超过对其德行与能力的判断，皇城司司法权在行使中的恶性膨胀与此不无关系。嘉定二年臣僚的这次奏请，其实是希望宁宗让渡其在皇城司长官人选上的独裁权，并将此人事安排程序纳入宋代常规政令出台制度。亦即朱熹所总结的："君虽以制命为职，然必谋之大臣，参之给舍，使之熟议，以求公议之所在，然后扬于王庭，明出命令而公行之。"③ 宁宗一如其请，此举在提高皇城司长官综合素质方面具有相当积极之意义。

出于约束皇城司基层官兵不法行径的考量，宋代采取了五人结保制，并严令长官与内职监督实行。大中祥符五年（1012）正月，真宗下诏规定："皇城司亲从、亲事官十将已下，依旧五人为保，递相觉察，不得饮酒、赌博。其指挥使、都头亦须递相觉察钤辖，画时申举。仍令指挥使已下置历，轮掌一月，具有无作过之人，抄上印历，书押于后，却称饮酒至

---

① 《宋史》卷四六八《宦者三》，第 13654 页。
② （清）徐松辑，刘琳、刁忠民、舒大刚、尹波等校点：《宋会要辑稿》职官三四之四二，第 3872 页。
③ （宋）朱熹：《晦庵先生文集》卷一四《经筵留身面陈四事札子》，载四川大学古籍研究所编《宋集珍本丛刊》影印清道光刊本，第 56 册，第 759 页下栏。

醉、赌博受财、故作非违，令内职觉察。如不申报盖庇，致人陈告，察探得知连科违制之罪者，第迁一资。"① 此后，朝廷又加大了对皇城司过犯基层官兵的处罚力度，天圣元年（1023）十二月，仁宗诏曰："皇城司亲从、亲事官，有饮博、逃亡及别为过恶合该移配六军并京畿县镇下军者，自今并相度情理，配外州军本城或边远牢城。"②

除上述内部整顿以外，宋代亦形成了制约皇城司的多元外部监督机制。第一，差员察探。皇帝对于直接向其负责奏报的皇城司并非没有防备之心，往往在派遣皇城司侦查官民的同时，另派他员察探皇城司。咸平六年（1003）八月癸亥，右谏议大夫、史馆修撰田锡就曾直言："自来皇城司差人探事，又别差探皇城司，探事人如此察探京城民间事，事无巨细，皆达圣聪。"③ 第二，御史弹劾。皇城司虽不隶属御史台六察，然并不影响朝中御史对其慢法官员行使纠弹之权，宋代史料中亦有多名皇城司官员因御史弹劾而受到程度不等的处罚。元祐年间，御史刘挚劾领皇城司石得一"顷管皇城，恣其残刻，纵遣逻者，所在棋布，张阱设网，以无为有，以虚为实。朝廷大吏及富家小人，飞语朝上，暮入狴犴，上下惴恐，不能自保，至相顾以目者殆十年"④。石得一因此而坐降左藏库使。绍兴三十二年（1162）八月二十三日，因殿中侍御史张震论其奉使失旨，"起居舍人、兼国史院编修官洪迈，均州防御使、知阁门事、兼客省四方馆事、干办皇城司张抡，并放罢"⑤。第三，守臣处置。地方官代天子司牧州县、存养黎庶，如其辖境有皇城司侦捕人员违法害民，可以将其抓捕并予以处置。淳化三年（992），"皇城司阴遣人下畿县刺史，多厉民，令佐至与为宾主"。雍丘尉王彬至，"捕鞫之，得所受赂，致之法"⑥。第四，百姓指论。赋予

---

① （清）徐松辑，刘琳、刁忠民、舒大刚、尹波等校点：《宋会要辑稿》职官三四之二〇，第3860页。

② （清）徐松辑，刘琳、刁忠民、舒大刚、尹波等校点：《宋会要辑稿》职官三四之二一，第3860页。

③ （宋）李焘撰，上海师范学院古籍整理研究室、上海师范大学古籍整理研究室点校：《续资治通鉴长编》卷五五"真宗咸平六年八月"，第1209页。

④ 《宋史》卷四六七《宦者二》，第13645页。

⑤ （清）徐松辑，刘琳、刁忠民、舒大刚、尹波等校点：《宋会要辑稿》职官七一之一，第4947页。

⑥ 《宋史》卷三〇四《列传第六十三》，第10076页。

被侦查对象一定的监督权，能够有效抑制皇城司侦查人员犯法作过。至和元年（1054）九月，殿中侍御史赵抃在其奏状《辨杨察罢三司使》中即称有"百姓张寿于三司指论皇城司亲事官取受内香药库公人钱物公事"①。值得警惕的是，能够有机会到较高级别官署陈述己见的百姓相当有限，其在监督皇城司方面所发挥的作用不宜过分夸大。

制度建构在整饬监督皇城司上更多具有的是应然层面的意义，显然，制度运行中的坚决处罚在约束、规范皇城司行使权力上才能显现出实然层面的震慑效果。宋代史料中不乏皇城司官兵或因玩忽职守、或因慢法为非而遭降责的案例。如庆历五年（1045）二月十三日，"武略郎、干办皇城司李谦特降两官。坐牒试武举人叶拱辰、林善胜，用皇城司印记取会隐讳，供说异同"②。庆历八年（1048）闰正月，"降勾当皇城司杨景宗等六人，坐不觉察崇政殿亲从官夜寇宫闱也"③。熙宁九年（1076）五月，"勾当皇城司、内侍押班王中正罚铜三十斤。坐狂人孙真衣纸衣夜越皇城，登文德殿屋，诵佛经，为妖言故也"④。南宋亦有相关记载，如淳熙十二年（1185）十一月，因两名皇城司亲从官充任文思院监作，"动辄胁持邀取常例"⑤，孝宗果断罢免了其差事。

尽管如此，兼具内部整顿与外部监督的调适机制并不总是能够有效发挥其应有价值。如天禧元年（1017）八月，右正言鲁宗道言："皇城司每遣人伺察公事，民间细务，一例以闻，颇亦非便。请行条约。"⑥ 皇城司事无巨细侦查奏报的行径显然不合理，鲁宗道的言论在当时具有相当代表性。然而，真宗以有利于督促有司解决繁杂公务为由回绝了这一建议：

---

① （宋）赵抃：《赵清献公文集》卷六《奏状·辨杨察罢三司使》，载四川大学古籍研究所编《宋集珍本丛刊》影印明嘉靖四十一年刻本，第6册，第757页上栏。

② （清）徐松辑，刘琳、刁忠民、舒大刚、尹波等校点：《宋会要辑稿》职官七三之二五，第5015页。

③ （清）徐松辑，刘琳、刁忠民、舒大刚、尹波等校点：《宋会要辑稿》职官三四之二二，第3861页。

④ （宋）李焘撰，上海师范学院古籍整理研究室、上海师范大学古籍整理研究室点校：《续资治通鉴长编》卷二七五"神宗熙宁九年五月"，第6722页。

⑤ （宋）佚名撰，汪圣铎点校：《宋史全文》卷二七下《宋孝宗八》"己巳淳熙十二年春正月己丑"，第2324页。

⑥ （宋）李焘撰，上海师范学院古籍整理研究室、上海师范大学古籍整理研究室点校：《续资治通鉴长编》卷九〇"真宗天禧元年六月"，第2076页。

"丛脞之事，多寝而不行，有司之职，亦不可不严也。"① 类似的情形又出现在熙宁五年（1072），当时为推行新法，神宗重用皇城司压制反对新法的言论，因此逻卒广布、探事频繁。大臣冯京对此颇为忧心。《续资治通鉴长编》载："冯京言：'皇城司近差探事人多，人情颇不安。'上曰：'人数止如旧，探事亦不多，蓝元震又小心，缘都不敢乞取，故诸司不安。'金言：'外间以为若十日不探到事即决杖，故多掯撼细碎。'上曰：'初无此处分。此辈本令专探军中事，若军中但事严告捕之法，亦可以防变。'安石曰：'专令探军中事即无妨，若恃此辈伺察外事，恐不免作过。孙权、曹操用法至严，动辄诛杀，然用赵达、吕壹之徒，皆能作奸乱政。陛下宽仁，不忍诛罚，焉能保此辈不作奸？三代圣王且不论，如汉高祖、唐太宗已不肯为孙权、曹操所为，但明示好恶赏罚，使人臣皆忠信，不敢诞谩，天下事安有蔽匿不闻者？细碎事纵不闻，何损于治体？欲闻细碎事，却致此辈作奸，即所损治体不细。'上以为然。"② 熙宁年间的这次君臣奏对，冯京与众人先后对皇城司过度探事表示不满，神宗则对其一一进行了耐心的解释。直到王安石出面并以三国与汉唐典故警示天子，神宗的态度方有所转变。但其态度并没有转化为限制皇城司探事的实际行动，结果不了了之。冯京与王安石虽政见不同，然皆一时之选、深孚人望，二人在此次奏对中实际上发挥了朝中重臣联合监督皇城司的作用，而皇帝不纳谏直接决定了此次监督效果的不理想，这是宋代司法制度下整饬监督皇城司制度的先天缺陷，亦是现代法治诞生之前封建法制下历代监察制度无法克服的体制障碍。

结　　语

由唐入宋，累经猜忌、叛乱、战争、复位的皇权已如惊弓之鸟，防范文臣、武将、女主、阉宦、外戚、藩镇以全面强化皇权的祖宗法度成为避免宋廷重蹈五代短命王朝覆辙的有力保障。皇城司广泛行使司法职能，虽

---

① （宋）李焘撰，上海师范学院古籍整理研究室、上海师范大学古籍整理研究室点校：《续资治通鉴长编》卷九〇"真宗天禧元年六月"，第 2076 页。

② （宋）李焘撰，上海师范学院古籍整理研究室、上海师范大学古籍整理研究室点校：《续资治通鉴长编》卷二四〇"神宗熙宁五年十一月"，第 5837~5838 页。

然并不能称之为这一祖宗法度的本原构成，然而两者在设计初衷上却高度暗合，共同指向强化皇权。从央地关系而论，在晚唐五代以降藩镇割据、诸侯林立的背景下，是中央司法权威日渐式微，以刑部按覆地方司法审判为代表的司法监督体制运转不畅。为重塑中央司法权威，如果说以审刑院和纠察在京刑狱司强化司法监察是制度建构上的表征，皇帝直接领导皇城司审判部分案件则是司法特例上的再现。从君臣关系而论，虽然两宋崇文抑武、重用儒士，但绝非完全信任而不加以制约。宋代君主极端重视对于军事的掌控，与京师三衙管理一致的是，皇城司长官人选亦由皇帝亲自除授，以保证对此一军事力量的绝对控制。"兵刑合一"历史传统下，皇帝以皇城司行使司法权自是得心应手，从而形成一以武制文的重要手段。另外，据张邦炜统计，"入传宦官曾勾当、管干皇城司者多达 11 人"①。文官集团与宦官群体之间对立，皇帝以亲近、信用的宦官掌握皇城司以行使司法权，又发挥了以内驭外的特殊作用。由是，皇城司司法职能的发动、行使与收缩，均是皇权发动、行使与收缩的反映。征诸史料，宋代皇权的强弱度与皇城司的活跃度大体一致。如振作有为的神宗治下，皇城司广置逻卒出入京城。光宗则因圣躬不豫而较少过问政事，在位时"八厢逻事之人，置而不用"②。概言之，皇城司的司法职能是宋代皇权在司法层面的特殊延伸。

宋代司法体制下，与大理寺、刑部、御史台等常设法司相比，皇城司乃一特设法司。正常情况下，司法案件仍然要遵循地域管辖与级别管辖的相关规定，分别由其所属州县管辖并逐级审理。即使遇有重大或疑难案件，朝廷亦有指派两制、台谏等多名较高级别官员杂议的临时审判机制。可以推断，皇城司办理的案件在两宋案件总量中所占的比重应当较小。不过在皇权授予下，无论是对常设法司管辖的案件还是临时审判机构管辖的案件，皇城司无疑都可以进行审理。然而，皇帝差遣皇城司办案的特殊模式，毕竟只是一种实践意义上的司法特例，作为封建国家整体利益代表的皇帝不能不考虑维护国家常规司法秩序，因之对皇城司的使用尚有保留。

---

① 张邦炜：《北宋宦官问题辨析》，《四川师范大学学报》1993 年第 2 期，第 90 页。
② （明）黄淮、杨士奇等：《历代名臣奏议》卷六九《法祖》，哈佛大学哈佛燕京图书馆藏明永乐版。

案件一旦进入常规司法程序，皇城司即不再插手干预，宋代史料中亦未有皇帝责令有司将案件移送皇城司办理的相关记载。相应地，凡是皇城司办理的案件，除非皇帝特旨下达，常规法司亦不得过问，从而在实践中形成了内外有别、双轨并行的独特司法格局。另外，两宋皇权操纵下，亦不乏某一案件中，侦查、抓捕阶段由皇城司负责，之后交由御史台等法司的官员进行审理或者押送开封府执行处罚的案例。显现出在最高意志统摄下，常规法司与特设法司互相配合，共同打击犯罪、维护社会秩序的司法体制。

"以史为鉴，才能避免重蹈覆辙。对历史，我们要心怀敬畏、心怀良知。"① "几千年来人类积累的一切理性知识和实践知识依然是人类创造性前进的重要基础。"② 国家司法制度的建构，必须根据涉案主体、案发区域和案件类型等标准，实行级别管辖、地域管辖和专属管辖。皇城司司法应视为特定历史时期的产物。国家司法制度的改革，应在理性回归常规司法专司审判的前提下，适当吸纳皇城司司法的特定优势。深化司法体制综合配套改革，必须探索和建立强化"司法权是中央事权"的体制机制，严防"司法地方化"倾向。涉及领导干部违法犯罪的案件，在尊重案件法律事实的基础上，适当加强办案资源配置、提高案件办理效率，依法坚决而有力地处置违法行为。宋代皇城司包揽案件办理、欠缺有力监督以致刑狱黑暗的历史殷鉴不远，司法改革必须着力破除当前司法体制下事实上存在的"侦查中心主义"，强化检察权对侦查权的监督力度，努力贯彻落实"庭审实质化"改革方案，切实解决"执行难"的痼疾顽症。同时，诉讼领域要优化司法机关内部职权配置，促进形成控辩审三方相互平衡和制约机制，以避免轻易引入外部监督而面临"谁来监督监督者"的难题。改革只有进行时，没有完成时，司法体制改革仍然任重道远，未来可期。

---

① 习近平：《携手构建合作共赢新伙伴 同心打造人类命运共同体》，《人民日报》2015 年 9 月 29 日，第 2 版。

② 习近平：《从延续民族文化血脉中开拓前进 推进各种文明交流交融互学互鉴》，《人民日报》2014 年 9 月 25 日，第 1 版。

《中国古代法律文献研究》第十七辑

2023年，第081~112页

金元时期省部关系的文书学考察

——以中古敕牒形态演变为中心

张　雨*

摘　要：金元作为一省制的确立和发展阶段，制度具有延续性。但两者省部关系呈现不同特点，即元代六部的独立性，与金代六部独立性相比下降明显。中古以降，敕牒形态演变为观察上述差异提供了一个新的视角。金代敕牒继承自唐宋中书敕牒和尚书省敕牒，但却从单一形态分化成为尚书省敕牒与六部敕牒。金代六部敕牒是在宋代元丰后类敕牒文书的基础上发展而来，一方面行用范围在扩大，另一方面由六部直接承敕施行，无须尚书省宰执官再以省札转发圣旨。虽然这并不意味着宰相不能通过其他方式去干预六部政务，不过，六部敕牒的大量使用，至少从政务运行机制上为宰相直接干预六部政务造成了不便和增加了难度。元代不再行用六部敕牒，敕牒重新回归单一形态。这一改变起到了强化宰相权力、弱化六部独立性的作用，也成为"六部官毋逾越中书奏事"规定出现的文书学背景。

关键词：金元　六部敕牒　尚书省敕牒　省部关系

---

*　中国政法大学法律古籍整理研究所副教授。

作为中国古代国家政务运行机制重要环节的"省部"，① 在宋神宗元丰官制推行之后，取代了此前文献中用来指代尚书省或省内机构的"省司"一词。这一转变的背后，是唐代开启的六部独立化（相对于都省）趋势在新的历史条件下（使职差遣体制）得以落实。尚书省六部取代诸司成为政务运行的主体，并与诸寺监建立起不同于唐代的政务关系模式（本司-子司）。②

金、元时期一省制确立后，作为宰相机构的尚书省、中书省虽然变化不断，但六部作为国家政务运行的主体机构却保持着相对稳定。这进一步强化了元丰以降六部的独立性，省部关系也由此成为研究金元宰相制度的一个重要的视角。③

虽然近年来学者利用新出官私文书在金元社会生活史、地方行政运作等方面的研究取得了不少的成果，④ 但在中枢制度方面则关注不够。笔者在金元史领域素无积累，因对尚书省和六部体制的演变有兴趣，借助相关专题研究论著，⑤ 才注意到金元时期，在社会面貌、国家形态、公文体式方面均与唐宋时代产生重大差异的同时，却仍存在着一类宣敕文书，与唐

---

① 宋绍兴三年（1133）十一月，左司谏唐辉论："省部总天下之务，财用必有所统属。……望严赐诫敕，一岁之间，省部稽诸路之勤惰，上之朝廷。"（宋）李心传：《建炎以来系年要录》卷七〇，中华书局，1985，第 1179~1180 页。绍兴三十二年八月，孝宗诏："省部系政令之元。"（清）徐松辑，刘琳等校点：《宋会要辑稿》，职官三之七〇，"登闻院"，上海古籍出版社，2014，第 3087 页。（元）陈旅：《安雅堂集》卷六《省部政典举要序》："省部总天下之务，庶政所由出也。"《元代珍本文集汇刊》本，台北"中央图书馆"编印，1970，第 251 页。

② 张雨：《唐宋间"子司"词义转换与中古行政体制转型》，《中华文史论丛》2019 年第 3 期，第 192~195 页；《"部"的凸显与唐宋尚书省六部的实体化》，《唐宋历史评论》第 12 辑（待刊）。

③ 张帆：《金元六部及相关问题》，《国学研究》第 6 卷，北京大学出版社，1999，第 141~170 页；《元代宰相制度研究》，北京大学出版社，1997，第 186~195 页；程妮娜：《金代一省制度述论》，《北方文物》1998 年第 2 期，收入氏著《金代政治制度研究》，吉林大学出版社，1999 年，第 115~133 页；孙孝伟：《金朝宰相制度研究》，吉林大学博士学位论文，2012，第 159~163 页。

④ 陈瑞青：《四十年来黑水城汉文经济文献研究的回顾与展望》，《西夏研究》2018 年第 4 期，第 96~104 页；赵彦昌、苏亚云：《纸背文书研究述评》，《西华师范大学学报》2017 年第 5 期，第 28~34 页。

⑤ 张帆：《元朝诏敕制度研究》，《国学研究》第 10 卷，北京大学出版社，2002，第 107~158 页；李治安：《元吴澄八思巴字宣敕文书初探》，《元史论丛》第 14 辑，天津古籍出版社，2014，第 65~75 页；张国旺：《〈济美录〉所收元代敕牒初探》，《隋唐辽宋金元史论丛》第 9 辑，上海古籍出版社，2019，第 323~335 页。

宋敕牒文书形态具有明显的继承性，可作为观察金元时期省部关系的一个尚未被人充分瞩目的视角。

限于笔者的学力，本文只是尝试将唐宋制度史研究中利用古文书学进行研究的思路引入金元制度史研究中。或许这样的比较研究，也可以为从长时段角度观察中唐以来宰相制度变迁的落脚点提供一点帮助。疏漏之处，敬希赐正。

一、 金代两种不同形态的敕牒：礼部敕牒与尚书省敕牒

在金代中后期的石刻史料中，广泛存在着一种用于寺院道观赐额的敕牒文书，即当时被政府售卖的"空名敕牒"。① 先移录其中具有代表性的两件文书：

（一）大定三年（1163）宁国院赐额敕牒

1　□□礼部 牒宁国院
2　□书礼部 牒
3　尚书户部差委京兆府发卖所，据京兆府高陵县润国乡郭桥中社
4　院主僧宗仁状告，有见住本院，自来别无名额，已纳讫合着
5　钱壹百贯文，乞立"宁国院"名额。勘会是实，须给赐者。
6　牒奉
7　敕：可特赐宁国院。牒至准
8　敕，故牒。
9　　　　　大定三年十一月　日令史向昇 押 主事安 假 权郭 押
10　奉议大夫、行太常博士、权员外郎刘 押
11　中散大夫、行员外郎李
12　宣威将军、郎中耶律
13　侍　　　　　　郎
14　中奉大夫、礼部尚书兼翰林学士承旨、知制诰、修国史王

---

① 《金史》卷一三《卫绍王纪》，崇庆元年（1212）五月条，中华书局，2020，第321页。

图1　高陵宁国院赐额敕牒①

（二）贞祐五年（1217）圆明寺赐额敕牒

1　行尚书礼部　　　封

2　　行尚书礼部　　牒

3　　咸阳县临渭乡下曲□社见住古寺僧玄鑑、□增、玄辉状告，有本社人户冯

4　　安等，将上件古寺一所，为无人看管，于贞祐五年七月间请到玄鑑等前来住持，为无名额，今纳

5　　通宝壹仟陆百柒十五贯，准元定银粟数目相同。请□

6　　行尚书礼部空名地字五百四十九号寺额，须至书填者。

---

① 拓片及录文见董国柱编著《高陵碑石》，吴钢主编《陕西金石文献汇集》，三秦出版社，1993，第19、132~133页。拓片左侧及下部原有大定四年（1164）题记及题名，兹从略。录文已据拓本修订，原拓官吏押字符号，并录作"押"字，下同。"权员外郎刘"即刘玑，"郎中耶律"即移剌道（本名按），"礼部尚书……修国史王"即王竞。《金史》各有传。（清）施国祁撰、陈晓伟点校：《金史详校》卷四《金史卷五十食货志五》，中华书局，2021，第265~266页。余人无考。另，与此件宁国院敕牒起首行"尚书礼部牒某某"类似的文字，在大定二年普恩院敕牒中被刻在最末行（石在河南修武，见北京图书馆金石组编《北京图书馆藏中国历代石刻拓本汇编》，第46册，中州古籍出版社，1989，第70页），文字上均钤印。推测这一部分文字应为纸本文书背面（或封面）事目，故在碑本上位置不定，亦有省去不刻者（大定三年龙岩寺敕牒，石在山西临猗，见同前书同册，第77页。同类碑本敕牒颇多，不具录）。参见安洋《纸石之间——宋代敕牒的文书与刻石》，中国政法大学法律古籍整理研究所编《中国古代法律文献研究》第12辑，社会科学文献出版社，2018，第470~477页。

7　牒奉

8　敕：可赐圆明寺，牒至准

9　敕，故牒。

10　　　　贞祐　年　月日令史　主事

11　朝请大夫、翰林修撰、陕西东路尚书六部员外郎抹撚

12　明威将军、陕西东路转运副使、行六部员外郎阿勒根

13　中大夫、同知陕西东路转运使事、尚书六部郎中吕

14　侍　　　　　　　　　　　　　　　郎

15　中大夫、知陕西东路转运使事、行六部尚书庞　　押

图 2　咸阳圆明寺赐额敕牒①

① 张德臣编：《渭城文物志》，图版 65，三秦出版社，2007，第 186 页。需要指出的是，该图版与同页图版 66 分别题作《广教禅院牒拓本》《太清观牒》，均为误植。图版 65 实为圆明寺敕牒拓本、图版 66 才是广教禅院敕牒拓本（参见图 3），太清观牒则另为一碑（图4）。圆明寺敕牒左侧原有正大二年（1225）官员和助缘人等题记，兹从略。司雅霖首先注意到《渭城文物志》中的圆明寺敕牒拓片，赴咸阳考察并录文，参见氏著《陕西金代敕赐寺观额牒碑刻整理与研究》，西北大学硕士学位论文，2014，第 15 ~ 16、25 ~ 26 页。第 10 行"贞祐"下空一字，敕牒内嵌套申状内有"贞祐五年七月间"，而是年九月即改元兴定，故此敕牒当贞祐五年改元前已颁下。第 11 行抹撚某系衔中"路尚"之间应有文字脱略，因拓片不清晰，未能校正。"行六部尚书庞"，即庞铸，《金史·文艺下》有传，甚简，事迹详见王庆生《金代文学家年谱》，凤凰出版社，2005，第 401 ~ 405 页。余人无考。有关金代敕牒的研究，参见蔡敏、延保全《金代佛寺赐额敕牒小考》，《山西档案》2015 年第 6 期，第 119 ~ 123 页；王浩《金代赐额敕牒碑探析》，李雪梅主编《古代法律碑刻研究》第 1 辑，中国政法大学出版社，2020，第 100 ~ 119 页。

圆明寺赐额敕牒是陕西行尚书省（行六部）颁给，[①] 故其印文为"行尚书六部印"，与大定三年宁国院等三牒（图1、3、4）印文"尚书礼部之印"不同，但文书形态相同，且与唐宋时期敕牒结句："牒奉敕云云。牒至准敕，故牒"一致，故可视为同一类型文书。因其发文机构为尚书（或行尚书）礼部，故可称为礼部敕牒。

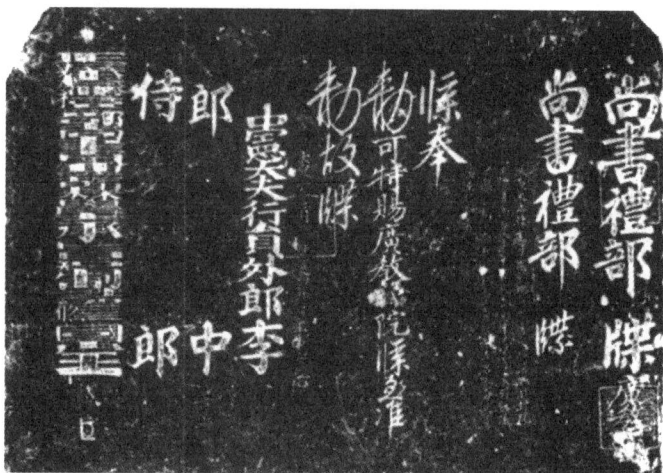

图3　咸阳广教禅院赐额敕牒（大定三年）[②]

当然，不同时代的敕牒文书差异也较为显著。清代学者钱大昕即指出：

> 凡寺院赐额，宋初由中书门下给牒；元丰改官制以后，由尚书省给牒，皆宰执亲押。金则仅委之礼部，而尚书、侍郎并不书押，惟郎

---

① 陕西行尚书省建于贞祐三年（1215），其下置行六部尚书诸官，由本路转运使官兼。《金史》卷一四《宣宗纪上》，贞祐三年十月庚戌、七月甲申，卷一五《宣宗纪中》，兴定二年（1218）三月戊子，第341、337、363页。西安钟鼓楼广场金代铜印窖藏出土有陕西行省印多枚，如"行尚书省都领之印""行省参议之印""行省左右司印""行尚书六部印""行尚书六部侍郎印"等。西安市文物局：《西安市钟鼓楼广场发现一批金代官印》，《考古与文物》1999年第3期，第7~9页。金代不同地区所置行省的印文是相同的，并不标明行省所在地。参见本溪市博物馆《本溪文物集粹》，"行尚书六部印"，辽宁美术出版社，2011，第87页；郭晶《本溪市博物馆馆藏金代四方官印再认识》，《辽金历史与考古》第6辑，辽宁教育出版社，2015，第319~320页。

② 拓片及录文见张鸿杰主编《咸阳碑石》，图版67《广教禅院牒碑》，三秦出版社，1990，第104页。拓片下截原有大定六年（1166）《咸阳县眭村广教禅院记》，兹从略。

图 4　咸阳太清观赐额敕牒（大定三年）①

官一人行押而已。但宋时寺院皆由守臣陈请方得赐额，金则纳钱百贯便可得之，盖朝廷视之益轻而礼数亦替矣。②

叶昌炽《语石》则在钱大昕的基础上进一步指出：

> 碑目于宋时或称"中书门下牒"，或称"尚书省牒"，由潜研之言征之，则元丰以前皆出中书，元丰以后皆出尚书省。金广福院称"尚书礼部牒"，又有省"尚书"二字，但称"礼部牒"者（大定二年圆教院，三年福岩禅院）。其实凡牒皆出自礼部，不仅此三寺也。③

更详细地说，敕牒在唐代是中书门下奉敕而牒百官百司指挥公事的文书（属于"王言之制"之一），其发文机构是中书门下，如受文者为尚书省，则曰："中书门下牒尚书某司"，"牒奉敕：云云。牒至准敕。故牒。"

---

① 拓片及录文见张鸿杰主编《咸阳碑石》，图版 68《太清观牒》，第 105～106 页。拓片末行下角原有大定五年（1165）咸阳县官题记，兹从略。

② （清）钱大昕：《潜研堂金石文跋尾》卷一八《广福院尚书礼部牒》（大定七年，1167），陈文和主编《嘉定钱大昕全集》第 6 册，祝竹点校，江苏古籍出版社，1997，第 468 页。按，赐额敕牒押字不仅限于郎官，尚书亦可书押，如图 2、3、4。

③ （清）叶昌炽撰、柯昌泗评：《语石 语石异同评》，考古学专刊丙种第四号，中华书局，1994，第 204～205 页。

文末由宰相依次署名行下。①

北宋前期敕牒，如治平元年（1064）清虚观赐额敕牒，仍延续唐代敕牒文书的形态与功能。②

（三）清虚观赐额敕牒

中书门下牒　汾州

汾州奏：准

敕，勘会到系帐存留寺院等，乞赐名额。候

敕旨。取到祠部状，并系得文帐。内平遥县太

平观，宜赐清虚观。

牒，奉

敕：如前，宜令汾州翻录敕黄，降付逐

寺观院舍，依今来敕命所定名额。牒至准

敕，故牒。

治平元年三月日牒

户部侍郎参知政事赵

户部侍郎参知政事欧阳

中书侍郎兼礼部尚书平章事曾

门下侍郎兼兵部尚书平章事韩③

至元丰改制，神宗明确"中书省取旨，门下省覆奏，尚书省施行"，即"三省体均，中书省揆而议之，门下省审而覆之，尚书省承而行之"的

---

① 刘后滨：《唐代中书门下体制研究——公文形态·政务运行与制度变迁》，齐鲁书社，2004，第341～354页；王孙盈政《唐代"敕牒"考》，《中国史研究》2013年第1期，第89～110页。

② 杨芹：《宋代制诰文书研究》，上海古籍出版社，2014，第15～29页。参见［日］小林隆道《宋代的赐额敕牒与刻石》，郑振满主编《碑铭研究》第2辑，社会科学文献出版社，2014，第94～117页；赵静《北宋敕额牒格式探析》，《滨州学院学报》2016年第1期，第60～64页；王维《宋代赐额敕牒碑刻书法的分期及原因探析》，《中国书法》2019年第12期，第108～115页。

③ 胡聘之辑：《山右石刻丛编》卷一四，收入《石刻史料新编》第1辑第21册，新文丰出版公司，1982，第15247页。参见赵静《北宋敕额牒格式探析》，《滨州学院学报》2016年第1期，第61页。

体制后，元丰五年（1082）六月，诏："尚书省六曹事应取旨者，皆尚书省检具条例，上中书省。"又诏："门下中书省已得旨者，自今不〔得〕批札行下，皆送尚书省施行。著为令。"① 故敕牒改为尚书省颁行政令的文书，形态随之而改（图5）。

元丰以后宋代敕牒的发文机构为尚书省（都省），起首为"尚书省牒某（官司等）"，经省部处理后，拟出处理意见。以状的形式经过都省上报中书省，中书省得到皇帝批示后，根据文书类别，负责拟出敕牒，然后下发都省行下，文曰："牒奉敕云云。牒至准敕，故牒。"故文末由都省官（左、右丞以上）依次签署行下。③

如前所述，元丰官制中，尚书省六部从虚体走向实体机构，取代省司成为处理日常行政的主体，并且独立置印。④ 这源于宋人对《唐六典》所描述的唐代制度的理解，以及其立足于使职差遣体制来实现对尚书省重建的务实做法。在这个过程中，以尚书省二十四司为主体的唐代奏钞转变成

图5 绍兴绍兴元年显宁庙
封昭祐公敕牒②

---

① 《宋会要辑稿》，职官一之二五，"三省"，第2949页。
② 北京图书馆金石组编：《北京图书馆藏中国历代石刻拓本汇编》，第43册，第10页。录文见绍兴县修志委员会《浙江省绍兴县志资料第一辑》，收入《中国方志丛书》，"华中地方"，第538号，成文出版社，1983，第492~493页。
③ 张祎：《制诏敕札与北宋的政令颁行》，北京大学博士学位论文，2009，第106~158页；罗祎楠：《论元丰三省政务运作分层机制的形成》，清华大学硕士学位论文，2005，第69~72页。
④ 唐代尚书六部无部印，仅置尚书省及诸司印。宋元丰官制行，增置六部印。此后诸司虽有省并（如南宋兵部置郎官一员，兼领四司之事），但郎官印记仍俱存。雷闻：《隋与唐前期的尚书省》，吴宗国主编《盛唐政治制度研究》，上海辞书出版社，2003，第85~86页；王丽：《宋代元丰官制改革后吏部研究——以法令和文书为中心》，河南大学博士学位论文，2014，第129页。

了"六曹奏钞"。^①尽管六部已经成为实体，省部也成为日常政务中必要的环节，但宋代奏钞仍沿袭唐制，是尚书省公文，故需要经由宰执（都省官）签署。六部的独立性有限。比如宋代颁给寺院道观的赐额敕牒，^②在元丰之后，始终是以尚书省的名义颁下，钤"尚书省印"。^③这与金代赐额敕牒以尚书礼部名义颁下，钤"尚书礼部之印"，形成了鲜明的对比。钱大昕所谓"朝廷视之益轻而礼数亦替"，正缘此而生。

不过，金代敕牒并非皆如叶昌炽所言"凡牒皆出自礼部"。尚书省同样是敕牒的发文机构。元初官员王恽（中书省详定官）与刘肃（字才卿，中书省左三部尚书）曾谈及金代"焚黄故事"：

> 尝与刘尚书才卿讲究焚黄故事。刘曰："尝闻之高士美云其敕之全式：尚书省牒，故某官某职某人，牒奉敕：可追谥某名，牒至准敕，故牒。年月日。后备具相衔，圆押。其敕封上题'给付某人'。第其子孙录全文如式，火于本官家庙以告，谓之焚黄。"^④

刘肃为金末进士，曾"自职官勾补（尚书）省掾，……上（忽必烈）闻其有经济才，召治邢州。（中书）省部之建，谘其议论为多"^⑤。高巍，字士美，正大年间（1224—1231）为监察御史。金亡入燕，居顺天。^⑥故其所论前朝故事，颇可信。

---

① 周曲洋：《奏钞复用与北宋元丰改制后的三省政务运作》，《文史》2016 年第 1 期，第 195～196 页。

② （宋）赵昇撰、王瑞来点校：《朝野类要》卷四《文书》，"敕牒"条："凡知县以上，并进士及第出身，并被指挥差充试官或奉使接送馆伴，及僧道被旨住持，并庙额并给敕牒"，中华书局，2007，第 85 页。元人刘埍所见其七世族祖刘敔于宋仁宗景祐五年（1038）进士登第时获赐同学究出身的中书门下敕牒，即是其例。见氏著《水云村稿》卷七《屯田员外郎刘公敕黄后跋》，《景印文渊阁四库全书》第 1195 册，台湾商务印书馆，1986，第 394 页。

③ 宋代"尚书省印"印蜕原貌，见彭慧萍《存世书画作品所钤宋代"尚书省印"考》，《文物》2008 年第 11 期，第 77～93 页；《两宋"尚书省印"之研究回顾暨五项商榷》，《故宫博物院院刊》2009 年第 1 期，第 44～59 页。

④ （元）王恽：《中堂事记》卷下，中统二年（1261）六月八日戊戌，顾宏义、李文整理标校《金元日记丛编》，上海书店，2013，第 128 页。

⑤ （元）王恽：《中堂事记》卷下，中统二年六月四日甲午，第 127 页。

⑥ 王庆生：《金代文学家年谱》，第 774～775 页。

敕牒，因书于黄藤纸，宋以后称黄牒、敕黄，亦省作"敕"或"黄"。① 从金代赠官敕牒后须"备具相衔，圆押"②，其敕牒形态不同于前文所举赐额敕牒，③ 而与河南沁阳现存金代石刻所见怀州百姓秦顺授官敕牒一致。

（四）承安四年（1199）秦顺授官敕牒

1　　尚书□　　牒

2　　怀州河内县紫陵村百姓秦顺，年七十以上，该承安元年/赦恩，
　　　合补一官。

3　　牒奉

4　　敕：可特授进义副尉。牒至准

5　　敕，故牒。

---

① 宋哲文：《宋代敕黄文书略探》，广州市文化广电新闻出版局等编《广州文博》（8），文物出版社，2015，第192~206页。需要指出的是，在敕牒继续指中书敕牒或尚书省敕牒之外，与之相关概念的"黄牒"在宋代也存在使用扩大的现象。如元丰吏部奏钞（经御画后的奏授告身）就与敕牒一起被称为"黄牒"。元丰五年四月甲戌，详定官制所言："唐制，内外职事有品者给告身，其州镇辟置僚佐止给使牒。本朝亦以品官给告身，无品及一时差遣，不以职任轻重，皆中书门下给黄牒，枢密院降宣。今若尽如唐制例给告身，则职卑而事微，恐不胜尽给。今拟阶官、职事官、选人，凡入品者皆给告身；其无品者若被敕除授，则给中书黄牒，吏部奏授则给门下黄牒，枢密院差则仍旧降宣，于事简便。"从之。《续资治通鉴长编》卷三二五，中华书局，2004，第7826~7827页。其中，门下黄牒即经御画之吏部奏授告身。中书黄牒即中书门下敕牒，此时官制尚在拟定阶段，故沿用旧名。至六月规定两省得旨事"皆送尚书省施行"（引文见前）后，敕牒即转为尚书省文书。参见方诚峰对元丰三省制形成两阶段及三省黄牒的论述，见氏著《北宋晚期的政治体制与政治文化》，北京大学出版社，2015，第41~42页。

② 宰相圆押，来源于金代大事圆议制度。议事与圆押皆自卑者始，与宋代敕牒署位顺序一致。参见孙孝伟《金朝宰相制度研究》，第98~99页。这与宋代中书敕牒和尚书省署位顺序（先卑后尊）一致，且元丰后三省宰执议事，也有"签圆"之名（《续资治通鉴长编》卷四五〇，元祐五年十一月壬子条，第10821页），应与金代圆议（押）有制度上的渊源关系。

③ 宋哲文《宋代敕黄文书略探》注意到"焚黄故事"中敕牒与金代寺院赐额敕牒形态的不同，并指出金牒存在根据事类由不同层级部门颁发的可能，且两者牒头（即发文机构）、署名均有所不同。《广州文博》（8），第197~198页。安洋《纸石之间——宋代敕牒的文书与刻石》也注意到了这一不同，但他囿于礼部、吏部职掌（前者辖僧道事务，后者掌授官封赠），认为与"尚书礼部牒"对照的应是"尚书吏部牒"，因而对于故事中的"尚书省牒"表示存疑待考。《中国古代法律文献研究》第12辑，第475页。

6	承安四年二月　日牒
7	奉国上将军、参知政事、驸马都尉仆散
8	参　知　政　事
9	通奉大夫、守尚书右丞完颜
10	正奉大夫、守尚书左丞杨
11	起复资善大夫、平章政事寿国公
12	荣禄大夫、平章政事英国公
13	尚　书　右　丞　相
14	起复司空兼尚书左丞相、监修国史、南阳郡王
15	尚　书　令

图 6　秦顺授官敕牒拓片（系图 7 碑阴上截）

紫陵村，唐初曾于此置紫陵县，[①] 今为沁阳市紫陵镇政府驻地。秦顺授官敕牒刻于"秦顺八官人父坟碑"（承安五年闰二月十六日建，碑原在紫陵镇紫陵村东北，1985 年出土，今藏沁阳市博物馆）碑阴。[②] 该碑为青石质，方座圆首，通高 132 厘米，宽 68 厘米，厚 20 厘米。碑上原有石质

---

① 吴松弟：《两唐书地理志汇释》，安徽教育出版社，2002 年，第 158 页。
② 国家文物局主编：《中国文物地图集·河南分册》，"紫陵故城""秦顺八官人父碑"条，中国地图出版社，1991，第 203、209 页；牛永利：《覃怀金石——金秦顺墓碑》，网址：https://new.qq.com/omn/20180209/20180209G00ZES.html，发布时间：2018 - 2 - 9，访问时间：2020 - 4 - 5。

图7 "秦顺八官人父坟碑"碑阴照片（左）及拓片①

碑楼，今仅存盝形顶，长110厘米，宽不详，高18厘米，正面刻"秦顺八官人父坟"七字。碑阳刻《加句灵验佛顶尊胜陀罗尼》及《启请文》，②碑首及四周为线刻佛像及石榴花、莲花等纹饰。敕牒位于碑阴上截，其下有题记："承安四年，秦顺年七/十八岁，七月十五日请/得官诰。伏愿：/圣人万岁，臣佐千春。/八方入贡，万国咸宁。"以及《新授进义副尉天水秦公氏族图序》（文略）。据敕牒及题记，授官文书于承安四年二月下达，

---

① 石刻照片，系笔者2021年7月拍摄。拓本及录文见罗火金、郑卫、谢辰《沁阳金代秦顺授官碑考》，《中原文物》2014年第2期，第101页。录文已据拓本修订。司雅霖《陕西金代敕赐寺观额牒碑刻整理与研究》注意到了秦顺授官敕牒与赐额敕牒功能不同，但未进一步揭示其差异。第41~42页。

② 参见 S. 2566 号《佛顶尊胜加句灵验陀罗尼启请（附佛顶尊胜加句陀罗尼）》，黄永武主编《敦煌宝藏》第21册，新文丰出版公司，1982，第140~141页。《佛顶尊胜陀罗尼》由入唐罽宾沙门佛陀波利于高宗仪凤四年（679）传入梵本并译出，该经称念诵此陀罗尼可破除"一切地狱畜生阎罗王界饿鬼之苦"。尊胜陀罗尼经咒一经传入，便迅速流行起来，这与7世纪以降中古社会先后兴起的地藏信仰与地狱十王信仰有关。刘淑芬：《灭罪与度亡——佛顶尊胜陀罗尼经幢之研究》，上海古籍出版社，2008，第6~12页；张明悟：《辽金经幢研究》，中国科学技术出版社，2013，第76~83页。

至七月十五日给付秦顺本人，被称为"官诰"。但该授官文书并无告词，① 形态与宋尚书省敕牒基本一致。由此可知，"官诰"应是乡民对于授官敕牒的泛称。

秦顺授官敕牒在由纸本向碑本过渡时，未能像前引寺院道观赐额敕牒那样尽可能地忠实于原始公文形态，但它仍保留了纸质公文书的基本特征。这件弥足珍贵的授官敕牒，是目前仅见的金代尚书省敕牒，但并非孤证。高士美所言金代"敕之全式"，承安四年正月、二月宰相人事变动，② 均与之相符，可充分证明此类尚书省敕牒的真实性和广泛性。这就意味着，金代确实存在分别以尚书省和礼部名义颁下的两种不同形态的敕牒。这是在宋代单一敕牒形态（中书敕牒和尚书省敕牒均为单一形态）和元丰后类敕牒六部文书基础上发生的新的变化，③ 折射出宋金政务运行机制的不同和省部关系的新发展。关于此，容后续论。

二、 元代中书省敕牒

元朝建立后，以中书省取代尚书省，六部转而成为中书省下属机构。④ 所谓"天下之事具在于省，省之事责之六部。六部之事，其呈覆出纳，在

---

① 《宋会要辑稿》，职官三之三，"中书省"引《神宗正史·职官志》："立后妃，封亲王、皇子、公主，拜三师、三公、侍中、中书、尚书令则用册；颁赦降德音，命尚书左右仆射、开府仪同三司、节度使则用制；应迁改官职，命词则用诰；非命词则用敕牒；赐中大夫、观察以上则用诏"，第3023~3024页。金代敕牒授官则分有告词、无告词两个等级。告词由学士院拟，详见下文所引《大金集礼·赐敕命》。

② 承安四年正月辛酉，尚书左丞相完颜襄为司空，职如故。枢密副使夹谷衡为平章政事，封英国公。前知济南府事张万公起复为平章政事，封寿国公。参知政事杨伯通为尚书左丞。签枢密院事完颜匡为尚书右丞。二月乙酉，以西南路招讨使仆散揆为参知政事。此次宰相人事变动，是在完颜襄彻底击败阻卜（蒙古塔塔儿）等部叛乱，修建临潢至北京路界壕，而返回中都后做出的人事调整。《金史》卷一一《章宗纪三》、卷九四《完颜襄传》，第273、274、2217~2219页。

③ 关于类敕牒六部文书，系笔者据元丰改制后僧道度牒，及赐紫衣、师号牒等形态所命名。张雨：《宋代度牒、紫衣和师号牒形态研究——从〈通玄观志〉所载南宋"敕牒"谈起》，《文献》（待刊）。

④ 元代曾于世祖至元年间和武宗至大年间三度复立尚书省，与中书省并置，几乎尽揽后者之权，不仅六部及诸行省均改隶其下，而且敕牒也改由尚书省给降，唯宣命仍委中书。张帆：《元代宰相制度研究》，第24~25页；《元史》卷二三《武宗纪二》，至大二年十月辛亥条，中华书局，1976，第517页。

于各科分令史"①。加之受蒙元制度影响，公文种类及其体式均发生较大变
化。此不赘言。然而在变化之余，元代中书省公文中，仍存在与前代文书
形态保持较为明显延续性的敕牒文书。

张帆指出，元代敕牒与宣命并称"宣敕"或"制敕"，用于官员除授
和封赠。② 宣、敕施用之分，以五、六品之间为界。宣要加盖皇帝的玺印
（玉宝或金宝），"故无（宰相）押字，以宝为信"，敕则只由中书省宰相
签署："天子制命也。……例令省授。为系上言，故用黄纸，宰相押字。"③
宣敕文书在元初仍普遍带有告词，④ 但不久便改为除去极个别"有特旨"
者和部分封赠宣敕外，⑤ 均不再包括文字典雅工整的诰文（有的宣敕用蒙
文直译体颁下，与诰文差距更大）。如吴澄（1249—1333）所言："今日六
品官以下所授敕牒，与前代敕牒其文同，其用黄纸书亦同。然昔也有敕而

---

① （元）魏初：《论部令史》，陈得芝等辑点《元代奏议集录》，浙江古籍出版社，1998，第
183 页。详见张帆《金元六部及相关问题》对金元六部以"科"和"曹案"分工中心的
运作机制的描述。

② 张帆：《元朝诏敕制度研究》，《国学研究》第 10 卷，第 116~120 页。

③ （元）徐元瑞撰、杨讷点校：《吏学指南》，"仪制"门，"宣"、"敕牒"条，浙江古籍出
版社，1988，第 33 页。（明）叶子奇：《草木子》卷三下《杂制篇》："元之宣敕皆用纸。
一品至五品为宣，色以白。六品至九品为敕，色以赤。虽异乎古之诰敕用织绫，亦甚简
古而费约"，中华书局，1997，第 62~63 页。

④ 敕牒形态在元初至元三年（1266）发生过变化（"更敕牒旧式"），但详情不知。至元七
年（1270），复置尚书省，"罢左右（即中书省左右司），置给事中（即中书参议）二员，
中书舍人二员，员外郎二员，检正二员，都事一员。盖用前代三省属官制。给事中本省
（门）下省属，舍人中书省属，左右司尚书省属也。当时流官所告身，各有训词。词虽甚
简，犹采前代两制法。翰林学士掌内制，舍人掌外制也"。张帆前揭文据此指出，迟至至
元七年仍存在授官文书包含训词（"告词"）的状况，故元初更式未改变敕牒含有告词
的情况。《元史》卷六《世祖纪三》，至元三年十月丁丑条，第 112 页；（元）欧阳玄：
《中书省左司题名记》、（元）危素：《中书参议府题名记》，载（元）熊梦祥著、北京图书
馆善本组辑《析津志辑佚》，"朝堂公宇"门，北京古籍出版社，1983，第 12、11 页。张
国旺据金代礼部敕牒与元代中书省敕牒形态讨论了更敕牒旧式的含义，指出两者区别有：
（1）元代敕牒增加了"皇帝圣旨里"的起首语。（2）金代的赐额敕牒包含"所据事由"
一项，未见于元代授官文书，因此元代敕牒更为简化。（3）金代赐额敕牒与授官敕牒应
分别由礼部、吏部出给，与元代敕牒均由中书省发出不同。见氏著《〈济美录〉所收元代
敕牒初探》，《隋唐辽宋金元史论丛》第 9 辑，第 327、331 页。不过，作者并未注意到金
代存在尚书省敕牒，因此第（3）点不准确。

⑤ 《元史》卷八三《选举志三》，第 2064 页。至元三十一年（1294）成宗即位后，已不再
"行诰命以褒善叙劳"。同前书卷一六四《杨桓传》，第 3853 页。

又有诰，今也无诰而但有敕，存之，可以考古今沿革之殊。"①

日本宫内厅书陵部藏明永乐四年（1406）刻本《临川吴文正公（澄）集》书末所附《大元累授临川吴文正公宣敕（蒙古字书汉字副本旁注）》，现存成宗大德四年至顺宗至元六年（1300—1340）吴澄及其家人宣敕文书 11 通，较好地保存了元代授官文书的基本形态。其中包含中书敕牒 3 通，宣命 8 通（含封赠宣命 4 通。原书分称"敕类""宣类"）。今据李治安前揭文移录其二（仅录汉字部分）：

（一）至大元年（1308）中书敕牒

1　　皇帝圣旨里中书省牒

2　　　将仕郎前江西等处儒学

3　　　副提举吴澄

4　　　牒奉

5　　敕：可授从仕郎、国子

6　　　监丞。牒至准

7　　敕，故牒。

8　　　至大元（印）年十月　　　日牒

9　　中奉大夫、中书参知政事郝 押②

10　　中奉大夫、中书参知政事乌八都剌 押

11　　资善大夫、中书左丞郝

12　　荣禄大夫、遥授平章政事中书左丞何 押

13　　银青荣禄大夫、中书右丞波罗帖木儿 押

14　　荣禄大夫、中书右丞波罗达识

15　　荣禄大夫、中书平章政事

16　　特进、中书平章政事　押

17　　光禄大夫、中书平章政事 押

---

① （元）吴澄撰、李军校点：《吴文正集》卷六三《跋娄行所敕黄后》，《儒藏精华编》第
　246 册（下），北京大学出版社，2018，第 896~897 页。
② 汉文"押"字，原在八思巴文字之下，为简便起见，今移在汉字之后。下同。

18	开府仪同三司、中书右丞相、行中书平章政事
19	开府仪同三司、太保、中书左丞相 押
20	开府仪同三司、录军国重事、中书右丞相
21	中　　　书　　　令

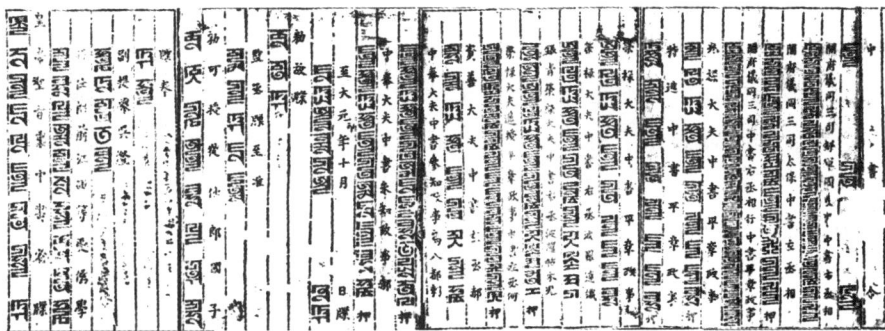

图8　至大元年中书敕牒（拼接）

（二）至大四年（1311）宣命

1　长生天气力里
2　皇帝圣旨：从仕郎、国子监丞吴澄可
3　　授文林郎、国子司业。宜令吴澄
4　　准此
5　　至大四年（宝）五月
　日

从仕郎（从七品第二阶）、国子监丞（正六品），文林郎（正七品第一阶）、国子司业（正五品），此两衔皆是以低秩散官实授高阶职事官。由此可见，元代迁官之法，并非唯以散

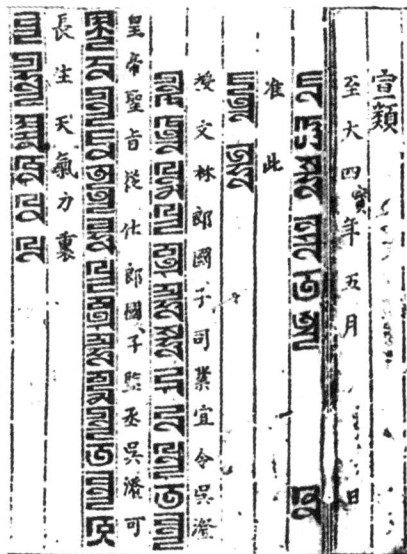

图9　至大四年宣命（拼接）

官为准，① 也存在取散官阶或职事官阶高者为准的情况，五品以上为宣授，六品以下为敕授。

敕授官所用文书即中书省敕牒，虽然起首语与宋、金时期尚书省敕牒有所不同，但从其形态来看，对前代敕牒的继承性直观可见，毋庸赘言。但不同之处在于，金代以颁给寺院道观赐额的礼部敕牒为代表的六部敕牒，到了元代重新消失，不见于史籍、石刻文献。当然这一状况的出现，与元朝政府的赐额活动相较于宋、金两朝大为减少有直接关系。但减少并非消失，而且赐额等活动在元代某些时段（如武宗、顺帝朝）也存在增多的现象。② 只是，寡目所及，上述赐额加封元代多是以圣旨、③ 中书省札付文书（图 10）颁下。④ 中书礼部虽然有独立的部符文书，但尚未见到其用

---

① 《元史》卷九一《百官志七》："文散官四十二阶，由一品至五品为宣授，六品至九品为敕授。敕授则中书署牒，宣授则以制命之。一品至五品者服紫，六品至七品者服绯，八品至九品者服绿，武官以下皆如之。其官常对品，惟九品无散官，则但举其职而已，武官杂职亦如之。"武散官授受同此。第 2321、2322 页。

② ［日］水越知撰，石立善译：《元代的祠庙祭祀与江南地域社会——三皇庙与赐额赐号》，《宋史研究论丛》第 8 辑，河北大学出版社，2007，第 523~549 页。该文提及，统领江南道教的张天师曾受命"以符诰封鬼神"（《括苍金石志》卷一一《重建灵应庙记》）的情况。如皇庆元年（1312），正一真人留国公（即第三十八代天师张与材）封丽水灵应庙主神为广福威烈侯，其长子为助灵将军，次子为昭显将军，并赐庙号"灵应"。符诰可能是对前代实际行用的部符或告身的模仿，但不知其具体形态如何。

③ 如世祖至元十二年（1275）龙门神禹圣旨碑、至元二十八年（1291）加封北岳圣旨碑、仁宗延祐三年（1316）加封孟子父母碑等。罗常培：《八思巴字与元代汉语》第二编《资料》，《北京大学文研所所藏八思巴碑拓简目》，王均主编《罗常培文集》第 4 卷，山东教育出版社，2008，第 254~286 页。张国旺也指出，元代追封民间诸神以诏书较为常见，《弘治休宁志》所见泰定四年（1327）正月追封程灵洗为忠烈王的敕牒是目前所见惟一一件元代赐额敕牒。此外还有一件泰定三年正月特封程灵洗为忠烈显惠灵顺善应王的宣命。因此他认为，这可能说明泰定帝时追封民间诸祠神普遍使用宣命和敕牒，需进一步研究。见氏著《〈济美录〉所收元代敕牒初探》，《隋唐辽宋金元史论丛》第 9 辑，第 330、334~335 页。需要说明的是，泰定四年敕牒属于加封敕牒，而非寺院赐额敕牒。类似的表述亦见水越知前揭文。即该文虽然以"赐额赐号"进行讨论，但细绎其中所提到的元代政策，基本都指向赐号加封活动（而非寺观赐额）。这类活动在宋金时期，通常适用制敕文书［当然，宋代也存少量在加封敕牒，如图 5，参见［日］小林隆道《宋代的赐额敕牒与刻石》，《碑铭研究》第 2 辑，第 98~99 页；林君宪《"赐额封爵"——论宋代祠神赐封中的"敕牒"与"诰"》，《中正历史学刊》第 23 期，2020，第 1~50 页］，故入元之后改由圣旨、宣命、敕牒等文书承担，是适当的。

④ 顺帝至正五年（1345）《丽阳庙加封神号碑》（浙江丽水）篆额为"中书省札付"，碑记中亦称"中书省檄"，所指即碑记前所刻文宗至顺三年（1332）《皇元加封圣号》的札付公文。但此件札付文书实际是由江浙等处行中书省经由浙东道宣慰使司、元（转下页注）

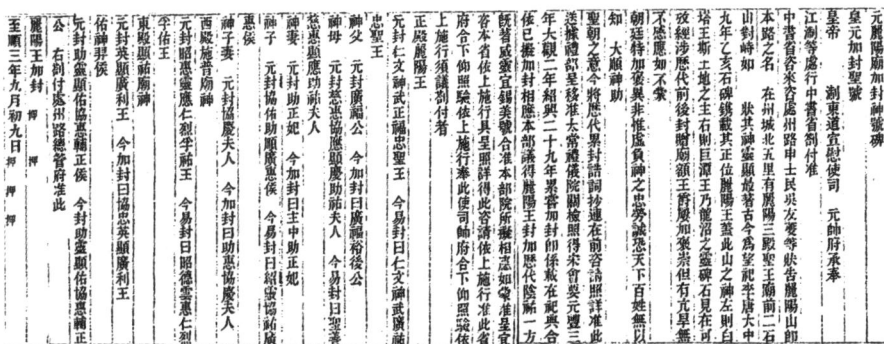

图 10　至顺三年中书省札付文书（拼接）

于寺院道观赐额之例，而可用作书院赐号，如顺帝至正十八年（1358）《锡号崇义书院中书礼符文》等。①

以上情况说明，金元之际，敕牒形态呈现出"回归"态势：重新延续唐宋单一敕牒形态，仅仅保留中书省敕牒。当然，其承担的政务功能则有了较大不同。这或许是世祖至元三年更敕牒旧式产生的具有关联性的改变。

三、 金元敕牒形态演变与省部关系调整

前两节讨论基本可以说明，相较于唐宋时期敕牒形态、功能的相对稳定，金元时期敕牒则在变化、功能上均有较大变化。当然，变化的不仅仅是敕牒。自唐宋以来，包括王言之制在内的整个国家政务文书体系也都在

（接上页注④）师府札付处州路总管府的加封公文。本次加封，是由士民吴友夔等经处州路向江浙行省申请，并由行省咨呈中书省，再由礼部在太常礼仪院检照祀典后议定相应封号，具呈中书省咨付江浙行省依前札付而完成。（清）阮元编：《两浙金石志》卷一七，《续修四库全书》第 911 册，上海古籍出版社，2002，第 229~231 页。

① （元）杨崇喜著，焦进文、杨富学校注：《元代西夏遗民文献〈述善集〉校注》，甘肃人民出版社，2001，第 119~122 页。文宗至顺二年（1331）《两苏先生祠中书礼符碑》、三年（1332）《修苏坟符》（碑目，河南郏县），见（清）姚晏编《中州金石目附补遗》卷四，中华书局，1985，第 153 页。此两碑皆存碑目，内容不详。与之相近的是河北赞皇宣圣庙《中书礼部符文碑》所刻成宗大德八年（1304）礼部符，见北京图书馆金石组编《北京图书馆藏中国历代石刻拓本汇编》，第 48 册，第 178 页。

发生深刻变化，其根源可归纳为两方面：（1）皇帝逐渐走向政务处理的前台，而宰相愈发得政务官化。① （2）以三省制为中心的一元的、金字塔式的文书体系，逐渐向以"统摄"与"非统摄"政务关系为基础形成的中央、地方机构之间，形成以纵向或平行文书构筑的复式政务运行体系。②

尽管如此，敕牒只是处在变化中的文书体系中的一个个案，但其作为内外官除授迁转公文之一，长期在国家政务运行机制中发挥着较为重要的作用，因此，透过它的演变来观察宋元丰以降，尤其是金元时期的省部关系，也还具有一定的代表性和可操作性。以下分析也将主要围绕授官敕牒展开。

如前所述，元代存在以五、六品作为授官文书等级（宣、敕或制、敕）的区分，并被进一步划分为四种授官方式：

> 凡迁官之法：从七以下属吏部，正七以上属中书，三品以上非有司所与夺，由中书取进止。自六品至九品为敕授，则中书牒署之。自一品至五品为宣授，则以制命之。三品以下用金宝，二品以上用玉宝，有特旨者，则有告词。③

---

① 换言之，宰相拥有的"百官之长""皇帝辅佐"的两种机能中，前者不断地丧失，而皇帝的直属机关则在逐步增加。宰相的政务官化的表述，立足于祝总斌对秦汉魏晋南北朝宰相两项基本权力——议政权和监督百官执行权的经典分析之上。唐宋以后，宰相已经逐步突破"监督百官执行权"的限制，通过中书门下等宰相机构对行政事务的干预越来越强，甚至直接下行过去由六部尚书处理的事务。宰相的职权进一步朝着掌管具体政务的方向发展。刘后滨：《唐代中书门下体制研究》，第 56~61 页；祝总斌：《两汉魏晋南北朝宰相制度研究》，北京大学出版社，2017，第 4~5 页。在宰相政务官化的过程中，虽然表现出宰相用以指挥公事文书的独立性越发减弱（宋代中书札子和省札均需取旨下）的一面，但在具体政务运作层面，宰相往往可以突破取旨的限制，如绍兴二十五年（1155）诏云："比年以来，多是大臣便作已奉特旨，一面施行。自今后三省上取旨。"（《宋会要辑稿》，职官一之五一，"三省"，第 2966 页）。李全德：《从堂帖到省札——略论唐宋时期宰相处理政务的文书之演变》，《北京大学学报》2012 年第 2 期，收入氏著《信息与权力：宋代的文书行政》，社会科学文献出版社，2022，第 200~221 页。

② ［日］平田茂树：《宋代地方政治管见——以札子、帖、牒、申状为线索》，《东洋史论集》（东北大学）第 11 辑，2007，林松涛译，收入《宋代政治结构研究》，上海古籍出版社，2010，第 334~359 页；《宋代文书制度研究的一个尝试——以"关"、"牒"、"咨报"为线索》，胡劲茵译，邓小南主编《宋史研究论文集（2008）》，云南大学出版社，2009，第 22~42 页。

③ 《元史》卷八三《选举志三》，第 2064 页。

这是对金代省选、部选之制的继承："金制，文武选皆吏部统之。自从九品至从七品职事官，部拟。正七品以上，呈省以听制授。""诸除官，五品以上出宣，六品以下出敕牒外，其应给告者，吏部限三日报学士院命词，制授限五日，敕授限三日纳尚书省。制敕授官者，并用吏部告印。"① 元代宣授（制授）、敕授官的概念来源于唐代。② 但差异也较为显著，可用下图略以说明：

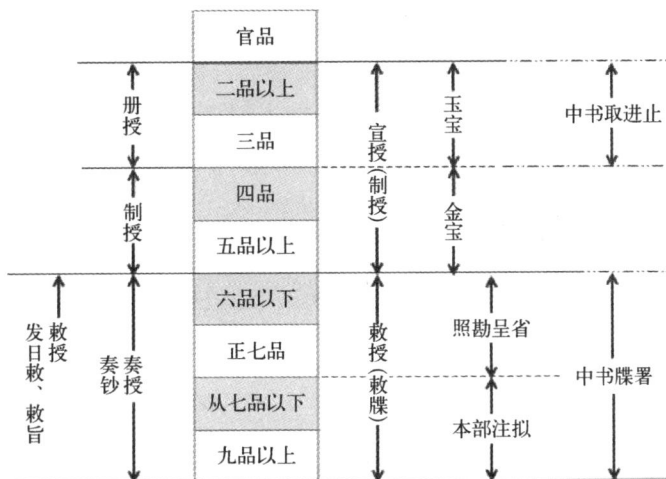

图 11　唐代（左）与元代（右）选官制度及适用文书对比

---

① 《金史》卷五二《选举志二》，第 1237 页；（金）不著撰人编、任文彪点校：《大金集礼》卷二五《赐敕命》，"天眷二年八月学士院定撰到《文武官给告式》"，《中华礼藏·礼制卷·总制之属》，浙江大学出版社，2019，第 248 页。《金史》所载"制授"概念不确，且可能与天眷给告式不同。据前件《给告式》，金代授官分制授、敕授（含出宣、出敕牒），大致以三品以上和四、五品为界："诸后妃、公主、一品及二品执政官，三品诸京留守、元帅、监军、都监、殿前都点检、统牧、统军、招讨节度使，并制授告庭（内藩镇非会要及带'知'字者并敕除）。余并敕授给告（四品以上用辞）。敕授者，五品以上内外文武官除职迁官、六品七品省台寺监东宫学士院客省引进四方馆阁门副使司天监少太医使副职、九品以上有劳特迁官、草泽遗逸上封事特命官，并给告。"可见，金制较元制复杂，且更接近唐制分类，其制授、敕授出宣及出敕牒，分别相当于唐之册授、制授和奏授（参见图 11）。大定年间，给告式又有所调整，此不具。

② （唐）杜佑撰、王文锦等点校：《通典》卷一五《选举三·历代制下》："凡诸王及职事正三品以上，若文武散官二品以上及都督、都护、上州刺史之在京师者，册授。五品以上皆制授。六品以下守五品以上及视五品以上，皆敕授。凡制、敕授及册拜，皆宰司进拟。自六品以下旨授。其视品及流外官，皆判补之。凡旨授官，悉由于尚书，文官属吏部，武官属兵部，谓之铨选。唯员外郎、御史及供奉之官，则否（供奉官，若起居、补阙、拾遗之类，虽是六品以下官，而皆敕授，不属选司。开元四年，始有此制）。"中华书局，1988，第 359 页。宣授在唐代只是制敕授官的一个环节，并不构成独立、完整的授官程序。刘后滨：《唐代中书门下体制研究》，第 319~322、336 页。

据此可知，元代敕授官范围相当于唐代奏授官，所适用的文书形态却是唐时并不用于选官的敕牒。① 唐代敕授官适用文书为发日敕或敕旨，其范围大致相当于金元时期监察御史等特殊授官群体（制授）。② 上述变化的背后折射出唐以后敕授官范围持续扩大的现实。③ 与此同时，金代授官宣（敕）、告并行的制度在元朝初年逐渐改变，因此制授官（相当于金代的制授和宣授官）不再"行诰命以褒善叙劳"（见前引《元史·杨桓传》），④

---

① 如前所述，唐代敕牒不用于授官，但会与授官制敕同时交付任官者，主要是对官员授受之际的相关事宜作出安排。辽宋以降，往往"告敕""告札"并行。《新五代史》卷五五《刘岳传》："唐明宗时，为吏部侍郎。故事，吏部文武官告身，皆输朱胶纸轴钱然后给，其品高者则赐之，贫者不能输钱，往往但得敕牒而无告身。五代之乱，因以为常，官卑者无复给告身，中书但录其制辞，编为敕甲。"中华书局，2015，第714页。刘岳奏请之后，赐告身范围有所扩大。北宋之后，随着赐告身范围的变化、宰相对敕牒授官的偏好以及同品改官用敕牒，敕牒行用范围逐步扩大，最终成为元代敕授官专用授官文书。《宋史》卷一六三《职官志三》："元丰法，凡入品者给告身，无品者给黄牒。元祐中，以内外差遣并职事官本等内改易或再任者，并给黄牒，乃与无品人等。"中华书局，1977，第3841页。参见宁欣《选举志》，刘泽华主编《中华文化通志·制度文化典（4–037）》，上海人民出版社，1998，第335~336页；张祎《制诏敕札与北宋的政令颁行》，第147~155页；安洋《宋代敕牒碑的整理与研究》，中国政法大学硕士学位论文，2016，第9~10页；王杨梅《南宋中后期告身文书形式再析》，包伟民、刘后滨编《唐宋历史评论》第2辑，社会科学文献出版社，2016，第195页。

② 《金史》卷五四《选举志四》："凡选监察御史，尚书省具才能者疏名进呈，以听制授。"第1283页。元代御史台独立性较强，可以自行奏事和举荐官员。台官任命需皇帝降旨，如张养浩称："人主苟欲保全宰相，莫若精选言官。言官得人，则宰相必恒恐惧修省，不至颠危。"《张养浩集》卷一一《时政书》，李鸣等点校，吉林文史出版社，2008，第104页。《元史》卷二二《武宗纪一》，大德十一年（1307）八月甲午，御史台臣言："中书省、枢密院、御史台、宣政院得自选官，具有成宪。今监察御史、廉访司官非本台公选，而从诸臣所请，自内降旨，非祖宗成法。"此虽是对成宗破坏台官自选官制度（"从诸臣所请"）的批评，但就台官任命需"自内降旨"则是一致的。参见邱永明《中国古代监察制度史》，上海人民出版社，2006，第376~377页。

③ 刘后滨：《唐代中书门下体制研究》，第332~333页。

④ 此处"诰命"源自宋制，即"命词给告"之意。换言之，任命文书虽系"王言"（属外制），但以告身为付身文书。因此，在宋人语境下，单言"给告"（如奏授告身）不同于"命词给告"。但在金代宣（敕）、告并行语境下，已无须区分单言"给告"与"命词给告"，"给告"即"诰授"，有命词，但"不用宣"。如《大金集礼》卷二五《赐敕命》："大定二年七月五日，奏定妃嫔以下告身并用有司印。十一月十五日，敕旨：'内职四品以上给宣诰，五品以上只给告。'十一年八月三日，敕旨：'今后宫中妃嫔止以诰授，不用宣。'二十三年三月七日，敕旨：'一品官职及宫中公主妃用玉宝。'九日，禀奏：'缘内职、公主、王妃等并系诰授，用吏部告印。'奉敕旨：'妃嫔已上及公主、王妃，并给宣诰，其诰仍旧。已下止给告。'"第248~249页。至明代，又改元代宣敕文书为告敕文书。其中，诰命即前代宣命，依然用宝，变化不大，但敕命却从中书省敕牒（转下页注）

故授官皆无告身（用有司印，即吏部告印），径以宣命（用金宝、玉宝，参见至大四年宣命）为付身文书。① 从唐至元敕授官概念的扩展，以及金元之际金宝和玉宝在授官文书上的应用，都是皇帝走向政务前台的反映。除此之外，还有敕牒文书形态的变化。

如第一节所论，金代确实存在以尚书省和礼部名义颁下的两种不同形态的敕牒。这是在宋代元丰后尚书省敕牒和类敕牒礼部文书基础上发生的新的变化。但对于是否存在吏部敕牒，有待于进一步的考察。② 现存金代授官敕牒目前仅一见，即前引任命秦顺为进义副尉的尚书省敕牒。进义副尉为从九品下阶武散官（大定十四年，保义、进义校尉下添置保义、进义副尉二阶），③ 依选官例，应为部选官。然而秦顺授官文书为尚书省敕牒，并非如赐额敕牒例作吏部敕牒。因此，是否意味着金代官员选授中，与宋代一样，只存在尚书省敕牒？恐怕未必。

承安四年，秦顺已七十八岁。因此，承安元年时，他早已满七十岁，按照"年七十以上，该承安元年赦恩"的条件，应该在当年或次年年初，

（接上页注④）改为皇帝敕书（用"敕命之宝"）。这样，明制虽沿袭宋制"告敕""诰命""诰身"之名，但其含义已发生明显改变。参见杨芹《宋代制诰文书研究》，第31~40页；李福君《明代皇帝文书研究》，南开大学出版社，2015，第75~83页。

① 《元史》卷五《世祖纪二》，至元元年（1264）七月己亥，定用御宝制：凡宣命，一品、二品用玉，三品至五品用金。其文曰"皇帝行宝"者，即位时所铸，惟用之诏诰；别铸宣命金宝行之。第98页。蔡美彪、李治安认为，此宣命金宝文为"御前之宝"。蔡美彪：《元代道观八思巴字刻石集释》，《蒙古史研究》第5辑，内蒙古大学出版社，1997，第73页；李治安：《元吴澄八思巴字宣敕文书初探》，《元史论丛》第14辑，第50页。元代"御前之宝"钤于《薛禅皇帝（元世祖）颁给拉洁·僧格贝的圣旨》（牛年，1275或1289）等六件圣旨原件，载西藏自治区档案馆编《西藏历史档案荟粹》，图版1~6，文物出版社，1995。金代亦有"御前之宝"，造于皇统五年（1145），用于"印宋国书，并常例奏目等"。同时造"书诏之宝"，"印高丽、夏国诏并颁诏则用之"。两者并金宝，以取代此前所沿用的辽代之宝。至大定后期，又别造玉质、金质"宣命之宝"用于"印宣诏"，如"一品及王公妃用玉宝，二品已下用金宣宝"。《大金集礼》卷三〇《宝》，第299、307、308页。考虑到金代皇统与大定宝制，以及西藏所见元代圣旨，元代"御前之宝"应印于国书等，与《元史》所载"惟用之诏诰"的"皇帝行宝"及"别铸宣命金宝"皆不同。后者即金质"宣命之宝"，与宣命玉宝同用于宣授官告。

② 田晓雷认为，吏部所发敕牒与礼部类似，应是奉诏行事。但史籍中尚未记载有吏部部牒的具体形式，因此这一问题尚待新史料的发现。见氏著《金代吏部研究》，吉林大学博士学位论文，2018，第118~119页。

③ 《金史》卷五五《百官志一》，第1305页。

即可获得进义副尉授官敕牒。但他却又等了三年之久，才被"特授进义副尉"，①原因不详。或许这并非是承安元年授官流程的延宕，而是承安四年援引旧敕授官的结果。也就是说，是完颜襄重返中都，获升司空，仍兼左仆射，遂主导调整宰相班子，并借机施恩于天下的行为。从敕牒"可特授进义副尉"来看，这类"尊敬耆老"而授之以官的政策，属于皇帝特恩，故突破常规的选官之法，类似于大定二年（1162）诏"随季选人，如无过或有功酬者，依格铨注。有廉能及污滥者，约量升降，呈省"②，故不以吏部敕牒，而改以尚书省敕牒授官。因此，仅凭秦顺授官敕牒，无法否认吏部敕牒的存在。

再来看金代县令除授之制："凡县令，则省除、部除者通书而各疏之。"③ 这是在宋代县令（知县）分中书门下差遣（堂除）和吏部差注两

---

① 特授之语亦见雷文儒《李氏墓表》："国朝缘抚定之久，乃颁恩赦，通行天下，深有尊敬耆老之意，使□□□□及七十□□□□□之时□□□□□□一□已□□□□□□特封授进义校尉。"但该碑录文缺略较多，授官时间及条件不详。据鹿汝弼《成氏葬祖先坟茔碑》"至大定十一年（1171）十一月，主上郊祀之日，赐天下年过七十者受进义校尉。是年得补官者一人，曰纬。次承安元年冬十一月，复制郊祀，亦如前下明诏，应七十以上者特补一官。成族中被官者三人，曰彦靖，曰政，曰就"可知，《李氏墓表》所述，与大定十一年恩赐授官相符。此事亦见李钦道《金故进义校尉郭公（周）墓铭》："大定十一年，今圣优老，赐爵一级。……奄然而逝。时大定二十二年十一月十六日也，享年八十有一。"以上分见王新英辑校《全金石刻文辑校》，吉林文史出版社，2012，第506、405页；周峰《金代郭周墓铭考释》，《北方文物》2018年第2期，第68~71页。郭周大定十一年时刚好年满七十，符合授官条件。当时进义校尉即初阶散官，故以赐年过七十者，亦被民间称作"赐爵一级"。大定十四年，添置保义副尉和进义副尉二阶后，进义副尉则为初阶散官，用以授给七十岁以上者，故秦顺得授此官。另据王若虚《故保义副尉赵公（彦）墓志》："承安二年（1197），以耆老受官保义副尉。后二年冬十一月庚子终，享年八十八。"赵彦授官时间为承安二年，以秦顺敕牒给付时间推知，应是敕牒付身的时间，并非敕牒颁下的时间。如陈邦政《进义副尉虞公（得海）碣记》载："丞（承）安元年十一月十七日蒙国恩，年至七十者特保一官。申禀奉命，授进义副尉。公享寿八十有四，丞安戊午（即承安三年，1198）十一月二十九日寿终正寝。"不过，据《金史》卷一〇《章宗纪二》，明昌七年十一月戊戌（二十三日），有事南郊，大赦，改元承安（第262页），与《虞得海碣记》蒙国恩时间略异。或因当年八月甲子即"以郊祀日期昭诏中外"（第261页），故有司得以提前办理授官事宜。另，承安元年，八十五岁的赵彦获得保义副尉之阶，八十二岁的虞得海则为进义副尉，可推知"应七十以上者特补一官"，实际又以七十岁、八十五岁以上，各为一等，递增一阶授官。以上分见王新英辑校《全金石刻文辑校》，第415页；刘泽民总主编《三晋石刻大全·朔州市平鲁区卷》（分卷主编周亮），三晋出版社，2012，第7~8页。

② 《金史》卷五四《选举志四》，第1276页。

③ 《金史》卷五五《百官志一》，第1310页。

类窠阙基础上形成的，① 虽然"通书"的含义尚不明确，② 但从"各疏之"来看，省除县令和部除县令适用于不同的取旨文书。省除县令自然适用尚书省敕牒，对应于宋代的中书门下敕牒（尚书省敕牒）。部除县令则对应于宋代的吏部注授县令，元丰以后适用吏部奏钞。那么，其所适用文书形态如何？推测应该是吏部敕牒。③

上述推测是否可信，自然有待于新材料的证实。但如前所述，元丰吏部奏授告身即与敕牒一起被称为"黄牒"（"无品者若被敕除授，则给中书黄牒，吏部奏授则给门下黄牒"），说明两者具有相似性。但元丰法后来逐渐被改变，即"内外差遣并职事官本等内改易或再任者"不再给予告身，仅以敕牒为付身文书（见前引《宋史·职官志》，张祎称之为从"诰敕并行"到诰敕互补使用）。敕牒也逐渐用于职事官的除授，即不再给告

① 当然，随着堂除与吏部差除之间的矛盾，宋代逐渐形成知县也分为堂除差遣和吏部差遣两类。苗书梅：《宋代官员选任和管理制度》，河南大学出版社，1996，第150～153页。

② 2022年1月，在中国政法大学新制度史与古文书学创新团队2021年度报告会上，中国人民大学邱靖嘉副教授提示，通书或与吏部行止簿有关（见《金史》卷五五《百官志一》，"凡内外官之政绩，所历之资考，更代之期，去就之故，秩满皆备陈于解由，吏部据以定能否。又撮解由之要，于铨拟时读之，谓之铨头。又会历任铨头，而书于行止簿。行止簿者，以姓为类，而书各人平日所历之资考功过者也。又为〔贴黄〕簿，列百司官名，有所更代，则以小黄绫书更代之期，及所以去就之故，而制其铨拟之要领焉"。第1310页）。另外，本节对金代存在吏部敕牒，乃至六部敕牒的论证确实稍涉迂回，且缺乏直接的史料支撑。邱靖嘉也敏锐地指出这一不足，因此他倾向于认为金代用于寺院赐额的礼部敕牒属于特例，非六部通例。就目前所掌握的史料来看，如宋元授官敕牒的形态及金代秦顺敕牒和焚黄故事的关系，上述认为金代不存在吏部授官敕牒的看法可能更中肯一些。但是任何新的制度增量总会存在外溢效应，加之后来笔者又注意到金代礼部敕牒与元丰后类敕牒六部文书的承袭关系。因此，笔者虽然对部分文字进行了调整，但总体上仍采取一种肯定六部敕牒存在的论述方式，也期待能被新的史料所验证（无论证伪或证实）。对于上述建议和提示，特此致谢。

③ 金代省选官与部选官适用不同形态的授官敕牒，或许也与省选、部选一度不在一处有关。《金史》卷五四《选举志四》："凡吏部选授之制，自太宗天会十二年，始法古立官，至天眷元年，颁新官制。及天德四年，始以河南、北选人并赴中京，吏部各置局铨注。""凡省选之制，自熙宗皇统八年以上京僻远，始命诣燕京拟注，岁以为常。贞元迁都，始罢是制。"第1275、1279页。可见，选人赴吏部选，自天会十二年起，即在上京。至海陵王即位后，天德四年（1152）始改赴中京（大定府，治今内蒙古宁城县西南大明城）。而省选早在熙宗皇统八年（1148）就已经改在燕京（即后之中都）。但此事发生在天眷之后，究竟两者因果关系如何，有待进一步研究。金代六部置左、右三部检法司，设司正（正八品）、检法（从八品）若干。其中，检法"元受札付，大定三年（1163）命给敕"。《金史》卷五五《百官志一》、卷五三《选举志三》，第1318、1321、1262页。此处札付、给敕，应皆是吏部行用文书。

身，仅以敕牒为付身文书，以简化授官流程。到了南宋，甚至出现尚书省或吏部将宰臣所"奉圣旨"的任命书，通过札子（札付＼札送文书）给予个人，① 授官流程被进一步简化。

这些改变，一方面强化了敕牒和奏钞在功能上的趋同性，另一方面则增加了堂除与部注之间的矛盾。这一矛盾在北宋末年党争和冗官问题的双重作用下日趋严重。② 放在这一背景下，再去看待金朝尚书省在逐步完善过程中，扩展六部敕牒的行用范围，是中晚唐以来，持续存在的"清理中书政务"的理念在新的制度环境下得到落实的体现。③ 而从宋代尚书省敕牒的适用范围（见前引《朝野类要》"庙额并给敕牒"）来看，金代礼部赐额敕牒即从其中分化而出。礼部敕牒不再需要尚书省官签署，确实起到了减少宰相事务性工作的需要。其他五部敕牒，④ 也应作如是观。⑤ 因此，

---

① 尚书省札付文书，如杭州六合塔南宋尚书省敕赐开化寺牒碑中截所保存的乾道元年（1165）、隆兴二年（1164）尚书省札子，均钤"尚书省印"。拓片见《北京图书馆藏中国历代石刻拓本汇编》第43册，第77页，录文见赵生泉《南宋隆兴二年尚书省赐开化寺牒补释》，光泉主编《灵隐寺与南宋佛教：第三届灵隐文化研讨会论文集》，宗教文化出版社，2015，第1270～1276页。吏部札付文书，见（明）程敏政编、何庆善等点校《新安文献志》卷九三《孔右司端木传》附《南宋录用孔端朝敕牒》："尚书吏部：迪功郎孔端朝，右奉圣旨：宣差徽州黟县令，替万直夫任成资阙。札付孔端朝，准此。建炎三年八月四日。"黄山书社，2004，第2316页。有关宋代札子的文书体式，及诰敕互补使用后，尚书省札子使用增多的趋势，见张祎《制诏敕札与北宋的政令颁行》，第114～123、154～155页。

② 苗书梅：《宋代官员选任和管理制度》，第150～155页。

③ 张雨：《大理寺与唐代司法政务运行机制转型》，《中国史研究》2016年第4期，第85～88页；古丽巍：《变革下的日常：北宋熙宁时期的理政之道》，《文史》2016年第3期，第209～234页。元代也同样如此。大德七年（1303）四月庚午，以中书文移太繁，其二品诸司当呈省者，命止关六部。皇庆二年（1313）二月辛巳，诏以钱粮、造作、诉讼等事悉归有司，以清中书之务。《元史》卷二一《成宗纪四》、卷二四《仁宗纪一》，第450、555页。

④ 除了礼部敕牒外，金代六部承袭宋制，亦各有部符，以指挥公事。田晓雷：《金朝吏部研究》，第117～118页。

⑤ 元祐元年七月，司马光先后起草《乞合两省为一札子》《乞令六曹长官专达札子》。前者主张将中书、门下两省合一，但未及奏而去世，遂止。后者虽经奏进，应已实施，但从元祐四年其子司马康再次奏进前两件札子而未获准施行来看，实施效果令人怀疑。《续资治通鉴长编》卷三八三，元祐元年七月己卯，卷四三一，元祐四年八月癸卯，第9328～9329、10411～10413页。在《乞令六曹长官专达札子》中，司马光指出："今尚书省事无大小，皆于仆射"，"恐非朝廷所以则宰相之事业也"，主张小事可由六部尚书专达，直奏直下。所谓的专达，包括三类事项：（1）"凡有诏令降付尚书省者，仆射、左右丞签讫（官告、黄牒之类已经签讫者，更不签），分付六曹誊印，符下诸司及诸路、（转下页注）

上述论述，或可作为金六部敕牒在功能上取代宋代六部奏钞的旁证。

元代敕牒的情况较为简单。忽必烈接受汉地官员建议，设立中书省后，尽管仍与金代一样，存在"从七以下属吏部"的规定，但元代并不像金代那样存在以六部名义所下达的敕牒。如吴澄所得 3 通授官敕牒，其适用范围涵盖散官、职事官阶的从八品第二阶至正六品，① 即跨越了省选与部选的界限，而文书形态则保持一致，均为中书省牒。可见，即便是部选官，其授官文书也需要由中书省签署，并无吏部独立签署的授官文书。这与许有壬的记载是一致的：

> 吏部治铨政而总于中书。从七品以下迄从九品听部拟注。正七品上则中书自除，然核其功过、复其秩禄、定其黜陟，必具于部而后登于省。汇贻为籍，宰相具坐，始共论。岁校一或再，而不必其时。部则月为一铨。御史审可，乃合其僚而拟注焉。誊上中书，执政一、二人暨参议、左司复听都堂。地之远迩、秩之高下、用之从违，按其籍而校听之。少庚则驳，使后拟其皆合也。执政于手牍人署曰：'准。'乃入奏。奏可而后出命焉。底留掌故，于牍则归于私家。此铨除故常大较也。②

（接上页注⑤）诸州施行。"（2）"臣民所上文字，朝廷降付尚书省者，仆射、左右丞签讫，亦分付六曹，……若郎官所判已得允当，则侍郎签'过'，尚书判'准'，应奏上者直奏上，应行下者直行下。即未得允当者，委侍郎、尚书改判，事之可否，皆绝于本曹长官。……更不由经仆射、左右丞。"（3）"诸色人辞状，并只令经本曹长官过。尚书、侍郎、本厅郎官次第签押判决，一如朝廷降下臣民所上文字，次第施行。"见《司马光奏议》卷四〇，山西人民出版社，1986，第 440～441 页。中书、门下两省合一的建议，直到南宋建立后才得到落实。而六曹专达的建议，从魏了翁端平元年（1234）所提建议"复三省旧典，以重六卿"来看，依旧未能付诸实施。（宋）魏了翁：《鹤山先生大全文集》卷一八《应诏封事》，《四部丛刊初编》第 263 册，商务印书馆，1936，第 166～167 页。参见曹家齐《南宋"三省合一"补议》，龚延明主编《宋学研究》第 1 辑，浙江大学出版社，2017，第 48～55 页。据此可知，金朝一省制的落实与六部敕牒的出现，是宋金之际制度在司马光建议下不断发展的结果。

① 大德四年敕牒所授官为"应奉翰林文字（从七品）、将仕佐郎（从八品第二阶）、同知制诰、兼国史院编修官"，大德七年敕牒所授官为"将仕郎（正八品第二阶）、江西等处儒学副提举（从七品）"。李治安：《元吴澄八思巴字宣敕文书初探》，《元史论丛》第 14 辑，第 40、45 页。

② （元）许有壬著，傅瑛、雷近芳校点：《许有壬集》卷三八《记选目》，中州古籍出版社，1998，第 466～467 页。

可见，对于需要中书省自除的正七品以上官，虽然要先"具于部"，但"登于省"后，需要宰相具坐共论，每年一次或两次，没有固定的时间。部选则每月一次，拟注后须誊上呈省，但不需宰相具坐，只要"执政一、二人暨参议、左司复听"即可。拟定后，由执政署奏，然后出给文书。故部选、省选授官文书皆为中书省敕牒，无需吏部签署，即敕牒授官"例令省授"，"宰相押字"（《吏学指南》）。

总之，金元之际，六部敕牒消失不见，尚书省敕牒在保持基本形态的前提下，转变成为中书省敕牒，成为敕授官文书。这一变化，虽然没有改变宋元丰以来，六部成为国家日常政务运行主体机构的趋势，[①] 但也折射出金元省部关系的不同，即元代六部的独立性，与金代相比有很大下降。张帆指出，金代六部尚书可以直接向皇帝奏事，而皇帝也多次强调六部要保持独立性，如世宗鼓励六部长官"以政事与宰相争是非"，并下令"部上省三议不合，即具以闻"。宣宗也敕尚书省："自今六部禀议常事，但可再送，不得趣召辨正。……宰相、执政以下皆不得召部寺官，部寺官亦不得诣省，犯者论违制。"[②] 元代尚书则很难得有直接奏事的机会，至于皇帝要求六部保持独立性的说法，更是少见，反而出现了皇帝要求"六部官毋逾越中书奏事"的记载。[③] 金元敕牒形态的变化，恰好可以为上述论断提供一定的支撑。六部敕牒虽然不能改变其作为尚书省下属的既定设计，[④]

---

① 取消六部敕牒，只是在宣行旨意层面减少了六部的独立性。在其他方面，元代六部与宋、金两朝一样，仍然可以通过部符、部札指挥相应公事。如路提控案牍原是流外官，大德十年（1306）四月以前，"腹里的路分里的受吏部札付，迤南各省管辖的路分里的受行省札付"。此后，吏部和中书省先后议定并上奏皇帝批准，将其改为"提控案牍兼照磨承发架阁，给降从九品印信"，成为敕授官。在地方儒学学官任命上，教授由敕牒任命，学正受中书省札付，学录、教谕并受吏部札付。分见陈高华等点校《元典章》卷九《吏部三》，"敕牒提控案牍""正录教谕直学""选医学教授"，中华书局、天津古籍出版社，2011，第358~359、309、313页。参见李治安《元代行省制度》，中华书局，2011，第674页；周鑫《乡国之士与天下之士——宋末元初江西抚州儒士研究》，天津古籍出版社，2014，第122~123页。

② 《金史》卷九〇《高德基传》，卷一五《宣宗纪中》，兴定三年（1219）正月乙未，第2118、370页。

③ 《元史》卷二四《仁宗纪》，皇庆元年十一月丙午，第554页。参见张帆《元代宰相制度研究》，第191~193页。

④ 《金史》卷五四《选举志四》，世宗大定元年（1161），敕从八品以下除授，不须奏闻。第1275页。六部敕牒在奏闻取旨阶段，因左右司掌奏事，故得以干预吏部选（转下页注）

但却使得从金代六部独立将皇帝旨意（针对日常性政务）下达相关部门执行的权力可以落实到文书上。虽然尚未见诸文献记载，但类似于南宋君相之间"所谓奉圣旨依、奉圣旨不允，有未尝将上，先出省札者矣；有豫取空头省札，执政皆先金押，纳之相府，而临期书填者矣；有疾病所挠，书押之真伪不可得而必者矣"的情况①，会不会出现在金代省部关系之中？值得思考。

结　　语

众所周知，除了直接参与者外，其他人极难了解权力运作的内情。因此，利用公文形态研究制度史，确实存在不能揭示权力运作全貌的困境。不过，利用史籍有幸保存的当时人或后世人所记录下的权力运作详情或内幕的研究者，也同样难以避免一斑窥豹的不足。因为，权力运作的直接参与者也未必愿意将其运作的全貌公之于世，反而会通过将权力运作尽可能地"披上"现有制度外衣的方式展现出来。公文形态至少在这一层面上为我们呈现出了其他史料难以展现的细节和现场感，也为拨开政治史复杂性、易变性和制度史细碎化迷雾提供了一种途径。

以金代六部敕牒为例，它们是在宋代元丰后类敕牒文书的基础上发展而来，一方面行用范围在扩大，另一方面由六部直接承敕施行，无须尚书省宰执官再以省札转发圣旨。虽然这并不意味着宰相不能通过其他方式去干预六部政务，不过，六部敕牒的大量使用，至少从政务运行机制上为宰

（接上页注④）官。《金史》卷九○《高衎传》："王彦潜、常大荣、李庆之皆在吏部选中，吏部拟彦潜、大荣皆进士第一，次当在庆之上，彦潜洺州防御判官，大荣临海军节度判官，庆之沈州观察判官。左司郎中贾昌祚挟私，欲与庆之洺州，诡（吏部员外郎、摄左司员外郎高衎）曰：'洺虽佳郡，防御幕官在节镇下。'乃改拟彦潜临海军，大荣沈州，庆之洺州。"第 2127 页。高衎任职吏部员外郎的时间，据北京戒台寺《传戒大师遗行碑》书者题名，在海陵朝天德四年（1152）前后，与王彦潜、常大荣进士及第时间相符。当时，金朝尚未迁至中都。《传戒大师遗行碑》拓片见《北京图书馆藏中国历代石刻拓本汇编》，第 46 册，第 47 页；佟洵主编、孙勐编著《北京佛教石刻》，宗教文化出版社，2012，第 100~102 页；都兴智《金代科举榜次及魁元》，载张希清、毛佩琦、李世愉主编《中国科举制度通史·辽金元卷》，上海人民出版社，2015，第 272、274 页。

① （宋）魏了翁：《鹤山先生大全文集》卷一八《应诏封事》，第 167 页。

相直接干预六部政务造成了不便和增加了难度。甚至可以说，这反映出，相较于宋、元两朝省部关系而言，金代是六部独立性最强的时期。

与此相应的是，不少学者都指出，宋（北宋末至南宋）、元时期政治史上一个共同的特点是权相政治。① 这一现象的出现，除了受中唐以后中央行政体制决策和执行一体化趋势（变现有二：一、宰相越来越政务官化；二、皇帝和宰相在国家权力运作和政务处理中更加走向一体化）影响之外，② 也与六部独立性的增强与弱化有着正相关关系。在任何时代，利用制度对抗权力，其成本考量都是参与者作出决定面临的首要问题。与此同时，将自己描述为权力对抗者（无论成功与失败）也往往是人们在进行自我建构或他者叙事时的一个基本设定。"权相"叙事模式的构建，由此可以从君权视角（涵盖皇帝自身和皇权维护者的两个维度）或六部视角得到双重的强化。③ 然而，从某种意义上来说，恰好处在宋元之间的金朝，作为一省制的确立期，正隆元年之后的政治史叙事中，却没有出现"权相"现象。六部敕牒的制度性存在，可能是尚书省内部消解"权相"政治叙事的重要因素之一。④

元代宰相权重的现象，与所谓蒙元特性有着密切的关系。⑤ 但世祖至元三年更敕牒旧式，作为宋元制度变迁的一环，毫无疑问，也同样起到了

---

① 虞云国：《南宋行暮——宋光宗宋宁宗的时代》，新版自序，上海人民出版社，2018，第13~16页；Dardess, John W. "Did the Mongols Matter? Territory, Power, and the Intelligentsia in China from the Northern Song to the Early Ming." In Paul Jakov Smith and Richard von Glahn, eds., *The Song-Yuan-Ming Transition in Chinese History* (Cambridge: Harvard University Asia Center, 2003), pp. 111 – 134。

② 刘后滨：《唐代中书门下体制研究》，第60~62页。

③ 此外，如果考虑到宰相视角（也包括"权相"自身与宰相权力维护者两个维度），则"权相"叙事模式的构建可以得到三重的强化。皇权维护者或相权维护者，典型的论述，如宁宗嘉泰元年（1201）李鸣复在《论致天变在君相疏》中指出的："权在天子，而宰相辅赞弥缝焉，正之正也。……权在宰相，而天子垂拱仰成焉，正之变也。"（明）黄淮等编：《历代名臣奏议》卷三〇九，台湾学生书局，1985，第4019页。参见傅增湘原辑、吴洪泽补辑《宋代蜀文辑存校补》第5册，重庆大学出版社，2014，第2696页。

④ 金朝一省制的确立，是伴随着皇权的扩展而实现的。因此，相较于此前的勃极烈辅政体制而言，尚书省宰相的权力确实在弱化。但在"尚书省成为皇帝控制下的唯一最高权力机构"后，宰相权力也存在扩展的可能。研究者注意到金世宗以后诸帝往往通过设置新官职（增设平章政事）和机构（近侍局、计议官等，以及将枢密院从尚书省分离出来）等外部方式来分散宰相权力。程妮娜：《金代政治制度研究》，第126~133页。

⑤ 张帆：《元代宰相制度研究》，第217页。

强化宰相权力、弱化六部独立性的作用。这也有助于从文书学视角来理解"六部官毋逾越中书奏事"规定出现的制度背景。元代省部关系这一体制性问题所造成的政治痼疾，促使朱元璋在立国之初形成了"元氏昏乱，纪纲不立。主荒臣专，威福下移。由是法度不行，人心涣散，遂致天下骚乱"的意识，并作出六部"不得隔越中书奏事，此正元之大弊"的判断。①明代六部体制的确立，晚于中书省数年之久，与朱元璋有意削弱宰相权力有关。尽管随着政权的扩张和体制化，明朝仍不免继承金元一省六部制的中枢体制，但其政权组织形态内部，却与元制有着细微但深刻的不同。嗣后，中书省及宰相制度相继罢废，与之密切相关。②李善长谋反案，可能更适宜视为明初宰相制度变化的直接诱因。同样，与其简单地将朱元璋罢中书省，废丞相，"天下之政总于六部"③，归结为君相矛盾或君主专制主义的结果，倒不如将其视为中唐以来君相关系一体化，尤其是元丰以降省部关系演进的终点。

---

① 《明太祖实录》卷一四，甲辰年（1364）正月戊辰，卷五九，洪武三年（1370）十二月己巳，上海书店，1982，第176、1158页。

② 李新峰：《论元明之间的变革》，陈支平、万明主编《明朝在中国史上的地位》，天津古籍出版社，2011，第57～61页；黄阿明：《明初中书省四部考论》，《史林》2019年第5期，第63～73页；张雨：《明清刑部称比部考》，李雪梅主编《沈家本与中国法律学术研讨会论文集》，中国政法大学出版社，2021，第301～333页。

③ （清）黄宗羲著、沈芝盈点校：《明儒学案》卷四九《文定何柏斋先生瑭·儒学管见》，中华书局，1985，第1164页。

《中国古代法律文献研究》第十七辑

2023 年，第 113~132 页

元代和籴制度的管理与实施

——从日本天理图书馆藏收籴文书谈起*

杜立晖**

摘　要： 和籴制度是元代重要的经济、军事制度之一，通过日本天理图书馆藏元代收籴文书及其他相关文书、资料来看，元代和籴的管理机构主要是路级官府，而户部与行省则是和籴本金的重要来源。元代和籴的实施具有相关的程序，和籴制度在实施中又存在一定的变化。在和籴制度的运作过程中，管理者、经办者及势要之家等群体对和籴制度造成了很大的破坏作用。

关键词： 元代　和籴制度　管理　实施

　　和籴制度是元朝为了"备荒或赈济饥荒、边境地区的补给和军队供应的需要"而实行的，[①] 涉及经济、军事等多个方面的重要制度。对于该项制度，学界已有所注意，如陈高华在探讨元代和雇和买、李春园在研究元代盐引等制度时，均旁及于此，[②] 但因无专论之作，故学界对于元代和籴

---

　　* 本文系国家社科基金重点项目"日本天理图书馆所藏敦煌黑水城汉文文献整理与研究"（项目编号：20AZS003）的阶段性成果。

　　** 山东师范大学历史文化学院教授。

　　① 陈高华：《论元代的和雇和买》，《元史研究论稿》，中华书局，1991，第 49 页。

　　② 陈高华：《论元代的和雇和买》，第 47—66 页；李春园：《元代的盐引制度及其历史意义》，《史学月刊》2014 年第 10 期，第 35—45 页。

制度的相关问题，尚不甚了了。新近笔者在整理研究日本天理图书馆藏敦煌文献时，发现一件收籴文书，其应与元代的和籴制度相关，以此为线索，再结合其他材料则可对元代和籴制度的管理、实施等情况，做出粗浅的认识。有鉴于此，今拟在借鉴前人研究成果的基础上，对元代和籴制度管理实施中的相关问题试加探讨，不确之处，祈请方家批评教正。

一、 关于日本天理图书馆藏元代收籴文书及其复原

日本天理图书馆藏有张大千在敦煌莫高窟的一些收集品，这些文献的一部分被张大千装裱进了一本命名为《西夏文经断简》的册子之中。由此可知，该册子中所收录的文献，当属于敦煌文献的一部分。在《西夏文经断简》中收藏有两件文书残片，此二残片被装裱于同一页，王三庆在《日本天理大学天理图书馆典藏之敦煌写卷》一文中将它们均拟题为《粮食帐残片》，并指出其或可拼合。① 王三庆关于这两件文书或可拼合的推断非常准确，但对于它们的拟题则可进一步讨论。为方便研究，今将它们分别释录如下：

其一，TL·XXWJDJ·016② 文书：

（前缺）

1. 籴粮 ▭▭▭▭▭▭

2. 一年四月内□▭▭▭▭

3. 理问相公赵外 郎 ▭▭▭▭

4. 管 □ 收 附文凭□□□ ▭▭▭

（后缺）

此件首尾均缺，上完下残，共存文字4行。

---

① 王三庆：《日本天理大学天理图书馆典藏之敦煌写卷》，《第二届敦煌学国际研讨会论文集》，汉学研究中心，1991，第84页。

② 此编号的含义为："TL"，代指"天理图书馆"；"XXWJDJ"，代指"《西夏文经断简》"；"016"，系指此件的具体序号。

其二，TL·XXWJDJ·019 文书：

（前缺）

1. ＿＿＿＿＿＿＿＿＿＿＿（朱印痕）定□□□□□至元三 十 ＿＿＿＿＿

（中缺 1 行）

2. ＿＿＿＿＿＿＿＿将前项钞贰□□取去收籴米粮，到今不曾＿＿＿＿＿

3. ＿＿＿＿＿＿＿＿＿＿＿＿□照。据此，合行呈覆，伏乞

（后缺）

该件首尾均缺，上下俱残，共存文字 3 行，第 1、2 行之间还中缺 1 行。该件与上件的纸张颜色相同，文字笔迹一致，且各行文字间的行距一致，因此推断，它们应属于同一件文书。故今根据它们的物理状态及文字内容等，将它们缀合、复原如下：

（前缺）

1. 籴粮＿＿＿＿＿＿＿＿＿（朱印痕） 定□□□□□至元三 十

2. 一年四月内□□＿＿＿＿＿＿

3. 理问相公赵外 郎 □＿将前项钞贰□□取去收籴米粮，到今不曾＿＿＿

4. 管 □ 收 附文凭□□□＿＿＿＿＿□照。据此，合行呈覆，伏乞

（后缺）

缀合之后，文书依然前后均缺，上完下残，共存文字 4 行，但文书所涉时间已经比较明确，即第 1、2 行所载的"至元三 十 一年四月"，该年系公元 1294 年，也即元世祖忽必烈在位的最后一年。由此可以断定，此件当系一件元代文书。

另外，文书第 4 行载有"合行呈覆，伏乞"等呈文的程式性用语，由此又可推断，此件当系一呈文。此呈文的内容，从第 1 至 3 行所载信息不难推断，应涉及理问相公赵外 郎 前去收籴米粮，但至今不曾到来，故相关机构呈报了此事。"收籴"，也即"和籴"之谓也。

文中提及赵外 郎 时，称呼其为"理问"。"理问"系元代行省所属机

构"理问所"的长官，正四品。① 理问所主要负责行省内的"司法刑狱"②。由此推测，理问相公赵外郎前去收籴米粮，当系行省所派。由于在元代时，敦煌一地改名为"沙州路"，而沙州路属于甘肃等处行中书省所辖。故进一步推断，理问相公赵外郎当是受甘肃行省派遣，前去收籴米粮的。又因此件文书的发现地为敦煌莫高窟，因此可知，该人所去之地，当即沙州路。因文书旨在汇报前来收籴的官员未曾到来，故此推知，此件呈文的发出者应该为沙州路总管府，而文书的呈报对象，当即这位官员的所在机构甘肃行省。

因此推断，此件是一件元代至元三十一年（1294）沙州路总管府呈甘肃行省汇报有关和籴问题的公文。此件作为一件和籴文书，为认识元代的和籴制度提供了一些宝贵的信息，下面即以此为线索，再结合其他资料，对元代和籴制度的相关问题试加探析。

二、 元代和籴的管理机构与籴本来源

言及和籴，首先需要了解的即是元代的和籴是由什么机构来组织和管理的。另外，因为"和籴"系所谓的"两平籴入也"③，也即是说，在原则上政府要用钱钞或盐引作为支付手段，以市籴于民。那么，这些作为支付手段的"籴本"又是从何而来的呢？下面先就元代和籴管理中的上述两个问题加以探讨。

（一）关于和籴的管理机构

对于元代和籴的管理机构，有学者曾指出，"元代'和籴'成为了仓粮的主要来源之一，并设有专门的和籴所、和籴官进行管理"④。此言不虚，为对和籴进行管理，元政府确曾设置了相关的管理机构和专门的管理者，如中统二年（1261）九月，"置和籴所于开平，以户部郎中宋绍祖为

---

① 《元史》卷九一《百官志七》，中华书局，1976，第2308页。
② 李治安：《元代行省制度》，中华书局，2011，第44页。
③ 杨讷点校：《吏学指南（外三种）》，浙江古籍出版社，1988，第122页。
④ 王鹏：《元代粮仓制度研究》，内蒙古大学硕士学位论文，2020，第85页。

提举和籴官"①。这是元代关于设置和籴机构和相关职官的最早记录。另外，元代还设置有"上都和籴所"，如魏初在《论上都和中米粮》一文中云："（至元八年）五月二十七日，今体知得外路客旅于上都和籴所中纳米粮，皆揭利钱于随处籴到白米，至元七年十二月内，般载到和籴所永盈、万盈两仓下卸中纳。"② 此处反映的是至元七年（1270）上都和籴中存在的问题，由此得知，至少在至元七年（1270）之前，上都即已设置了"和籴所"。同时，《元史》还记载，在至元丙子，即至元十三年（1276）设置过"应昌和籴所"③。此外，元政府在至元年间还设置过"和籴提举司"，如《元史》记载：至元十五年（1278）六月，"置甘州和籴提举司，以备给军饷、赈贫民"④。这里所记载的"甘州和籴提举司"，专门负责处理"备军饷""赈贫民"的和籴事务，其职能应与上文的"和籴所"相似，它们应属于同一类机构，也即是专门负责和籴的管理机构。

以上即是元代有关和籴机构的大致情形，由上述内容不难发现，元代所设置的"和籴所""和籴提举司"等机构，主要集中于"开平""上都""应昌"等地，在其他地区则未见及，由此推测，上述和籴机构并非是在元代各地都普遍设置的。另外，从上述机构的设置时间上来看，它们主要设置于元朝初年，在元世祖至元后期及元代中后期，再未见该类机构著于史籍。故由此又可推测，该类和籴机构的设置又非贯穿于元朝始终的，它们可能只是在元代某一时段内设置的相关机构。因此说，上述和籴机构的设置，既有特殊的地域，也有特殊的时限，似不宜以此来认定元代是通过"和籴所""和籴提举司"等机构来管理和籴事务的。

如果说元朝通过"和籴所""和籴提举司"等机构来管理和籴事务具有一定的特殊性，那么，在元代通常进行和籴管理的机构又是什么呢？现在看来，应该是"路"等地方官府。关于该类机构参与和籴管理的情况，早在中统时期已现端倪。如《经世大典》记载，中统五年（1264）正月，为宣谕北京、西京等路市籴军粮一事，下圣旨一道，要求"仍仰本路宣慰

① 《元史》卷四《世祖本纪一》，第74页。
② 陈德芝辑点：《元代奏议集录》（上），浙江古籍出版社，1998，第173页。
③ 《元史》卷一五《世祖本纪一二》，第311页。
④ 《元史》卷一〇《世祖本纪七》，第201页。

司选差廉干官，与中书省差去人将价钱同各管头目给散，无致中间克减，亏损百姓"①。此处提到，负责处理和籴事务的机构，是北京、西京等路宣慰司。虽然这一时期作为纯正的地方管民官府的"路总管"还未出现，但作为地方官府的路宣慰司承担起了和籴管理的责任，相关地区的和籴事务，也是由该类机构"差廉干官"来处理的。到至元元年（1264）之后，路总管府向地方管民官正式转变。② 此后，路总管府实际上成为了和籴的主要管理机构。如至元八年（1271）十二月关于"各路和籴米粟"之事，中书省要求，"行下随路依准中书省咨该，与本省官一同议定，西京路费用粮斛浩大，依上都一体和籴。亦不须别设和籴官，专委本路正官一员，不妨本职提调勾当"③。这里已明确说明，各路的和籴事务要由路总管府委任一名正官来处理，且要求不能另外设立专门的"和籴官"。中书省要求各地的和籴工作，既不要设置专门的管理机构，也不能专设相关的管理官员，而是要求各路总管府的主要官员负责其事。中书省的这一规定，进一步凸显了路总管府及其主要官员在和籴管理中的重要性。

另外，通过前文天理图书馆所藏元代收籴文书可知，此件系一件至元三[十]一年（1294）沙州路总管府为有关行省官员和籴之事呈报甘肃行省的呈文。由此件推断，此次在沙州路的和籴活动，显然也不是由专门的"和籴所"等类的机构负责的，沙州路总管府很有可能就是此次和籴的管理者、组织者。

再者，在敦煌莫高窟北窟还保存有一件编号、拟题为 B53：16 - 2、3、1《元某行省残牒》文书，其中的一件残片亦证实了此点，如该残片记载：

（前缺）

1. _____仰抲已发收籴粮钱内与本路正官_____
2. _____□事。承此，除外，为本路同知小云赤□花元_____
3. _____□中统钞陆伯定不曾收籴，移准_____
4. _____□该：准同知小云赤不花□元买_____

---

① （元）赵世炎等撰，周少川等辑校：《经世大典辑校》，中华书局，2020，第156—157页。
② 李治安：《元代行省制度》，第627页。
③ （元）赵世炎等撰，周少川等辑校：《经世大典辑校》，第158页。

5. ⎯⎯⎯⎯⎯□伯定见行收顿外，□⎯⎯⎯⎯⎯⎯①

　　　　　（后缺）

　　由此件第1行、第3行所载的"已发收籴粮钱""中统钞陆伯定不曾收籴"等语可知，此件也当与"收籴"有关。而文书第1行显示，某机构将"已发收籴粮钱"与"本路正官"处理，且下文中出现了"本路同知小云赤□（不）花""不曾收籴"等内容。"同知"，是元代路总管府的主要官员之一，责任较达鲁花赤、总管稍轻，总管空缺时，同知可以"独署府事"②。可知，文书中的同知小云赤不花，也就是负责此次收籴的"本路正官"。由此可见，该件中的某路总管府，应该也是负责和籴的管理机构。由于此件发现于敦煌莫高窟北窟，也即是元代的沙州路，故此推断，该件中的"本路"，当指沙州路。

　　因此由以上可知，在元朝初期曾在某些地区设置"和籴所""和籴提举司"等机构专门负责和籴的管理、组织工作，但在元代更长时间、更大范围内，各地的地方官府，尤其是路总管府，肩负起了和籴工作的重任。

（二）关于和籴的籴本来源

　　"和籴"作为元代的一项制度，其运行的原则应是"两平"而"籴入"。因此，要想换取百姓的粮食，原则上元政府是需要支付相应的"籴本"的，而这一"籴本"主要包括两种，其一为钱钞；其二为盐引。关于盐引作为籴本的情况，李春园的研究已有所关涉，故暂且不论。下面重点探讨一下作为籴本的"钱钞"来源问题。目前看来，作为籴本的钱钞，主要有两个来源，其一为中枢户部，其二为行省。

　　首先看第一个来源。《经世大典》"市籴粮草"条载："自中统二年，省臣奉旨，命户部发钞或盐引，令有司增其市直，于上都、北京、西京等处，募客旅和籴粮，以供军需，以待歉年，岁以为常。"③由此可以看出，

① 彭金章、王建军：《敦煌莫高窟北区石窟》第一卷，文物出版社，2000，彩版一七。
② 李治安：《元代行省制度》，第635页。
③ （元）赵世炎等撰，周少川等辑校：《经世大典辑校》，第154—155页。

在元代施行和籴制度之初，户部就是相关籴本的主要来源。而万亿宝源库，则又是户部发放籴本的主要负责机构，万亿宝源库全称为都提举万亿宝源库，是户部下辖的诸库之一，负责掌管宝钞和玉器。① 如《通制条格》记载："至大四年六月，中书省。户部呈：'万亿宝源库申：本库设官叁员，司吏壹拾玖名，司库叁拾陆名，专收行省、腹里一切合纳钞定。其司库押送和买、和籴钞定，前去甘肃、和林、辽阳、大同、上都等处交割，时常差占，常无一二……'"② 这里载明，在至大四年（1311）之时，万亿宝源库曾负责派遣司库押送和买、和籴钞定前去甘肃等地进行和籴等工作。至治元年（1321）二月份的一份公文又载："江西行省准中书省咨：户部呈：'万亿宝源库申：奉符文：奉省判：为甘肃和籴粮价中统钞二十万定，令本库拣择料钞起运。'"③ 此处也显示，万亿宝源库是负责发放、押运和籴籴本至甘肃和籴的机构。因此，该机构当系元代户部发放和籴钱钞的主要机构。

其次关于籴本的第二个来源。《元史》载：至大二年（1309）十一月，尚书省臣言："臣等窃计国之粮储，岁费浸广而所入不足，今岁江南颇熟，欲遣使和籴，恐米价暴增；请以至大钞二千锭，分之江浙、河南、江西、湖广四省，于来岁诸色应支粮者，视时直予以钞，可得百万，不给，则听以各省钱足之。"制可。④ 尚书省臣在这里提到，在江南各地和籴可能会增加米价，因此建议采用时值来购买江浙等四省的"来岁诸色应支粮"，且如若发给四省的资金不足，则各省要用"钱足之"。尚书省臣所说的用钞定来购买下一年的诸色应支粮，其实就是一种变换名头的和籴，而相关和籴本金的来源，除了中书省划拨的至大钞二千锭外，其余不足部分，需由各行省补足，这一建议得到皇帝的认可。显然，各行省是和籴本金的另一来源。

再如，《元史》还记载：至顺二年（1331）春正月，"新添安抚司瓮河

① 《元史》卷八五《百官志一》，第2127页。
② 方龄贵校注：《通制条格校注》卷一四《仓库·司库》，中华书局，2001，第434页。
③ 陈高华等点校：《元典章》新集《户部·钱粮·关收·万亿库收堪支持钞》，中华书局、天津古籍出版社，2011，第2089页。
④ 《元史》卷二三《武宗本纪二》，第519页。

寨主，诉他部徭、獠蹂其禾，民饥，命湖广行省发钞二千锭，市米赈之"①。此处记载了至顺年间令湖广行省发钞二千锭"市米"赈济饥民之事。"市米"，即和籴也。此处也反映出，在元代的和籴中，行省是和籴本金的重要提供者。

另外，通过天理图书馆藏元代收籴文书，也可窥见元代和籴本金的来源问题。如文书第3行记载，此次前来沙州路收籴米粮的理问，带有"前项钞"，也就是说，该行省官员是携带籴本前来该路的。不难推见，作为行省理问的赵外郎，他所带来的籴本，应该是从甘肃行省支取的。再者，前文莫高窟北窟的《元某行省残牒》的第1行记载："仰抡已发收籴粮钱内与本路正官"。显见，此件中所载的收籴粮钱，并非是沙州路自己筹措的，而应由另外的机构拨付而来，由于该件也是沙州路的收籴文书，故"发收籴粮钱"的机构应该也是甘肃行省。故由此亦可证行省是元代和籴本金的来源之一。

当然，元代和籴本金除了以上两个主要来源外，路总管府也承担着一定的角色，如《经世大典》"市籴粮草"条载：

（至元）八年十月，增添各路市直和籴粮斛。御史台承尚书省札付，为随路常平仓收粮斛，今户部照勘拟到可收粮七十八万七千五百硕，内拟于各路令赴河仓粮内，改拨四十八万五千硕赴各路常平仓收贮，以备支用。除外，验彼中价直，约量和籴三十四万二千五百硕，据合用价钞，拟令本路于见在包银钞内放支。②

这里提到，有关和籴钞两计划在各路的见在包银钞内放支，由此推知，路总管府也有提供和籴本金的义务。

而该书所载同年十二月"讲究各路和籴米粟"一事中，又提到，"据所拟各处和籴粮斛合该价钱，就于本处行用库内逐旋放体和籴"③。此处提

---

① 《元史》卷三五《文宗本纪四》，第775页。
② （元）赵世炎等撰，周少川等辑校：《经世大典辑校》，第157页。
③ （元）赵世炎等撰，周少川等辑校：《经世大典辑校》，第158页。

及的"本处行用库"，当指各路所设置的"掌金银与钞兑换业务并昏钞新钞兑换"① 的机构。此处也反映出，各路有支付和籴本金的责任。

除路总管府外，个人出资也是元代和籴本金的来源之一。如《元史·唆都传》记载，在至元十四年（1277）七月之时，唆都之子百家奴"兼福建道长司宣慰使都元帅"，"是时，福建多水灾，百家奴出私钱市米以赈，贫民全活者甚众"。② 可以看出，这次百家奴的"市米"赈灾活动，是其"出私钱"完成的。由此可知，在元代也存在官员个人出资进行和籴的行为。

诚然，应该看到，无论是路总管府还是元代的相关个人，他们都不大可能成为和籴本金的主要来源，这主要是因为元代路总管府的大部分税收，都需要上交行省，故其所存留的钱钞有限，而个人的财力更无力支持大规模的和籴活动。因之，在元代，户部和行省当是和籴本金的主要来源。

三、 关于元代和籴制度的实施情况

对于元代和籴制度在地方的实施过程及其在实施中出现的一些变化等问题，学界尚未考察，今对此问题试探如下。

（一）和籴制度在地方的实施过程

首先，拨付和籴本金到地方。

从制度的设计而言，和籴属于对百姓粮食的购买。因此，和籴制度运作的第一步，应该即是和籴本金的下达。通过有关资料来看，户部下达的和籴本金，可能是由户部的钱钞管理机构万亿宝源库发放、运达的。如前文所引《通制条格》至大四年（1311）六月的材料，该条显示，万亿宝源库是和籴钞定的下达机构，且相关钞定是由该库的管理者"司库"押运至各地的。

---

① 陈得芝：《元代的钞法》，《南京大学学报》1992年第4期，第27页。
② 《元史》卷一二九《唆都传》，第3155页。

另外，通过前文天理图书馆所藏元代收籴文书来看，前往沙州路负责和籴的甘肃行省理问官，他携带了相关籴本。由前文又知，在行省的职官中，理问实际上并非负责钱粮的官员，该类官员负责的是狱讼事宜。因此，行省理问运送和籴本金，应该不是其本职工作，似乎应属于临时性的差遣。但由此件推测，行省和籴本金向地方拨付时，存在临时派遣有关官吏来负责此事的情形。应该看到，无论谁来押运，相关和籴本金向地方官府的拨付，都并非各路府的官员去请领的，而是由上级部门的官吏运送而来。

其次，张榜公告和籴之事。

因为和籴主要在于"募民"中粮。因此，在和籴开始之前，需要让相关民众知晓此事，故常用的做法即出示榜文，也即告示，以令众民知悉。如《经世大典》记载：至元八年十月，尚书省札付云："若止依彼中市直收籴，又恐百姓畏惧官司，不肯中纳，宜照依当处时估，余上添分毫钱数，明出榜文，许诸人和中。"[①] 同年十二月，中书省又申明，在和籴时"……勿令百姓畏惧官司，不敢粜卖。本部更为明出榜文，常切厘勒仓官、斗脚人等，勿得刁蹬结揽停滞，须要用官降斛樌斗升，两平收受"[②]。以上提到，在和籴之时要出示榜文。同时，通过以上两条材料推断，相关榜文不仅要告知百姓和籴之事，且要通过这一形式，告知百姓和籴的价格、所用收粮的斛斗，以及警示官吏"勿得刁蹬结揽停滞"等内容，来打消百姓对和籴的疑虑、畏惧情绪。

最后，各地正官提调，仓库收粮。

前文所引元代和籴材料载道："亦不须别设和籴官，专委本路正官一员，不妨本职提调勾当。"通过敦煌莫高窟北窟的《元某行省残牒》也可见，该件中负责收籴事务的正是本路同知小云赤不花，此官员，也即是该路的"正官"。由此可知，元廷曾要求各路在和籴中由一名正官负责提调，该项规定在地方上确实得到了落实。

除正官提调外，各地负责收籴者，则应该是相关仓库。其中，元代有

---

① （元）赵世炎等撰，周少川等辑校：《经世大典辑校》，第 157 页。

② （元）赵世炎等撰，周少川等辑校：《经世大典辑校》，第 159 页。

的地方曾为和籴专门设置了"和籴仓"，如《元典章》记载，元贞元年（1295）五月，"大同前和籴仓监纳刘希祖等"曾"侵使盗少粮一万八千余石，事发未曾追征"。① 显然，在大同路曾设立过专门负责和籴的仓库"和籴仓"，该仓当即收购相关和籴粮的仓库。另外，在元代还曾多次设立过"常平仓"，该仓也是负责和籴的专仓。如《元史》记载，"常平仓世祖至元六年始立。其法：丰年米贱，官为增价籴之；歉年米贵，官为减价粜之。于是八年以和籴粮及诸河仓所拨粮贮焉"②。然而，"和籴仓"并非各地均设，且"常平仓"也"没有固定设置，时兴时废，有名无实"③。因之，各路总管府的常设仓库"府仓"，实际上成为了和籴粮的主要收纳仓库，如《至正条格》记载："大德十年八月，甘肃省咨：'本省供给屯驻大军支用粮储，全藉客旅运米中纳。每石官给价钱贰定。于经行兰州比卜，差人赍省降勘合把渡，遇有客旅运到粮米，封装米样，给付勘合，般运前来甘州仓，比对相同，辨验封头米样无伪，收管出给朱抄，验数支价。……'"④这里即提到，甘肃行省中纳粮米的机构为"甘州仓"。显然，该仓应该即是甘州路的府仓。

总之，在正官的提调下，各地的仓库收籴米粮后，和籴工作即告一段落。

（二）关于和籴制度在实施中的变化

元代的和籴制度在实施过程中出现了一些变化，这些变化主要体现在以下两个方面：

其一，由增价籴入，到市值化，甚至无值化。

和籴制度在施行之初，元政府通常要求以增价籴买的方式来采购百姓的粮食。如前文所引中统二年（1261）的材料："省臣奉旨，命户部发钞或盐引，令有司增其市直，于上都、北京、西京等处，募客旅和籴粮，以

① 陈高华等点校：《元典章》典章二一《户部卷之七·钱粮·免征·免征钱粮体例》，第784—785页。
② 《元史》卷九六《食货志四》，第2467页。
③ 王颋：《元代粮仓考略》，《安徽师大学报》1981年第2期，第46页。
④ ［韩］韩国学中央研究院编：《至正条格校注本》卷一〇《断例·厩库·中粮插和私米》，Humanist出版社，2007，第277页。

供军需，以待歉年，岁以为常。"至元八年（1271）十月时，尚书省又因"以谓随路粟价，俱各不等"，故提出"宜令照依各月时估粟价，以十分为率，增一分"的实施意见。① 该年十二月，中书省又进一步提出"未籴粮数验各处每月时估实直，米粟价钱以十分为率，添搭二分"的实施方案。② 由此不难得见，在和籴制度的施行之初，元廷即要求在和籴之时，要根据粮食的时估价，也即是市值（或时值），再增添市值的一成或两成，增价购买百姓之粮。但随着和籴制度的实施，我们所看到的在和籴时政府购买百姓的粮食，更多地则是要根据"时直"或"市价"进行。如至元十九年（1282）十月的诏书条画即云"和雇、和买、和籴，并依市价，不以是何户计，照依行例应当，官司随即支价"③，这里即提到和籴要与和雇、和买一致，应当官司要依据市价支付。再如，前文所举至大二年（1309）十一月的材料，尚书省臣言："臣等窃计，国之粮储，岁费浸广，而所入不足。今岁江南颇熟，欲遣使和来，恐米价暴增，请以至大钞二千锭分之江浙、河南、江西、湖广四省，于来岁诸色应支粮者，视时直予以钞，可得百万；不给则听以各省钱足之。"这里提出，在和籴中对百姓所支之粮，要"视时直""予以钞"。再如，天历二年（1329）陕西大水，"省准出钞八百锭，委耀州同知李承事，洎本府总管郭嘉议及各处正官，计工役，照时直籴米给散"④。这里也记载了和籴粮是据"时直"采购的。而《元典章》在记载对各地和籴情况的审查标准时，即云"和籴、和买已未支价，照时（佑）〔估〕合算体覆"⑤。无疑《元典章》所反映的，是官府对实际运行中的和籴制度进行的审查，故由此亦可推知，在和籴中，和籴粮的价格可能多是按时估价进行购买。当然，以上记载多来自官方，在实际中即使是按"市值"和籴可能也恐难落实。对此，陈高华曾一针见血地指出，所谓的按"市值"和籴等，"都是官样文章，与事实是有很大出入的"⑥。因此，在实际中，又存在和籴者连"市值"都难以得到，即和籴"无值

① （元）赵世炎等撰，周少川等辑校：《经世大典辑校》，第157—158页。
② （元）赵世炎等撰，周少川等辑校：《经世大典辑校》，第158—159页。
③ 陈高华等点校：《元典章》卷二六《户部十二·科役·物价·和买照依市价》，第979页。
④ 《元史》卷六五《河渠志二》，第1631页。
⑤ 陈高华等点校：《元典章》卷六《台纲二·照刷·照刷抹子》，第177页。
⑥ 陈高华：《论元代的和雇和买》，《元史研究论稿》，第51页。

化"的现象。而这一现象的发生，与下文所谈到的和籴制度的"强制化"变化息息相关。

要言之，虽然元朝政府要求和籴时要增价购买百姓之粮，但在实际中，则多未增价，而仅仅是据市值采购，甚至和籴百姓连市值价都得不到，和籴制度出现了从最初的增价籴粮，到市值化、无值化籴粮的变化趋势。

其二，从自愿籴入，到强制化。

元代的和籴制度原本设计为"两平籴入也"。也即是说，政府购买百姓的粮食，以及百姓向元政府籴出粮食，都是平等的、自愿的交易。在该制度的执行之中，我们也经常看到元政府"招募"相关人员和籴的记录，如前文提到，中统二年（1261）之时，即"于上都、北京、西京等处，募客旅和籴粮，以供军需，以待歉年，岁以为常"。再如，至元六年（1269），淮安路总管高良弼在参与元宋襄阳之战时，元军曾因"围襄阳，而粮不继，羽檄和籴，督民自输于军，人大恐。公言之南省，请倍见估募商米，可不劳而集，史忠武公然之，即以诿公，不阅月，仓储皆积"[1]。在此次和籴时，即采取了高良弼的"倍见估募商米"的建议，不久即解决了军粮储备不足的问题。显然，这次和籴亦采用的是"募客"入中之法。

但所谓两平、自愿的和籴，在至元七年（1270）已出现了强制性籴入的苗头，如该年三月"尚书省臣言：'河西和籴，应僧人、豪官、富民一例行之。'制可"[2]。尚书省臣提出在河西地区和籴，应该让僧人、豪官、富民等各类人全部参与，这一建议得到了世祖皇帝的认可。很显然，要求各色群体都要参与和籴，这种和籴，定然不会是出于自愿的。至元二十二年（1285）的时候，和籴的强制性更趋明显，如该年二月，右丞卢世荣、参政不鲁迷失海牙等奏：

> 江淮行省言，今岁浙西米价涌贵，富户积粮，贪图高价，贵籴，饥民不聊其生。自今岁秋成为始，乘其米价贱时，将有粮最多之家，官用钱本两平收籴。谓如收租一万石之上者，三分中官籴一分；三万

---

[1] （元）萧㪺：《勤斋集》卷三，文渊阁《四库全书》集部，第1206册，台湾商务印书馆，2008，第405页。

[2] 《元史》卷七《世祖本纪四》，第128页。

石之上者，平籴一半；五万石之上者，三分中官籴二分。官仓收贮。次年比及新陈相接，乏粮价贵，官为开仓，减价粜卖。①

卢世荣等人提出，要求根据富户拥有粮食的数量，按比例进行收籴，其中拥有一万石以上粮食者，要和籴 1/3；三万石以上者，和籴 1/2；五万石以上者，和籴 2/3。这一建议，得到了批准。显而易见，让富户根据自家粮食的数量按比例和籴，这不是出于富户的自愿。可以说，从这时起，和籴制度的平等性、自愿性原则逐渐弱化，而强制性色彩则有强化趋势。

另外，黑水城文献中也有一件反映这一变化的元代文书，其编号、拟题为 M1·0138［F51：W13］《和籴粮米文卷》，此件如下：

（前缺）

1. ＿＿＿＿＿＿　（签押）　（签押）

　　＿＿＿＿＿＿＿＿＿＿＿＿＿＿＿＿＿

2. ＿＿＿＿□刘忠翊状呈：近□＿＿＿＿＿

3. ＿＿＿＿□每石伍拾伍两，小麦肆拾两，黄□

4. ＿＿＿＿＿小麦伍阡石，委卑职驰驿□

5. ＿＿＿＿＿之家，照依彼中时价而平籴，□

6. ＿＿＿＿＿数各该价钱、石斗保结连缴

7. ＿＿＿＿＿本路收管，验该支粮食照依

8. ＿＿＿＿＿上驰驿前去，至七月初十日到

9. ＿＿＿＿＿月时价，黄米每石壹定，小麦叁

10. ＿＿＿＿＿□移关达鲁花赤朵列秃

11. ＿＿＿＿＿今无人纳，照此，差人下村催赶，

12. ＿＿＿＿＿□日才方令巡检司答那八贝

13. ＿＿＿＿＿＿＿＿□□□□□□□□②

（后缺）

---

① （元）赵世炎等撰，周少川等辑校：《经世大典辑校》，第163页。

② 塔拉等：《中国藏黑水城汉文文献》，国家图书馆出版社，2008，第229页。

据文书第 2 行可知，此件第 2 至 13 行，当系一位名叫刘忠翊的官吏的呈文。从此呈文的第 4、5 行可知，其内容是刘忠翊被委派到某地"照依彼中时价而平籴"。由此可知，该人是被派去"和籴"的，而且和籴要按照"时价"进行。通过文书第 11 行可知，虽然是要按时价进行"平籴"，但至"今无人纳"，也即是说，无人前来和籴。因此，"差人下村催赶"。所谓"催赶"，定有强迫之意。同时，通过文书第 12 行可知，下村催赶相关人员和籴之事，实际上可能是"令巡检司答那八贝"去完成的。巡检司是元代的捕盗官司，因此，让巡检司派官吏下村前去"催赶"百姓和籴，无疑是地方官府利用国家机器强制百姓籴粮的表现。虽然此件文书缺失年款，但因其是黑水城元代文书，而该类文书又多是元代中后期的，故此件所反映的事实，也应该大致属于这一时期。

因此，由以上不难发现，虽然元代的和籴制度在施行之初是要求政府与百姓两平交易，令百姓自愿和籴的，但随着时间的推移，该制度在执行过程中出现了强制化籴入的现象。

（三）关于实施中有关群体对和籴制度的破坏

不可否认，元代和籴制度的实行在饥荒赈济、军需供应，甚至粮价平抑等多个方面都发挥了一定作用，该项制度因之也成为了元朝重要的经济制度之一。但该项制度在施行过程中却存在若干方面的问题，并最终导致其走向衰落，正如王恽所云："引种和籴，未免弊困，多不能行。"[①] 无疑，上文提及的和籴价格的降低、和籴的强制化等问题的出现，是影响和籴制度走向的因素之一，但除此之外，多个群体对和籴制度的破坏，实则是致使该项制度走向没落的重要诱因，下面试就此加以分析。

其一，管理者的不作为。

在和籴制度实施过程中，管理者的不作为是对和籴制度的主要破坏之一。如前文所引圣旨条画要求，"和雇、和买、和籴，并依市价不以是何户计，照依行例应当官司随即支价"。也即是说，按照制度规定，在和籴实施过程中要随"籴粮"，随"支钞"，一手交粮，一手交钱。但事实却

---

① 陈德芝辑点：《元代奏议集录》（上），第 206 页。

是，粮虽已"籴"，但钞却久未得"支"，这一现象早在至元四年（1267）已经出现。该年十一月，平章耶律等奏："京兆客旅赵信、纪震等告，自己未年节次中纳讫兴元、沔州、和州、大安等处军粮，为官不支价钱，告奉圣旨，于中统三年差发内支还，到今不曾支拨事。臣等议，所支价钞数多，切恐其间别有诈冒，合无差官再行分拣见实合支数目，在后接续支还。"奏可。① 赵信等人"中纳"军粮，且要求官为支价，这反映出，他们所从事的正是"和籴"军粮之事。然而，他们交讫军粮是从己未年（1259）开始的，官方答复支价的时间是中统三年（1262），但至至元四年（1267）仍未支付，即使从元政府答应支付粮价算起，至至元四年（1267）已过五年，从最初籴粮开始至该年已过去了八年。类似这种拖延支付籴本的现象，还屡见诸于此后的相关文献。如是可知，这一现象并非偶然存在的。显然，在和籴制度的执行过程中，因为作为和籴最高管理者的皇帝、大臣等人的不作为，才导致这一拖延支付籴本现象的屡屡发生。而拖延支付籴本现象的存在，必然影响和籴制度的公信力，挫伤百姓和籴的积极性。

另外，从天理图书馆所藏收籴文书及敦煌莫高窟北窟《元某行省残牒》来看，相关行省理问、路总管府同知，作为和籴的地方管理者，也均存在不作为的现象。如通过天理图书馆藏收籴文书第 3 行推断，作为携带籴本前来本路和籴的理问赵外郎，却"到今不曾□□□"，虽然该行下残，但据文义推断，当指该人并未前来本路和籴之意。而《元某行省残牒》显示，虽然行省已经拨付了收籴钱钞，但文书第 3 行却显示，作为和籴管理者的本路同知小云赤不花，却"不曾收籴"。由以上可以发现，和籴制度在地方上施行时，存在各地管理者拖沓、贻误时机，不按要求和籴的现象。该类现象，似乎也应该属于和籴管理者不作为的范畴。不言而喻，管理者的不作为，定然影响和籴制度的正常运行。

其二，经办官吏的中饱私囊。

作为和籴制度的具体承办人员，元代的官吏、差役等人利用和籴的机会，大肆侵吞籴本，欺诈百姓，使和籴制度进一步失去了民心。如前文

_____

① （元）赵世炎等撰，周少川等辑校：《经世大典辑校》，第 157 页。

《通制条格》所载，至大四年（1311）之时，万亿宝源库申户部云："其司库押送和买和籴钞定，前去甘肃、和林、辽阳、大同、上都等处交割，时常差占，常无一二。"此处记载显示，在万亿宝源库司库押运籴本前去甘肃等地交割之时，他们竟然会"时常差占"，以至于和籴钞定常失一二。无疑这是官吏利用和籴的机会侵吞钞定之一例。

另如，至元二十一年（1284）四月，户部曾向都省呈文："大都管下州县和籴、和买米粮、料草，一切所须，官给价钱内有给不到数目，及将元降料钞，私下换作烂钞，散与百姓。"[1] 这里载明，大都所管州县的官吏在和籴、和买时，竟将元降料钞私下换作烂钞散与百姓。显然，这又是相关官吏将和籴钞定中饱于己之一例。

另外，王恽在《论宣课折纳米粟实常平仓状》中言到："和籴粮斛所委官吏，往往作弊，官钱既为欺隐，粮斛又不数足"[2]，由此可知，在和籴过程中经办官吏欺隐官钱的行为，在元代当是比较普遍的现象。

同时，和籴的经办官吏，常常还通过"刁蹬"百姓的方式，获取利益。如魏初在《论上都和中米粮》一文中指出，在至元八年（1271）之时，上都和籴所的永盈、万盈两仓仓官，"见百姓搬载米粮数多，推称元籴粮数已足，不肯收受。百姓在客日久，牛只损死，盘费俱尽，将所载米粮不得已折本贱粜。本都官豪富要之家厘勒减价收籴，却赴仓中纳，仓官通同看循便行收受"。负责收籴的仓官，不收百姓之粮，却与官豪富要之家"通同"减价收购百姓之粮，然后中纳于仓。不难想见，相关仓官定然在与官豪富要之家"通同"后，获得了好处。为此，魏初发出了"若如此刁蹬，恐四方不信，后无以应籴者，则国用之须将何所仰"[3] 的慨叹。由此也可见，经办官吏的中饱私囊，严重损害了和籴百姓的利益。

其三，势要之家的为富不仁。

在元代和籴制度的施行过程中，势要之家也对该项制度造成了破坏。

---

① ［韩］韩国学中央研究院编：《至正条格校注本》卷二八《条格·关市·和雇和买》，第95页。

② （元）王恽：《秋涧先生大全集》卷八九，《元人文集珍本丛刊》第2册，新文丰出版公司，1985，第456页。

③ 陈德芝辑点：《元代奏议集录》（上），第173—174页。

由上文魏初的《论上都和中米粮》一文已见，在和籴的过程中，官豪富要之家与相关仓官合伙，通过刁蹬百姓，贱籴其粮，再高价中纳的方式，获取了相关利润。显然，这些为富不仁的富要之家与相关经办官吏一起，榨取了和籴百姓的利益，也进一步对和籴制度本身造成了破坏。

在和籴过程中，势要之家不仅联合经办官吏一起鱼肉百姓，同时，他们还想尽办法弄虚作假，攫取利益。如《至正条格》记载：

> 大德十年八月，甘肃省咨："本省供给屯驻大军支用粮储，全藉客旅运米中纳。每石官给价钱贰定。于经行兰州比卜，差人赍省降勘合把渡，遇有客旅运到粮米，封装米样，给付勘合，般运前来甘州仓，比对相同，辨验封头米样无伪，收管出给朱抄，验数支价。中间有不畏公法贪图之人，巧生奸伪，将已验过河米粮，封头割下，结构船桥水手人等，用皮浑脱船筏，将米偷般复回，再行诳官，谩赚勘合，枭卖米粮。却赍元封口袋，到来甘州，收籴仓米中纳。或于把渡人处，求买勘合封头，逐旋收籴私米，插和中纳，官民未便。"①

这是一件大德十年（1306）甘肃行省发给中书省的咨文，前文已经提到了其中的部分内容，从该份咨文来看，其详细记述了有关不畏公法贪图之人，通过将应枭之米"偷般复回""谩赚勘合""枭卖米粮"，或在籴粮的过程中，改头换面，将"收籴私米""插和中纳"以次充好。这些不畏公法贪图之人之所以敢在和籴过程中大肆舞弊，其身份定然不是普通的"客旅"，无疑他们也应当是拥有一定"势力"之人。不难得见，这些不畏公法贪图之人为了自身利益弄虚作假的行为，也使和籴粮制度遭到了很大的破坏。

总之，由于和籴的管理者、经办者不作为、中饱私囊等腐败行为，加之势要之家为了追求自身利益而对和籴制度加以破坏，导致和籴制度进一

---

① ［韩］韩国学中央研究院编：《至正条格校注本》卷一〇《断例·厩库·中粮插和私米》，第277—278页。

步背离了其"两平籴人"的基本原则，使得该项制度成为了强加在百姓头上的一项弊政和沉重负担，因此，当元人都认为"以和籴为名，而使民不堪命"①，"和籴于民间，百姓将不胜其困"② 的时候，该项制度走向尽头已无可避免。

① （元）陈基：《夷白斋稿》卷一八，文渊阁《四库全书》集部，第1222册，第275页。
② 《元史》卷二〇九《外夷传二》，第4646页。

《中国古代法律文献研究》第十七辑

2023 年，第 133~150 页

赵良弼家族与元代赞皇县学

党宝海[*]

摘　要：本文利用多种碑文和传世文献，集中讨论元朝官员赵良弼、赵训、赵淳、赵浩等祖孙三代与家乡赞皇县学的密切关系，据此分析了出仕离乡的社会精英对推动家乡教育的积极作用。

关键词：元代　赵良弼　赵训　赞皇县学　赵州州学　学田　社会精英　家乡教育

赵良弼（1217—1286/1214—1285？）是元朝前期的高官，[①] 曾任同签书枢密院事；他的儿子赵训历任陕西行省、河南行省长官；他的孙辈虽然仕宦状况不详，但根据元朝的恩荫制度，必能入仕。本文重点讨论赵良弼家族与元代赞皇县学的关系，兼及赵州州学。借此分析出仕离乡的社会精英推动家乡教育的积极作用和遭遇的问题。

一、　赵良弼与赞皇县

赵良弼是女真人，本姓尤要甲，"音讹为赵家，因以赵为氏"[②]。赵家

---

[*]　北京大学历史学系副教授。

[①]　赵良弼的生卒年有不同记载，详下。

[②]　《元史》卷一五九《赵良弼传》，中华书局，1976，第 3743—3746 页。参见苏天爵编撰，姚景安点校《元朝名臣事略》卷一一《枢密赵文正公》，中华书局，2019，第 233—234 页。

本来居住在邮品（今黑龙江省绥芬河），① 在金代，以"佐金祖平辽、宋功，世长千夫，戍真定赞皇"②。当时赞皇属于河北西路沃州（治所在今河北省赵县）。③ 到赵良弼这一代，"家赞皇者四世矣"。他的父亲、兄长、侄子都是金朝的军官，"家世将种。在金朝，父、祖、昆季咸有战功，死王事者数人"④。由以上记载可知赵家属于金朝的猛安谋克户。赵良弼的父亲赵悫，任金威胜军节度使，赵悫长子赵良贵，任嵩汝招讨使；赵良贵的儿子赵谠，任许州兵官；赵悫的侄子赵良材，参与守卫太原城。他们都在金朝抵抗蒙古的战争中英勇战死。⑤ 赵良弼"少聪警，负胆膂机数"。在父亲死后，他"袭官奉职"。⑥ 虽然出身将门，赵良弼受过良好的教育，"幼业儒学，不窘逼章句，卓然以远大自期"⑦。

蒙古灭金，截断了赵良弼原有的仕途路径，他转而为蒙古统治者服务。最初，他通过大蒙古国的儒学考试，获得了家乡赵州州学教授的职位。⑧ 后来，他投奔蒙古王子忽必烈，"世祖在潜藩，召见，占对称旨，会立邢州安抚司，擢良弼为幕长"。此后，忽必烈设置宣抚司管理他在陕西的封地，"以廉希宪、商挺宣抚陕西，以良弼参议司事"。1259 年，忽必烈受大汗蒙哥之命，率军进攻南宋，赵良弼随行，"参议元帅事，兼江淮安

---

① 魏初：《赵公泉记》，《全元文》第 8 册，江苏古籍出版社，1999，第 462 页。《全元文》据文渊阁《四库全书》本《青崖集》录文、标点。

② 前引苏天爵《元朝名臣事略》卷一一《枢密赵文正公》，第 233—234 页。

③ 关于赞皇县在金朝的行政归属，见《金史》卷二五《地理志中》，中华书局，1975，第 603—604 页。

④ 前引魏初《赵公泉记》，《全元文》第 8 册，第 461 页。

⑤ 《元史》卷一五九《赵良弼传》，第 3743 页。又见宋本《湖南安抚使李公祠堂记》，收入苏天爵编，张金铣校点《元文类》卷三一，安徽大学出版社，2020，第 591 页；王恽：《镇国上将军同知忻州事赵氏昆仲忠孝碑铭》，《全元文》第 9 册，江苏古籍出版社，1999，第 194—195 页，王树林据光绪二年《赞皇县志》卷二五《艺文》校点。关于赵良弼家族的情况，可参阅［日］山本光朗《女真族的赵良弼一族の漢化（中国化）について》，《北海道教育大学纪要》（人文科学·社会科学编），第 62 卷第 2 号，2012，第 59—73 页。

⑥ 前引苏天爵《元朝名臣事略》卷一一《枢密赵文正公》，第 234 页。原文为"公官公奉职"，不词。此处据第 246 页校勘记十引聚珍本。

⑦ 前引魏初《赵公泉记》，《全元文》第 8 册，第 462 页，"初举进士，教授赵州"。前引苏天爵《元朝名臣事略》卷一一《枢密赵文正公》，第 234 页，"戊戌，朝命试诸道进士，公中优选，教授赵州"。所谓"举进士""试诸道进士"指的是戊戌年（1238）大蒙古国考试儒生的活动。

⑧ 《元史》卷一五九《赵良弼传》，第 3743 页。

抚使"。蒙哥死后，赵良弼积极为忽必烈夺取帝位出谋划策，奔走效劳。中统元年（1260），忽必烈称帝，"立陕西四川宣抚司，复以廉希宪、商挺为使、副，良弼为参议"。同年九月，陕西置行省，赵良弼任参议陕西省事，兼陕西四川宣抚使。①中统二年冬，"省诸路宣抚司，公遂不出"。中统三年，因人诬告，他有牢狱之厄，事解后赋闲家居多年。至元七年（1270），他被重新起用，任经略使，领高丽屯田。至元八年，他以秘书监的身份出使日本。十年五月，自日本返回。至元十一年，赵良弼改任同签书枢密院事。②至元十九年，他因病辞官，定居怀孟（今河南沁阳），至元二十三年卒，终年七十岁。③元朝在赵良弼死后追赠他推忠翊运功臣、太保、仪同三司，追封韩国公，谥文正。④

赵家从邺品迁居赞皇，到赵良弼时已经在当地生活了四代。赵良弼把赞皇视为自己的故乡，他家的家庙也建在此地。⑤据现存文献，赵良弼对故乡事务的积极参与，主要是在至元七年他被元世祖重新任用之后。其中，时间最早、影响最大的是帮助赞皇恢复了县级行政区。对此，刻立于至元前期的《赞皇复县记》有详细记述：

> 赞皇为赵之属邑而踞太行之麓，盖其地附晋之东鄙，然形势有余而不当商贩往来之冲，故户版常减于他邑十之三，所以废置不常。熙宁中废县为镇，寻复其旧，赵复圭《复县记》论之详矣。按《汉志》，

---

① 前引苏天爵《元朝名臣事略》卷一一《枢密赵文正公》，第234页。中统元年赵良弼任陕西四川宣抚使，《元史·赵良弼传》失载。

② 《元朝名臣事略》卷一一《枢密赵文正公》第234页引李谦《赵良弼墓碑》，赵良弼任同签书枢密院事是在至元十年。

③ 《元史》卷一五九《赵良弼传》，第3746页。苏天爵《元朝名臣事略》卷一一《枢密赵文正公》第233页则记为至元二十二年薨，年七十二。若据此，赵良弼当生于1214年，卒于1285年。

④ 《元史》卷一五九《赵良弼传》，第3746页。

⑤ 前引宋本《湖南安抚使李公祠堂记》，《元文类》卷三一，第591页。不过，赵良弼的父母并没有葬在赞皇，而是在陕西咸宁（今西安市长安区）樊川杨万坡。参见骆天骧撰，黄永年点校《类编长安志》卷九《胜游》，中华书局，1990，第284页，"赵氏别墅"。又见前引王恽《镇国上将军同知忻州事赵氏昆仲忠孝碑铭》，《全元文》第9册，第194页。详细讨论见前引［日］山本光朗《女真族の赵良弼一族の汉化（中国化）について》，《北海道教育大学纪要》（人文科学·社会科学编），第66—67页。

地名房子，隋始置县，五代刘崇据太原，颇山扼塞，周人常重戍以防其东逸。前以为要地，后世虽数废置，然终不降而为镇者，盖其利害之相形，是又不在乎户口之多少，在乎县境之静与扰，百姓之宁与否也。县以贞祐兵兴残毁之余，迄今户才数百，至元二年有诏并州县，县与乐平率以户口罢。故东自高邑，西至平定州，三百里连延相接，回互皆太行山，夹以深林茂丛。县既废而官无以约束，故小人依其险远，往往乘间为盗贼，以致道路抑塞，行旅稀少，加以公家差役往复地远，输送失期，有司严程督责，故民多逃散。陕西西川宣抚使赵公良弼辅之，邑人也，因赴诏过县，县之耆老以其事诉，公亦知其弊，遂以县之废置利害言于朝，从之，至元七年复县及乐平，由是盗贼无所容，赋敛如期而办，两县人民各得安业，公之惠也。一日县之耆德闲良官郑镐、孙衡、王昇、杨伯玉、郭天麟来谒，赵公有德于民盖如此，苟无以纪其事，是公无负于县人，而县人负于公也，敢请。乃遂记之。①

至元七年，赞皇复县，② 一年后赞皇县民邀请著名文士徒单公履撰写了记文。赵良弼无疑在赞皇复县一事中发挥了巨大作用。此后，他与故乡的联系进一步加强。由于他最初研习儒学，曾任赵州儒学教授，所以对家乡的儒学教育格外关心。

二、 赵良弼与赞皇县学

赵良弼对赞皇儒学的关注是从重修宣圣庙开始的。金、元时期的学校制度，庙、学不分，宣圣庙一般都附设儒学。赵良弼重建赞皇县宣圣庙，同时也修建了学校讲堂。至元二十年，他给中书省的呈文完整讲述了他重建庙学、购置赡学地产的经过，相关内容如下（/表示另起一行）：

---

① 徒单公履：《赞皇复县记》，北京大学图书馆古籍部藏拓片，编号 A16952。此碑的刻立时间并非碑文中提到的至元八年，而是至元十年到至元十三年之间，详见［日］太田彌一郎《石刻史料〈贊皇復縣記〉にみえる南宋密使瓊林について》，《東北大學東洋史論集》第 6 辑，1995，第 374—378 页。

② 《元史》卷五八《地理志一》，第 1357 页，赞皇"至元二年，并入高邑，七年复置"。

前同签枢密院事赵少中呈：至元十四年赵州赞皇县/宣圣庙摧毁不存，用己钱收买砖瓦等物，觅人工起盖到三间转檐大殿一座、七十二贤两廊六间、三门一座、凌霄门一座、讲堂三间、厨厦等，栽到槐柏等八十四株/买到看庙人保儿等二户，照依图籍塑画/宣圣、颜、孟十哲七十二贤圣像全。至元十八年成就。又自至元十四年冬至至元十九年冬一十二契买到赡学地陆顷五十七亩，庄地一十四亩，又于至元十四年/冬至至元十九年冬节次卅契置买到赵州平棘县赡学田赵村庄子一所、梨村庄子一所、王家庄庄子一所，计地一十陆顷，所收子粒养赡师生、礼请名儒教育诸/家子孙，庶有成材，为/国出力，又置买到驱户王裏，永远洒扫庙庭。又平棘县学庄比及礼请名儒，权令前教授武震并士人王翊种佃食用，① 教训诸家子孙。看庙人保儿等二户久远看守庙/宇勾当，一户照觑庄田使用。②

赞皇宣圣庙的建设从至元十四年开始，到至元十八年才最后完成，宣圣庙设讲堂三间，显然是供教学使用的。在建设庙学的同时，赵良弼还购置了赡学土地 657 亩（其中包括庄地 14 亩）。除赞皇县学之外，他还在平棘县购买了 1 600 亩土地，捐献给赵州州学作为学田（平棘县是赵州的倚郭县）。另外，他为赞皇宣圣庙购买了两户驱口，为赵州州学购买了一户驱口，以供照看庙宇和庄田。③

赵良弼的呈文是他致仕以后写的，所以呈文称他最后的官职为"前同签枢密院事"，"少中"是他的文散官"少中大夫"。呈文对他捐资兴学的事情讲得很完整。实际上，这一过程包括不少阶段性的工作。

首先，在至元十四年重建赞皇县宣圣庙之初，他就从中书省、枢密院、御史台申请到保护榜文，防止官民非法占用庙学。④ 省院台三种榜文

---

① 武震有元人撰写的传记资料，见程钜夫《程雪楼文集》卷二二《武先生墓表》，《元代珍本文集汇刊》影印民国陶湘影刻洪武二十八年刊本，第 844—845 页。

② 《中书礼部符文》，北京大学图书馆古籍部藏拓片，编号 A161312。

③ 这三户驱口原来都是战俘奴隶，据《元朝名臣事略》卷一一《枢密赵文正公》第 238 页引野斋李公（李谦）撰墓碑，"释俘户三，以供二庙洒洒"。

④ 《赞皇复县记》碑阴，北京大学图书馆古籍部藏拓片，编号 A16952。拓片著录的题目误作"县境四至记"，实际内容为赞皇县学学田四至。

在元代都曾刻在赞皇县学的石碑上，原石已不存。中书省、枢密院的榜文分见方志和拓片。中书省榜文收录在赞皇县的方志中，内容是：

> 皇帝圣旨里，① 中书省据枢密院赵同签呈："近于真定路赵州赞皇县自行创建宣圣庙一所，计地九亩三分，正殿、两廊、三门、讲堂、凌霄门、塑画像皆新，今已了毕。照得中统二年六月二十五日圣旨节文：'道与燕京等路达鲁花赤、管民官、管匠人打捕诸色头目及诸军马、使臣人等，宣圣庙国家岁时致祭，恒令洒扫修洁，今后禁约诸官员、使臣、军马，无得于庙宇内安下，或聚集理问词讼及衰渎饮宴，管工匠官不得于其中营造。违者治罪。'钦此。乞给降文榜禁约"事。都省准呈，今出榜省谕诸官员、使臣、军马及不以是何投下诸色人等，② 勿得违犯。如有违犯之人，痛行治罪。③ 须至出榜者。右榜付赞皇县宣圣庙晓谕通知。至元十四年十二月十一日立。④

枢密院榜文有拓片传世，全文如下：

> 皇帝圣旨里，枢密院：今本院赵同签于/真定路赵州赞皇县创建/宣圣庙一所。照得中统二年六月廿五日钦奉/圣旨节文：/"宣圣庙/国家岁时致祭，恒令洒扫修洁。今后/禁约诸官员、使臣、军马，无得/于庙宇内安/下，或聚集理问词讼及衰渎饮宴，管/工匠官不得于其中营造，违者治罪。"钦/此。枢府今出榜省谕诸官员、使臣、军马/及不以是何诸色人等，钦依/圣旨事意施行，毋得违犯。须至出榜者。/右榜付赞皇县/宣圣庙晓谕通知。/榜。/至元十四年十二月日。⑤

　　第二，赵良弼建设庙学的工作，到至元十六年已经告一段落。此时宣

---

① "里"，原文为"理"，据元朝公文常用表达形式径改。
② "何投"，原文空缺，据元朝公文常用表达形式补。
③ "行"，原文为"付"，据元朝公文常用表达形式径改。
④ （光绪）《续修赞皇县志》卷二五《艺文》"学校"，光绪二年刊本，第23页。榜文资料由南开大学历史学院武文静同学惠示，谨此致谢。
⑤ 《赞皇县创建宣圣庙榜》，北京大学图书馆古籍部藏拓片，编号 A16829。

圣庙的主体工程应已完成。元朝翰林学士王磐应赞皇官民的请求，撰写了《大元重建赞皇县学记》，①记述赵良弼在赞皇捐资兴学的事迹。至元十六年的清明节，刻写此文的碑石以赞皇县达鲁花赤忽辛、县尹康鉴、簿尉张德秀以及前县尹萧合不剌儿的名义，刻立于赞皇宣圣庙，其主要内容如下：

> 学校之设，所以明人伦，美教化，育人才，厚风俗，有国之先务也。隆古盛时，近自王宫国都，外及郡县乡党/闾巷，莫不有学。三代历汉魏隋唐，下逮辽金，学校之制虽盛衰隆替，时有小异，而其崇饰修葺之意，未始/不存也。/圣朝以神武定天下，制度礼文之事虽未尽详备，然/列圣相承，若稽前代故事，民有稍通经书，名为儒士者，辄复其家徭役。逮/今天子御极，举修坠典，整肃朝纲，征召故老、名儒，班布朝廷，参错郡县，不可胜数，此其崇/奉护持之意，可谓深切著明矣。赵州西有县曰赞皇，户少而民贫，县尝有学，金季兵乱毁拆，唯存一堂。今/同金书枢密院事赵公时在县闲居，率乡人番修，仍塑文宣王圣容及十哲像。是后赵公仕宦四方，出使日本，庙貌无复修理。至元十年，赵公自日本还朝，授同金书枢密院事。十三年春，县尹萧/合不剌儿、簿尉张德秀与县中耆德郑镐、杨伯玉、孙衡、郭天麟、王昇等议，欲重修县学，相率谒见同金书枢密院事赵公谋之。公曰："卿辈游宦来莅兹县，任满即去，非久留也。我为县人，祖先坟院所在，后来子孙/永远所居，县学之事我当任责。况我非有汗马之劳，徒以文墨事业，误蒙朝廷任使佐贰枢府，非/依托先圣荫佑之力，何以致此？"乃尽弃故殿废材，料工程，计费用，尽以家之所有付令簿。为旧庙地窄/狭，地势卑下，又在道南，当法会寺佛殿后，乃为别买次西郭典史小左、王春男、和尚三家地，并旧地计玖/亩一分半。内创建立转檐正殿三间，七十二贤廊六间，三门一座，讲堂三间，棂门一座，塑画像设皆新。/又买赡学田五顷，赎驱口二户，以掌洒扫供给使令，延致师儒，聚县人子弟教之。既成，簿尉张德秀率

---

① 下文引用的《赵州州学学庄记》刻立于至元十五年三月，文中王磐写有这样的话："赞皇有碑，州人亦以为请，余所以大书特书屡书不敢以为烦者，固宜。"据此，《大元重建赞皇县学记》很可能撰写于至元十四年。

本/县者老社长九十余人，列状具述前件事迹本末，诣予求文纪同金赵公之善，并道乡人感悦之情。予以/为世人徇目前近利，忽长久远图，视其家弟侄子孙，能为崇饰师宇，选择师傅，供给食饮，以教育成就之/者，尚绝无而仅有，不可多得。况能倾尽家赀，起立学校，为一县人之计者乎？昔道乡邹公创立襄州州学，/沂国王公创立东平府学，二郡人至今就其学中祠而祀之，诚可重哉！既为叙其本末，又系之以铭诗，俾/县人咏歌，以兴起其向学乐善之心。①

由此可知，在至元十四年大规模重建宣圣庙之前，赵良弼就曾经组织过对宣圣庙的翻修，"塑文宣王圣容及十哲像"。其时间当在至元七年他重新出仕，担任高丽屯田经略使之前。至元十四年重建宣圣庙，则是大规模的新建，尽弃故殿废材，购置新的建庙用地。重建后的宣圣庙规模很大，占地九亩有余。为了保证工程的质量，赵良弼特意邀请大都真阳观道士陈志玄主持施工兴造。② 赵良弼还为宣圣庙购买了两户驱口，供洒扫驱使。这两户驱口分别为高保、周德。③ 高保应该就是《大元重建赞皇县学记》和赵良弼呈文中提到的"保儿"。不过，在至元十六年赡学土地只有五顷。从至元十六年到至元二十年，赵良弼又追加捐赠了一些土地，使赞皇县学田总数达到了六顷五十七亩。

赵良弼在对赞皇县学进行捐助的同时，还向赵州州学捐献土地。至元十五年（1278）三月成文的《赵州州学学庄记》仍由翰林学士王磐撰写，记捐田始末：

> 同签书枢密院事赵公，既建赞皇庙学，又置学庄，买驱人二户以赡给诸生。既成，公曰："赵州吾乡土，又/先节使故所临治。汴都失守，吾自河南来归，方穷困中，又尝寓居州学，教授生徒以自业。今

---

① 王磐：《重修赞皇县学记》，《全元文》第2册，江苏古籍出版社，1998，第248—249页。《全元文》据明嘉靖二十八年《真定府志》卷一五、清光绪十六年《赞皇县志》卷九录文、点校。本文录文据北京大学图书馆古籍部藏拓片校补，拓片编号A36463。

② 王恽：《大都复虞帝庙碑》，收入《王恽全集汇校》卷五四，杨亮、钟彦飞点校，中华书局，2013，第2459页。

③ 前引《中书礼部符文》。

四十余年/矣，未尝一日忘之。即遣人诣州相视州学庙貌、精舍阙缺不完之处。州人来言曰：庙貌精舍兵乱后已/重修葺，幸粗完备，但诸生贫乏，不能赡给师儒，师儒既难久留，诸生亦时聚时散，不能终其所业，无由/成材。若得学田数顷，赡济师儒，使诸生得肆力卒业，则为幸大矣。"赵公既出捐金帛，委本州士人刘藻、/杜邦彦、赵元粹等，选择负郭良田，于州东赵村买地八百亩，州东北梨村买地二百亩，余有七十亩，为/两庄募佃户耕种，委信厚干济生员管领，又赎驱口一户王裹，掌学中洒扫之役。庄既成，州人欢欣，相/率敦遣子弟入学肄业，遂状其事迹来诣求文，将刻之学宫，传示永久。余曰：昔文翁兴学校于蜀，汉/史褒称；僖公修泮宫于鲁，诗人作颂。彼皆以一郡一国之力，为一郡一国之事，其力役易供也，其财用/易办也。今赵公一钱不资于官，一力不假于民，罄己力而倾家赀，开宏远之规模，建久长之利益，施之/一县，又推而及于一州，此其仁爱公恕之念，比之前人，盖相什百千万矣。赞皇有碑，州人亦以为请，余/所以大书特书屡书不敢以为烦者，固宜。然吾闻之，辕轮饰而人弗庸虚车也，栋宇修而人弗居废宅/也。学庄立而诸生肄业不勤，则为徒设矣。自今以往，州人子弟其相与勉厉于学，务为孝悌忠信之行，/而日致其学问思辨之功，使道德修明，英贤辈出，庶几不负签枢赵公爱敬桑梓之厚意云。至元十五年三月朔日记。①

根据李谦撰写的赵良弼墓碑，赵良弼在大蒙古国戊戌选试之后，曾任赵州州学教授。《赵州州学学庄记》也提到他的这段经历，"汴都失守，吾自河南来归，方穷苦，又尝寓居州学，教授生徒以自业"。有文献提到，赵良弼早年曾在赵州州学读书，"枢密赵公微时读书学中"②。到至元十五年，赵良弼捐助赵州州学的土地为 1 070 亩，分布在平棘县赵村、梨村（今河北赵县县城附近的赵村、黎村）。到至元二十年，他累计捐给该学的土地

① 王磐：《赵州州学学庄记》。录文据北京大学图书馆古籍部藏拓片，拓片编号 A26565。《全元文》收录了碑文的绝大部分文字，见第 2 册，第 257—258 页。《全元文》的录文据光绪二十三年《赵州志》卷一三，方志的录文错讹、脱漏较多，应以拓片为准。

② 前引程钜夫《程雪楼文集》卷二二《武先生墓表》，第 845 页。

已达 1 600 亩，除了赵村、梨村的土地外，还有王家庄庄子一所（今河北赵县县城北面的王家庄村）。前后买入土地达三十次之多。①

综上，到至元二十年，赵良弼对故乡学校的支持已付出巨大财力，在赞皇、平棘两县捐助土地达 2 200 余亩。中书省在至元二十年接到赵良弼的呈文后，对他捐资兴学予以肯定和支持，中书省给户部下达了一道札付：

> 州县学校废堕已久，有司未遑经理而佥金赵少中肯以私财置买物产以佐教养，为乡党风化之基，良可嘉尚。都/省除外，今将地土顷亩开坐前去，合下仰照验，行下合属，令本官已委人员依旧管领。所收子粒专一赡养儒学用度，诸人毋得侵占。外据王襄、保儿等二户，除看守/庙学并学庄外，州县官吏人等毋得差情拘占。违者治罪施行。②

户部按照中书省的札付，以符文的形式移关真定路"行下合属官司，令与耆儒士夫官员从公讲究，敦请名儒训导后进，学庄子粒养赡师生"。依常理，有赵良弼的慷慨捐助，有中书省的札付敦促，当地的教育应该有较大的发展。可是，结果并未达到预期。赞皇县的一方石刻《中书礼部符文》记录了事情发展的下一个阶段。

三、 赵良弼之子与赞皇县学

据《元史》，赵良弼有子赵训，曾任陕西行省平章政事。③ 赵训在《元史》中无传，元代文献关于他的记载很少，我们只能从零星史料知道他曾在皇庆年间（1312—1313）任河南行省右丞，④ 此前，他曾任陕西行省参

---

① 前引程钜夫《程雪楼文集》卷二二《武先生墓表》第845页记载的土地数量稍有差异：赵良弼"既贵，买田亩千五百，为祭养资"。
② 前引《中书礼部符文》。
③ 《元史》卷一五九《赵良弼传》，第3746页。
④ 赵筼翁：《重建河南省堂记》《释奠记事》，《全元文》58册，凤凰出版社，2004，第118—119页。龙德寿据明成化二十二年《河南总志》卷一三、一四录文、点校。

知政事。① 赵训担任陕西行省平章政事应在仁宗延祐年间或更晚。不过，刻立于赞皇县学的大德九年（1305）八月元朝中书省礼部符文，节录了他写给中书省礼部的呈文，当时他担任家乡真定路的总管，赵州正在他的管辖之下。② 赵训呈文的主要内容是：

> 卑职近因体覆贫难军人等项公事，亲到赞皇县恭谒/文庙，目睹在学全无读书生员，虽有教谕李麓，学问荒疏，举措鄙俗，在任三年，不以训导生员为务，惟是贪图学粮为心。士庶鄙其所为，多令子弟改学他所。本县名有/教谕，实同元无学官。参详，学校乃风化之源，积德之基，移风易俗，作成人材，所系甚重。故父赵同签自备己财，创买赵州平棘县学田一十陆顷、赞皇县学田陆顷五/十七亩，实为迁转学官去住不常，习业生员时复停歇，本欲礼请名儒专一在学，训诲后进，学租养赡师生，庶有成材，为/国出力。初非为迁转学官秩田设也。比来廿余年，有司不遵省部符文内依准故父元呈事理，礼请名儒训导生员。又照得，本路所辖州县俱有学官，并无赡学地土上，/是故父赵同签于赵州平棘、赞皇两县置买到学田二十二顷五十七亩，内有子粒养赡名儒，教育诸家子孙，以待束修日膳之费。今致令迁转学官不遵省部符文/事理，苟延岁月，窃以肥家，并无作养到成材人数，甚失故父元施学庄养赡师生，教育后进，作成人才，忠贞报/国之意。若不具呈，诚恐岁月迨久，诸生习业不勤，学庄遂为徒设，教官冒作秩田矣。合行呈覆，伏乞照验，乞赐行下合属，须要遵奉省部符文，依准故父前同签书枢密/院事赵少中元呈事理，礼请名儒训导生员，所收学租养赡师生，官司不得侵扰。如此，似望教官人等有所警诫，其于学校实为便益。③

从至元十四年（1277）赵良弼捐资兴学到大德八年（1304）赵训巡视赞皇

---

① 元明善：《枢密赵良弼赠谥制》，收入前引苏天爵编《元文类》卷一二，第 225 页。
② 《元史》卷五八《地理志一》，第 1356—1357 页。
③ 前引《中书礼部符文》。

县发现问题，已经过去了将近三十年，但赞皇县学的教育质量没有进展，教师水平低下，且无心教育，导致赞皇本地学生到外地求学；另外，教师将学田的收获据为己有，"苟延岁月，窃以肥家"，学生不能从中获得帮助。

中书省礼部在收到赵训的呈文之后，提出了处理意见：

> 故赵同/签特割己财，起建/文庙，置买学田，赡养师生，礼请名儒教育后进，期欲成材，为/国出力，良可嘉尚。今据见呈，省部相度，今后委本处州县文资长官常切提调儒学，训诲后进，所收学田子粒以供师生廪给，官司不得侵用，违者治罪。合下仰照验依/上施行，须至符下真定路总管府主者符到奉行。①

礼部的符文是大德八年十二月由令史董讷负责办理的。大德九年八月赞皇县尹范绍祖、主簿魏德元、县尉石伯圭等人主持，将礼部符文的全文刻碑立石，其用意显然是公示政令，使官府及相关责任人铭记遵行。与此同时，赞皇县政府还将县学的学田做了详细统计，连同至元十四年省院台护学榜文石刻的安置情况，逐项刻在至元前期所立《赞皇复县记》石碑的碑阴（具体内容见本文附录）。对于学田，碑文既列出总数，又写出各个地段的面积和四至。赞皇县赡学田地共计六顷五十七亩伍分，都在赞皇县境内。余底村（今河北赞皇县县城附近的榆底村）有地一顷五十九亩，包括四个地段，另有庄地六亩；西高村（村名至今未变，位于河北赞皇县县城东北）有地四顷五十五亩，包括十二个地段，另有庄地三亩；在文庙（即宣圣庙）的东面有庄地四亩。看庙人周德、高保等两个驱户共租佃土地五十亩，土地收获自家食用，他们的职责是看管文庙。如果把以上土地面积相加，为 677 亩 5 分。② 总数多于礼部符文等公文中提到的赞皇县学田总额，疑个别数字写刻错误，但数额差距不大。

赵良弼捐赠的学田未能得到合理的利用，这反映了管理私人捐赠的共

---

① 前引《中书礼部符文》。
② 前引《赞皇复县记》碑阴，"赞皇县学学田四至"。

性问题。由于学田成为公共资产，日常的管理权和收益分配权很容易被接受方不当使用。由于赵良弼是把土地捐献给故乡的学校，而他的儿子又恰好在当地做官，能够及时发现问题，加以纠正。如果不是在故乡捐献，或没有负责任的监管者，那么学田管理上的弊端很可能会一仍其旧。

比起赞皇县学，赵州州学的情况要好得多，主要原因是学校的教官武震德才兼备，恪尽职守。武震是赵州平棘县人，自幼受儒学教育，至元七年参加儒生考试，"中高第"。至元十一年，"诏举学官，众以应诏，遂为州学教授"。在至元十五年到十九年间，赵州州学得到赵良弼捐助的一千六百亩学田，武震"悉索赋入，一新殿堂、斋房，大集诸生，修教事。由是赵学兴盛，为河朔先"①。

四、 赵良弼的孙辈与赞皇县学

赵良弼之子赵训利用任家乡地方长官的便利，在大德八年对赞皇县学田进行了勘察、整顿，敦促赞皇县加强对乃父捐助学田的管理，以保证学田能够长期发挥积极的作用。经过这次整治，赞皇县学的学田管理和教学质量应有所改善。

到元朝末期，赵良弼的孙辈参与了赞皇县学为赵良弼修建祠堂的活动。这说明赵家仍与故乡保持着较强的联系。

记述赞皇县学赵良弼祠堂兴建始末的碑石《赞皇庙学赵文正公祠堂记》立于至正十二年（1352）闰三月，其主要内容如下：

> 故太保赵文正公，事宪宗、世祖皇帝，始末三十余年。公以遇知之深，唯育贤才而助收用可酬万一，乃出私帑市田五千二百亩，分畀各学，②使师生得给所需，而裕其讲明进修之心焉。赞皇得田六百，又为营筑学宫，殿庑、讲堂，靡不备具。迄今八十年间，人材之出于此者，不仕则已，仕则悉能胜任，则公育材酬恩之愿，果致此效，而

---

① 前引程钜夫《程雪楼文集》卷二二《武先生墓表》，第 845 页。
② "分畀各学"，《全元文》点校者魏鸿据嘉靖二十八年《真定府志》等写有校勘记："分畀赵、怀孟、赞皇之学。"后者义较长。

其成就于后者，尚未有涯也。监县公明安帖木儿下车庙谒，询知其由，以公之功如此，而乃不祠，大为阙典。即建两楹于学宫之隅，像公其中，俾师生邑人岁时致祭，以不忘德泽之涯。公讳良弼，字辅之。其先乃金之右族分处赞皇者，由高、曾而降，皆以武略立功于时。公始尚文，儒名其家，自初学行己以及人，处大位、临大政，无一时不以孔孟之心为心，无一事不以孔孟之道为道。谓儒，治具所在，而学乃儒所由以出，己既儒矣，欲人之皆儒以益于世也。故自奉宁澹泊，而推其所有于学者如此。视世之储金帛、盈廪庾、润宫室、广仆马，专奉一己而为子孙计者，岂直倍蓰哉？构堂而祀之，孰不曰可？监县公非惟成公之祠，又惜学宫之敝而重修之，下至郭廊田野之庠，无不毕举，则推文正之心以教养斯人，冀其材之有成者，可谓至矣。董其事者，文正之孙，曰淳与浩，以记请于余。窃谓文正图报圣祖之恩于前，而监县发扬文正之功于后，非知治道、重教化者不能，是皆宜书。①

从至元前期赵良弼在故乡赞皇捐资兴学，到至正前期赞皇县学为赵良弼建立祠堂，赵家在地方教育事务中发挥了重要作用。除了赞皇县外，上文提到，赵良弼还向赵州州学捐献了数量可观的学田。事实上，他的助学活动并不局限于家乡。赵良弼致仕后，在怀孟（今河南沁阳）居住，"别业在温县，故有地三千亩，乃析为二，六与怀州，四与孟州，皆永隶庙学，以赡生徒，自以出身儒素，示不忘本也"②。前文述及，截止到至元二十年，赵良弼在家乡赞皇县、平棘县捐地 2 200 余亩助学，加上此处提到的 3 000 亩，与《赞皇庙学赵文正公祠堂记》记载的"出私帑市田五千二百亩，分界赵、怀孟、赞皇之学"完全吻合。在李谦为赵良弼撰写的墓碑中，特意讲述了赵良弼的捐田助学：公"立赞皇庙学，市田六百亩以赡给生徒，又别市地千六百亩为赵郡学田，且释俘户三，以供二庙洒洒。温县别业故有

---

① 张曾：《赵文正公祠堂记》，《全元文》第 58 册，第 746—747 页。魏鸿据明嘉靖二十八年《真定府志》卷一四、清乾隆二十七年《正定府志》卷四五、1962 年版《赵州志》卷四录文、点校。

② 《元史》卷一五九《赵良弼传》，第 3746 页。

地三千亩，公致仕南归，析而为二，以其六畀怀州，以其四畀孟州，皆永隶庙学。自以身出儒素，示不忘本也"。购买这些土地需要相当大的费用，李谦透露了赵良弼购置土地的财富来源："宋平，诸将校及新附官属入朝，诏听枢府受贽见之礼。公日积所有，立赞皇庙学。"①

到元朝中期，赵良弼赞助教育的善举已经广为人知："太保韩国文正公良弼，建学延师，买田养士，若赞皇、赵郡、河南、河阳，至今学者诵其遗德。"②

讨　论

一般来说，不在故乡居住的地方精英在家乡的治理中仍能发挥重要作用。地方精英虽然出仕朝廷、宦游四方，但在故乡有亲戚、宗族、家庙、宗祠，即使身在庙堂，但根在乡里。外来的官员只是"游宦来莅"，"任满即去，非久留也"，而地方精英心中的故乡则是"祖先坟陇所在，后来子孙永远所居"。他们很自然地关心故乡的社会秩序和公共福利。在修建道路、桥梁、水利设施等地方公共工程等场合通常会有地方精英的支持和赞助。而受过良好教育的地方精英往往对家乡的教育事业有更多关注，他们能深刻认识到教育与地方统治秩序、社会风气、人才培养的密切关系，"学校乃风化之源，积德之基，移风易俗，作成人材，所系甚重"。赵良弼自幼在赵州州学读书，成为元朝高官以后，对家乡县、州两级学校给予了多方面的赞助，"施学庄养赡师生，教育后进，作成人才，忠贞报国"。尽管捐助的学田遇到产权模糊、管理不善等问题，但由于地方精英大多在家乡有亲戚、故旧，可以在一定程度上进行监管。赵良弼的子孙在维护乃父、乃祖助学事业方面是颇尽心力的。

---

① 前引苏天爵《元朝名臣事略》卷一一《枢密赵文正公》，第238页。李谦的记述是可信的。元代文献记载至元十三年赴元朝觐见的南宋投降大臣到元朝都城之后，拜会赵良弼。严光大《祈请使行程记》记载：德祐丙子（1276）四月"初六日，诸使访赵同签"。此处的赵同签就是时任同签书枢密院事的赵良弼。见刘一清《钱塘遗事》，据《钱塘遗事校笺考原》，王瑞来校笺，中华书局，2016，第345页。

② 前引赵筼翁《释奠记事》，《全元文》第58册，第118页。"河南"疑当作"河内"，指怀州。

赵良弼家族与赞皇县学的关系为我们观察古代中国地方治理提供了一个细节较为丰富的案例。

附　　录

《赞皇复县记》石碑的碑阴刻有大德九年赞皇县政府对县学学田的详细统计数据，附记至元十四年中书省、枢密院、御史台护学榜文刻石的存放情况。北京大学图书馆古籍部拓片（编号 A16952）原为缪荃孙艺风堂旧藏。原刻无题名，缪氏误题为"县境四至记"。兹据拓片录文，保留了原文的行款。因文字结构简单，未加标点。异体字统一为常用字。内容如下：

1 赞皇县赡学田地计陆顷伍拾柒亩伍分坐落本县地面今将地亩佃户花名开坐于后

2　　　余底村地一顷伍拾九亩　　　庄地六亩在外南至李大北至道东至道西至李二

3　　　　一段村北南北畛一十三亩南至李海北至岗东至李海西至杨三　　　一段村西南四十亩东西畛东至道南至河西至何百户北至沟

4　　　　一段村北六十亩南北畛南至塔西至塔北至周二东至山　　　一段村南东西畛三十六亩南至史大西至董大北至路百户东至邢大

5　　　西高村地四顷五十五亩　　　庄地三亩在外东至周二南至道西至刘社长北至王亨

6　　　　一段村西南南北畛八十一亩东至道北至道西至张大南至陈贵　　　一段村南三十亩南北畛东至许周北至道西至贾大南至陈大

7　　　　一段村南南北畛二十亩南至官地北至道西至道东至陈大一段村南三十亩南北畛北至道西至贾大南至陈大

8　　　　一段村东南三十亩南北畛东至陈大南至陈大西至王五北至道　　　一段村西南一十五亩南北畛南至沟北至道东至自西至张大

9　　　　一段村南东西畛二十亩南至苏大西至道北至赵四东自至一段村东南东西畛一顷东至马村李南至张大西至道北至张大

10　　　　一段村南东西畛二十伍亩西至道北至苏大南至贾大东至赵

四　　　一段村东南二十亩南北畛东至李大南至苏大西至许大北至道

　　11　　　一段村西南六十五亩东西畛东至塔南至马村张弓手西至自北至

贾大　　　一段村西南一十九亩伍分南北畛东至自南至沟北至道

　　12　看庙人周德高保等二户佃地五十亩南关东南东西畛南至郝德兴北

至张二东至道西至道自行食用看庙勾当

　　13　文庙东续买到庄地四亩东至城西至自南至自北至城角

　　14　　　　　　大德九年八月　　　日

　　15　　　至元十四年发到榜文三道

16 中书省榜文一道置于三门右壁陷之

17 御史台榜文一道置于三门左壁陷之

18 枢密院榜文一道置于三门西山壁陷之

19 古周穆王吉日癸巳记置于三门北檽侧陷之

《中国古代法律文献研究》第十七辑

2023 年，第 151~174 页

六谕与晚明宗藩的教化

——以李思孝《皇明圣谕训解》为例

陈时龙[*]

摘　要：明朝万历年间河南巡抚李思孝编纂的《皇明圣谕训解》是专门针对宗室的六谕诠释文本。从内容上看，《皇明圣谕训解》在说理时特别强调宗室子弟要遵六谕的道理，列举古代及当朝宗室的正反事例，在引用法律条文时除了征引《大明律》《问刑条例》外，还广泛征引《皇明祖训》《宗藩要例》《大明会典》等法规，而其所举善恶报应故事则可以明显地看到项城知县王钦诰《演教民六谕说》等六谕诠释文本的影响。在产生背景、内容取材和教化重点等方面，以宗室为对象的《皇明圣谕训解》与针对一般士子、庶民的六谕诠释文本明显不同。《皇明圣谕训解》在明代万历年间的出现，丰富了明代六谕诠释文本的类型。

关键词：六谕　宗约　《皇明圣谕训解》　《演教民六谕说》

六谕本是朱元璋颁布的《教民榜文》的内容，其针对的对象是庶民群体。在 15 世纪的王恕的诠释中，六谕的目标群体可能只是底层的庶民，甚至不包括读书人的士人群体，各安生理中很少列举"士"的读书应举作为

---

[*]　中国社会科学院古代史研究所研究员。

生理之一就是证据。官员们的诠释，逐渐使六谕不仅面向庶民，也面向士大夫。到了嘉靖十五年（1536）唐琦《圣训演》的时候，士人的读书应举便成为重要的"生理"之一，显然士大夫是教化的对象。随着六谕宣讲的重要性不断提升，以及士人对其诠释的重视、朝廷的反复提倡，越来越多的人认识到六谕所包含的道不仅仅是"愚民"所需要了解的，也同样是读书人、为官者所应该掌握的。到 16 世纪后期，更多的变化发生在六谕的目标群体上——明朝皇帝的宗室子弟也成为六谕"教民"的目标群体。当然，面对宗藩子弟，六谕的诠释方向与教民不同，诠释时的取材也不同。以教育宗藩为目标的六谕诠释文本《皇明圣谕训解》，在万历年间明代宗室最集中的地区——河南——开始出现。

一、 宗约和以六谕教化宗室

以六谕来教化宗室，约始于万历二十二年（1594）。该年二月癸酉，巡抚山西右佥都御史魏允贞请兴宗学，立宗约，令长史、教授择齿德者任之，得到朝廷允准。①《明神宗实录》也记载说："（万历二十二年）癸酉，山西巡抚魏允贞请于无宗学王府立宗约，令长史、教授群聚宗室，择有齿德者为表率，每月定期讲解圣谕、《大明律》并有关伦诸书，宗人犯罪，重则参处，轻则启知亲郡王戒饬，仍令有司稽核长史、教授勤惰。部覆，得允。"②选择年龄较大、有德行的宗人为宗约，类似于乡约之中择高齿有行的乡人为乡约、约正的做法。实际上，朝廷在宗室之间推行宗约，正是完全借鉴了乡约的做法，而其讲圣谕、讲《大明律》的做法也与乡约若合符节。毫无疑义，宗约的实施就是晚明乡约向皇室宗亲推广的结果。所谓的"讲圣谕"，大概是讲圣谕六条。但是，万历二十二年在各地宗室之间立宗约之做法虽得朝廷允行，但实际上似乎并没有得到广泛的施行。万历三十七年（1609）十一月，山西巡按乔允升（1592 年进士）就上言"宗室宜兼教刑之用"。其疏云："大同系代藩分封之地，山西系晋、沈两藩分

---

① （清）谈迁：《国榷》卷七六，万历二十二年二月癸酉条，中华书局，1958，第 4723 页。

② 《明神宗实录》卷三二三，万历二十二年二月癸酉条，台北"中研院"历史语言研究所校勘本，1962，第 5019~5020 页。

封之地，总计衣租食税共七千八百八位，其无名封庶宗不与焉。大同苦宗室，甚于苦虏。晋、沈两亲王所辖，如靖安、沁水、西河诸王，皆号称贤王。惟蒲州、山阴、襄垣之交恶不解，绛州、俊末、充鍼等骨肉相残，霍州、怀仁之宗民交构，泽州朱玉桃之殴死人命，皆出代藩分支，岂其性与人殊哉？教化疏而制统废也。臣以为宜听亲王、郡王各管理府事，督率各宗立宗约所，有长，有讲，有史，有督，有友，而教授、审理等官亦各任其职事，一如乡约例，讲明高皇帝训典及经史诸书，登记善恶于籍。其有成德达材可堪作养者，听提学道考较入学。讲之三年，果有成效，亲王类报于朝廷而旌奖加焉。至于长恶不悛，难以化诲者，祖宗法制未尝不严，请以其权统制于两亲王，如近晋者辖于晋，近沈者辖于沈。其有名封将军、中尉等爵，所犯不法，皆请命于王，重加处治，岁终报命朝廷，或亦保全之一道乎？"① 当时皇帝以其议下礼部议，后来回覆及批准的情况不明。乔允升提出来的"刑"的改易，就是让晋、沈二王可以兼治代府宗室，而"教"的内容，则主要是立宗约所，设"长、讲、史、督、友"等职，使宗约真正地运行起来，而其运行规制则"一如乡约例"，除了要讲明太祖高皇帝的训典及经史诸书之外，还要像民间的乡约一样立善恶二簿以籍记督查。

宗约在万历年间的推行虽然看起来效果并不明显，但像所有的乡约实施一样，有约必有讲，有讲就必有文本。宗约推行的同时确实留下了《宗约》这样的文献。明人王一鸣《宗约序》云："郭中丞填楚，请剞劂《宗约》。上可其议，明诏宇内于所请，其虑深远矣。约以圣谕六言为标，言各附令甲、注疏、劝戒，洋洋如也，纚纚如也。豫州跨恒倚岱，列六大国，相错如绣，宗室附肺且几数万万人，其被湛侎之泽而受约束之教，惟豫州最先且广。"② 王一鸣，字子声，又字伯固，号石廪，又号参上，湖广黄州府黄冈县人，万历十四年（1586）进士，授太湖知县，调临漳知县，卒于官。在湖广地区请求刊刻《宗约》的"郭中丞"，当为万历间曾任湖广巡抚的郭惟贤（？—1606）。郭惟贤，字哲卿，号希宇，晚年更号愚庵，

① 《明神宗实录》卷四六四，万历三十七年十一月戊戌条，第8764~8765页。
② （明）王一鸣：《朱陵洞稿》卷二十九，国家图书馆藏清钞本。

福建泉州府晋江县人，万历二年（1574）进士，授清江知县，升南京御史，以弹劾冯保谪江山县丞，随即复官御史，改南京大理评事、南京户部主事、南京吏部郎中、南京尚宝司丞、南京通政司参议、应天府丞、顺天府丞，万历二十一年（1593）以佥都御史巡抚湖广，万历二十三年（1595）召入京，后升左副都御史。黄克缵在为郭惟贤所撰行状中说："壬辰，……以佥都御史巡抚湖广。楚固大藩，为世宗龙飞之地，分封八王，宗人强悍。……江夏令听讼，误刑一庶宗，诸宗群噪，欲甘心于令。公以理开譬之，且上疏请薄罚令，而申明宗约，令无轻犯有司，楚宗贴然。"① 郭惟贤之所以在湖广申明《宗约》，也是因为湖广是明代藩王分封较密的地区。

王一鸣所序《宗约》产生在湖广（楚），经王一鸣携入河南（豫），在河南进一步得到地方官员的支持和流布。王一鸣《宗约后序》云："不佞由荆适豫，则载方伯泰和郭公《宗约》以行，既上谒大中丞，则知上以郭中丞请付杀青，遍教诸侯王。"② 王一鸣"由荆入豫"的时间，应是他进入河南主试武举的万历二十二年（1594）。③ 《宗约》作者"方伯泰和郭公"，则可能是曾任湖广右布政使的郭子章。郭子章（1542—1618），字相奎，号青螺，江西泰和县人，隆庆五年（1571）进士，万历二十一年（1593）冬十月到万历二十三年（1595）冬十月间任湖广右布政使。④ 年谱记载郭子章万历二十二年处理宗藩禄米之事："九月，公散楚藩禄米数万金。惩旧额中渔，辄以原封面发宗室。诸宗室感激欢舞，镌碑颂公德政。"⑤ 可见，郭惟贤、郭子章在湖广时，要处理的宗室事务委实不少。或者正是在这种背景下，他们共同觉得将朝廷在宗室中推广乡约的政策落实下来是有必要的。郭子章在万历十五年（1587）冬十二月曾作《圣谕乡约

---

① （明）黄克缵：《数马集》卷四十六《通议大夫户部左侍郎赠都察院左都御史谥恭定愚庵郭先生暨配累封恭人赠淑人包氏行状》，商务印书馆，2019，第579~580页。
② （明）王一鸣：《朱陵洞稿》卷二十九，国家图书馆藏清钞本。
③ 《传是楼书目》收录有王一鸣《甲午中州武举录》一本，抄本。
④ （明）郭孔延：《资德大夫兵部尚书郭公青螺年谱》，《北京图书馆藏珍本年谱丛刊》第52册，北京图书馆出版社，1999，第535~536页。
⑤ （明）郭孔延：《资德大夫兵部尚书郭公青螺年谱》，第535~536页。

录》，①"首刻圣谕六条，次三原王尚书注、先师胡庐山先生疏，并律条、劝戒为一卷，次朱文公增定蓝田吕氏乡约为一卷，敬书今上俞魏、沈二公疏冠于篇首，题曰圣谕乡约录"。其作品中辑录了王恕注、胡直的疏、相关的律条、劝戒故事以及《吕氏乡约》，以及当年请求推行乡约的左都御史魏时亮和沈鲤的疏。② 不过，郭子章所作的《宗约》现不可见。从王一鸣《宗约序》来看，《宗约》是以明太祖六谕为纲，圣谕六言的每一句话之后都会附以法律（令甲）、注疏和用以劝戒的善恶故事（劝诫）。对于郭子章来说，也不过是将一个熟悉的教化模式从庶民与士人转向宗室人士而已。然而，在明清时代的六谕诠释史上，这无疑又是六谕诠释的一种新的形式。教育的目标对象既上升到明代的宗室贵族，也就会有新的诠释内容与特点。

二、 编纂缘起及内容特点

宗约出现在湖广，而后又刊行在河南，但可惜今未见存本。然而，万历晚年以教化宗藩为目的的另一种六谕诠释文本《皇明圣谕训解》，③ 也同样出现在河南。河南是明代宗藩最繁盛的地域。早在嘉靖初年，霍韬（1487—1540）在疏中就指出，"洪武初在河南开封府惟分封一周府而已，今郡王已增三十九府，辅国将军增至三百一十二位，奉国将军增至二百四十四位，中尉、仪宾不计也，举一府而天下可知也"④。因此，以宗藩为教育对象的六谕诠释文本反复地出现在河南，是可以理解的。而且，推动以六谕对宗藩进行教化的，仍是省一级的官员与机构——河南巡抚及河南布政司。

《皇明圣谕训解》首载《河南等处承宣布政使司为条议劝善以维宗风

---

① （明）郭孔延：《资德大夫兵部尚书郭公青螺年谱》，第 529 页。

② （明）郭子章：《蠙衣生粤草十卷蜀草十一卷》蜀草卷二《圣谕乡约录序》，《四库全书存目丛书》集部第 154 册，齐鲁书社，1997。第 623 页。

③ 《皇明圣谕训解》，不分卷，不著撰人姓名，日本东京大学东洋文化研究所藏明万历间刊本，仁井田陞教授旧藏，《域外汉籍珍本文库》第二辑史部第玖册影印，西南师范大学出版社、人民出版社，2011，其提要称其"每半页有界栏，九行二十字，小字双行，四周双边"。赵克生《明朝圣谕宣讲文本汇辑》（黑龙江人民出版社，2014）亦收录。

④ （明）严讷：《蓬□为际遇□时竭愚忠以少图报塞事》《宗藩条例》，《北京图书馆古籍珍本丛刊》第 59 册，第 338～339 页。

事》，详细地记载了编纂缘起。万历三十八年（1610）九月初三日，巡抚河南右金都御史李某与巡按曾某商议说，河南"周藩宗室最为繁衍，中间循理向善者固多，至于恣纵非为者亦每每有之"，于是命布政司会同按察司"逐一查议周藩宗室中有未曾读书不知礼法者，作何劝谕，应以何项书籍何项条例讲解训戒"。布政、按察两司随即札行王府周长史、苏长史，而两长史随即具启周王。周王令旨，命"长史司即便会同开封府，用何项书籍条例有裨于劝惩宗室者，摘查紧要数款回复，一面行各郡府教授启王及管理府事，谕令各宗务要恪遵法纪"。之后，王府长史司即"会同开封府署印马同知查将圣谕六言备开于前，略采历朝宗室奖戒事实及《宗藩要例》《大明律例》复缀于后，集成一帙"，"启知国主，请于东书堂设立圣谕牌位并置纪善、纪恶二簿，令纪善官董其事，各该管王府亦如之，令教授等官董之。每遇朔望之期，各该教授启王并管理府事知会，先期于本王府点集所属各宗，将圣谕并要例熟讲一二遍，随即率领至端礼门，候国主升殿朝点毕，齐赴东书堂，于圣谕牌位香案前如仪行五拜三叩头礼，毕，各拱立静听讲解，不许参差喧哗，狎侮圣言，违者听纪善所等官纠之。如一次、二次不到听讲者，量加罚治，仍令各教授同各门头公举各宗所为善恶事迹直书于簿，不得徇私隐护。如善行多者，本王府奖外，仍开报上司，置扁优奖，恶行多者，本王府罚外，仍报上司移文戒饬。又有始为不善后能改行为善者，亦准开报，一体依纪善例奖赏，庶几闻圣谕之谆切，则辣然感发其善心，睹要例之森严则凛然潜消其逸志"。之后，王府长史司又"开具款目书册会呈到（布政）司"，布政司与按察司以为其书"首圣谕以动其祖德之思，演条款以指示趋向之的，附之律文用昭朝廷法纪，撮之藩例取其切于事情，而又置立文簿，摘记行事善者可备旌奖，恶者许以自新，斯皆于风厉宗藩之术，足有裨益，相应准呈，伏乞本院再赐裁酌，以凭刊布书册，颁示讲读"，"因备开劝解款目古今事实书册并纪善纪恶文簿具由于十月初五日呈"，"蒙抚院李详批如议刊布，着实举行"，而巡按要求"该司仍圈点明白，俾令易晓，刊布书册，分发各王府查照着实举行"。① 可见，此书之编纂之缘起乃是万历三十八年九月初三日巡抚李

---

① （明）李思孝：《皇明圣谕训解》，第547~548页。

某、巡按曾某的提议，并且得到时任周王朱肃溱的支持，具体编纂者则是周府长史周某、苏某及开封府同知，且在十月初编成，而负责圈点与刊刻的则是河南布政使司。

这一系列参与编纂《皇明圣谕训解》的人物，有生平大致可以考出。时任巡抚河南右佥都御史的为李思孝，直隶大名府东明县人，历昌乐知县、御史，官至佥都御史，巡抚河南。万历四十一年（1613）福王之藩洛阳时括地四万亩，时任河南巡抚的李思孝是多方消极抵制的。可见，他身为河南一省的高官，是能深切感受到藩王对地方社会所造成的压力的。巡按或为曾同升，万历三十五年（1607）授御史。时任周王为朱肃溱（1563—1635），隆庆六年（1572）封为周世子，万历十四年（1586）袭封周王，崇祯八年（1635）八月二十四日去世，享年七十三，谥端。负责具体编纂的周姓和苏姓长史不可考。开封府同知当即马致道，直隶任丘县人，万历三十七年（1609）始任开封府同知。在编纂的过程中，周王府的两位长史和开封府知府马致道是直接负责具体编纂的人物。《皇明圣谕训解》编纂完成后，在周王府还开展了宗约的教化活动，并由王府长史司呈报了河南布政使司，再由布政使司与按察使司呈报河南巡抚李思孝。李思孝充分肯定了《皇明圣谕训解》的价值，要求河南布政司刊布。《皇明圣谕训解》的编纂与刊行皆由李思孝动议，因此往往署名李思孝编。

《皇明圣谕训解》对六谕中每一条的诠释都大致分为四部分：其一，对六谕的演绎；其二，宗室子弟何以尤其要遵六谕的道理，列举古代及当朝宗室相应的正反事例，或称为"古今事实"[1]；其三，征引《大明律例》和《宗藩要例》；其四，列举善恶报应两方面的事例，即"报应二条"。

对于六谕道理的诠释，《皇明圣训谕解》并无特别之处，如"孝顺父母"条的诠释，也是先讲为何要孝顺父母，先说父母生育的艰难，再说孩童孺慕父母的自然之心，又以乌鸦反哺、羊羔跪乳的例子来讥刺不孝之人不如禽兽，然后讲如何孝顺父母，包括父母平居、有疾、有命及有过时应如何行事，[2] 基本不离王恕、罗汝芳诠释的框架。较有特色的是其六谕诠

---

① （明）李思孝：《皇明圣谕训解》，第554页。
② （明）李思孝：《皇明圣谕训解》，第549页。

释的第二部分，即宗室子弟应当且如何遵行六谕。这一部分，通常是以"况有宗室"一语转折而来。"孝顺父母"条的诠释中，《皇明圣谕训解》在诠释完孝顺父母的大道理之后，说："况我宗室，衣租食税，皆是父母承太祖深恩传与我的，比那庶民劳神苦形营置须田产以遗子孙者恩德更大，如何可以不孝顺？"① 然后接着以历史上、本朝的宗室的正面或反面的事例来开示宗室听众。"孝顺父母"条中，正面的例子有汉东海王刘臻、南齐宜都王萧鉴，反面的则有汉常山宪王之子刘勃、唐巢刺王李元吉，又举本朝的正面例子——弘治年间韩府的辅国将军朱征铧、鲁府镇国将军朱阳铢、嘉靖间周府鄢陵王朱睦㭺，反面的例子如汉庶人之子朱瞻圻、正德间庆成王弟朱奇㴛、嘉靖间岷王朱彦汰。② 第三部分征引律例，像"孝顺父母"则引了《大明律例》"凡子孙违犯祖父母父母教令，及奉养有缺者，杖一百"一条及《宗藩要例》中"宗室中有孝友兼至，及妇女守节贞烈，足以激励风化者，各具实迹奏闻以凭核勘明白，或立坊旌表，或请敕奖谕，或加赠封号，长史教授官并宗仪人等，不许需索抑勒，亦不许扶同欺罔，有孤恩典"，③ 而《宗藩要例》所征引的一条却似乎与"孝顺"并无关联。第四部分为"报应二条"，即善报与恶报。例如，"孝顺父母"条列举了陆政、熊衮、董永三人孝顺的善报，以及王三十、张法义、虹县张宁、福州郭长清等四人不孝顺的恶报。④ 对圣谕六言其他五句话的诠释也大致依此逻辑和层次展开，有时候第二、三部分的次序会进行倒换，例如"尊敬长上""教训子孙"条便是先引《大明律》或《宗藩要例》，然后再列举古代及当朝宗室相应的正反事例。⑤

充分譬喻开导宗室子弟何以尤其要遵六谕，是《皇明圣训谕解》中最大的特色。由于教育的对象是身份尊贵的皇族宗室，如何劝谕他们尊敬长上、和睦乡里、毋作非为，就显得尤为重要。"尊敬长上"条中说："况我宗室中长上，皆是天潢尊辈，更比民间不同，为卑幼的，敢不尊敬？就如

① （明）李思孝：《皇明圣谕训解》，第549~550页。
② （明）李思孝：《皇明圣谕训解》，第549~550页。
③ （明）李思孝：《皇明圣谕训解》，第549~550页。
④ （明）李思孝：《皇明圣谕训解》，第549~551页。
⑤ （明）李思孝：《皇明圣谕训解》，第552页。

地方官长，都是朝廷命臣，可不加敬？此皆尊敬长上之类，若自恃我是皇家宗派，将高年的任意欺凌，便违却尊敬之谕，戒之戒之。……凡人家子弟，多因少时骄傲成性，不知以礼义自束，或以卑凌尊，或以幼傲长，或以疏贱辱尊贵，此等气度，宗藩尤易染也。"① 之后再举南齐豫章王萧嶷、唐韩王李元嘉为正面的例子，汉楚王刘戊、唐濮王李泰为反例。此后，"尊敬长上"条便极论明初祖训中的嫡庶之序，不仅举明成祖朱棣以嫡长子朱高炽为太子，以及明仁宗朱高炽禁蜀府华阳王朱悦燿谋夺嫡孙朱友堉之位，作为正面的例子，还举了荆府中朱载城、朱载塎之交构，广元王府朱宪㷆致摄之纵恣等反面的典型。② "和睦乡里"条谈到明代宗室的特性说："我宗室本无乡里，但住址相邻，田土接壤的，便是乡里。今宗枝繁衍，同四民治业，有耕于野者，有贾于市者，有学于乡校者，在在皆是乡里。……公族为朝廷枝叶，乡里又公族枝叶。"③ 公族即宗室。经数百年繁衍和若干代的传承，宗室中远枝贫庶之人，虽然身份上仍与四民不同，但居住与生活业计却渐渐地混同于四民了。"和睦乡里"条讲古今事实时，除举明太祖敕太子访求故老、敕诸王勿侵民田为正面的例子外，还批评了当时宗室的横行乡里："今日宗室，在一城则一城苦之，在一乡则一乡苦之，在一里则一里苦之，非祖宗本意。当思我辈禄粮，皆从乡里田野中来。吾而暴横乡里，则人民逃散，禄粮谁与供办？"④ "和睦乡里"条进而提议说，富厚的宗室"当思邻里乡党，有相赒之义。吾幸世禄有余，或建书院以养士，或立义仓以哺民，水旱凶荒，不吝赈济，乡邻攸赖，免于盗贼"，这样做"不特为乡党，且以为国家"。⑤ 宗室身份特殊，因此教训子孙也就更为重要。"教训子孙"条中说："况我宗室子孙，承祖宗荫庇，安衣坐食，最易游荡。"⑥ 教训子孙的正面事例，举了隋蔡王杨智积、唐郁林王李祎，反面的例子则有唐蜀王李愔，明朝的正面例子则是朱元璋训子，好的效果如蜀王朱椿之好学，不好的效果则是齐王朱榑之骄纵。

---

① （明）李思孝：《皇明圣谕训解》，第 552 页。
② （明）李思孝：《皇明圣谕训解》，第 552 页。
③ （明）李思孝：《皇明圣谕训解》，第 554 页。
④ （明）李思孝：《皇明圣谕训解》，第 554~555 页。
⑤ （明）李思孝：《皇明圣谕训解》，第 555 页。
⑥ （明）李思孝：《皇明圣谕训解》，第 556 页。

至于各安生理，对于宗室成员来说最是微妙。宗室子弟享受朝廷的俸禄，原是不需要理会生存之道的。"各安生理"条针对宗室的要求，就是要求他们在朝廷颁给的俸禄之内节俭行事、周济宗人，鼓励宗人自食其力，说："四民之业，虽不可尽责之宗室，而本分中之生理，愿与诸贤宗共安之。今各宗禄粮未支，先已借贷，一领到手，俱归债主，问其所以，非为酒食游燕之费，则为赌博淫荡之资，此岂能安生理者哉。当念我朝制禄之艰，小民供奉之苦，服食婚丧，俱崇节俭，则禄之厚者，一季即可充一年之用，禄之少者，一位亦可供一家之养，不必营求，自无失所。又有禄粮最厚、蓄积最多者，当于宗室中有名无禄、饥寒难度、婚丧难举者，量加赈济，是又亲亲之仁，又从安生理中推以及人者也。"① 并且感慨说："今城禁少弛，耕贾不禁，一切无名无禄之宗，不为生计，徒恣赌博荡淫，废时失事，何不鹜鹜自桎其腹哉！"② 雷炳炎对明代宗室犯罪的研究指出，"正德以后，宗室内部两极分化问题不断严重，宗禄问题导致下层宗室生活无着，宗室胡作非为十分普遍，并发展为地方社会的公害"③。在这种情况下，宗室能否节俭、适当从事耕贾等生产活动，是有重要意义的。"毋作非为"作为六谕中具有禁止力的一条，并不因教化对象是宗室而有所放宽，所谓"明有国法，幽有谴报，虽是天潢，谁能逃得"④。相反，由于明代朝廷对王府设置了诸多的限制，又因王府犯罪而不断以例的方式补充，这一部分显得特别丰满和充分。雷炳炎指出，"嘉隆万时期，宗室犯罪成为与宗禄问题并难处置的社会问题"⑤。劝宗室各安生理可以协助解决宗禄问题，而"毋作非为"条的诠释，则对宗室犯罪的禁约意味更重。

《皇明圣谕训解》末附实行宗约时的纪善簿、纪恶簿内容。其中，善款八条，分别是救人贫苦、尚节俭、能受辱容忍、赡宗亲、劝化宗人、劝解宗人间争闹、修桥补路等；恶款九条，分别是：一、不孝父母，服内宿娼开筵作乐者；二、卑幼欺慢尊长、兄弟互结冤仇者；三、宠妾凌妻、夺

---

① （明）李思孝：《皇明圣谕训解》，第558页。
② （明）李思孝：《皇明圣谕训解》，第560页。
③ 雷炳炎：《明代宗藩犯罪问题研究》，中华书局，2014，第63页。
④ （明）李思孝：《皇明圣谕训解》，第560页。
⑤ 雷炳炎：《明代宗藩犯罪问题研究》，第64页。

嫡立庶、弃长立幼、侵压孤寡、逼嫁夺产、欺压卑幼、占业坑资者；四、逞凶泼骂人打人、强买货物、硬主事情者；五、淫恶光棍刁拐良家妇女者；六、虚捏文约赖人财产或放债还完索利无厌，将受债人擅拷者；七、造私钱假银、信邪人烧炼、结党白莲无为夜聚明散、奸污妇女者；八、造言生事、弄巧行奸、好讲闺门是非、惯帖匿名谣语、破败人家好事、离间人家骨肉者；九、开场赌博、帮闲绰揽、打鸡斗狗、酗饮无节者。但是，也提出了像"斋僧济道、修寺建塔、塑神念经、吃斋设醮"等事，乃是"谄渎鬼神，妄徼阴福"，不算善事，不足记录，若有善事在"条件外者"不妨记录，而像围棋、双陆、投壶之类，乃是闲暇消散乐事，不算乐事，若有恶行在九款"条件外者"，"不妨尽录"。① 从中可以看到，纪善簿、纪恶簿的设计除一般的道德提倡与禁约之外，对宗室间的互助与和睦提出额外要求。例如，纪善簿共八条，其中的第五、六、七条涉及宗人的善事，均与宗室相关，强调"宗亲贫老无依，能收养给衣食者为善"，"宗人有不省事胡为的，能以理劝化不陷于辱者为善"，"同宗争闹，能解释平和者为善"。② 收养宗亲中贫老无依一条，最能反映晚明宗室贫困的现状，这种状况在"贫宗"尤多的河南特别明显——万历二十二年（1594）的统计显示河南的贫宗有 4 000 余位。③ 而纪恶簿中所列九种恶行，恰恰也反映了晚明宗室的胡作非为到了非常严重的地步，像其中恶行的第三条——"宠妾凌妻，夺嫡立庶，弃长立幼"——在晚明宗室中越来越常见。

三、 对本朝事例及律例的征引

与其他泛泛地谈论孝顺、尊敬伦理的六谕诠释文本不同，《皇明圣谕训解》因为专为宗室而作，其针对性更强，现实性也更强。《皇明圣谕训解》的诠释中，本朝宗室的事例以及关于宗室的法律规定特别丰富。考察一下它们的来源，是有意思的。

---

① （明）李思孝：《皇明圣谕训解》，第 565~566 页。
② （明）李思孝：《皇明圣谕训解》，第 565 页。
③ 梁曼容：《贫困的贵族：明代下层宗室的阶层固化与特权异化》，《中国史研究》2022 年第 2 期，第 152~153 页。

　　《皇明圣谕训解》"孝顺父母"条中采纳了宗室朱征铧割股疗亲，朱阳铢、朱睦杵孝友的故事，又记载了朱瞻圻、朱奇涧、朱彦汰不孝之事。这些都是朝廷褒贬过的宗室典型。《明孝宗实录》卷一四八载："（弘治十二年三月）乙亥，……韩府辅国将军征铧以其父镇国将军范堁病笃，刲股和药以进，既而父病愈。……韩王偕瀼以闻，并请如例赐敕奖谕。从之。"①《明武宗实录》卷八载："（弘治十八年十二月）乙亥……鲁王奏钜野王府镇国将军阳铢……少丧父，即知哀慕，触地流血，几致殒生，长能事母，备甘旨，谨医药，有疾蕲以身代，比殁，哀毁葬祭咸与礼合，兹年近六十，言及犹哽涕不已。其兄弟友爱笃至，预修同室之圹，即死亦不忍离。山东旱饥，又尝疏减常禄以助赈恤。愿建坊其门，特赐嘉名，以褒扬之。礼部议覆。上曰：'宗室中有贤行如此，朕甚嘉之。其赐坊名曰彰善嘉义，俾宗室有所劝焉。'"②"睦杵"实则是"睦枸"之误。王世贞《弇山堂别集》卷三十四《郡王》载："周府……鄢陵王……今王睦枸嗣，乐善孝友，年七十二时世宗嘉之，今九十余。"③ 不过，《实录》中并无嘉靖帝嘉奖朱睦枸的记载。朱瞻圻为汉王朱高煦第二子，洪熙元年（1425）二月以汉王诉其不孝不忠，斥凤阳闲住。④ 所引朱奇涧兄庆成王上奏请冠带之事，实录不载，唯《礼部志稿》卷七十四记载说："正德三年十一月，庆成王奏弟奇涧授封镇国将军，缘事降革，乞要比照钟铿事例，赐给冠带。该本部题，奉武宗皇帝圣旨：'奇涧所犯，系是抗拒父命，不孝之名难道，却又打死平人等，情重事实，难准与冠带，恁部里还行文与长史司，启王知会，再不必奏扰。'钦此。"⑤ 朱彦汰不孝之事，实录有记载。《明世宗实录》卷五九载："初南安王彦泥以岷王彦汰浸凌致忿，奏其忤逆不孝，欺诳朝廷等事。彦汰亦奏称彦泥通番劫财，杀人害众，奸淫内乱，大伤国体，不服钤束。上命司礼监左少监李瓒、大理寺左少卿徐文华、锦衣卫署都指挥使王佐往按之。至是，以状闻。都察院覆议，谓情罪俱当，难以轻

① 《明孝宗实录》卷一四八，弘治十二年三月乙亥条，第2606页。
② 《明武宗实录》卷八，弘治十八年十二月乙亥条，第256~257页。
③ （明）王世贞：《弇山堂别集》卷三四，中华书局，1985，第605页。
④ 《明仁宗实录》卷七上，洪熙元年二月上，第231页。
⑤ （明）俞汝楫：《礼部志稿》卷七四"请复先爵"条，《景印文渊阁四库全书》第597册，台湾商务印书馆，1986，第271页。

纵。上以彦泥奸贪淫纵，残忍不仁，杀人害众，有亏伦理，妃李氏惨毒凶悖，肆意荒淫，有玷宗室，俱革封爵，发南阳高墙，彦汰幽囚嫡母，至于焚死，亲逼多官，令其称臣，借分干名，不守国法，革爵，本府随住，仍敕令改过，及赐书各王知之。"①

"尊敬长上"条的正面例子是明太祖朱元璋、明成祖朱棣所确立的嫡长子继承制以及明仁宗在王府嫡庶问题上相应的坚持。其记成祖立仁宗事说："成祖时，议建储，藩府旧臣善汉庶人，称二殿下功高。成祖曰：'居守功高于扈从，储贰分定于嫡长，汝等勿复妄言。'"② 这段记载，似是剪裁自陈懿典的《汉庶人传》，③ 据称是陈懿典万历二十二年参修明朝国史撰就的《同姓诸王传》的一篇。④ 明仁宗在蜀王府世孙朱友堉与华阳王朱悦燿的继承权争夺中明确支持朱友堉，进一步确认了嫡庶之分。"尊敬长上"条中记载说："仁祖怒，抵奏地下，曰：'嫡庶大伦，干分诬亲，独不畏鬼神乎？'"⑤ 这段记载，与焦竑《献征录》中的《蜀王传》记载十分接近。《献征录》卷一《蜀王传》记载："仁宗怒，抵奏地下，曰：'适庶大伦，干分诬亲，独不畏鬼神乎？'"⑥ 当然，在《皇明圣谕训解》编纂之时，《献征录》并未成书。考虑到《献征录》传记资料汇编的性质以及焦竑曾与陈懿典同编国史的经历，这一故事的史源也极有可能可以追溯到陈懿典的《同姓诸王传》。在这里，《皇明圣谕训解》完全将"尊敬长上"条中的长幼尊卑转换成了皇室的嫡庶之分，是因为即便明代皇室确立了严格的嫡长子继承制度，各地藩王的嫡庶之争还是非常频繁。《皇明圣谕训解》这样的转换，说明嫡庶之分始终是明代宗室不可逾越的大防。至于一般的兄弟矛盾，像"今日楚中荆府则有载城、载埘之交构，广元王府则有宪祧致摄之纵恣"⑦，反而是一笔轻轻带过。这便充分体现了《皇明圣谕祖训》

---

① 《明世宗实录》卷五九，嘉靖四年闰十二月乙丑条，第1399页。
② （明）李思孝：《皇明圣谕训解》，第552页。
③ （明）陈懿典：《陈学士先生初集》卷十《正史汉庶人传》，《四库禁毁书丛刊》集部第79册，北京出版社，2000，第151页。
④ 李小林：《陈懿典及其所撰三种明人传记》，《史学集刊》1996年第4期。
⑤ （明）李思孝：《皇明圣谕训解》，第552页。
⑥ （明）焦竑：《献征录》卷一《宗室一·蜀王传》，上海书店，1987，第35页。
⑦ （明）李思孝：《皇明圣谕训解》，第552页。

教育皇亲宗室的特性。"教训子孙"条的正面例子举了蜀王朱椿"蜀秀才"的故事，反面例子则是齐王朱榑。其记朱榑事称："齐庶人榑骄纵。成祖曰：'齐王凶悖纵恣，性习使然，开谕至六七不悛，教授辈奈王何？'乃并其子夺爵。"①《献征录》卷一《宗室一·齐庶人传》记载："榑之国，骄纵，……上曰：'齐王凶悖纵恣，性习使然。朕与王君臣兄弟，出之囹圄，宠以禄爵，恩礼渥洽，诚心温词，开谕至六七不悛，教授辈奈王何？'……父子并夺爵。"② 当然，这可能同样出自陈懿典的《同姓诸王传》。

对于相关法律的广泛征引，是《皇明圣谕训解》的重要特点。这也是《皇明圣谕训解》适应晚明宗室犯罪渐多而形成的特点。所征引者，除《大明律例》之外，还包括《宗藩要例》《祖训录》《皇明祖训》《大明会典》等。《大明律》及相关的例，是其征引的主要对象。"孝顺父母"条引《大明律例》云："凡子孙违犯祖父母、父母教令及奉养有缺者，杖一百。"③ 这出自《大明律》之《刑律五·诉讼》的"子孙违犯教令"条。④然而，"尊敬长上"条诠释亦引"大明律一条"云："凡同居卑幼若弟妹骂兄姊者，杖一百。"⑤ 虽然称引《大明律》，诠释中所录却并非是《大明律》的原文。《大明律》卷二十一《刑律四》中有"骂尊长"一条，规定："骂尊长……若兄姊者，杖一百。"⑥ 显然，这条律文被《皇明圣谕训解》编纂者作了改动。在"毋作非为"的诠释中，引《大明律例》三条，主要针对宗室兜揽钱粮、越关来京、擅自容留投充等违制问题。其一，"凡王府、将军、中尉及仪宾之家，用强兜揽钱粮，侵欺及骗害纳户者，事发参究，将应得禄粮价银扣除完官给主，事毕方许照旧关支。在京勋戚有犯者亦照此行"⑦。这一条不是《大明律》的律文，而是后来形成的例，

---

① （明）李思孝：《皇明圣谕训解》，第557页。
② （明）焦竑：《献征录》卷一《宗室一·齐庶人传》，第30~31页。
③ （明）李思孝：《皇明圣谕训解》，第550页。
④ 黄彰健：《明代律例汇编》卷二十二《刑律五·诉讼》"子孙违犯教令"条，下册，台北"中研院"历史语言研究所，1994，第882页
⑤ （明）李思孝：《皇明圣谕训解》，第552页。
⑥ 黄彰健：《明代律例汇编》卷二十一《刑律四·骂詈》"骂尊长"条，下册，第850页。
⑦ （明）李思孝：《皇明圣谕训解》，第562页。

应该是录自万历《问刑条例》，因为嘉靖《问刑条例》无"在京勋戚有犯者亦照此行"数字。① 其二，《皇明圣谕训解》引律例说："凡宗室悖违祖训，越关来京奏扰，若已封者，请先革为庶人伴回，其无名封及花生、传生等项，径札顺天府递回，宗妇宗女顺付公差人等伴送回府。其奏词应行巡按衙门查勘，果有迫切事情，会启王转奏，而辅导官刁难，会具告抚按守巡等衙门，而各衙门阻抑者，罪坐刁难阻抑之人，其越关之罪，题请恩宥，已封者叙复爵秩。若会经过府州县驿递等处，需索折干，挟去马匹铺陈等项，勘明仍将禄米减去。若非有近切事情，不曾启王转奏及具告各衙门，辄听信拨置，蓦越赴京，及犯有别项情罪，有封者不复爵秩，送发闲宅居住，给与口粮养赡，其无名封及花生传生等项，着该府收管，不送闲宅，致冒口粮，宗妇宗女有封号者，革去封号，仍罪坐夫男，削夺封职，奏词一概立案不行。其同行拨置之人，问发极边卫分，永远充军。辅导等官，失于防范者，听礼部年终类奏。一府岁至三起以上者，仍于王府降调。一起、二起者，行巡按御史提问。成化十五年十月二日，节该钦奉宪宗皇帝圣旨：管庄佃仆人等，占守水陆关隘抽分，捎取财物，挟制把持害人的，都发边卫永远充军。"② 这一条不是《大明律》的条文，而是万历《问刑条例》中所载之例，因为之前嘉靖三十四年《续准问刑条例》中所载之例只是说"及犯有别项情罪，应合降革送发高墙等项，悉照节年题准事例施行"，而没有"及犯有别项情罪"以下内容。③ 其三，《皇明圣谕训解》引律例说："投充王府及镇守总兵、两京内臣、功臣、戚里、势豪之家作为家人伴当等项名色，事干赫骗财物、拨置打死人命、强占田土等项，情重者，除真犯死罪外，其余俱发边卫充军，各该势豪之家容留及占吝不发者，参究治罪。"④ 这一条是很早就已形成的例，在弘治条例以及嘉靖、万历的《问刑条例》中均出现。⑤ 可见，《皇明圣谕训解》在引用法律时，除了节略《大明律》的条文之外，还参考了万历《问刑条例》。这

---

① 黄彰健：《明代律例汇编》卷一《名例律》"应议者犯罪"条，上册，第265页。
② （明）李思孝：《皇明圣谕训解》，第563页。
③ 黄彰健：《明代律例汇编》卷一《名例律》"应议者犯罪"条，上册，第263、267页。
④ （明）李思孝：《皇明圣谕训解》，第563页。
⑤ 黄彰健：《明代律例汇编》卷一《名例律》"应议者之父祖有犯"条，上册，第294页。

几条例的引用也特别有针对性。正如学者所指出的，"正统以后，宗室的犯罪……更多地反映为宗藩对藩禁的突破、宗藩的种种违法乱制、宗藩因为利益的钩心斗角……明代中期的宗室犯罪更多地表现为骄奢、荒淫、乱伦等行为。"① 因此，严格藩禁既可以防止宗室越制，还可以避免宗室与外界交往、扰乱地方社会。

除了引用《大明律》及例，《皇明圣谕训解》还大量引用了《大明会典》以及涉及宗藩问题的规定。例如，"毋作非为"条中引《大明会典》六条。所引《大明会典》六条，始自弘治十三年（1500），终嘉靖四十四年（1565），前三条防范闲杂人等出入王府与王府交结，后三条则涉及宗室犯罪处置，均出自万历《明会典》卷五七礼部十五《王国礼三·过犯》。② 作为面对宗室的教化书，《皇明圣谕训解》始终紧扣其教化对象宗室，因此在诠释六谕时较多引用朝廷为宗藩所制定的法律法规。其中引用得最多的，大概是万历十年编定的《宗藩要例》。"孝顺父母"条引《宗藩要例》一条："宗室中有孝友兼至及妇女守节贞烈足以激劝风化者，各具实迹奏闻，以凭核勘，或立坊旌表，或请敕奖谕，或加赠封号。长史、教授官并宗仪人等不许需索抑勒，亦不许扶同欺罔，有孤恩典。"③ "教训子孙"条再征引《宗藩要例》一例，说："宗室中有读书好礼奏讨书籍及以书院请名者，本部俱与题覆请给，但不许假借虚名，以滋欺罔。书籍部数、书院名额俱取自上裁。其盖造书院，止令自备工料，不得因而干涉有司，烦扰百姓，违者许抚按官参治。"④ 张居正主持并且在万历十年（1582）编定的《宗藩要例》已经散佚，但主要内容已入《明会典》。所引数条，分别载见万历《大明会典》卷五十七礼部十五《王国礼三·奖谕》《王国礼三·宗学》等条。⑤

"毋作非为"条也引用《宗藩要例》一条："一、议刑责。凡封爵名粮宗室有犯，除重大事情听抚按参奏外，其余应戒饬者，所在官司移文长史

---

① 雷炳炎：《明代宗藩犯罪问题研究》，第60、63页。
② （明）申时行：《明会典》卷五八，中华书局，1989，第359~360页。
③ （明）李思孝：《皇明圣谕训解》，第550~551页。
④ （明）李思孝：《皇明圣谕训解》，第557页。
⑤ （明）申时行：《明会典》卷五七礼部十五《王国礼三·奖谕》条，第359页。

司、教授等官，即便启王及管理戒饬，不得虚应故事。其无名无禄宗人及花生、传生之辈，如有肆恶犯禁，告发到官，酌量情罪，与同齐民，一体问拟究治，仍移长史、教授知会，徒罪以上照律拟议奏请，如系强盗人命重情，听从法司拿问。"① 然而，万历《大明会典》并没有这一条规定，说明这一规定可能不是出自《宗藩要例》。从这一条规定来看，其核心的内容就是区别有封爵名粮的宗室与无名无禄的宗室在犯罪时的区别。这一刑责区分的划定，应该是由万历十一年以后礼科都给事中万象春（1577 年进士）等人陆续提出来的。万历十一年（1583）四月戊午，朝廷"差礼科都给事中万象春往河南、山、陕等处议处宗藩事宜"②。万历十四年（1586）六月，礼部题："昔年我皇上轸念宗困，差给事中万象春按行三省，议处宗藩事宜，凡一十六款。中有可行者十款，未善者六款。所谓十款可行者，乃议额禄，议催征，议余禄，议封爵，议城禁，议刑责，议选婚，议庶宗，议另城，议王官。其间议论详切，诚可以革夙弊，便宗藩。……其六款未善者，乃议开业，议奏请，议报生，议报孕，议宗学，议仪宾臣。……先经言官建议，均禄、限封诸条欲因时变通，以为经久之计，已经题奏行各抚按及各该亲郡王条议，到日大集廷臣会议。"③ 这是万历十四年经过数年的调研之后，万象春等人提出的十六条建议，再据言官建议，向各地巡抚、巡按及亲王征求意见。到了万历十八年（1590）六月，秦王的条议也到了，礼部题覆，使这项调研与立法工作有了一个相对完整的结果。《明神宗实录》记载："（万历十八年六月）礼部议奏处宗藩事宜。一、议额禄……一、议催征……一、议余禄……一议开业……一议城禁……一议刑责，凡宗室有犯，其无名粮者与同齐民一体问拟。……如议行，仍附入《要例》。"④ 可见，《皇明圣谕训解》所录的这一条规定，应该是万历十八年礼部议定宗藩事宜时所形成的例，并且附入《宗藩要例》之中。与此相近的是，"各安生理"条的诠释中说引《宗藩事宜》云："一、宗室之家，仰给县官，虽与齐民异，至于无名无禄及花生传生之辈，既不得

---

① （明）李思孝：《皇明圣谕训解》，第 562 页。
② 《明神宗实录》卷一三六，万历十一年四月戊午条，第 2532 页。
③ 《明神宗实录》卷一七五，万历十四年六月辛未条，第 3217~3218 页。
④ 《明神宗实录》卷二二四，万历十八年六月乙酉条，第 4164 页。

食禄，又不能出仕，合无各从父兄家长取便起名，另造一册，报知长史、教授及所在有司衙门，各依世次，略为序记，任其随便居住，各营四民生理，庶有资身之策，不至流落失所。"① 这一条可能即礼部所上酌处"宗藩事宜"的第四条"议开业"。《明神宗实录》中将"议开业"中对无名无禄花生传生宗人的规定，简要地化略为"其无名粮花生、传生，农商之业听其自便"②。

此外，《皇明圣谕训解》在诠释中还大量引用《皇明祖训》。毕竟，《皇明祖训》作为明太祖训其子孙的法律性文件，更为其子孙熟知。朱元璋的祖训对宗室规定甚细，在《皇明圣谕训解》的诠释中被反复引用。"尊敬长上"条中谈嫡庶之分时说："高皇帝严为祖训，……尝曰：'凡王世子，必以嫡长。以庶夺嫡，降庶人，重则远窜。'"③ 朱元璋《祖训录》规定："亲王嫡长子年及十岁，朝廷授以银册、银印，立为王世子，如或以庶夺嫡，轻则降为庶人，重则流窜远方。"④《皇明祖训》则规定："亲王嫡长子年及十岁，朝廷授以金册金宝，立为王世子，如或以庶夺嫡，轻则降为庶人，重则流窜远方。"⑤ 可见，《皇明圣谕训解》对朱元璋祖训的引用，也有一些改动。"和睦乡里"条中说："若谨守祖训，不侵人土地，不夺人货财，不占人子女，不听人拨置，皆是和睦乡里好处。"⑥ 有时候则是节引，略去了中间或前后部分文字。例如，"教训子孙"条引《祖训·持守章》曰："凡吾平日持身之道，无优伶近狎之失，无酣歌夜饮之欢。或有浮词之妇，察其言非，即加诘责。"这所引两句，皆见《皇明祖训》，⑦只是略去中间言正宫、妃嫔不得自纵宠恣等语。"教训子孙"条又引《祖训·内令》云："凡庵观寺院，烧香降神、祈禳星斗，已有禁律，违者及领香送物者皆处死。"⑧ 这也基本是《皇明祖训·内令》的原文，只是将最

---

① （明）李思孝：《皇明圣谕训解》，第559页。

② 《明神宗实录》卷二二四，万历十八年六月乙酉条，第4164页。

③ （明）李思孝：《皇明圣谕训解》，第552页。

④ （明）朱元璋：《祖训录·职制》，载《明朝开国文献》第三册，台湾学生书局，1966，第1742页。

⑤ （明）朱元璋：《皇明祖训·职制》，载《明朝开国文献》第三册，第1645页。

⑥ （明）李思孝：《皇明圣谕训解》，第554页。

⑦ （明）朱元璋：《皇明祖训·持守》，载《明朝开国文献》第三册，第1599页。

⑧ （明）李思孝：《皇明圣谕训解》，第556~557页。

末"处以死"三次简化为"处死"。① 由于朱元璋在《皇明祖训》中提到"不作非为"四字，《皇明圣谕训解》在"毋作非为"条的解释中不忘援引此条："凡王居国，若能谨守藩辅之礼，不作非为，乐莫大焉。"② 这毫无疑问是《皇明祖训·首章》中"凡自古亲王居国……若能谨守藩辅之礼，不作非为，乐莫大焉"③ 的截引。

四、 对《演教民六谕说》的借鉴

从九月初三日李思孝与巡按曾同升谈起宗室教化事起，到十月初五日《皇明圣谕训解》由两司进呈巡抚李思孝，中间仅有短短的一个月时间。可见，《皇明圣谕训解》是一部速成之书。要在短时间里编写出来一部教化宗室的六谕诠释文本，必定会借鉴此前社会上流行的六谕诠释文本。在六谕的说理部分，像孝顺父母条下的"你看乌鸦尚知反哺，羊羔亦知跪乳""倘父母有过，亦须委婉劝谏，不致陷于不义"，尊敬长上条下的"如何是长上？大凡年纪比我大的，辈数比我尊的，本管的官长，皆是长上"，"同行须让前，同席须让上，命坐方坐，命食方食"，和睦乡里条中的"不得以强凌弱，不得以众暴寡……不得因畜伤人"，教训子孙条中的"如小时才会说话，教他信实，不要说谎，不要恶口骂人"，各安生理条中的"生理即俗云活计之谓"，"须是士安读书的生理，农安务农的生理，工安造作的生理，商安买卖的生理"，④ 都是自王恕、罗汝芳等人以来六谕诠释中常见的话语。当然，确切可知《皇明圣谕训解》直接参考过的文本是明人王钦诰的《演教民六谕说》。

王钦诰，江西泰和人，万历十年（1582）举人，万历二十二年（1594）任河南开封府项城知县，主修过万历《项城县志》。据其《乡约序》自言，他在抵达项城后不久便开始实施乡约以教民，"乃击铎聚父老于公宫，群师生缙绅，取乡约而讲于朔望之次日"，然后又"与学博蔡君

① （明）朱元璋：《皇明祖训·持守》，载《明朝开国文献》第三册，第 1636 页。
② （明）李思孝：《皇明圣谕训解》，第 560 页。
③ （明）朱元璋：《皇明祖训·首章》，载《明朝开国文献》第三册，第 1595～1596 页。
④ （明）李思孝：《皇明圣谕训解》，第 549、551、553～554、556、558 页。

道充、杨君维学、郯君尚贤等商订，取皇明六谕重演之，尤虑儇蒙之肺肠未醒也，捃古昔善恶之报、我明不法之条，编次成帙，续以歌戒，面命而耳提之"①。时任项城县学教谕的蔡道充在《六谕善恶报应序》中也说："乡约六言，则我高皇帝制也。……迩者平成已久，寖寻于故事，朔望木铎，仅一唱题，外无他术。……王先生钦诰来莅项事，取先后所申饬奉为首务，朔望之明日合集群姓，礼而列之，歌而鼓之。于此六言，谆切晓告。……乃先生退食之暇，笔取古今行善稔恶之报，汇为一册，翼宣圣谕之所未发。"② 王钦诰、蔡道充等人注释六谕的文本，在万历《项城县志》中作《演教民六谕说》。现所见《演教民六谕说》仅录其对六谕的说理部分及"古昔善恶之报"，并不见"我明不法之条"及"歌戒"部分，可能是万历《项城县志》只是节录其文本。然而，即便就此文本来看，也可以看出《演教民六谕说》与《皇明圣谕训解》之间的渊源。例如，《演教民六谕说》中的"毋作非为"一条中说："人于本分生理，该当为的，孝父母，敬尊长，教子孙，和乡里，此外若有一妄想妄为，就是非为了。如杀人放火，奸盗诈伪，赌博诓骗，起灭词讼，挟制官府，陷害师长，欺压良善，行使假银，兴贩私盐，略买略卖，刁拐子女，酗酒宿娼，强占产业，侵欺官银，飞诡粮差，违禁取利，结藏白莲邪术，都叫做非为。"③《皇明圣谕训解》"毋作非为"条的诠释说："如何是非为，但不是正经生理，如杀人放火、奸盗诈伪、设计诓骗、赌博撒泼、行凶结党、起灭词讼、挟制官府、欺压良善、行使假银、兴贩私盐、略卖人口、刁拐子女、酗酒宿娼、好勇斗狠、强占产业、侵欺官银、违禁取利、飞诡钱粮、习学邪术、结拜师尼，都是非为。"④ 两相比较，《皇明圣谕训解》保留了《演教民六谕说》中"非为"类型的绝大部分，只是将其中"赌博诓骗"析分为"设计诓骗""赌博撒泼"，改"陷害师长"一条为"行凶结党"，又加入"好勇斗狠"一条，将"略买略卖，刁拐子女"合并为"略买人口"，"结

---

① （明）王钦诰：《乡约序》，万历《项城县志》卷十《艺文》，国家图书馆藏万历刻本，叶四十八上。

② （明）蔡道充：《六谕善恶报应序》，万历《项城县志》卷十《艺文》，叶四十九上至下。

③ （明）王钦诰：《演教民六谕说》，万历《项城县志》卷十《艺文》，叶七十二。

④ （明）李思孝：《皇明圣谕训解》，第560~561页。

藏白莲邪术"改为"习学邪术、结拜师尼",其他十二项"非为"的行为完全相同,就排列的顺序也几乎一致。项城县隶属开封府。周王府长史、开封府同知在编纂《皇明圣谕训解》时,参考十年前项城知县王钦诰所编的《演教民六谕说》是很有可能的。

此外,《皇明圣谕训解》所列的报应事例,与《演教民六谕说》略同而更详,甚至文句亦甚相近。例如,《演教民六谕说》"孝顺父母"条列善报恶报事例云:"熊衮行孝,家不能举丧,天雨钱三日。重(董)永卖□□父,天降织女为妻。郭巨养妻,天赐黄金一窖。这是孝顺的报应。昔鄱阳有个王三十,将松材换了父母自置的好棺木,一雷击死,倒植其尸,不许家人收葬。郑县张法义张目骂父,两目流血而死。福州长溪有一民居海上,以渔为业,每藏其鱼,不与父母食,后有一鱼化蛇,啮喉而死。这是不孝顺的报应。"① 《皇明圣谕训解》条则举例云:"他如熊衮行孝,家贫不能举丧,天赐雨钱三日。董永卖身葬父,天降织女为妻。此皆是孝顺善报,人所共知。鄱阳有个王三十,家极富厚,不孝父母,后来他父母有病,自买一个好棺木,及死后,三十又将松木换了,没多时,天忽阴云骤合,三十被雷打死,倒置其尸,尸上有字云不许家人收葬。三十的儿子,将尸埋一土壑,夜复风雷大作,将尸击为数块四散,其子亦不敢收。只因忤逆不孝,致犯天威如此。又如张法义,睁目骂父,两眼流血而死。……福州郭长清,以渔为生,不养父母,后一鱼死化蛇,缠喉而死。此皆是不孝顺恶报,人所共知。"② 此外,《皇明圣谕训解》与《演教民六谕说》在"尊敬长上""毋作非为"两条诠释中所选的善报恶报的例子也基本相近。在《皇明圣谕训解》所选录的 26 个报应故事中,与可知的《演教民六谕说》的 18 个事例中,有 10 个案例是相同或相近的。不过,这些案例很有可能更早曾为罗汝芳所用,在沈寿嵩《太祖圣谕演训》以及后来以罗汝芳本为蓝本的清初孔延禧的《乡约全书》中也出现过相应的报应故事。但是,显然有些故事既不见载于王钦诰的《演教民六谕说》,也不见载于沈寿嵩的《太祖圣谕演训》。例如,《皇明圣谕训解》所选的案例如尹旻之

---

① (明)王钦诰:《演教民六谕说》,万历《项城县志》卷十《艺文》,叶六十八。

② (明)李思孝:《皇明圣谕训解》,第 551 页。

父、洞庭蒋举人、欧阳修母等，就不见诸书所载，所以很可能出自明人所辑的其他关于德行的典故之书。可见，《皇明圣谕训解》在善恶报应故事的选择上，既可能参考了王钦诰的《演教民六谕说》，还可能参考了罗汝芳所讲的报应故事，另外还应参考了若干其他讲修德行善之书。

附表1 《皇明圣谕训解》与《演教民六谕说》在选择报应事例上的相似性

		王钦诰《演教民六谕说》	李思孝《皇明圣谕训解》	张福臻《圣谕训解录》	沈寿嵩《太祖圣谕演训》	孔延禧《乡约全书》
孝敬父母	善报	大舜、姜诗、熊衮、重［董］永、郭巨	陆政、熊衮、董永	姜诗、董永	宋南安苏颂、宋李宗谔、元高邮卜胜荣、朱文恪公	黄香、王祥、熊襄［衮］、董永
	恶报	鄱阳王三十、郑县张法义、福州长溪有一民	王三十、张法义、虹县张宁、福州郭长清	王三十、虹县人（张宁）	鄱阳王二十、洛阳李留哥、郑县张法义、虹县民、福州长溪民、宋袁州陈隆、睢阳栗珠、河南王彦儒、凤阳汤里长、漳浦境内妯娌三人	郑县张法义、洛阳李留哥、鄱阳王三十、河南王彦伟
尊敬长上	善报	河内王震、元末潭州周司	元周司、杨津、司马光、王震	赵彦霄	汉马援、东晋颜含、宋河南王震、元末潭州周司、杨文定公、江阴张畏壘	河内王震、潭州周司
	恶报	宋绍兴洪州崇真坊一人	洪州人吴明、胡顺、张干	叶得浮、洪州一人	晋桓温、宋叶得孚、宋周好义、宋洪州崇真坊一人、宋真州周德旺、元黄州刘君祥、宋南丰朱轼	建安叶得孚、洪州崇真人
和睦乡里	善报	宋曾重	山阴高宗浙及同邑吴渊、周端	吴奎、朱承逸	汉平原守伏谌、宋三衢陈自量、宋曾重、倪文毅、杨謇、林士章、丘原高	张翥、眉山苏仲
	恶报	唐吕用时、国初蒋授	明吴中豪姓王氏及其子王翰	吕应明、蒋受	唐吕时用、宋秀州华亭吏陈某、成弘间江阴臧某	缙云吕用明、湘潭蒋释［授］

		王钦诰《演教民六谕说》	李思孝《皇明圣谕训解》	张福臻《圣谕训解录》	沈寿嵩《太祖圣谕演训》	孔延禧《乡约全书》
教训子孙	善报	？	窦燕山、欧阳修母韩国夫人	窦禹钧、邓禹	明刘忠宣公、罗钦顺、杨文懿公、林鹗	燕山窦禹钧
	恶报	？	定州人王瑶、袁淑	袁淑、王瑶	五代越州袁淑、元定州王瑶、正德樊毅	会稽袁淑、定北王瑶
各安生理	善报	？	历城尹氏尹旻之父	马真、柳应芳	晋黔南樵者柳应芳、宋泾原郑玄、宋上官谟、国初南通马贞、杨荣曾祖及祖、章懋、曾文恪公、唐龙、徐阶、张庄简、钱彻	刘留台、通州马真
	恶报	宋杨大同	洞庭山消夏湾蒋举人	杨大同、刘明	宋杨大同、沈秀、太仓监生王应禄	乐乡扬大同、梁时
毋作非为	善报	宋<u>张机</u>、唐壁山黄昭（<u>黄克明</u>）	东海人<u>张机</u>、<u>黄克明</u>	周处、陈寔	唐黄昭、五代吕默、宋龙溪黄彦臣、南昌王得仁、宁晋曹鼐、常熟吴文恪、太仓陆容、薛蕙、峡州程夷伯、信州周妇	宜兴周处、东海张机
	恶报	宋永福人<u>薛敷</u>	宋郑和、<u>薛敷</u>	薛敷、郑和	正德间镇江卫左所范某妻、唐澧州黄姓、季登、南唐李彦真、吴越王钱镠、宋范叔龙、薛敷、季叔卿、景泰间景世庠、彭镛、吉州陈良谟、麻阳郑和	永福薛敷、麻阳郑和

《中国古代法律文献研究》第十七辑

2023 年，第 175~190 页

清代生监与地方社会治理

——以诉讼为视角的考察*

王云红　　侯攀飞**

摘　要：清代的生监属于下层文人集团的主体，数量庞大，成分复杂。他们既是清代地方社会治理的对象，又是官府治理地方所要凭借的工具。清政府对生监群体既有优待政策又注意加以防范和限制，相关政策均是出于地方社会治理的需要。尽管清政府竭力防范，但并未能阻止生监频繁参与诉讼，地方文人好讼成风。在诉讼中，一些人扮演了礼法秩序的守护者；一些人成为地方麻烦的制造者；还有一些人则沦为地方麻烦的受害者。作为地方上一股强大的政治势力，他们还经常聚众倡言，引发群体性事件。清代沟通上下层的生监群体成为官府地方社会治理的重点和难点。无论是应对个体诉讼还是群体性事件，清政府都不断加强对生监涉讼的惩戒力度，但总体效果并不理想，其经验教训值得探讨。

关键词：清代　社会治理　生监诉讼

* 本文系国家社会科学基金重大项目"新疆流人史与流人研究"（项目编号：18ZDA190）的研究成果。

** 王云红，河南科技大学人文学院历史系教授；侯攀飞，河南科技大学人文学院历史系硕士研究生。

　　清代生监是一个非常特殊的群体。一方面，这一群体数量非常庞大，成分复杂；① 另一方面，这些人作为下层文人，对地方社会有着重要的影响。近年来，学术界对清代生监群体从不同侧面进行了一定程度的研究。王跃生认为清代生监虽然多是科场竞争的失败者，但他们通过合法或不合法的方式向社会下层渗透、控制民间权力，并对官僚政治施加影响，是一支不容忽视的社会力量。② 马俊亚通过对清中期江南基层社会中的"刁生劣监"的考察，指出道咸以降清政府治理方面出现的危机致使"刁生劣监"作为一个被妖魔化的群体，成为不良政体和执政无能的替罪羊，承担了社会积弊的罪责。③ 金敏、周祖文则以嘉庆朝刑科题本为中心，通过国家视角的考察，认为生监作为绅士的下层，是一个高度分化的群体，其经济状况差异较大。生监的社会功能受到国家权力和宗族权力的挤压，日益边缘化。④ 林乾、夫马进等指出很大一部分讼师来源于生监，这些文人即使没有受过专门训练，有时也会为人代作呈词。⑤ 李典蓉则从京控制度出发，认为生监参与诉讼，不仅仅局限在代人写状，他们有时本身就是呈控者，是很多京控案件的原告。⑥ 以上研究充分说明，虽然有关清代生监的研究已经比较丰富，但相关研究仍有较大的拓展空间。⑦ 本文拟以诉讼为视角，考察清代生监群体和地方社会

---

① 美国学者费正清指出，在 19 世纪初期生监的人数约有 110 万之多，参见 ［美］费正清编《剑桥中国晚清史》（上卷），中国社会科学出版社，1985，第 14 页；据学者张仲礼统计，太平天国前全国生监总人数约有 98 万人，参见张仲礼著，李荣昌译《中国绅士——关于其在 19 世纪中国社会中作用的研究》，上海社会科学出版社，1991，第 135 页。

② 王跃生：《清代生监的社会功能初探》，《社会科学辑刊》1988 年第 4 期，第 94—100 页。

③ 马俊亚：《被妖魔化的群体——清中期江南基层社会中的"刁生劣监"》，《清华大学学报》2013 年第 6 期，第 52—61 页。

④ 金敏、周祖文：《国家权力视角下的生监群体——以清嘉庆刑科题本为中心》，《浙江社会科学》2009 年第 7 期，第 77—82 页。

⑤ 林乾：《讼师对法秩序的冲击与清朝严治讼师立法》，《清史研究》2005 年第 3 期，第 1—12 页；［日］夫马进：《明清时代的讼师与诉讼制度》，《明清时期的民事审判与民间契约》，法律出版社，1998，第 413 页。

⑥ 李典蓉：《清朝京控制度研究》，上海古籍出版社，2011，第 231—240 页。

⑦ 邓建鹏曾指出，清代法律史的研究中，讼师之外的大部分司法参与者被人为忽略，清帝国司法的研究看不到参与者，司法过程成为没有人的机械式的运作。本文的写作也力图考察清代司法中文人参与群体的一种状态。参见邓建鹏《清帝国司法的时间、空间和参与者》，《华东政法大学学报》2014 年第 3 期，第 110—115 页。

治理的关系，探讨清政府对待生监诉讼的态度和策略，以总结相关经验教训。

一、 清政府对生监的优待与限制

生监是指科举制下的生员和监生。清代科举考试包括童子试、乡试、会试和殿试等不同等级，而初级考试童子试又涵盖"县试""府试"和"院试"三个阶段。根据规定，考生必须先后通过"县试""府试"和"院试"三级考试后，才能够取得生员的资格。生员俗称秀才，又有诸生、茂才等称谓，有着初级功名，受本地教官（即教授、学政、教谕、训导等）的监督和考核。生员有文生员和武生员，又分为三等，地方儒学中新入学者称为"附生"；经学政主持的岁试，成绩优秀者，可递补廪生、增生。廪生，又称为廪膳生员，是学额内的正式生员，例由公家按月供给膳食；其次为增广生员，简称"增生"，因廪生名额屡有增广，故名，亦食廪。监生则是国子监学生的简称，即在国子监肄业的生徒。以入监资格的不同，有各种名目。由会试落第、举人入监者，称"举监"；由府州县学生员选贡入监者，称"贡监"。清代又有恩监、荫监、优监、例监等类型。凡八旗官学生入监者，为"恩监生"；满汉文官京四品、外三品以上，武官二品以上之子入监者，为"荫监生"；府州县学附生选贡入监者，为"优监生"；民间俊秀捐纳取得监生资格者，为"例监生"。① 清代中后期，随着捐纳规模的不断扩大，一般所谓"监生"，多指由纳捐取得资格而不一定在监就学的人。②

清代的生员和监生尽管出身有所不同，但都处于文人求取官阶的初级阶段，还有继续参加乡试，考取功名做官的机会，因此基本处于同一阶

---

① 顾明远主编：《教育大辞典——中国古代教育史（上）》，上海教育出版社，1991，第120—122页。

② 清代监生多由捐纳而来，康熙四年定例，民间俊秀子弟捐米一千石，可以送监读书，其谷收入库内，存储待济。二十八年酌减数目，俊秀捐米二百石即准为监生。参见《六部则例全书户例》下《捐叙》。费正清认为，清代拥有最低一级功名的人当中，约有三分之一是按规定的价格向政府捐纳而取得身份的。参见［美］费正清编《剑桥中国晚清史》（上卷），第14页。

层，都属于下层的文人群体。① 生监群体既是政府实施教化所依赖的重要成员，又是国家治理深入地方所要面对的主要对象。他们既不同于官，也有别于民，清政府对于生监群体往往采取不同于官、民的治理策略。一方面，对他们有一定的优待政策，明确其作为"四民之首"的地位；另一方面，又对生监的活动有一定的限制，对于生监参与的诉讼案件，尤其高度重视。

科举体制下，生监是国家人才的储备力量，清政府对于生监群体的优待主要体现在：1. 对于生员群体，官府免除其自身丁粮，并提供一定数额的膳食。顺治九年（1652）由礼部制定的学校训士规条，就开宗明义指出："朝廷建立学校，选取生员，免其丁粮，厚以廪膳，设学院学道学官以教之，各衙门官以礼相待，全要养成贤才，以供朝廷之用，诸生皆当上报国恩，下立人品。"② 顺治十三年（1656），朝廷还专门御示各地方："将各学廪、增、附名数细查，在学若干，黜退若干，照数册报，出示各府州县卫张挂，俾通知的确姓名，然后优免丁粮。"③ 可见，清政府不仅给予生员免除丁粮的优惠政策，还要在各自府州县卫的衙门前公示其姓名，特殊对待。④ 2. 生监在地方上还拥有一定的社会地位和特权。早在明代就已经形成了"邑（州县）有大事，士子皆得与议"的惯例。清代士子也在一定程度上参与地方事务，受到社会认可和地方官的礼遇。如可以比较自由地出入衙门，公堂上可以免除跪拜等。3. 生监受当地学官的监督指导，地方官不得擅自处置。康熙九年（1670）定例指出："嗣后生员如果犯事情重，地方官先报学政，俟黜革后治以应得之罪。若词讼小事，发学责

---

① 学者张仲礼曾将绅士依照"绅"与"士"分为上层和下层两个集团，把通过初级考试的生员、捐监生以及其他一些有较低功名的人归为下层文人集团，以与由学衔较高的以及拥有官职而不论其是否有较高学衔的绅士集团相区别。参加张仲礼著，李荣昌译《中国绅士——关于其在 19 世纪中国社会中作用的研究》，第 6—7 页。本人认同其下层文人集团的界定，而生监群体正是下层文人集团的主体。对于该群体的文学形象，可以参见吴敬梓的《儒林外史》。
② 光绪《大清会典事例》卷三八九，礼部，学校，训士规条。
③ 光绪《大清会典事例》卷三九二，礼部，学校，优恤诸生。
④ 雍正二年，朝廷曾下令革除"官户""宦户"、"儒户"等名目，要求地方绅衿与百姓一体交纳钱粮耗羡、当差服役，实际剥夺了地方士人的经济特权，但很快再次重申了绅衿可以免除自身一人丁粮差役的政策，朝廷优免举贡生员等人的杂差。

惩，不得视同齐民，一律扑责。"① 清初监生的升迁革退需礼部批准，直到雍正时期出于管理需要，才把捐纳贡监的人事权交由地方学政。即便如此，生监群体在地方诉讼中，由于地方官不得随意责罚，还是有很大优越性的。

清政府在基层社会的治理中，对生监群体的活动也有诸多的限制。入关之初，主要是通过军事打击和政治迫害的方式或杀戮或惩治。之后，通过大兴文字狱，消弭地方士人的僭越不轨行为。同时，建章立制更加严密。顺治八年（1651）曾要求各地方衙门，"诸生进见，须设立门簿，或公事，或私事，或自构讼，或为人讼，或自为证，或被牵讼，全载情节。其有事不干己，辄便出入衙门，乞恩网利，议论官员贤否者，许即申呈学政，以行止有亏革退。若纠众扛帮，聚至十人以上，骂詈官长，肆行无礼，为首者照例问罪；其余不分人数多少，尽行黜革为民"②。顺治九年，又题准刊立卧碑，置于各地府、县学"明伦堂"之左，审明条规八款：一、生员之家，父母贤智者，子当受教；父母愚鲁，或有非为者，子既读书明理，当再三恳告，使父母不陷于危亡。二、生员立志，当学为忠臣清官。书史所载忠清事迹，务须互相讲究，凡利国爱民之事，更宜留心。三、生员居心忠厚正直，读书方有实用，出仕必作良吏。若心术邪刻，读书必无成就，为官必取祸患。行害人之事者，往往自杀其身，常宜思省。四、生员不可干求官长，结交势要，希图进身，若果心善德全，上天知之，必加以福。五、生员当爱身忍性，凡有司官衙门，不可轻入；即有切己之事，止许家人代告，不许干与他人词讼，他人亦不许牵连生员作证。六、为学当尊敬先生，若讲说，皆须诚心听受，如有未明，从容再问，毋妄行辨难。为师者亦当尽心教训，勿致怠惰。七、军民一切利病，不许生员上书陈言。如有一言建白，以违制论，黜革治罪。八、生员不许纠党多人，立盟结社，把持官府，武断乡曲；所作文字，不许妄行刊刻，违者听提调官治罪。③ 这一卧碑条规对后世影响深远。其中，体现在诉讼领域的

---

① 光绪《大清会典事例》卷三八三，礼部，学校，劝惩优劣。
② 光绪《大清会典事例》卷三八三，礼部，学校，劝惩优劣。
③ 光绪《大清会典事例》卷三八九，礼部，学校，训士规条。

主要是第四、五、七、八条。朝廷禁止士人从事诉讼活动，要求他们爱身忍性，不可干求官长、轻入衙门，更不许一言建白和立盟结社。有学者指出，清代学规禁令的目的是禁止言论自由、结社自由、出版自由，不许知识分子干涉政治，显示了清廷压制士子思想行为以巩固其统治的意图。①除卧碑条款外，清代还陆续颁布圣谕、训饬士子文、圣谕广训等官方文件对士子进行限制和规训。清代律例的发展过程中，也不断制定出一些对生监群体的专门法规。

二、 清代生监参与诉讼与官府的应对

出于稳定社会秩序、维护风化等因素，清政府竭力防范地方文人参与诉讼。对此，前述卧碑已经申告在先，同时官府还对生监的诉讼资格进行严格的限制。如黄岩档案中有：凡有职及生监、妇女、年老、废疾或未成丁无抱告者，不准。②徽州档案有：绅衿、妇女、老幼、废疾无抱告及虽有抱告，年未成丁者，不准。③巴县档案有：绅衿、妇女、老幼、废疾无抱告，及虽有抱告而年未成丁或年已老惫者，不准。④冕宁档案有：生监、老幼、妇女、残废之告状，无抱告者，不准。⑤南部县档案中有：命盗案件外牵连生监者，不准。⑥通过相关地方司法档案中的状式条例⑦可知，生监群体作为诉讼原告一般需要有抱告，不然衙门可以不予受理；同时规定命盗案件不可牵连生监，不然也不予受理。生监作为有诉讼行为能力的人，和妇女、老幼、废疾等无诉讼行为能力的人并列在一起，被限制诉

---

① 刘美然：《从两方高阳碑志拓片看明清两代的学规禁例》，《文物春秋》2014 年第 2 期，第 57—61 页。

② 田涛、许传玺、王宏治主编：《黄岩诉讼档案及调查报告》（上卷），法律出版社，2004，第 18 页。

③ 田涛、许传玺、王宏治主编：《黄岩诉讼档案及调查报告》（上卷），第 17 页。

④ 巴县档案，档案号：6-3-9832。

⑤ 冕宁县清代档案，档案号：1-7-44。

⑥ 南部县档案，档案号：Q1-4-20-187-9。

⑦ "状式条例"是指附于由官府统一制作的格式诉状之末，地方衙门对案件受理条件的规定。相关研究可参见邓建鹏《清朝〈状式条例〉研究》，《清史研究》2010 年第 3 期，第 1—12 页。

讼权利。这一方面是由于在时人观念中，生监已经有别于一般平民，他们作为有着初级功名的文人，呈词争讼，有碍礼法，会有伤风化；① 另一方面，由于生监能够比较自由出入公堂，抱告制度一定程度上可以减少他们干预司法。

然而，这并未能阻止生监群体参与诉讼，他们中不乏有人为图一时之利，包揽钱粮或诉讼，也有一些人成为诉讼的当事人，直接参与诉讼。② 黄岩诉讼档案的 78 宗清代诉讼案件中，以生监身份具呈诉讼的案件有 8 宗，占 10.5%。③ 李典蓉通过对其收集的清代京控案件的统计，指出生监、举人等为原告的案件约占总数的 13%。各省的情况则存在地区的差异，其中，山东省原告为生监的比例约为 11%，四川省为 18%，安徽省为 7%，江西省为 32%，两广为 16%，河南 18%，直隶 9%，湖南 10%，湖北 13%，江苏 34%，浙江占 40%。④ 可以说，尽管各地经济、文化因素存在差异，但作为下层文人的生监总是那个时代比较活跃的诉讼主体之一，文人好讼之风盛行。清代生监群体为何会如此频繁地参与诉讼，他们的活动又对地方社会治理产生了怎样的影响呢？

其一，生监群体读书明礼，是地方伦理和社会秩序的守护者，有时对地方上一些"悖礼违法"之事，会主动呈告。如雍正七年（1729），广东连州知州朱振基在家中私设吕留良牌位，加以祭祀，当地生员陈锡等首告，朱振基被革职严审，死于狱中。雍正嘉奖该科连州应试举子，由学政遴取优通者四人赏举人。⑤ 这种对异己思想的首告尽管不是常态，但能够得到朝廷的重视和嘉奖，也说明生监在地方上不可小觑的力量。他们往往依靠自身在地方权力网络中的优势，积极参与地方社会事务，并对地方利病发表意见，有时还不惜涉身诉讼。嘉庆十七年（1812），奉天复州受灾，

① 比较有代表性的观点如张之洞指出："原告亲身到堂，自是正办。然职官、命妇、举贡、生员，例得遣抱，所以体面而示优异，用意至深。"参见张之洞《张文襄公奏议》，中国基本古籍库本，第 1174 页。

② 学者范金民指出，明代末期江南的士子就已经形成了奔竞请托、行为张扬、隐漏钱粮、好持公论、包揽词讼等基本的社会形象。参见其《鼎革与变迁：明清之际江南士人行为方式的转向》，《清华大学学报》2010 年第 2 期，第 26—41 页。

③ 田涛、许传玺、王宏治主编：《黄岩诉讼档案及调查报告》（上卷），第 50 页。

④ 李典蓉：《清朝京控制度研究》，第 239 页。

⑤ 赵尔巽等撰：《清史稿》第 12 册，卷一〇八，中华书局，1976，第 3169 页。

官府奉旨对当地极贫户口赏给三月口粮，生员王虔邀同生员段法强等及乡保崔志温赴州呈控该州侵赈各款。① 嘉庆二十年（1815），河南南乐县因该县立法催追钱粮过严，武生张廷枢与生员张景清勾串王鹤赴京呈控，敛钱帮讼，并起意传帖罢考挟制；清风县生员王敬思亦因被县戒饬，闻风效尤。② 可以看到，在地方州县的灾民赈济、赋税收缴等官民互动活动中，总少不了生监们的身影。他们或代呈民命、或包揽钱粮，总与地方官府处于博弈之中。

有时他们为了维护地方所谓的礼法，甚至不惜频繁诉讼，直至呈控到京。发生在道光七年（1827）的河南淇县生员王鹤池京控王芬诱奸畏罪贿求、县官得赃等情一案就很有典型性。该案因王进才、王二妮未婚苟合有孕，王进才祖父王德昌因王二妮曾随其母在王芬家佣工，疑被王芬奸污，赴县呈控；后因明了真相，自悔误控求息，经县讯明销案。而王二妮无服族人生员王鹤池，则因听信王芬花银三千两贿结的谣言，先后多次赴府、赴院上控，最终把官司打到京城。根据京控审拟的结果："已革增生王鹤池诬告县官得受王芬贿银三千两，如果属实，应照枉法赃律，拟绞；今讯属全虚，自应照律，坐诬，惟该犯系听从王自孝唆使，应以王自孝为首，该犯以为从论罪。王鹤池合依诬告人死罪未决，杖一百，流三千里，加徒役三年律，为从减一等，应总徒四年，到配杖一百折责，充徒期满，递籍安插。"③ 该案显然属于民告官案件，尽管从结果来看，生员王鹤池对知县的控告是听信谣言的诬告，但从中也能够看到生监群体对地方官员的不法贪赃行文有着一定的制约作用。不仅如此，甚至地方官员的行事仪态都要受到生监文人的监督，稍有不慎也会受到他们的检举揭发。如道光十四年（1834），湖北黄陂县知县章雷祭祀文庙，因乘轿失仪违制，遭到捐职未入流人员胡器全、监生叶迈逵的呈控，结果章雷被发落以违制律革职，杖一百。④

---

① （清）祝庆祺、鲍书芸、潘文舫、何维楷编：《刑案汇览三编》，北京古籍出版社，2004，第413—414页。
② （清）祝庆祺、鲍书芸、潘文舫、何维楷编：《刑案汇览三编》，第411页。
③ 台北故宫博物院清代宫中档奏折及军机处档折件全文影像资料库：《杨国桢奏报审拟淇县生员王鹤池京控案（道光七年）》，文献编号：057767。
④ （清）祝庆祺、鲍书芸、潘文舫、何维楷编：《刑案汇览三编》，第392页。

其二，一些生监因精通律例，出入公堂，包揽钱粮、词讼，也会成为地方麻烦的制造者，给地方官府带来不少的压力。美国学者梅利莎·麦柯丽在对清代讼师的研究中指出，清代绝大多数讼师是科举精英中最下层的生监文人。她统计的146名因讼师罪名而被审判的人中，"有63人终身享有某种下层文人身份：有26名生员，18名被革黜的生员，4名武生，1名被革黜的武生，10名监生，2名被革黜的监生，以及2名正在纳捐监生资格的生员"，"有43%是文武生监或者是被革生员"。① 这些人的生监身份赋予其在地方上的社会声望，他们又通过对法律知识的掌握，强化其在地方场域中与官府博弈的能力。

晚清在山西为官的张集馨曾记载："平定州（今山西平定县）讼棍已革生员郭嗣宗，借其出嫁女自刎案，京控三次，省控四次，钦差行辕控二次。"郭嗣宗之所以频繁诉讼，则是因为郭父"在家塾课子时，并令读律例，又令作控词，兄弟互控，其父批判，贻谋本奇"。郭父死后，郭嗣宗又以其生母某氏名，在州县控其胞兄生员郭绍宗调奸伊妇；郭嗣宗每次出庭诉讼，都把自己七十多岁的老母亲带上，让母亲来顶撞审理官员，弄到后来山西的官员没有一个敢碰他的案子。② 晚清在陕西为官的樊增祥也针对洵阳县的抗阻粮赋案件，认为是身为讼棍的生监高维岳唆使的结果，指出："维岳系著名讼棍，县案存其呈稿数张。此次朱、鲁二人皆其指喉。此辈以讼事之有无为生意之衰旺。其来省也既控官，而又办货，白糖草纸，捆载先归，是直以讼为生涯。"③ 大量地方文人参与诉讼，以至当时一位官员曾失望地指出："今之学者吾不知，不为经师为讼师。"④

早在明代，统治者出于"息讼"的考虑，就已经通过禁毁讼师秘本、打击教唆词讼等严控地方文人的扛帮教唆参与诉讼。大清律沿袭明律，乾嘉时期更是相继出台了一系列严治讼师立法，对各类教唆词讼行为的惩治

---

① ［美］梅利莎·麦柯丽著，明辉译：《社会权力与法律文化：中华帝国晚期的讼师》，北京大学出版社，2012，第114页。
② （清）张集馨：《道咸宦海见闻录》，中华书局，1981，第40—41页。
③ （清）樊增祥：《樊山政书》卷七，中华书局，2007，第187页。
④ （清）陆玉书：《谕讼师》，载张应昌编《清诗铎》，中华书局，1960，第278页。

愈加严密和严厉。① 相关条例的增加，一方面说明清政府打击各种教唆词讼手段的不断升级；另一方面也说明以生监为代表的包揽词讼现象在当时社会条件下有一定市场，是难以禁绝的。

其三，部分生监文人因生活潦倒、生计所迫疲于奔命，本身也会成为麻烦的受害者，沦为原告或被告。清代生监群体高度分化，多数生活在社会的底层，他们多是遇到不平之事，遭遇欺凌，才不得不诉诸司法来衙门打官司。从黄岩诉讼中的 8 件生监控告案件来看，全部属于家务纠纷、钱债、田土等日常纠纷；从案件的处理结果来看，对于民间细事，地方官多以各种理由"不准"的方式拒绝受理，他们仍不得不自行面对棘手的问题。如案卷第 65 号中，监贡张鸿业控告张仙春等盗砍自己祖墓旁荫木。三月份首次呈告，被以"叙词均未明晰，又不绘图检契呈验，无凭稽核"为由驳回；四月份再次呈告，仍以原告无法提供契据，证据不足，要求"再遵饬，另呈办示"。② 可以说，这些人的生监身份并未给自己带来诉讼方面的优势。相反，文人涉案还被视为是有辱斯文之事，案件很难得到公正的解决。

有时这些地方生监也会因为自己制造的麻烦而成为被告。如嘉庆二年（1797），河南洛阳监生郭无邪因生活窘迫，央同庄熟人胡克栋作中，借逢源当铺钱十五千文，逾期无钱归还，遭胡克栋追控，被迫将自己三亩田地推给作抵，因此怀嫌在心，即在嘉庆四年捏造投身文契一纸，诬指胡克栋之子胡金鼎乃郭姓奴仆，与廪生周三元一起，阻挠胡金鼎应考，后遭到胡家先后赴县、院控告，最终郭无邪因挟钱债之嫌，即执他人远年文契诬告滋讼并属刁健，应照律杖一百徒三年；后因遇嘉庆六年六月十一日恩旨，减为杖一百，折责发落。③ 又如河南罗山县监生陶锡中曾于道光四年，借用同村万宗选钱五千文，日久未偿。六年十一月间，陶锡中复因乏用，再

---

① 具体考论可参见林乾《讼师对法秩序的冲击与清朝严治讼师立法》，《清史研究》2005 年第 3 期，第 1—12 页；邱澎生《十八世纪清政府修订〈教唆词讼〉律例下的查拿讼师事件》，《"中研院"历史语言研究所集刊》第 79 本，2008，第 637—682 页。

② 田涛、许传玺、王宏治主编：《黄岩诉讼档案及调查报告》（上卷），第 322—323 页。

③ 台北故宫博物院清代宫中档奏折及军机处档折件全文影像资料库：《颜检奏为洛阳县民胡金星赴京呈控郭无邪等一案（嘉庆六年）》，文献编号：404005977。

次向万宗选告贷，万宗选即以前欠未偿，何能再借等词，当面申斥，陶锡中因而挟恨，希图遇事拖累。该县规定，每村各设里长，经管催纳阖村钱粮，以杜差扰，每届冬底，由各村衿耆自行公举殷实能干之人，报县验充，逐年接替，俾均劳逸。惟时正值举报之期，陶锡中恃系监生，本有协同举报之责，因计万宗选乡愚，素不识字，如令充膺，下年里长必致受累，可以借此泄忿，随于十二月初一日，独自出名，捏称商同本村衿耆遴选后，万宗选身家殷实，可充下年里长，赴县举报；后万宗选被票差皂役汪大闻吓诈自杀殒命。万宗选之子万太礼先后赴省、赴京呈控，结果已革监生陶锡中挟告贷不遂微嫌，辄思借端陷累，致酿人命，情殊险恶，实属生事扰害，照凶恶棍徒生事扰害良人，发极边足四千里安置例，发极边足四千里，到配折责安置，据供亲老丁单，不准留养。[①] 上述两起案件中，这些生监尽管生活贫穷，但与人产生嫌隙后仍可以利用自身拥有的潜在资源，进行打击报复。洛阳监生郭无邪采取的方式是捏造投身文契阻挠受害人之子应考；罗山县监生陶锡中则凭借有协同举报里长之责，令受害人充膺里长致其受累。当然，最终他们都是聪明反被聪明误，搬起石头砸了自己的脚，害人又害己。

总之，清代生监群体日益分化，他们参与诉讼的情况十分复杂。一些生监，借助身份优势和掌握的礼、法知识，频繁涉讼，在维护传统礼法的同时也不时冲击当时的法律秩序。对此，清政府借助他们维护地方礼法秩序的同时，也试图严惩其包揽教唆词讼的行为。多数生监科场失意，生活落魄，贫困往往成为他们陷入讼案的主要因素。底层生监作为原告在民事细故案件诉讼中并没有优势可言，案件很难得到受理；当然，借助自身潜在的优势，他们也可能成为地方麻烦的制造者而沦为被告。

三、 诉讼中群体性事件与官府的惩治

清代生监群体不仅个体积极参与词讼，冲击当时的法律秩序，作为地

---

① 台北故宫博物院清代宫中档奏折及军机处档折件全文影像资料库：《杨国桢奏闻罗山县民万太礼京控案（道光八年）》，文献编号：059692。

方上一股较为强大的政治势力，还经常聚众倡言，往往引发群体性事件，对当地的社会秩序造成更大的影响。此种传统在明代甚为明显，清人陆文衡曾指出："吴下士子，好持公论，见官府有贪残不法者，即集众倡言，为孚号扬庭之举，上台亦往往采纳其言。此前明故事也，今非其时也。"① 与明代相比，清政府严控地方生监的活动，对于地方士人的聚众行为，尤其是诉讼中的群体性事件加大了惩治力度。然而，清代诉讼中地方文人参与的群体性事件仍层出不穷，部分生监借助在地方上的影响力，挑头闹漕、罢考、哄闹公堂等。这里仅以生监群体罢考与官方惩治为例，考察清代生监在群体性诉讼中与官府的博弈过程。

清代史料中不乏生监群体参与诉讼的案例，如嘉庆二十二年（1817）四月，宝坻县有监生袁怡等 5 人呈交的禀状；② 道光六年（1826）巴县有监生戴新盛等 3 人共同呈交的状纸。③ 地方文人比一般人有着更高的政治敏感度，当他们与地方官争竞龌龊、身受凌辱或遭遇不公时，往往成为群体性事件的引发者。明代已频现地方士人组织或领导的所谓"学变""士变"，此种风气至清代并未因为文网的加强而有所消歇。科举取士乃是国家的经纶大典，举子们借助科举乡试之机，通过罢考、阻考、闹考的方式表达不满，则能够给官府造成更大的政治压力。有学者统计，有清一代，见诸史乘的罢考群体性事件就多达 20 余起。④

早在康熙六十年（1721）六月就发生了一件影响深远的生监罢考事件。是年江苏省靖江县知县郑荣凌辱士子，恰逢学使郑任钥组织岁试，生童遂联名罢考，概不应试。当地生童之所以有如此行为，乃是由于"往时地方公事及有司苛虐，士子率以罢考，则有司被参而得计"。没想到此案发生后，康熙帝非常震怒，通令地方督抚严讯，最终将揭告的生员祁镳、萧时雨等及知县郑荣皆拟斩监候，并严禁靖江县生童十年不得应试。⑤ 这

---

① （清）陆文衡：《嗇庵随笔》卷三《时事》，台湾广文书局，1969 年影印本，第 14 页。
② 顺天府档案，档案号：28－2－95－134。
③ 四川巴县档案，档案号：6－3－308。
④ 贺晓燕：《清代生童罢考、闹考、阻考之风述评》，《探索与争鸣》2009 年第 8 期，第73—76 页。
⑤ 萧奭：《永宪录》卷三，周光培编《清代笔记小说》（43 册），河北教育出版社，1996，第 201 页。

一处罚援自上请，处罚严重程度超乎了所有人的预料。最高统治者也许希望通过典型案件的严厉打击来禁止地方士子动不动就以罢考胁迫官府的行为。但此案并未形成定例，靖江县的科考禁令也在雍正初年被恩准取消。

就在靖江全县生童庆幸天恩眷顾、重获科考机会之际。雍正二年（1724）六月，河南封丘县又发生了一起震动朝野的全县生童集体罢考事件。地处黄河下游北岸的封丘，治河需要大量人夫，当时抽调的办法是"需用人夫分派附近州县，州县按照百姓地亩，或顷半，或二顷出夫一名，论方做工"，形成绅衿一体当差之例。这一做法在封丘引发生监的强烈不满，并采取了公开的反对行动。他们先是群体前往巡抚衙门具控，又哄闹县城署衙，最后在是年的生员岁考和童生考试中集体罢考。在处理此事件的过程中，以河南学政张廷路为首的一些官员出于笼络士人的意图，以安抚手段希望大事化小，却归于失败；而以新上任的河南布政使田文镜为首的官员则坚持对生监闹事进行大力整饬。最终封丘生童在地方政府的严厉打击下，重新回到考场进行了补考；罢考事件中为首的生员王逊、武生范珊等人被斩决，王前等人处绞监候，处置不当的官员也先后受到处罚。学政张廷路被革职，开归道道员陈时夏单职留任。[①] 朝廷随后形成定例，"地方如有借事聚众，罢市罢考殴官等事，其不行严拿之文武官弁，皆照溺职例，革职"[②]。该定例主要是要求地方官员遭遇群体事件时要及时查拿，不作为则构成溺职罪。

之后，雍正七年、八年，江西、广东等多地也相继发生生监闹考、罢考事件。十二年（1734）江苏镇江府试时，童子深夜触犯禁令，并忤抗将军王钺，继而聚众罢考。针对生监罢考事件的频发，雍正帝于这年的九月发布一道著名的谕旨："各省生童，往往有因与地方有司争竞龃龉而相率罢考者，或经教官劝谕，或同城武弁排解，然后寝息其事，此风最为恶劣。士为四民之首，读书明理，尤当祗遵法度，恪守宪章，化气质之偏，祛嚣陵之习。况国家之设考试也，原以优待士子，与以上进之阶，论秀书升，遭逢令典，凡尔生童，不知感戴国恩，鼓舞奋勉，而乃以私心之忿，

---

① 有关该事件的详细论述参见李世愉《封丘生童罢考事件剖析》，《清代科举制度考辩》，沈阳出版社，2005，第29—47页。

② 光绪《大清会典事例》卷一三二，吏部，处分例。

借罢考为挟制官长之具，何市井无赖至于此乎！盖因庸懦之督抚学臣，希图省事，草草完结，不加严惩，以至相习成风，士气益骄，士品日流于下，关系匪浅。各省生童等，如果该地方官有不公不法凌辱士子等情，自应赴该地方上司衙门控告，秉公剖断。嗣后倘不行控告，而邀约罢考者，即将罢考之人，停其考试；若合邑合学俱罢考，亦即全停考试。天下人才众多，何须此浮薄乖张之辈，是乃伊等自甘暴弃，外于教育生成，即摈弃亦何足悯惜。如此定例，亦整饬士习之一端，着该部妥议通行。"①

清政府认为，士人相率罢考是士气骄横、士品日下的结果；而地方官员的纵容更进一步助长了这一风气。因此，朝廷一方面提出对地方官凌辱士子的情况，士人可以向上级衙门提请控告；另一方面对罢考严厉整饬，罢考则停其考试。该上谕表明了清政府严禁生童罢考的态度，使得整饬罢考行为有了系统的制度规范。乾隆十三年（1748），刑部更明确规定对于那些假地方公事罢考、罢市及逞凶殴官者，为首者斩立决，较为明智地采取了重惩首犯、轻罚从犯的策略。后相关条例又经过乾隆五十三年（1788）修并，嘉庆十四年（1809）改定，针对聚众罢考的处理规定更加严密。②

然而，清代生监罢考事件并未因有法律规范而有所减少。清代生监之所以频繁群体性罢考，一则是清代士人凭借在政治、经济和法律上的特权，有恃无恐；再则是受到传统"法不责众"心理的影响；另外，读书人比普通百姓更加敏感，遇到不平之事，敢于挺身而出，也是一大因素。

从清代后期的相关案例来看，有些人往往因一些琐事也会声言罢考。如根据道光二年（1822）河南巡抚奏案，巩广信因王芹被人挤跌，唆令其父王吉昌赴县咆哮，经学官将王吉昌传去申斥，又起意罢考，约会禀保不从，即行中止，将巩广信依刁民借事罢考为首斩决例上量减，发新疆充当苦差。③另根据民国《沧州志》记载，沧州恩贡生孙廷弼纠约700余人罢

---

① 光绪《大清会典事例》卷三八三，礼部，学校，劝惩优劣；另见《清世宗实录》卷一四七，雍正十二年九月戊子。字数有所增减。

② 胡星桥、邓又天主编：《读例存疑点注》，中国人民公安大学出版社，1994，第338页。

③ （清）祝庆祺、鲍书芸、潘文舫、何维楷编：《刑案汇览三编》，第411页。

考，致使县令在考场外下跪求饶方止。① 直到光绪年间，湖南沅州府芷江县童生聚众闹考。朝廷在派员处理后，不得不再发上谕，重申雍正十二年（1734）谕旨，应永远遵守，并指出："各省应试生童，或尚未能遍知，着各直省督抚学政，恭录通行晓谕，务使士子咸知儆惧，安分守法，毋得逞忿滋事，致罹重辟。"② 可以说，生监在群体性事件中主要依赖其文化资本和地方性资源，往往置国法于不顾，给地方治理造成极大的冲击。

结　语

费孝通在《乡土重建》中提出"双规政治"概念，指出传统中国在自上而下的政治轨道执行政法命令之外，县级以下还存在着自下而上的政治轨道，这轨道并不在政府之内，但是其效力却是很大的，绅士可以从一切社会关系，亲戚、同乡、同年，等等，把压力透到上层，一直可以到皇帝本人。③ 在这种情况下，清代生监群体无疑就是组成下层绅士的主体，刚好处在"双规政治"双向运动的中间环节。他们既是国家治理深入基层要面对的主要对象，又是官府治理地方所要凭依的工具。总的来看，生监作为十分活跃的社会群体，在地方社会的权力网络中占有重要的地位。清代生监文人频繁参与诉讼，好讼之风盛行。诉讼场域中生监们自身拥有的身份优势和文化资源能够对地方秩序造成极大的影响。士风关乎民风，清政府在地方社会治理中也非常注重对地方文人的利用和控制，一方面给予他们一定的优待，同时又不断增修律例加以限制和惩戒。无论是个人诉讼还是群体性事件都让我们看到了清代国家对文人治理和规训的生动实例。尽管清政府采取了一系列措施，但总体而言，以生监为主体的地方文人治理效果并不佳，始终是清代地方社会难以应对的主要问题。

---

① 民国《沧州志》卷一四，事实志，轶闻。
② 《清德宗实录》卷二三四，光绪十二年庚子。
③ 费孝通：《乡土中国 生育制度 乡土重建》，商务印书馆，2011，第383页。

《中国古代法律文献研究》第十七辑

2023 年，第 191~234 页

从"擅食田园瓜果"律
看传统中国的社会治理

——以财产秩序中的青苗会为分析对象

伍　跃[*]

摘　要：明清律中的"擅食田园瓜果"律是维护乡村财产秩序的重要规范，地方官的劝谕、示禁及乡规民约中亦多有保护农民收入来源的内容。然而，法律规范、道德说教往往与司法实践存在差距，"擅食田园瓜果"在实践中屡见不鲜、屡禁不止。有组织的看青成为保护农作物免遭盗害的最为有效的手段。青苗会是季节性的、由相关农户自愿结成的、负责选择看青夫和管理看青费用等事务的组织。中日学界对其不乏研究，但对青苗会在前近代中国国家治理中所处的位置，及其组织性质、运作与维系等问题仍有待深入考察。本文通过探究青苗会立会、运作及彼此间关系的调整，可发现其将国家权力拉入乡村社会，积极地寻求国家干预基层事务以及调整青苗会的内部关系，以获取官方背书的权威性。国家权力及其代理人也会通过满足青苗会某些要求的方式，将自身影响力渗透至社会末端，以实现社会秩序的稳定。当然，在涉及自身利益的

---

* 日本大阪经济法科大学教授。

情况下，青苗会也会采用消极对待的方式回应公权力。

关键词： 青苗会　财产秩序　社会治理　中间团体　前近代中国

19世纪末期在山东和直隶地区进行过传教活动的美籍传教士明恩溥（Arthur Henderson Smith）曾经描写过偷盗农作物的风习在乡间十分盛行，他提到这些偷盗行为并不仅仅限于瓜果，而且还包括"似乎不容易偷盗的高粱"、小米和棉花。明恩溥形象地描写了棉花地里的情况：①

就棉花而言，去别人地里拾棉花是绝对挡不住的诱惑。如果看守人看到一个人胳膊上挎着一个篮子，在棉花地的远端一边慢悠悠地走着一边拾棉花，他就会喊道："你是谁？"这个人可能加快一点脚步，但并不停止拾棉花，如果他走开到其他人地里去了，他就成功了。

在这种情况下，农民们为保护属于自己的农作物，采取了"某种措施使未设防的财产得到有效保护"。于是，在明恩溥眼前出现了如下的景象：

任何一个果园，一旦果子显露一丁点成熟的现象，园主就要安排家里人日夜看守，直到所有的杏子、李子或梨子都从树上摘下来。晚上愈是黑暗、愈多雨水，愈需要加强警戒，拥有果园的家庭每年都有一段时间完全扑在这笔财产上。在七月份和八月份的时候，田野上小茅屋星罗棋布，这些简陋的住屋一直要在庄稼全部收获完才被舍弃。……在人口稠密的地区，……每当黄昏时，村民们就像清晨去地里劳动那样开始出发。每条路上都涌现出男人、女人，甚至小孩。在地里置放着一张轻便的木头床，上面遮盖着一层硬硬的高粱秆，顶部的一些高粱秆被捻在一起，一块旧蒲席挡在阳面，就是在这样一个简陋的小棚屋下，整日整夜地轮流坐着一个已经老掉牙的妇人。

明恩溥笔下的这些行为就是看青。

---

① ［美］明恩溥撰，午晴等译：《中国乡村生活》，时事出版社，1998，第161~163页。

在中国农村，防止他人偷窃田地里的庄稼果实而采取的措施被称为"看青"。"看"指看护，"青"指尚未成熟或尚未收割的庄稼果实。看青有可能是农民一家一户的行为，也可能是团体的行为。负责后者相关事务的组织被称为青苗会。青苗会是一个季节性的、由相关农户自愿结成的组织，负责选择看青夫和管理看青费用等事务。近代以后，华北地区的一些青苗会逐渐演变成负责乡村镇集公共事务或衙门交付的行政事务的组织。

恕笔者寡闻，近代以后，中国学界对青苗会问题的关注可以上溯到20世纪的20~30年代。就关于青苗问题的专题研究而言，目前已知最早的文献是1933年11~12月在《北平晨报》的《社会研究》专栏连载的调查报告——《解口村大秋青苗会之概况——二十年七月调查》①。该报告的执笔者梁桢于民国二十年（1931）七月前往当时的河北省永清县解口村（今河北省廊坊市永清县韩庄镇东、西解口村），对当地大秋时节的青苗会进行了调查。该青苗会的历史可以追溯至清光绪元年（1875），到梁桢进行调查的民国二十年为止，已经延续了大约半个世纪，历经6任会首。梁桢调查分析了历任会首的情况，发现他们有如下特点：

1. 家境富裕，能给会中零用之物品者（如柴火、油盐等）。
2. 有空房能为开会，及存放粮食之用者（会中有公共粮食）。
3. 能干者。
4. 自幼即帮办会务者及其他。

梁桢还观察到青苗会的会首实际上是由家族世袭的：

（会首的）任期无一定限制，是以家庭为单位，不以人为单位。换言之，即只要其家中富裕，虽人不能干，会首亦必由此家担任，故会首之职务又当为世袭的。

此外，他还详细调查了青苗会负责的诸项事务，即写青（成立青苗会、确定看青范围、雇用看青夫、宣布禁约事项）和看青（看青的时间、

---

① 收入李文海主编《民国时期社会调查丛编（二编）·社会组织卷》，福建教育出版社，2009，第77~85页。

方法、报酬、罚则），以及敛青（收割后征收看青的相关费用）等。

除了上述梁桢的专题研究之外，一些中国学者在调查社会组织和农村社会问题时也涉及青苗会或类似组织的问题。从时间上来看，这些调查均早于日后日本学者在华北沦陷区实施的惯行调查；在调查地域方面，也大于日本学者的调查范围，不仅有华北地区，也包括了华中和华南。近年，这些调查报告的一部分被重新编辑出版。① 20 世纪 80 年代以后，中国学术界在研究农村社会时也涉及青苗会的问题。在这些研究中，可以看出"国家与社会"或"农村自治"的研究范式的影响。王福明利用顺天府档案，指出青苗会在看青之外，还要负担衙门的劳役、管理庙产和修路架桥等工作。王福明不同意旗田巍关于青苗会是清末民初根据官府的命令成立的见解，认为青苗会的性质是不受政府机关直接控制的"民间自治组织"。② 杨念群利用顺天府的档案，描述了青苗会从单纯的看青组织向复杂的行政组织转变的轨迹。③ 张思和周健通过对顺天府档案的分析，将防止农作物被盗的青苗会的历史追溯到清嘉庆十一年（1806），并说明了青苗会所承担的看青和村落自治的工作内容，指出"这个民间的自发组织便日益被改造为官方在基层的施政工具"④。

另一方面，在第二次世界大战期间以及战后相当长的一段时间之内，日本学术界对青苗会问题进行了研究。其研究的目的之一是通过探求中国社会的构成原理及其成员的行为准则，从而加深对中国社会特质的理解。在抗日战争期间的 1940 年至 1944 年，日本学术界在中国的华北沦陷区进行农村惯行调查时，就致力于了解包括农村中的合作关系在内的各种社会关系。例如，在调查项目中，有"村民共同防御和产业合作中的互助关

---

① 例如，李文海主编：《民国时期社会调查丛编（一编）·社会组织卷》（福建教育出版社，2014）收录的刘启明等《安徽宿县原有乡村组织之概况》（第 46~63 页），张中堂《一个村庄几种组织的研究》（第 64~91 页）；李文海主编：《民国时期社会调查丛编（一编）·乡村社会卷》（福建教育出版社，2005）收录的万树亭《黄土北店村社会调查》（第 78~92 页），蒋旨昂《庐家村》（第 170~237 页）。这些调查报告的初刊年月请见上述各书。
② 丛翰香主编：《现代冀鲁豫乡村》，中国社会科学出版社，1995，第 92~101 页。
③ 杨念群：《华北青苗会的组织结构与功能演变——以解口村、黄土北店村等为个案》，《中州学刊》2001 年第 3 期，第 138~142 页。
④ 张思、周健：《19 世纪华北青苗会组织结构与功能变迁》，《清史研究》2006 年第 2 期，第 39~51 页。

系：互助事项和范围、互助的发起人、对违反者的惩罚与制裁"①。

旗田巍本人是华北农村惯行调查的参与者之一，他利用该项调查的成果——《中国农村惯行调查》中的文献，对青苗会问题进行了研究，并发表了一系列论文。他旨在阐明"中国社会的历史特征"，对青苗会的产生发展过程和看青合作的各种形式进行了详细分析，说明了青苗会的活动，认为青苗会开展的合作不是基于所谓的"村落共同体"，而是村民根据其生活中的某种"合理打算"，从而"在生活的某一方面的互助"，属于一种"被动的合作"。② 此外，福武直在研究中将青苗会作为一种社会团体，清水盛光则视青苗会为中国农村社会中"通力合作"的一个具体事例。③ 战后，内山雅生除了使用《中国农村惯行调查》中的文献之外，还利用他本人在原惯行调查地的追踪调查获得的资料，研究了 20 世纪中期以后的青苗会的活动情况。④ 毋庸讳言，这些都是基于民国年间的惯行调查以及 1980 年代之后对青苗会的实际情况的调查为中心进行的研究。

在日本学术界，小田则子率先利用清代的顺天府档案研究了青苗会问题。她从 1995 年起发表了一系列的论文，主要分析了清代嘉庆年间以后青苗会的组织及其职能，以及 19 世纪华北地区劳役负担方式的变化与青苗会作用变化之间的关系。⑤

① ［日］中国农村惯行调查出版会编：《中国農村慣行調査》（第 1 卷），岩波书店，1981，第 44 页。关于抗日战争时期日本学者对华北的认识，请参看 ［日］内山雅生撰《戰時期日本の中国農村研究と華北》，载 ［日］本庄比佐子等编《華北の発見》，汲古书院，2014，第 177~199 页。关于青苗会研究以及共同体研究的学术史，请参看张思《现代华北村落共同体的变迁——农耕结合习惯的历史人类学考察》，商务印书馆，2005，第 1~54 页；祁建民《中国における社会結合と国家権力——近現代華北農村の政治社会構造》，御茶水书房，2006，第 3~26 页。

② ［日］旗田巍：《中国村落と共同体理論》序言，岩波书店，1973，第 v~viii、3~49、175~232 页。

③ ［日］福武直：《中国農村社会の構造》，东京大学出版会，1976，第 96~192、490~494 页。［日］清水盛光：《中国郷村社会論》，岩波书店，1983，第 560~598 页。

④ ［日］内山雅生：《現代中国農村と「共同体」》，御茶水书房，2003，第 57~110、163~217 页。

⑤ ［日］小田则子：《清代の華北農村における青苗会について——嘉慶年間以降の宝坻県の事例より》，《史林》第 78 卷第 1 号，1995，第 88~96 页；同《清代華北における差徭と青苗会——嘉慶年間以降の順天府宝坻県の事例》，《東洋史研究》第 58 卷第 3 号，1999，第 110~144 页。

我们在前人研究的基础上，应该将对看青和青苗会的研究继续推向深入。首先是青苗会组织在近代以前中国国家治理中所处的位置的问题，换句话说就是该组织在前近代中国社会的作用问题。到目前为止的研究中，学者们关注了青苗会组织与国家或社会的关系问题，但对于该组织与前近代中国社会中得以存在的制度性原因似乎着眼较少。费孝通曾经指出，前近代中国社会的特征是基于"礼治秩序"的"乡土社会"，也就是"礼治社会"。在他笔下，"礼治社会并不是指文质彬彬"的社会，而是指基于"礼"即"社会公认合式的行为规范"的社会，维持这一社会的是"传统"即"社会所积累的经验"，而不是"国家的权力"。① 问题在于，这种礼治社会的"行为规范"究竟是什么？费孝通所说的"传统"又具有何种内涵？换句话说，这些"行为规范"和"传统"是如何表现、如何发挥作用的？它们与"国家的权力"之间是否有所关联？具体到维护财产秩序的青苗会来说，为什么会出现源自民间的、维护财产秩序的组织呢？该组织的出现与费孝通所说的"礼治秩序"之间是否存在有某种关联？国家与这些组织之间是如何发生联系的呢？本文将首先从维护财产秩序的角度讨论这一问题。第二个问题是青苗会作为组织的运作与维系的问题。这就是说，遂行看青等项事务、亦即民间的"合作"事务的过程之中，青苗会是如何调整自身内部关系的？是否同样存在着不依靠"国家的权力"、仅凭"传统"便可以维持青苗会的运作呢？与此相关，青苗会为了维护自身作为组织的存在是否向国家提出过某种要求？如果有的话，国家又是如何回应青苗会的要求的呢？换句话说，就是国家在维护青苗会存在地位中的作用问题。最后，还将对青苗会组织的性质问题略述私见。

一

（一）关于维护财产秩序的法律规定

古今东西，在任何社会中，为了维持包括财产秩序在内的社会秩序的

---

① 费孝通：《乡土中国》，人民出版社，2008，第58~65页。

稳定，政治权力都会在通常意义上致力于保护私有财产的安全，使其免受盗窃和抢劫。这一点在传统中国的礼治社会中同样具有十分重要的意义。换言之，财产秩序的维护固然需要"传统"的力量，也需要并且不可能离开"国家的权力"的干预。

盗窃是人类历史上最古老的罪名之一。中国古代思想家荀子将"盗"解释为"窃货"的行为。① 在战国时期的秦国，法律规定，"或盗采人桑叶，赃不盈一钱"者，将被处以"赀徭三旬"，即判服劳役三十天。倘若成年男子偷盗他人耕牛，则处以"系一岁"即一年的监禁，刑满之后还要服"城旦"刑，即四年的筑城苦役。② 这种惩罚体现着维护财产秩序稳定的国家意志。当然，这种国家意志是符合社会大众的普遍愿望和要求的。

在农业社会，土地收入是财富的主要来源。除了自然灾害和动物造成的破坏外，人为的破坏行为，如践踏损毁生长中的农作物，将牲畜放牧到别人的田地或菜园，故意破坏灌溉设施，在收割期间偷走庄稼，等等，对于辛勤劳作了一年的农民来说，无疑是一个巨大的打击。这些破坏行为使他们难以维持生计，既扰乱了社会秩序，也冲击了国家税收的基础。

为了保护农民的收入来源免受破坏和盗窃，除了上述的秦律之外，中国历代都制定了相应的立法措施。例如，唐代的法律中有如下规定：

> 诸于官私田园，辄食瓜果之类，坐赃论。弃毁者，亦如之。即持去者，准盗论。

由此可见，对于私自食用或损毁他人农产品的行为将被以"赃"论罪，而盗取者则以"盗"论罪。③

明清两代的基本法典——《大明律》和《大清律》——都继承了唐律中对擅食和持去者分别问以赃罪和盗罪的立法原则的上述精神，在"户

---

① （清）王先谦撰，沈啸寰等整理：《荀子集解》卷一《修身篇》，中华书局，2007，第24页。
② 睡虎地秦墓竹简整理小组：《睡虎地秦墓竹简》，文物出版社，1990，第95页。
③ （唐）长孙无忌等撰，刘俊文点校：《唐律疏议》卷二七，中华书局，1983，第516页。

律·田宅"之下立有"擅食田园瓜果"律。如《大明律》规定：①

> 凡于他人田园，擅食瓜果之类，坐赃论。弃毁者，罪亦如之。其擅将去及食系官田园瓜果，若官造酒食者，加二等。

明朝嘉靖年间曾经在刑部先后担任过山东清吏司郎中和员外郎的雷梦麟在解释该条时直接涉及了财产权的问题，即"物各有主"②：

> 物各有主，他人田园瓜果，非己所有，不请于人而擅食之，夫食物非贪而擅食为非礼，且于人有损也，故坐赃论罪。虽不食而弃毁之，其损于人均也，故罪亦如之。夫擅食且不可，而可以擅将去乎？盖擅食者，所食有限，擅将去者，则所取或多，故与食系官园林瓜果，若官造酒食者，各加坐赃之罪二等。

万历年间，由刑部主持编纂的"司法解释"——《大明律集解附例》中对此有如下解释：③

> 纂注：擅字与私字有别，不掩人知而阳取曰擅，不与人知而窃取曰私。……此谓凡于他人田园内瓜果之类擅自取食者，计其食过所值之价，坐赃论罪。若虽不食而弃毁者，其罪亦如擅食者科之。其有于他人瓜果擅自将去及擅食系官田园瓜果与夫官造酒食者，各加坐赃之罪二等。

从这一段解释文字可以看出，"阳取曰擅"，"窃取曰私"，虽然都是对他人财产权的侵害，但是在律意及立法的本意上两者是有区别的。律意上的这种细致区分突出地反映在万历年间私人编纂的《鼎镌六科奏准御制新颁分

---

① 怀效峰点校：《大明律》卷五，法律出版社，1999，第 57 页。
② （明）雷梦麟撰，怀效峰等点校：《读律琐言》，法律出版社，1999，第 144 页。
③ （明）袁贞吉等纂注：《大明律集解附例》卷五，清光绪三十四年修订法律馆刊本，第 21a~22b 页。

类注释刑台法律》一书中给出的量刑标准上：①

> 凡于他人田园擅食瓜果之类（他人田园内瓜果成熟，不问于主而擅自食之，忘其廉洁），坐脏论（验其所食瓜果价钱坐脏论。一贯以下笞二十，至五百贯值银六两二钱五分，杖一百徒三年）。弃毁者，罪亦如之（杖一百徒三年）。其擅将去及食系官田园瓜果、若官造酒食者，加二等（夫擅食且罪之，而可以擅将去乎？盖擅食有限，而擅将去所取必多，与食系官田园瓜果，若官造酒食者，各加坐脏之罪二等也。律止杖一百流二千五百里）。

由此可见，即便是在依靠传统维持的礼治社会中，体现国家权力的法律依然是保证财产秩序的重要手段。在注重"物各有主"的原则之下，在量刑时，对"不问于主而擅自食之"之人和"擅将去"之人是分别对待的。

《大清律》同样继承了前代法律中的这一规定：

> 凡于他人田园擅食瓜果之类，坐赃论（计所食之物价，一两以下笞一十，二两笞二十，计两加等，罪止杖六十徒一年）。弃毁者，罪亦如之。其擅将（挟）去及食（之者）系官田园瓜果，若官造酒食者，加二等（照擅食他人罪加二等）。

清代律学家沈之奇对此综合了明代以来各家的注释：②

> 物各有主，他人田园瓜果之类，不告于主而擅食之，于己非分，于他人有损，故计其食过所值之价，坐赃论罪。弃毁者与擅食者同也，故罪亦如之。其于他人瓜果擅自将去，则己有利之之心，甚于擅

---

① （明）阙名辑，（明）萧近高注：《鼎镌六科奏准御制新颁分类注释刑台法律》卷二，中国书店 1990 年影印明万历三十七年潭阳熊氏种德堂刊本，第 17b～18a 页。

② （清）沈之奇撰，怀效锋等点校：《大清律辑注》卷五，法律出版社，2000，第 244～246 页。又，关于沈之奇的《大清律辑注》请参见［日］谷井俊仁、［日］谷井阳子译注《大清律刑律 1——伝統中国の法の思考》解说，平凡社，2019，第 13～49 页。

食者矣……加坐赃罪二等。……按坐赃本律，一两以下笞二十，至十
两笞三十，每十两加一等，罪止杖一百徒三年。今注云一两以下笞一
十，二两笞二十，计两加等，罪止杖六十徒一年，用坐赃论罪而稍变
其法。盖擅食之过甚小，所食之数有限，必不出一两以外，改笞一十
以从轻。而弃毁、将去为数或多，故改计两加等以从重。然罪止杖六
十徒一年，虽重而不苛，诚为至当也。加二等及同罪者，亦依此注
科断。

沈之奇本人对此则有如下见解：

擅之义与盗不同。盗者，乘人之不见而窃取之，擅则不掩人知而
泰然取之，时即无人，其心固不畏人之见之也。故擅将去者，亦不得
谓之盗。若系窃取，则自依盗田野谷麦菜果矣。……此条轻在食物
上，故虽有坐赃论罪之法，而不言追赃，以食物之微而原之也。

由此可见，和《大明律》一样，清律同样继承了唐代法律中对擅食官
私田园瓜果者问以"赃"罪的基本精神，并且在顺治年间通过小注的形式
规定了量刑标准。由于考虑到擅食的食物为数较小，价值相对较低，且犯
案者"其心固不畏人之见之也"，所以"虽有坐赃论罪之法，而不言追
赃"，"亦不得谓之盗"，"从轻"处罚擅食行为。但是对将去和窃取的行
为则"从重"处罚。根据沈之奇的解释，在"从重"时适用的法条是
"盗田野谷麦"律，即：①

凡盗田野谷、麦、菜、果及无人看守器物者（谓原不设守及不待
守之物），并计赃，准窃盗论，免刺。

根据这一规定，盗窃田野中的农作物以及无人看守之物者，计赃以窃盗罪

---

① 张荣铮等点校：《大清律例》卷一〇，天津古籍出版社，1993，第215~216页；卷二四，
第400页。

论处。《大清律》中的"窃盗律"对行窃"得财"的量刑是从"一两以下杖六十"直至"一百二十两以上绞（监候）"，同时还需在小臂膊刺上"窃盗"二字（初犯刺右，再犯刺左）。不过，"盗田野谷麦"律则规定无须刺字。

总而言之，由于田地和菜园中的农作物有其各自的所有者，未经所有者许可而擅自食用者和擅自带走者将被计赃论罚，至于"窃取"之人，则依"盗田野谷麦"律的规定，按"窃盗"论罪。换句话说，两者都是对他人所有权的侵害，但是在侵害的程度上有所区别。故明清两朝的法律在量刑标准方面，后者明显重于前者。

（二）政府官员的劝谕和示禁

处于国家治理第一线的政府官员也常常劝谕农民，告诫他们不要"偷盗他物"。例如，南宋嘉定五年（1212）春，富阳县知县程珌在到任五个月之后发文"劝农"，其中对"贫人"有如下说教：[①]

> 大抵贫富贵贱，死生寿夭，莫不有命。命所赋受，毫发难逃。贫人当知分定，节食省衣，尽力耕桑，辛勤商贩，无萌负债之心，常思富人济我急用；勿萌偷窃他物之念，常思官法坏我肌体。

由此可见，程珌借用贫贱富贵皆由命中注定的理念，宣传"贫富有相资之理，不可偏废"，分别劝谕贫人和富人要安分相济，从而保持秩序的安定，达到"恤贫"和"安富"。

明代的吕坤在他构想的《乡甲约》中，列举了"恶行条件"22条，其中第5条和第18条涉及农作物问题，分别提到了"盗抢成熟田禾"和"纵放生畜作践他人田禾"[②]。在他编辑的《宗约歌》中有"戒窃盗"，歌云：[③]

---

① （宋）程珌：《洺水集》卷一九，台湾商务印书馆 1983～1987 年景印文渊阁四库全书本，第 1171 册，第 455～457 页。

② （明）吕坤撰，王国轩等点校：《实政录》卷五，载《吕坤全集》中册，中华书局，2008，第 1081～1086 页。

③ （明）吕坤撰，王国轩等点校：《吕书四种合刻》，载《吕坤全集》下册，第 1277 页。

贼是人间无耻人，见他财物便生心。偷鸡摸狗无十（叶平）里，掐穗提穄（音罗）有四邻。攒针刺字羞还忍（乐工用攒针锥胎膊出血，刺窃盗两字，用醋涂之），枷棍捎绳（你）痛怎禁（凡审贼，磁碗瓦著在脚骨肵上，用枷棍煞的对头，用杠子狠敲）。更有一般没面目，游迎摆站（你怎）见乡亲。

乾隆七年（1742）十月，江西布政使陈弘谋出版了《训俗遗规》。书中收录了《宝善堂不费钱功德例》，其中开列的"功德"有：[1]

不借主人势纵放六畜残邻田禾苗

不忌邻田禾苗茂盛妄生残害

不借口邻田六畜残毁禾苗唆主人诈害

犁车牛路不图超近践人禾苗

在这些说教中都注意财产权的保护，都包括了不应该以各种理由破坏邻居田地中的"禾苗"。

曾经在湖南岳州府担任知府的张五纬也曾经发布告示，"严禁棍徒窃割田麦"[2]：

为田麦将熟严禁棍徒肆害以裕农食事。照得时届麦秋，各处农民正盼麦熟，况值青黄不接，仓无余粟者更赖此以继饔餐。连日天气晴霁，本府为农家称庆，期有新麦佐食。正为合郡慰幸，乃访得不法棍徒勾引外县游荡男妇，日则恃众强拣，夜则潜形窃割。一经地主理叱，遽敢任意凶横，并有捏报重伤请县诣验之事。一味恃蛮逞习，全不想农家辛力。一家众口藉以养生，岂甘任尔等无业之人，呼朋引类，昼夺夜偷，以有业者之农民，反为无业者之佃户耶？具有人心，

---

① （清）陈弘谋：《训俗遗规》卷四，上海古籍出版社 1995~2003 年影印清乾隆七年刊本，续修四库全书第 951 册，第 221 页。

② （清）张五纬撰，齐钧点校：《风行录续集》卷一，载杨一凡等主编《历代判例判牍》第 8 册，中国社会科学出版社，2005，第 373 页。

心可安乎？既经到官，官可恕乎？姑念乡民愚昧，本府又未经先事训
饬，或系无知误犯，是以宽其既往，非本府有意姑容也。但此番访闻
训诫以后，倘仍蹈前辙者，是为明知故犯，本府断不稍为宽贷也。除
严密确访外，合亟示禁。为此示仰团总人等知悉，时值地麦成熟，务须
加意巡逻，并将本府示谕遍传，务使家喻户晓，咸知本府爱民如子，不
忍不教而诛之至意。各宜循理守法，慎勿玩违，至干拿究。特示。

告示中指出，那些"日则恃众强拣，夜则潜形窃割"的"窃割田麦"的行
为可以导致"有业者之农民，反为无业者之佃户"，导致社会的财产秩序
遭到破坏，必须予以取缔。

（三）乡规民约中的禁约

维持财产秩序不仅是国家的法律规范和国家官员的谆谆劝谕，也是地
方社会的呼声。

明末的日用类书中收录有地域社会为防止盗窃农作物而制订"约"的
样本，如《新刻全补士民备览便用文林汇锦万书渊海》中的《禁盗田园瓜
果菜蔬约》①：

> 为禁约事。切照本保居民四散，业在田园。故于东作方兴之
> 时，雨露沾濡之际，其于蔬果等物，四时糜不种栽于中，预备急
> 济也。方今蔬果成熟，不亦禁戒，因离家窎远，巡顾不周，却被
> 连近居民多有鼠窃狗偷之辈，辄起贪心，擅入田园之中，采取蔬
> 果以为己有，甚于强徒扰掠乡村，人人无不受害。然此惟图一时
> 之小利，以顺口腹之所欲，损物害理，不仁孰甚，合给约通禁，
> 仰各宜洗心涤虑。如中间再有仍前偷盗不悛者，许被害人缉访擒
> 拿，赴亭从公审治，即仍罚厶物若干，入于本境厶处充会，以禁
> 其余，的不虚示。

---

① （明）广寒子编：《新刻全补士民备览便用文林汇锦万书渊海》卷九，汲古书院 2001 年影
印万历三十八年清白堂杨钦斋刊本，《中国日用类书集成》第六卷，第 308~309 页。

嘉庆十年（1805），巴县廉里一甲为了清风正气，防止"贼风日长"，成立了清正会。会约中有如下一条：①

> 物不经主均谓之盗。凡属柴薪竹木不向主人说明辄行砍伐者，一经捕获，即以贼盗论。

地方社会还会通过立碑示禁的方法，要求人们不要偷盗农作物等。如今河南省洛阳市伊川县存有一块清嘉庆十七年（1812）由"袁庄乡地合村人等"所立的《严禁开赌窝娼偷盗庄稼碑记》②，其中有如下内容：

> ……至五谷为农民糊口之资，棉花乃农民衣服使用之具，或有纵放妇女小儿□男人白昼黑夜偷盗人者，亦按约重罚。不遵罚者，亦同赌娼之例。凡此数条，皆切为□民日用之实，村中人固不得明知而故犯。犯之者，自不得徇情而不罚。因勒之于石，永垂为戒，以为经久之计。村中人倘能恪守而常遵之，必将民生日厚，安见风俗醇美，□□不如古哉。特此严禁，须至约者。
>
> 计开罚例：
>
> ……
>
> 一，男妇小儿偷人庄稼者，白昼罚钱五百文，夜间罚钱二千文。
>
> 一，偷摘棉花者，白昼罚钱五千文，夜间罚钱十千文。

道光年间，山东济宁直隶州东乡的"士民"议定了"公呈乡约条规二十七则条"，其中第19至22条的内容如下：③

---

① 四川大学历史系、四川省档案馆编：《清代乾嘉道巴县档案选编》下册，四川大学出版社，1996，第276~277页。

② 中国国家图书馆、中国国家数字图书馆，碑帖菁华，http://read.nlc.cn/OutOpenBook/OpenObjectPic?aid＝418&bid＝66887.0&lid＝4103290309_0309&did＝4103290309（2020年11月29日确认）。

③（清）徐宗幹修，（清）许瀚等纂，（清）庐朝安等重订：《（道光）济宁直隶州志》卷三，清咸丰九年刊本，第29b页。

泼妇聚众抢夺禾稼。除地主协同约地禀究外，罪坐夫男。

清明前十日牧放牛马践食麦苗者，公禀究惩，并将牲口入官。

高粱秀穗后无论旱涝，非问明地主，采劈秋叶者，公请枷号示众。

土棍不许包揽看坡。

我们从这些条文中可以看到当地存在着侵犯他人财产的情况，而且有禁止"土棍"包揽"看坡"即看青的行为。

咸丰六年（1856）十一月，河南省怀庆府温县亢村（今河南省焦作市温县武德镇亢村）立有《禁断碑》，共计 14 条，其中涉及保护农作物免受侵盗的有如下几条:①

一议，地中种菜蔬，非开设菜园之辈，地中种其红白萝卜、白菜、蒜苗、红薯、山药，倘有被偷，告明看守，会同首事验明议包。久开菜园，各菜俱全，时日挖卖，实无边认，烦看守代其看顾可也。

一议，树果园瓜，谁见谁吃，其中有亲友族姓相关，看守即见，倘若禁止，不但不认其非，遭出多少口舌，自容看守不管。

一议，地中所种棉花，开放之时，两日一摘，即有被窃少许，失主亦难指其数目。倘有黑夜窃去成亩成分，开放时节盛败不一，验明确切，以包麦秋之数包之。公议不许争竟（竟，疑应作竞）。

一议，地中所种红白萝卜、红薯、白菜、葱，见公局出条，即行剑收，如若伏恃看守，不遵条议，过期被偷，不但不能包补，仰且公议谅罚。

一议，收割秋禾，地中存放秆草、黍秸，即行运用至家，实属不暇，烦看守代顾三二日可也。近有延秋至冬，柴草仍在地中存放。公议秆草、黍秸被偷，不管包赔。

这一《禁断碑》是对农作物进行分类看护的规定。从碑文可以看出，当地

---

① 转引自韩文甫、李霖《清代河南乡规民约碑刻在乡村社会治理中的功能作用》，《中州学刊》2020 年第 10 期，第 130~137 页。

对不同农作物采取了不同的措施：小麦、菜蔬（伍案：碑中列明为红白萝卜、白菜、蒜苗、红薯、山药）和棉花（伍案：限于黑夜时分被窃去"成亩成分"者）被窃由更夫和首事在验明之后负责赔偿，而"树果园瓜"则允许"谁见谁吃"，其原因是有"亲友族姓相关者"，更夫如若禁止，反而"遭出多少口舌"，只能"自容看守不管"。从"自容看守不管"的规定可以看出，在乡规民约中，也存在着沈之奇所说的"以食物之微而原之"的相关原则。

二

（一）关于擅食田园瓜果的司法实践

当然，法律规范和道德说教在现实生活中究竟能够带来多大作用往往是很难评说的问题。擅自偷食他人的田园瓜果，偷走别人田地中的庄稼等行为，即便是人赃俱获的现行犯，或因双方本属亲族乡里，或因田园瓜果价值较低，只要没有给对方造成身体上的伤害或重大的财产损失，通常不会诉诸官衙，更不会受到严厉的惩罚。因此，擅食他人田园瓜果和偷割庄稼等通常属于低成本或零成本的犯罪。也正是因为如此，此类犯罪屡禁不止。例如，乾隆五十八年（1793），巴县廉里九甲的刘品重等向知县禀报称，甲内"有等不法贼匪，小则偷窃掏摸，大则刁墙割壁，更有恶丐算命等辈，以乞化为由，其实偷窃营生"[1]。

通常的"擅食田园瓜果"在司法实践中通常被视为"小事"。即便是在今日，此类行为如果损失的对象仅仅是几把毛豆、几穗玉米、几根红薯或几个土豆的话，即便人赃俱获，也"极少会有田地的主人因此而上门责备、寻衅滋事、讨要说法的"[2]。以明代初年为例，这些案件不是由地方官员审理的，而是交由老人审理的。朱元璋在《教民榜文》中规定，"民间户婚田土，斗殴相争，一切小事，不许辄便告官，务要经由本管里甲老人

---

① 四川大学历史系、四川省档案馆编：《清代乾嘉道巴县档案选编》下册，第276页。
② 吉广旭：《庄稼地里的"偷窃"》，《青年文学家》2017年第15期，第7页。

理断"。关于"小事"的范围，在《教民榜文》中有如下规定，即：①

> 户婚、田土、斗殴、争占、失火、盗窃、詈骂、钱债、赌博、擅
> 食田园瓜果等、私宰耕牛、弃毁器物稼穑等、畜产咬杀人、卑幼私擅
> 用财、亵渎神明、子孙违反教令、师巫邪术、六畜践食禾稼等、均分
> 水利。

这一规定至少在明代弘治年仍然被继续重申。弘治年间，温州府知府
文林，在《温州府约束词讼榜文》中根据前述《教民榜文》规定了里老人
的"听讼"范围，即婚姻、田土、斗殴、争占、失火、窃盗、詈骂、赌
博、钱债、擅食田园瓜果、弃毁器物稼穑、卑幼私擅用财、私宰耕牛、畜
产咬伤人、均分水利、子孙违反教令、师巫邪术、六畜践食禾稻，等等。
其中规定，对"擅食田园瓜果"的审理必须在十五天以内"归结"，即
审结。②

自明代中期以后，随着老人制度逐渐趋于空洞瓦解，保甲和乡约开始
在维持社会秩序方面逐渐发挥作用。作为乡约和保甲的治安对策，吕坤提
议在盗窃他人家畜和农作物之人的宅前挂上"做贼某人"的木牌，以示
惩戒。③

> 各州县做竖牌十面，长二尺，宽八寸。凡……偷鸡摸狗、拔树揸
> 谷，系本县老户人民者，牌书做贼某人。……各用大字，钉于本犯门
> 左，每会跪约听讲，街民不与往来。两院访拿，即将此人举报。待十
> 分悔悟，本约连名出连坐甘结，保其省改者，方许去其门牌。

由以上这些来自官府的劝谕和民间的禁约都可以看出，官民都希望维
持财产秩序乃至社会秩序的稳定。但是，这些希望在付诸施行时往往会遇

---

① （明）朱元璋：《教民榜文》上册，古典研究会1966年影印《皇明制书》本，第467页。
② （明）文林：《文温州集》卷七，齐鲁书社1997年影印明刊本，《四库全书存目丛书》集
  部第40册，第338页。
③ （明）吕坤撰，王国轩等点校：《实政录》卷五，载《吕坤全集》中册，第1067~1068页。

到诸多的阻力。例如，前述《禁盗田园瓜果菜蔬约》中虽然"许被害人缉访擒拿"，但如果受害人发现"鼠窃狗偷之辈"居然是自己的左邻右舍乃至族中尊长的话，在诸多利益考量和尊长尊亲乃至"远亲不如近邻"意识的影响之下，单独农户敢于下手"擒拿"的比例相信不会很高。前述温县亢村的《禁断碑》中规定允许田园瓜果"谁见谁吃"时的考量就是一例。

考虑到损失的价值和诉讼成本，受害者通常很少提起诉讼。目前，我们在司法档案中可以看到的偷盗田园瓜果等农作物的案件，往往是因偷盗引起致死或致伤案件，而不是单纯的擅食擅拿案件。例如，刑部在乾隆五十七年（1792）作成的一份"说帖"中，提到了三个"擅食田园瓜果"案，即（甲）河南省的"赵文科因程壬午摘取张大元地内柿果，理斥不服，赵文科近前解劝，被骂气忿，踢伤程壬午身死一案"，（乙）陕西省的"武小孟因刘仰儿等摘伊地内豆角，踢伤刘仰儿身死一案"和（丙）江西省的温水子（伍案：死时 13 岁）路经邓玉书梨园摘梨三个，被邓玉书殴死一案。在处理上述案件时，地方官员和刑部除认定乙案的犯案者"（已死）刘仰儿商同刘法儿等偷摘豆角，或用口袋或用钱袋装盛，实属窃盗"之外，认为摘取少量柿子和梨的甲、丙两案均非"窃盗"可比。简而言之，虽然上述三案的起因都是"擅食田园瓜果"，但却没有依"擅食田园瓜果律"定罪，而分别以"斗杀"和"擅杀"定罪。① 这一点印证了前引沈之奇所说的，"此条轻在食物上，故虽有坐赃论罪之法，而不言追赃，以食物之微而原之也"。

此外，中国的农村社会是一个血缘关系比较密切的社会，同族之人相聚而居的情况比较普遍。与此相关，有些偷窃案件实际上发生在亲属之间。② 传教士明恩溥就曾经记载说，窃贼们偷窃的农作物很可能属于他的

---

① （清）祝庆祺编，史春风等点校：《刑案汇览》卷七，清道光二十年棠樾慎思堂刻本，第 64a~65a 页。[美] D. 布迪、[美] C. 莫里斯撰，朱勇译：《中华帝国的法律》，江苏人民出版社，1995，第 223~225 页。森田成满也曾经分析过该份"说帖"。见森田成满《清代刑法における窃盗罪》，《星薬科大学一般教育論集》13 号，第 1~42 页。

② 关于亲属之间的窃盗案件，请参看瞿同祖《中国法律与中国社会》，中华书局，1981，第 52~55 页。关于亲属之间的财产关系，请参看 [日] 滋贺秀三撰，张建国等译《中国家族法原理》，法律出版社，2003，第 119~253、406~443 页。

"堂兄弟"或"叔伯",乃至"祖父"所有。① 前述河南温县亢村《禁断碑》中也可以看出类似情况。再举两例。道光元年(1821),广东的"周亚木行窃无服族弟周潮位地瓜,被追拒捕,致伤周潮位身死"②。道光六年(1826),刑部在一份"说帖"中记述了发生在广西省的如下案件:③

> 广西抚　题:方应世因偷割无服族兄方高田禾挑回,被受雇方高家看禾之黄远信、黄远成查知,当同方高跟踪至方应世家,搜获原赃。方应世先行逃逸,方高嘱令黄远信等寻获送究。嗣方应世潜回,撞遇黄远信等拦捉。方应世拒捕,用刀戳伤黄远信身死,并戳伤黄远成,平复。

上述这些案件均涉及人命,其相关措施均属事后惩罚。

另一方面,对于负责维持社会秩序的地方官员来说,包括"擅食田园瓜果"在内的轻微案件往往不是优先考虑和处理的对象。雍正八年(1730)十一月,福建布政使潘体丰在给雍正帝的奏折中这样报告说:④

> 窃惟息盗则民安,而安民莫先于弭盗。地方中但有窃盗,不论所失财物之多少,皆为民害。凡讳盗不报,定例原无分于强、窃,且扣限六个月完结,迟则例有处分,法至善也。闽省虽设有循环印簿,按季填注报查。乃各州县唯于窃盗情重、赃数多者,始具通详、填入簿内。其赃无几,如掏摸鼠窃、盗粟偷牛之类,率多悠忽漠视,匿不申报填注,亦不严行缉拿。是以赃贼之有无、拿获是否依限完结,上司无凭稽查,每致疏纵养奸,而宵小未能悉除。

由此可见,福建省的地方官员只对损失金额较大的盗窃案件进行"通详"

---

① [美]明恩溥撰,午晴等译:《中国乡村生活》,第 163 页。
② (清)祝庆祺编,史春风等点校:《刑案汇览》卷一八,第 57b 页。(清)许梿等编纂,何勤华等点校:《刑部比照加减成案》卷七,法律出版社,2009,第 79 页。
③ (清)祝庆祺编,史春风等点校:《刑案汇览》卷一八,第 66a~b 页。
④ 张书才主编:《雍正朝汉文朱批奏折汇编》第 19 册,江苏古籍出版社,1989,第 547~548 页。

举报，但对那些"掏摸鼠窃、盗粟偷牛之类"的寻常窃案，却"率多悠忽漠视"。相信这种情况并非福建省所特有。有鉴于此，潘体丰建议：

> 请嗣后除窃盗赃多，情重而讳匿不报者俱照例参处外，凡地方中但有窃盗发觉，事主呈报到官，该州县务将失窃情形、贼赃实数勘询明确，就近即报本管道府，依限缉获追赃，刺字完结销案，总不许以其失物细微，借口讳匿。该道府按季汇册，注明已未获贼完结缘由，移报臬司稽核，转报督抚查考。

他在此基础上还详细提出了对负责"缉获追赃"的州县官员进行奖惩的标准，如"州县于赃数无几之窃盗，讳匿一案者，查出记过一次，讳匿二案者，查出记过二次，仍勒限缉拿，务获销案，如至三案不报而贼又未获者，即备叙情由，照溺职例参处"之类。

有趣的是，雍正皇帝的朱批是，"似此奏者甚多，不通之至"。皇帝对此类案件的态度看上去同样近乎奏折中的"悠忽漠视"，但揆之各地实情，倘若潘体丰的上述几近儿戏般的提案获得皇帝批准，则天下所有的州县官员恐怕都要不胜其烦。当然，皇帝所说的"通"既指地方大员注意涉及社会整体安危的大案要案，而不是斤斤计较这些"掏摸鼠窃、盗粟偷牛之类"的细小案件，也说明了皇帝对州县的司法实践有着充分的了解。

也许正因为如此，历代法律中对此类侵犯他人财产权益的案件没有归入"贼盗"一类，唐律将"食官私田园瓜果"归入"杂犯"，明清两代的法律将"擅食田园瓜果"归入"户律·田宅"。在进入清代之后。除顺治三年增添小注和雍正三年删改之外，迄清末为止，该律的律文本身没有一字增减，也没有增添例文。

（二）看护庄稼

透过以上叙述可以看出，虽然有国家法规和乡规民约，但是这种鼠窃狗偷之事依然屡禁不止。在这种情况下，预防农作物被盗的最有效手段就是用人看护。直至今日，与法律惩处和道德约束乃至种种花样翻新的保安设备相比，使用人力看护依然是保护农作物免遭盗害的有效手段。以日本为例，根据农林水产省的统计，农作物被盗的破案率仅有 11%，最有效的防止措施首选的是 "巡逻"（33%），其次是 "各种组织的合作防范"（23%）。①

明恩溥基于在中国生活多年的经验指出，"每个人都有责任在自己的地里站岗"。同时，他也指出了个体农户独自看青可能会遇到的以下三种尴尬。②

首先，这种方法对于防止单独作案或许有效，但是对于团伙作案却无能为力。他以果园为例说明，"如果果园比较大，盗贼就可能互相合谋，同时在果园的两端出现，这样，看守人二者不得兼顾"。

其次，土地分散使得个体农户难以应付。他说，"很少有哪个农夫的农地是一整块的，不到八十亩的农地可能由五块到十五块地组成，分布在村庄不同地方"。结果，看守人必须 "经常从一块地到另一块地来回走动"。倘若有两块地同时出现盗贼，看守人必定是难以应付。

第三，看守时的 "真正麻烦" 是亲属作案。之所以说是 "真正麻烦"，明恩溥有如下解释：

> 在我们的观念中，中国人关于财产所有权方面的 "你的和我的" 观念在极多的时候是模糊的。其中的关系极其复杂，家庭的统一是个体混合的统一。

明恩溥发现，中国人面对着这种情况想出的方法是设立 "看守农作物的团体"，从而 "解除这种几乎难以忍受的苦痛"。

清水盛光利用地方志的文献介绍了清末民初的河南（阄青会）、吉林（青苗会）、山东（拦青会、看棉花会、看青会、义坡会、义坡庄）、河北（青苗会、看青铺）、山西（看口）、浙江（禁会、农禁会、青苗保护会、禁山会、果树会）等地的看青，并且指出，村民合作看青只有在 "田地相连的广阔地区才有可能"③。

---

① ［日］农林水产省生产局园艺作物课：《農作物の盗難の実態と対応策》，农林水产省，2019，第 3 页。根据该文献记载，防盗设备的效果仅有 20%。
② ［美］明恩溥撰，午晴等译：《中国乡村生活》，第 162~164 页。
③ ［日］清水盛光：《中国郷村社会論》，第 560~598 页。

恕笔者寡闻，根据文献的记载，至迟在元代已经出现了有组织的看青活动。当时，在下砂场（今上海市浦东新区航头镇下沙居委会）的海盐生产中，保证燃料——芦苇是十分重要的：①

> 办盐，柴为本。……春首，柴苗方出，渐次长茂，雇人看守，不得人牛践踏，谓之看青。

当时的下沙场采用的制盐方法是煮海取盐法，即以海水为原料，先用煎卤的方法取得较浓的卤水，再煎炼卤水而得到沉析的食盐。在煎卤和煎炼卤水时所需的燃料是当地盛产的芦苇。采用"看青"的方法是为了保证这些燃料不受侵盗。虽然与防止农作物被盗的看青稍有不同，但是在保护财产——生产资料——这一点上，两者之间存在着共通之处。

自明清时代以来，今广东省揭阳市惠来县见龙村一直有"守菁团"。进入民国以后，该团有菁首2人，菁丁20人。村民们根据自己耕种的农田面积，在"每年晚谷登场后"按每亩"谷一斗"的标准缴纳会费，菁首和菁丁每年的报酬大约是"谷四石"。菁首由村内"南北二社之族长会议及议会之议员，分别于南北二社中聘请二位较有声望、有地位之村民"出任，菁丁则由菁首"就所属南北二社中各亲族团体挑选较有胆量、活泼、能决斗、体格健康之壮丁"充任。菁首和菁丁的任期均为一年、可以连选连任。该"守菁团"的作用之一是"保障村民之财产"，与青苗会基本相同。②

前引河南省温县亢村的《禁断碑》中就有关于看青组织的内容：③

> 一议，麦秋成熟之时，公议看守十二人，昼夜看守。如有偷麦偷秋，儿童罪坐家长，妇女累及丁男，决不宽贷。看守巡查不严，被窃

---

① （元）瞿守义：《熬波图》卷下，台湾商务印书馆1982~1986年景印文渊阁四库全书本第662册，第342页。

② 林纬：《龙村社会调查》，程焕文等编《民国时期社会调查丛编（三编）·岭南大学与中山大学卷》下册，福建教育出版社，2014，第507~508页。"菁"指食用芜菁。

③ 转引自韩文甫、李霖《清代河南乡规民约碑刻在乡村社会治理中的功能作用》，《中州学刊》2020年第10期，第130~137页。

一分包赔一斗，一亩包赔一石，趋革看守不用。

一议，麦秋成熟，本主未动，被其攘窃，告明更夫，会同首事验明包补。如有收破，以及地中存放麦个、秋捆，己物应当自重，被偷不能狡赖看守。

…………

一议，村中公搭三窝铺，分为东、西、中，每一窝铺有更夫四人，冬春梆锣，彻夜巡查，以防宵小行窃，首事轮班诸夜查更，误更趋革不用。

根据该碑可知，亢村的看青组织在麦收时节雇用更夫 12 人，分别驻守于东、西、中三个窝铺，每处四人。这些更夫需要昼夜巡查，如果因为疏忽职守造成"偷麦偷秋"，则按规定赔偿土地主人的损失。

除了团体性的看青之外，也存在着个人的看青行为。

明代末年，曾经担任广州府推官的颜俊彦曾经指出，府下的香山县（现广东省中山市）和顺德县（现广东省佛山市顺德区）等地，每逢稻米的收获季节有一种"抢割之风"，即抢割他人田中尚未收割的稻米。在这些地区，有些人便雇请他人代为看护农作物。例如，霍赞廷就是受雇于"生员严廷衡"的"守禾人"。[①]

直隶地区也有类似的事例。康熙三十七年（1698）八月初六日，直隶某地的王二、魏常吉、崔浩然等人一起守护着尚未成熟的高粱。是夜，刘起祥带着棍棒前来偷高粱。当被发现之后，他与王二等发生打斗，最终被王二等所杀。[②]

刑部为呈报事。会看得王二等打死刘起祥一案。据直隶巡抚李光地审拟绞成，具题前来，查王二等所种高粱成熟，初刘未收，于康熙三十七年八月初六日夜，分头看守。起祥执棍往窃，被二知觉喊叫。起祥持棍相击，二以镰迎，伤其偏左。起祥因二挟抱，欲持小刀相

---

① （明）颜俊彦撰，中国政法大学法律古籍整理研究所整理标点：《盟水斋存牍》一刻，中国政法大学出版社，2002，第 112 页；同书二刻，第 501 页。
② （清）汤居业编：《本朝续增则例类编》，清康熙五十二年刊本，第 13b~14a 页。

刺，被二踢中肾囊，夺棍殴伤右太阳等处。魏常吉闻声赶至，持棍助殴后肋等处。次早，王二同魏常吉将起祥拉至庙中吊打，与地方吴显成齐赴起祥之家，翻出所窃高粱，正欲送官，起祥即于是晚伤重陨命。

在此案中，王二是在自己的地里看护农作物，应属于以个人身份看青。

嘉庆初年，直隶保定府完县籍的马二疤在秋收季节受雇为人看青，聊以谋生。在看青时，他认识了一同看青的深州人田二。嘉庆五年（1800）七月十三日，两人在看青时，恰逢曹二小的妻子曹任氏路过，遂起意图奸。曹任氏奋力反抗，最终被二人杀害：①

> 嘉庆五年七月十三日将晚时分，田二在西南庄看青，看见曹二小之妻曹任氏一人由彼经过，田二顿萌淫念，起意强奸。适马二疤踵至，田二即以任氏少艾，又因天晚无人往来，邀马二疤同去拉奸，倘任氏不依，即捉住强奸。马二疤应允。田二当即前行，马二疤打火吃烟，随后走至。讵田二强奸，任氏不从。任氏嚷骂，并将田二衣服撕破，田二气忿，将任氏掀按倒地，搭住咽喉。任氏两脚挣动，田二虑恐苏醒败露，令马二疤解去任氏腿带勒死灭口。马二疤始犹未允，因被田二恐吓畏惧，随上前按住任氏右腿，将任氏所系腿带解下，递与田二。田二即用带缠绕任氏项颈，用力拉勒，任氏立毙其命。均未成奸。

在上述案件中，田二和马二疤等人是受雇看青之人。直隶总督陈大文当初在具题时称，"田二应照光棍为首例②拟斩立决"。可见，在当时的意识之中，为人看青的田二属于"光棍"。

由此可见，"看青"是前近代中国的农业社会中普遍存在的、旨在利

---

① （清）全士潮等编：《驳案续编》卷三，载何勤华等点校《驳案汇编》，法律出版社，2009，第661~663页。

② （清）薛允升原撰，胡星桥等编：《读例存疑点注》卷四三，中国人民公安大学出版社，1994，第741页。

用民间社会自身的能力维护财产秩序的生产实践之一。旗田巍曾经指出，看青的发展共经历了四个阶段，即无须看青的时代，个体农户独自看青的时代，雇用光棍、土棍看青的时代和村民合作看青的时代。不过，他既没有给出相关的定义，没有说明"无须看青的时代"等究竟大致相当于历史上的哪一个时期，而且也没有列出任何一条有力的证据用以支持自己的观点。

我个人认为，他所说的"四个阶段"不妨称之为看青的四种情况，而这四种情况在前近代中国社会中很有可能是同时存在的。以其中的"无须看青"而论，在具备一定的条件，如宗族势力强大、民风淳厚的地区，理论上很可能无须专人看青。至于个体农户独自看青，雇用光棍、土棍看青和村民合作看青的更是难以分辨，因为村民合作看青时雇用的青夫就可能是光棍或土棍。另有一个不能忽视的现象是由保甲等社会组织负责的看青。例如，浙江省衢州府在明代天启年间实施保甲时规定，在巡逻中发现"有刈菜蔬、窃瓜果、烹鸡犬、败田苗，事至微小者，……或许量罚"，即允许保甲组织对偷走他人蔬菜、水果和鸡狗并破坏农作物的轻微犯罪者给予一定的处罚。①

三

正如迄今为止的青苗会研究所揭示的那样，前近代中国并不存在着日本等海外学者想象中的"村落共同体"。但是，正如寺田浩明指出的那样，"否定村落共同体的存在并非否定传统中国社会中存在有某种共同性和邻里性。中国农民在生产和生活中也互帮互助，这些互帮互助在形成时与空间上的距离存在着一定的关连"②。这里要考虑的问题是，基于利益计算的青苗会是如何维持其作为互帮互助组织的问题。这就是说，活动于"礼治秩序"之下的青苗会在进行互帮互助时，往往会存在着这样或那样的分歧和冲突。面对这些情况，包括青苗会成员在内的前近代中国的人们是如何

① （明）林应翔修，（明）叶秉敬等纂：《（天启）衢州府志》卷一六，明天启二年刊本，第32b~33b页
② ［日］寺田浩明：《中国法制史》，东京大学出版会，2018，第101~103页。

解决彼此之间的纠纷、如何维持互帮互助的呢？

旗田巍根据《中国农村惯行调查》的资料，对青苗会费的概要进行了介绍和分析。由于要向受雇的看青夫支付薪酬，青苗会必须筹集维持自身运营的相关费用，即会费。会费的承担方法虽因村而异，但基本上是来自拥有土地并委托青苗会看护农作物之人。在以往的研究中，很少提到青苗会内部围绕着会费问题发生的纠纷。以下利用顺天府档案中的文献，分析一下青苗会征收和管理会费中出现的问题和解决方法。

（一）案件 A①

道光十四年（1834）十二月，围绕着宝坻县得义里角甸庄（今天津市宝坻区方家庄镇大角甸村、小角甸村）青苗会会费的用途问题，村民杨宗起等人与负责会务管理运营的青苗会负责人杨万良、杨让、康九恩、许文奎（该庄牌头许万发之父）、许文洲、马瑞生（兼任该村甲长）和康洪吉之间就"青苗地亩钱文"即青苗会会费的用途和公开账簿的问题发生了对立。②

十二月十一日，原告杨宗起和杨福顺前往县衙"喊禀"，并提出了书面禀文：

> 身等控许文举等搂吞青苗地亩钱文等情一案，蒙谕饬令乡保逐一核算清楚，禀覆查夺。等因。经乡保禀覆，并未见身等之面。缘身等庄中有官坑三处，每年得有鱼利，全行入在会中。今身控许文举等搂吞青苗地亩钱文，并未结案。不意许文举、康洪吉、马瑞生、杨万良、杨让于本月十一日，复又在庄按户撺办钱文，留为得鱼花费。身等本向乡保言明，俟后庄中事务，因伊等不公，另派妥人承办。伊等竟又硬派钱文，经身等理问，奈康洪吉、杨让不但不说情理，反喝令康国旺、康国昆、杨志永、杨志善、杨宗玉倚恃横恶，并不容分说，将身等殴打一顿，衣服全行撕破，现在可验。有杨宗田、杨乐亭拉劝可证。情急无奈，为此喊禀。叩乞仁明大老爷恩准验伤拘究，实为德便。

---

① 顺天府档案，第 155 卷，第 080~104。
② 青苗地亩钱文亦称"青钱"或"青苗圈钱"等。

同一天，该庄青苗会首事之一的康洪吉在甲长马瑞生和牌头许万发的陪同下也前往县衙喊禀，声明所攒钱文乃"更夫雇价钱文"，要求拘究杨宗起等。

甲长马瑞生和牌头许万发声明内容：

> 小的是角甸庄甲长/牌头，今年六十四/二十三岁。小的庄中雇康自玉、杨连信支更①，雇价东钱三十吊。这钱是按庄门户攒钱，先是许文奎、许文峰、康洪吉、康九恩、小的马瑞生、张纯如、杨让、王有亨们垫办。如今，小的们攒这钱，只有刘福祥、王有顺、王有通、王有恒每人给东钱一百。攒至杨宗魁、杨宗起那里，应他们出五百钱，他们不但不出，反行大骂。这时，小的许万发就回家，小的马瑞生还在康洪吉屋内。杨宗魁们把康洪吉打伤，小的们也没见是谁用什么打的，有杨让可问。小的们庄中坑内的鱼还没捕呢。小的们实没搂吞公钱的。小的们也没看见康洪吉撕杨宗起们衣服。是实。

康洪吉喊禀内容：

> 小的是案下角甸庄人，今年六十九岁。小的有三个儿子，康国旺、康国孝、康国昆。小的庄中青苗首事人是杨万良、杨让、康九恩、许文奎、许文举、马瑞生、张纯如、王有亨。本月十一日，小的同马瑞生、许万发去攒更钱，一面写鱼股。杨宗魁、杨宗起不但不叫攒更钱，也不写鱼股。小的就散了。不想杨宗起肆行大骂，小的理问，把杨宗起揪住，杨宗起用砖把小的头颅打伤，是杨宗田拉开。当时小的儿子康国旺们并没在跟前。杨宗起的衣服实不是小的撕的。小的也没有搂吞公中钱的事。是实。

---

① "支更"指冬防时的巡夜打更。支更之人被称为更夫。支更所需的相关费用被称为更钱。至迟在清代中期以后，直隶地区为了应对冬令时节夜间宵小出没等治安案件的多发情况，往往要求各州县在道路途经的村庄附近设立窝铺更棚，派遣更夫驻守。更夫通常由奉命设立窝铺更棚的村庄雇人充当，相关费用也由所在村庄的村民承担。伍跃：《順天府档案にみえる宝坻県の「冬防」》，《東アジア研究》第74号，2021，第61~76页。

当天，知县查验了康洪吉的伤势，即"额颅偏右砖伤一处，皮破，余无伤"。在听取了双方的喊禀之后，知县发出传票，要求传唤相关人员到案。十二月十六日，原告被告以及乡保党瑞初等20人到案接受了知县的讯问。

在讯问时，被告杨宗起声称：

> 小的今年三十五岁。去年小的应交的青钱已交了康洪亮东钱四吊，是六月十八日交的。杨万良们管帐，去年共撰地亩钱一千零三十吊，花用五百多吊，业经算明。他们共搂吞五百多吊。就是小的前者告状，也是许文举叫小的告的。现有他的呈词可验。十一日，马瑞生们写鱼股钱，小的原因他们搂吞钱文，尚未拿出，复又撰钱，向康洪吉口角。小的揪扭是有的，小的并没打他。小的衣服是他儿子康国旺撕破。

而青苗会一方的杨让反论说：

> 小的是案下角甸庄人，今年四十五岁。杨宗起是小的族弟……。小的本庄青苗会是小的合马瑞生、康洪吉、许文奎、许文举、杨万良们经管。从前杨宗起呈控，蒙饬差押，令清算帐目，小的们已同杨宗起们清算。小的们并没搂吞的事。十一日，康洪吉合杨宗起打架，是为小的合马瑞生、康洪吉、许万发撰更钱。杨宗起他不但不给，反行大骂，以致他们揪扭。

此外，青苗会的康洪吉、许文举、杨万良和马瑞生等人也提出反论，声称并无搂吞情事，支持杨让的说法。其中，杨万良称自己曾经管理道光十二年的青苗会帐目，并张贴过清单，也曾经催促许文举张贴道光十三年的帐目清单，但许文举不从。

乡保党瑞初在讯问中也证明青苗会的帐目曾经清算过：

> 杨宗起控杨万良、许文峰们搂吞十三年青苗会钱，饬令他们两造

清算帐目。小的已把他两造齐集一处,算明杨万良们并无搂吞情事。小的才具禀完案就是。小的具禀的时候,杨宗起们都在跟前,并没说有另派人办青苗会的话。所有十一日他们打架,小的没在跟前,听说是要撺更钱。

由此可见,此案是围绕道光十三年青苗会帐目问题而发生的纠纷。关于帐目中会费收入("一千零三十吊")和用于雇夫看青("五百多吊")的部分,双方均无异词,关键是剩余的"五百多吊"的去向,原告一方主张是被青苗会首事们"搂吞",而首事一方则声称"并没搂吞的事"。对此,知县没有当堂作出判决,而是命令两造与乡保"再行清算"。

十七日,乡保党瑞初会同两造再次前往县衙,向知县报告了清算的结果。原告杨宗起等称,道光十三年和十四年的"公项钱文"已经算清,首事一方确实没有"吞肥的事",是自己"不知底里才告的"。双方"公议"将庄中的"公坑合青苗事务均归庄主杨献章管",具结找保完案。

通过在县衙的审理,最终认定青苗会首事们并无"搂吞"的行为,但是却被禁止在今后继续管理青苗会事务。在原告的杨宗起一方,虽然所告内容是查无实据,但是在某种意义上却达到了目的——"另派妥人承办"青苗会事务。双方在这场官司中各有成败,原告一方至少在名目上基本达到了不让现任青苗会首事们继续执掌会务的要求,而被告一方则洗刷了"搂吞"的污名。由于档案本身的缺失,目前尚无法得知核算帐目的具体情况,更无法得知曾经大打出手的两造在一天之内就达成和解的真实背景。从知县同意双方具结中言及的"庄中公坑并青苗事务均归杨献章管,并无争论"这一点来看,知县或许已经事先表明了自己的意向。无论如何,由庄主管理青苗会事务一事本身是解决此案的关键,而两造寻求的则是通过国家权力的干预(=知县的"拘究")维持青苗会的存在。

(二)案件B①

同治四年(1865),宝坻县尚节里西马各庄(今天津市宝坻区史各庄

---

① 顺天府档案第157卷,第026~040。金额均从文献原文。

镇西马各庄）青苗会同样围绕着"青苗圈钱"即青苗会费是否被首事们
"搂吞"一事发生了纠纷。

同年十月初九日，村民薄凤祥和刘永芳向衙门起诉青苗会的现任首
事们：

> 为搂吞青苗圈钱，理问恃横，并不清算，叩恳恩准传案训饬清算
> 事。切身庄青苗圈地①三十八顷零，系身庄首事人田禄、刘永芳、刘
> 永常并身等经理，按地摊派青钱，其种地之家各摊钱三百七十文，共
> 合摊钱一千七百二十五吊。又有尚庄帮贴身庄青苗圈钱三百吊，均交
> 田禄等之手。现今秋收已毕，理应清算。除雇人看青并办公花费外，
> 所剩钱文，算明归于合庄存留办公。身等找田禄等算帐，奈田禄等将
> 下余钱文搂吞分肥，坚执并不清算，反行恃横，理合呈明下情，叩乞
> 仁明大老爷恩准传案训饬，以免搂吞，则身等仰感鸿恩无既矣。

薄凤祥在状中自称是青苗会的首事之一，并开列青苗圈地和青钱的数
字，指责同为青苗会首事的田禄等将当年剩余的青钱"搂吞分肥"，其证
据是对方不愿意清算帐目。知县对此的批示是，"候饬差协同乡保查明妥
理具覆"，即要求差役和乡保进行调解。十月十四日，知县发票，要求差
役和乡保，"立即查明薄凤翔等控情，秉公妥为清理"。十一月十一日，奉
命前去调解的乡保邳寿枝提出禀文称：

> 身遵即同天差往饬，奈两造狡执，各执一词，难以理处，均称愿
> 蒙堂讯。

由此可见，两造均不愿作出让步，宁愿对簿公堂，故知县决定"传讯"，
并于二十日发出了传票。

被告之一的旗人刘永常在得到传票之后的十一月二十四日，提出呈
状，表示此事与自己无关，要求"摘释"：

---

① 青苗圈地指青苗会负责看护的农田。

为遵票诉明下情，恳恩俯准摘释事。切有薄凤翔等呈控田禄并身等搂吞青苗钱文等情一案，蒙票差饬查理。等因。理宜诉明。情缘身庄共青苗圈地三十八顷零，今年麦大二秋每亩摊东钱三百三十五文，均系田禄经管，身并未经手。身系王府庄头，现奉王府传差，理合诉明下情，叩乞仁明大老爷施恩俯准摘释，以便赴府当差，则身仰感鸿恩无既矣。

知县没有同意他的要求：

尔既经被控，自应听候乡保遵票清理。何得以王府传差为词，遽图脱身事外。不准。

十二月初六日，田禄具呈反驳薄凤翔等人的指控：

为诉明下情事。薄凤翔、刘永芳控身搂吞青苗圈地钱文，并不清算帐目等情一案，现蒙传讯，理宜诉明。情缘身庄各家公议，身田禄总办会事，着李兆祥帮办撺钱，刘德新经管帐簿。身庄青苗圈地统共三十四顷二十九亩，今岁大秋，每亩按一百八十文摊钱，并麦季存项，共六百三十吊零四百一十文，除去雇看青人工钱、演戏酬神、修理庙工、起散会等事共花费钱六百一十九吊七百九十文，净存现钱七吊七百四十九文，有清单可凭。查薄凤翔等素非首事，伊等所种地亩，向不出钱。今岁薄凤翔等硬要看青，身庄人等知伊等素不安分，唯恐滋生异外，不令身雇用。孰料伊等怀嫌捏控。但身庄立圈，各庄首事俱到，所有各项事务，大家公议。身不敢自专。至于清算帐目，眼同各庄首事按帐算清，开写清单，有李兆祥等经手可证。身何以搂吞钱文？况伊等系事外之人，谁肯向其算帐？再查薄凤翔本系好讼，其乡农之人谁敢沾惹，均避其恶。明系未遂其愿，借端搅乱会事，难逃洞鉴。为此诉明，叩乞仁明大老爷恩准添传李兆祥等到案讯断，实为德便。所开清单，随堂呈验。

田禄在呈文中谈到的青苗圈地的面积和会费收入与薄凤翔所言不同，并称负责"帮办攒钱"的李兆祥可以证明此事，要求"添传"李兆祥，知县同意了他的要求。此外，田禄在呈文中还说明，已经与各庄首事清算了帐目，由于薄凤翔属于"事外之人"，而且从来不交会费，故无人愿意和他算帐。从田禄呈文中透露的薄凤翔乃"好讼"之人，其名下田地"向不出钱"，以及"硬要看青"这几点来看，薄凤翔很可能属于"土棍"一类的人物。

估计在知县开庭审理之前，原告的薄凤翔和刘永芳也递交了呈文：

> 为再陈搂吞青苗圈地余存钱文，并不支更，亦不团练，叩恳恩准讯追事。切身等呈控田禄等搂吞青苗圈地钱文，蒙恩传讯，但有下情，理宜再陈。情缘身庄青苗圈共地三十八顷零，每亩摊钱三百三十五文，共摊钱一千三百零九吊，又外庄帮贴钱二百八十吊，内除共用钱八百四十一吊，净存钱七百一十五吊。身庄商议留为雇人支更并庄中团练花费。今田禄等将钱文搂吞肥己，并不支更团练，理合再陈下情，叩乞仁明大老爷施恩斧断，则身等仰感鸿恩无既矣。

知县只是在开庭之后批到："已讯"。

十二月十七日，壮头赵殿元禀报说，已经将原告薄凤翔、刘永芳，被告田禄、刘永常，以及添传的刘德新和李兆祥传到，知县随即下令开庭。

在档案中保留有当时的口供，因原件残缺，仅将可以识读的部分转录于下（伍案：文中阙字用"……"表示，阙字可补足者用"〔〕"标示）：

> 薄凤翔供：小的经管崔家圈地四顷／刘永芳供：小的经管差地二顷余。又据同供：小的们先在庄中首事……当因小的都不经管，不在首事之内了。小的刘永芳……有小的薄凤翔种地六亩，小的们庄中首事人刘德新们不……会帐。小的们控告。蒙恩讯明，刘德新们并无搂吞会钱情事。将小的们责惩。小的薄凤翔六亩地，该出钱一千五百文。断令将……差押……拿出，俟……不许搅乱混会事。情愿遵断。是实。

刘德新/田禄同供：职员们是西马各庄首事人。职员们庄……三十余顷地。今年青苗会地每亩摊钱一百八十文，差钱七成，均有清单可查。并无不公之处。刘永芳没地，薄凤翔种地六亩，向不出差……不是首事人。今年，薄凤翔该差钱一千五百多。蒙恩讯明，职们［并无］搂吞情事。将他们责惩，断令叫他照数给差。情愿［遵断］。

刘永芳/李兆祥同供：与刘德新们供同。

这样，被告田禄等人没有"搂吞"青苗会费的主张在审理中得到了知县的认可，随即与添传的二人一并具结完案。原告薄凤翔则被认定尚未交纳所种六亩土地的"差钱"即"青苗圈钱"，知县决定对薄凤翔和刘永芳分别施以"四十"和"二十"的"掌责"，同时决定刘永芳具结完案，而判将薄凤翔"差押"至交清青苗圈钱为止。堂讯之后第二天的十二月十八日，薄凤翔的母亲、孀妇薄张氏向田禄交清了青苗圈钱一千五百文。十二月十九日，薄张氏具呈，以自己"现在患病，无人扶侍汤药"为由，要求知县开恩释放"乡愚无知"的薄凤翔。知县随即批到："姑准开释"。两天之后的十二月二十一日，薄凤翔具结完案。

在这一案件中，原告一方无法举出青苗会首事们"搂吞"的证据，加之被揭出自身尚未交纳青苗圈钱，故以败诉收场。

（三）几点分析

在这两起案件中，原告一方均列举数据，声称现任青苗会首事人等并没贪污青苗会费，但均未获得知县的认可。由于史料和学识所限，很难进一步追寻各案的细节。但有一点是可以确定的，这就是青苗会内部的纠纷混乱最终在国家权力的干预下才得到"解决"。以下首先谈谈互有成败的案件A的情况。

在案件A中，原告杨宗起和被告青苗会首事们之间的力量关系稍显复杂。虽然无法确知角甸庄的村民构成情况，但是从青苗会首事、庄的甲长和牌头，以及原告的姓氏推测，该村很可能不是单姓村，而是复姓村。应该注意的是，"庄主杨献章"与原告同姓，但是无法知道他与原告杨宗起本人之间有何种关联，也无法知道他作为"庄主"在乡村日常生活中发挥何种作用。其次，杨宗起最初起诉的动因之一是青苗会首事之一、即牌头之父许文奎的唆使。关于这一点，许文奎在"呈词"和审理时均直言不讳。由此可以看出，在青苗会首事中，无疑有人出于某种目的支持杨宗起并煽动他起诉。此外，青苗会首事的杨让与原告杨宗起是同族兄弟，根据他的说明，在杨宗起第一次提诉后，他们奉知县的命令进行了清算。然而，从杨宗起提第二次诉讼的情况来看，此次清算没有让他解消疑念。他依然坚持认为，首事们搂吞了会费的剩余部分。无论如何，由七人组成的青苗会首事团队在对待此事时的表现显得十分微妙，其中两个人很可能以某种方式暗中支持了杨宗起。当然，这种唆使或支持并不一定就是在内心赞同杨宗起的主张，甚至有可能是希望通过煽动对方兴讼令其陷入不利境地，从而获取己方的最终胜利。此外，我们还有必要关注本案的最终结局，即虽然通过审理"证明"青苗会首事们"清白"，为他们洗刷了原告指称的污点——干没青苗会费，但是却不允许他们继续管理青苗会事务。换句话说，即使青苗会首事们一方在此事上没有瑕疵，但却在没有给出任何理由的情况下得到一个事实上的"罢免处分"——表现形式是双方"公议"的结果。在这一点上，或许是知县的缓兵之计，或许是与青苗会乃至没有出头露面的该庄幕后的当权者——"庄主杨献章"之间达成了某种交易。总而言之，国家权力的存在是促使双方达成"公议"的关键因素。

在案件 B 中，青苗会首事田禄和刘德新在庭审时口称自己为"职员"，估计该二人具有某种官僚的虚衔，且极有可能是捐纳而来。考虑到官僚虚衔在当时社会尤其是一般社会成员心目中所能起到的作用，这一点在考虑到青苗会的性质问题时是值得注意的。这就是说，青苗会并不一定是"纯粹"的民间组织，甚至不妨称其为带有某种"官方"色彩的民间组织。推而言之，包括善会和善堂，以及团练等在内的许多前近代中国社会的中间团体都有这种情况，即其领袖人物具有某种官方色彩。① 同时，透过多人

---

① 例如，明代万历十八年（1590）由杨东明设立的同善会的 13 人中，几乎都是现任或前任官员，或者学衔的拥有者；清代末年杭州善举团体的 21 名"绅董"全部拥有某种官方的头衔或学衔。[日] 夫马进：《中国善会善堂史研究》，同朋舍出版，1997，第 95、557~558 页。另《清末巴縣の「健訟棍徒」何輝山と裁判の調解「憑團理剖」》，《東洋史研究》第 74 卷第 3 期（特集：《巴縣檔案》に見る清代社會と地方行政），2015，第 65~97 页。

言及该青苗会收入和支出状况的本案，可以看出青苗会的帐目有如乱麻一团。兹根据各方供述，制成下表。

表1 同治四年宝坻县尚节里西马各庄青苗会纠纷案

	薄凤翔等控状	薄凤翔等呈文	刘永常呈文	田禄呈文
青苗圈地	38 顷+	38 顷+	38 顷+	34 顷 29 亩
按地摊钱	370 文/亩	335 文/亩	335 文/亩	180 文/亩*
总收入	1 725 吊	1 309 吊		630 吊 410 文**
外庄帮贴	300 吊	280 吊		
支 出		841 吊		619 吊 790 文
余 剩		715 吊		7 吊 749 文

*：为大秋时摊钱标准。
**：其中包括"麦季存项"。

由此表可以看出，除刘永常所供难以核算外，薄凤翔等两次供述和田禄供述中的数字几乎都是疑点重重。姑以被知县"认定"并无搂吞情事的田禄供述为例，其中存在着以下问题。即据称该庄青苗会当年大秋时存有青苗圈地钱文 630 吊 410 文（伍案：他并未言明是否有外庄帮贴），用去 619 吊 790 文。两者相减，应该结余 10 吊 620 文。但田禄却报称"7 吊 749 文"，两者相差 2 吊 871 文。包括知县和原告在内，也许认为这种误差尚属合理范围，总之无人指出这种帐目上的问题。由此可以想到的是，对于知县来说，他在此时关心的不是某一青苗会内部的帐目是否明晰无误，而是该组织能否存续、能否维持财产秩序的问题。

青苗会是基于某种利益或利害关系的共通性而结成的组织，在这种组织的内部围绕利益或利害关系发生了意见冲突和利益冲突并非不可思议。问题在于，在被称为"乡土社会"和"熟人社会"的、基于礼俗的地缘和血缘关系非常密切的农村社会中，有关人员是如何看待并应对这些冲突的。从上述案件中可见，不满的一方通常向知县提起诉讼，认为对方存在欺诈行为。从诉讼档案中包括的亲属之间互讼的案例来看，在中国传统的乡土社会中，当亲属之间提起诉讼之前，往往会有过亲族邻里之间的调解。同样，前述杨宗起在提诉之前，很可能曾同他人商谈，也可能经过某些人的居中说和。我认为，在此应该重视的是，上述的商谈和调解都没有最终解决问题，导致双方最终对簿公堂。虽然在民间可以仰赖亲族邻里解决一部分利益冲突，但依然有一些最终会寻求国家权力给予"公平"的判断。这种行为实际上就是将公权力——国家权力拉入乡村社会，积极地寻求国家干预基层事务。换句话说，这是一个积极承认国家对社会的控制，并愿意为此合作的态度。我认为，这一点在考虑青苗会组织的维持方法时是十分重要的。

四

在阅读与青苗会有关的档案文献时，常常可以看到"官事""禀官"和"送官司"等词语。"官事"是按照官府命令从事的劳动或提供金钱或物品，"禀官"和"送官司"是向官府报告情况，求得官员的判断和批准。这些都是青苗会在遂行其主要业务看青和相关事务时使用的术语。在本章，将主要分析一下青苗会是如何遂行其基本业务——看青，以及不同青苗会之间是如何调整彼此之间关系的。

（一）青苗会的立会

迄今为止，顺天府档案中关于青苗会的最古老的文献资料是嘉庆十一年（1806）宝坻县厚俗里西河务庄（今天津市宝坻区朝霞街道河西务一村等）的看青合同。①

> 立揽字人刘天赐等今揽本庄青苗一圈，包管无事，不致被人偷窃。言明工价小□钱六十千正。一包在内，上工使钱十五千元，其余俟开圈之日找足。自立会看起，至霜降日止。立字之日，昼夜巡察，不许赌钱、赶集。如被会中人撞见巡青人赌钱等□，巡青人情愿罚工

---

① 顺天府档案第41卷，第001。转引自张思、周健前揭论文。

钱一半。如拿住庄中偷窃禾穗等类，必须按所偷物件鸣钟议罚，□□不受者，阖庄禀官。歉（签）有凭据，立字存照。

　　庄众人等

　　史德全 史良佐 李汉公 李善府 史连辅

　　刘祥生 刘祥山 刘玉如 李升安 刘选公

　　乡保 袁天仲

　　嘉庆十一年七月初六日立

　　揽青人 刘玉山 刘显亭 刘天赐

这一合同是在乡保居中见证的情况下，由"庄众人等"和"揽青人"就看青的范围、时间、工薪（六十千）、责任和处罚而订立的规则。

　　合同中的"庄众人等"很可能是该庄青苗会的首事们，也可能是加入青苗会的成员。"揽青人"的"揽"意为"承诺"的意思，因此，"揽青人"是代表看青人，即合同中所称的"巡青人"与西河务庄青苗会谈判的人。由此可知，负责在西河务庄"青苗一圈"即看青范围进行巡逻管理、防范偷盗的负责人是"揽青人"3人，他们的承包价格是"六十千"。在此基础上雇请"巡青人"看守农作物。这种"揽青人"很可能是存在于看青季节的、专门受雇与人的看青团体的代表。

　　嘉庆十一年的看青时期是从本合同订立之日（"立字之日"）的七月初六日到当年的"霜降日"（伍案：约在阴历九月初七前后）。合同中规定，巡青人必须不分昼夜巡护农田，不得赌博或放弃职守去赶集。违反者将被处以相当于"工钱"一半的罚款。如果在巡护中抓获偷窃者，则须鸣钟示警，招集村民处罚。如果偷盗者对青苗会的处罚不服，则"禀官"即向衙门申诉并将偷盗者扭送衙门。

　　在合同中有一个值得注意的地方，这就是"禀官"一词。在以往的研究中，有学者解释说，青苗会将负责惩罚那些因偷窃农作物而被抓获的人。这一说法固然可以成立。但是，这一说法未能说明青苗会为什么能够实施惩罚。青苗会毕竟是由居住在该村并且拥有一定土地之人的自愿组织，它的权威从何而来？该权威可以得到何种支持和助力？该权威是否会触及国家独占的刑罚权？截至目前为止的研究几乎无人涉及这一点，似乎青苗会的权威是与生俱来的。从上述"禀官"的措辞中，我们能够看出，在青苗会组织、至少在青苗会首事中间存在着如下的意识，即积极地利用官府的权威，引入官府成为自身的后盾，在此基础上维护组织的权威。

（二）青苗会彼此之间关系的调整

在某些情况下，不同的青苗会之间在协调关系时也仰赖于"官"。

同样是西河务庄，该庄在嘉庆十五年（1810）与桥头庄（今天津市宝坻区朝霞街道桥头村）等14个村庄一起，同意每年为庆祝小麦丰收举办名为"青苗胜会"的活动。嘉庆十八年（1813）三月初六日，来自15个村庄的61名代表议定了举办当年"青苗胜会"的"合同"。该合同正文如下：[1]

> 有麦之年，素有拾麦之风。有无知匪徒、不端妇女借此为由，下地任意采取偷盗，甚非美俗。兹十五庄于十五年公议，逢有（麦）之年，共立青苗胜会，愿献神剧四台，如古报赛之意。其该庄办会，周而复始。凡腔价费用，按地亩股数均摊，各无二心。有恐有生事不服者，复禀之于官。按庄合请告示，晓谕黎民。无事则喜其丰收，共庆乐租。有事则大家议罚，或送官司。必俟二麦登场，彼此之会，乃许开圈。一庄有事，众庄随之，不得不如此其严也。至于拔麦之后，凡秋麦，莞豆尚属白地，恐晚田苗，自应速种。若小麦有苗，亦不得有力耕锄，致掩麦穗、使者难以□去。须让十天之外，乃许耕耘，不自亦当重罚。盖立一大会，原系公道，存贫富有益，非徒合谋聚众以势人也。凡此□□于齐会之时，当面言明，共同如意、各无反悔。立一合同，大家存照。
>
> 罚例开列于后：
> 一、巡青人放一人拾麦，罚钱五千。
> 一、本家带一人拾麦，罚钱十千。
> 一、遇官事不按股数出钱，罚戏一台。
> 一、有青苗速耘者，罚钱十千。
>
>   嘉庆十八年三月初六日 立合同人等（以下省略61人姓名）

---

[1] 顺天府档案第200卷，第084。转引自张思、周健前揭论文。

这一合同涉及多个村庄，其内容除"青苗胜会"之外，主要是关于麦收和麦收之后平整土地的相关规定。合同规定，在麦子收割之前，严禁"无知匪徒"和"不端妇女"借口"拾麦"，"下地任意采取偷盗"。合同规定，如果"巡青人"纵放"一人拾麦"，则处以"罚钱五千"。若青苗会会众自带家人下地拾麦，每一人"罚钱十千"。只有等到麦子收割登场之后，各庄才可以开放青苗圈，允许他人进入麦地捡拾麦穗。① 同时还规定了开放青苗圈的时间，即在小麦收割之后的十天之内不进行耕作或整地，在此期间允许捡拾麦穗。如果不顾"有青苗"却"速耘者"，则"罚钱十千"。与官府有关的部分主要是涉及"青苗胜会"的运作问题。合同规定，该"青苗胜会"由 15 个村庄共同举办，邀请戏班的"腔价"由各庄按照"地亩股数均摊"。如果有对此不满的"生事不服者"，即禀官处理。在"青苗胜会"期间，大家共庆丰收，如果发生不愉快的事情则在共同商议的基础上进行处罚或直接送官处理。由此可见，这些青苗会将解决彼此之间纠纷的最后决定权交给了官府。

如上所述，青苗会在解决内部纠纷，或处理不同青苗会之间的纠纷时，都曾积极地要求国家权力的干预。

目前，尚不清楚官府与青苗会创建之间的关连。通过上述事例可以看出，青苗会方面对于寻求官府的干预始终持积极态度。和个人寻求官府为自己作主一样，青苗会作为一种社会组织也采取了同样的行动，承认官府掌握的最终惩罚权和争端的最终解决权，从而换取官府的支持，在客观上为国家政权对基层社会实施有效管理创造了所需的环境。换言之，他们的行为是对国家权威的再次或持续性的认可，并向国家提供来自社会的服从与合作。

张思等曾经指出，"这份乡间订立的契约文书（伍案：指前引清嘉庆十八年青苗胜会合同）出现在县衙的刑房档案中，这本身就说明官府已经开始注意这个组织"。我认为这一观点是值得重视的。从这一事实可以看出，青苗会组织绝不是被动的，它会根据组织管理方面的需要，积极寻求国家的庇护和干预。在前近代中国，国家在统治社会时有效地利用了包括

---

① ［日］清水盛光：《中国郷村社会論》，第 567~578 页。

青苗会在内的各种可以利用的组织。青苗会是一个基于社会成员个人或群体为维护自身利益而自愿结成的团体,在性质上不同于官府出面组织的如里甲、保甲或清代中期以后巴县地区的乡约。具有官府背景的里甲、保甲等组织的权力无疑来自官员乃至皇帝,其设立本身就是根据皇帝的谕旨、国家的法规或者官员的命令。乡约和保长上任时,必须得到官府的认可或授权。① 相比之下,青苗会是出于特定目的、由一些具有相同利害关系的人自愿结成的组织。该组织并非源于官府的某种指令,其领袖人物的就任亦不需官府的认可,同时也没有稳定的财政资源,仅倚靠其自身力量甚至难以维持组织的稳定。在这个意义上,"禀官"和"送官司"意味青苗会当局积极主动地寻求国家权力的代表=地方官员为自身提供庇护,从而努力维持组织的稳定。

此外,在具有密切地缘关系和血缘关系、以"乡土社会"为特征的前近代中国农村社会之中,社会成员之间存在着多种利益冲突。对于存在于该社会的各种组织,如宗族、团练、青苗会等来说,在某些情况下,为了维持组织的存在与运作,往往需要借用组织以外的权威。青苗会保护的是农作物,而加害于农作物者既有未加入青苗会之人,也有与青苗会有关者或其亲属。因此,为了使青苗会组织得以维持运作并保护相关人员的财产免受损害,有时必须借用组织外部的强有力权威,以其为后盾来对待那些损害组织利益的行为。在前近代中国中,借用来自外部的强有力权威的方法之一,就是文献中言及的"禀官"。总而言之,积极寻求并利用来自官府的庇护是青苗会组织能够生存延续的关键之一。

另一方面,对于代表国家权力的地方官员来说,青苗会组织的稳定与发展有助于社会秩序的稳定。由于青苗会旨在防止偷盗,此举在实际上是在支持地方官员履行他们所负担的治理责任。因此,在解决青苗会内部的冲突时,地方官员出于维护青苗会组织的稳定和整个村落的稳定的考量,在民间调解未能得到满意结果的情况下,会直接进行干预并且作出判决,乃至直接下令免去首事的职务。虽然有些部分限于文献的保存情况尚难一

---

① 伍跃:《「在民の役」:《巴縣檔案》に見える鄉約像:前近代中國の國家による社會支配の一側面》,《東洋史研究》第 74 卷 3 期(特集:《巴縣檔案》に見る清代社會と地方行政),2015,第 3~35 頁。

一确认，但前述的两个案件就突出地表现出这一点。在案件 B 中，当原告拖欠青苗会费时，知县直接下令在交清拖欠会费以前对其进行拘押。又如，在案件 A 的审理中虽然证明了青苗会首事们清白无辜，并无干没情事，但是依然下令将青苗会事务交由"庄主"处理。这两个案件之间看似毫无关连，但是透过其中可以看出，地方官员始终保持着对青苗会组织的绝对权威。换句话说，地方官员可以随意决定青苗会这一自愿结成的民间组织的人选，甚至可以下令将其解散。所有这些就是青苗会自身主动提出"禀官"和"送官司"的背景。在衙门和类似青苗会等民间组织的通力合作之下，维护了地域社会的稳定。

青苗会旨在维护财产秩序的安定乃至地域社会的稳定，在这些方面与国家的目标应该是相同的。然而，这不等于说青苗会总是无条件地服从国家对社会的统治。在涉及自身利益的情况下，青苗会虽然不会正面拒绝国家对地域社会的干预和财政赋役方面的要求，但却会采取消极对待的方法。清代中期以后，一部分青苗会开始负责"差务"①。前述合同中有"遇官事不按股数出钱，罚剧一台"的规定。这里所说的"官事"是指运送物资、修整道路等事务，其费用由 15 个村庄按照事先商定的"股数"分摊。合同中"罚剧一台"的规定透露出这样一点，这就是在 15 个村庄之中很可能会出现顾及自身利益、怠慢官事的情况，故有必要预先设定罚则。这一点说明青苗会在面对国家"差务"时的算计和对策。

咸丰初年，宝坻县厚俗里西河务庄、张峰庄和黄辛庄（今天津市宝坻区口东街道黄辛庄村）等 9 个村的青苗会就"兵差并各杂务"的分担达成了协议。咸丰五年（1855）的春天，尽管乡保袁天保多次催促，但只有张峰庄青苗会（首事徐俊如）按协议规定支付了应分担的份额。而黄辛庄青苗会首事王瑞发公开表示，除非被拘押，否则不会按协议交清相关费用。这样一来，以西河务庄青苗会（首事袁昌安）为首，其余的各青苗会都静

---

① 此处的"差务"指直隶地区的差徭。（清）贺长龄等编：《皇朝经世文编》卷十三，中华书局 1992 年影印清光绪十二年思补楼刊本，第 821~822 页。[日] 藤冈次郎：《清代直隶省における徭役について：清朝地方行政研究のためのノオト（Ⅳ）》，载社会科学编《北海道学芸大学纪要》（第 1 部），B，4（1），第 32~46 页。[日] 小田则子前揭 1999 年论文。

观待变。① 由此可以看出，各个青苗会之间在承办官府交办的差务时存在差异。这种差异说明，青苗会无论自愿与否，在最终必然会服从国家权力的统治，但是在某些具体问题上，它们当然不会忘记自身的利益。最后，我想补充一点，乡保袁天保向衙门报告某些青苗会没有积极承担差务，除了要求知县行使强制权之外，也是为逃避未能如期办妥差务的责任寻找借口。

结　语

古往今来，在个人与国家之间存在着各种中间团体。② 这些中间团体就是福武直所说的"社会集团"。福武直将中国的社会集团分为"作为基础集团的血缘集团"（即家庭、宗族和亲属）和"衍生集团"。关于后者，他定义为"根植于地缘和血缘的基础之上、政治、经济、文化等诸多方面的社会期望而形成的社会集团"，并在研究中概述了"政治性集团的保甲和自卫团、经济性集团的钱会和合作社、宗教性集团和其他基于特殊利益的集团等"。他指出，青苗会被归类为"特殊利益集团"，由于青苗会的性质所在，故这一组织的"结合强度"是"强弱不定的"。关于包括青苗会在内的社会协作的性质，他认为，"从看青团体同时兼任村庄的行政机构这一点就可以看出，村落中的协作关系是非常消极的"，此类协作具有"基于利益考量的消极性质"。③

如本文所述，青苗会作为一种社会的中间团体，是以利益相关者为中心的自愿结成的组织，其成员多数是拥有一定面积土地的地主富农或自耕农。此外，由于青苗会的看青活动主要集中于华北地区的夏收（"麦秋"）和秋收（"大秋"）季节，属于季节性组织，一旦收割结束，该组织也就

---

① 顺天府档案，第 89 卷，第 070。

② ［日］岸本美绪：《「市民社会」論と中国》，《歴史評論》527 号，1994，第 56～72 页；后收入氏《地域社会論再考 明清史論集 2》，研文出版，2012，第 99～127 页；同《中国中間団体の系譜》，载《「帝国」日本の学知》（第 3 卷），岩波书店，2006，第 253～291页；同《近一百年日本的清代社会史研究——以中间团体论为中心》，《清史研究》2015年 2 期，第 27～40 页。

③ ［日］福武直：《中国農村社会の構造》，第 96～162、490～494 页。

完成了自身的使命。因此,与国家建立的里甲、同族建立宗族和团练不同,前近代中国的青苗会之所以能够维持,其中固然不乏村民的支持,但更重要的是该组织始终积极地寻求官府的支持。

因此,我个人认为,前近代中国的青苗会具有以下几点特征。

第一,青苗会是一个根据某种"合理"的利害关系成立的自愿组织,在该组织的内部,每个成员对"合理"之"理"可能有着完全不同的解释,故青苗会内部会围绕利害关系发生纠纷。

第二,由于所谓的"理"是多种多样的,为了维持组织自身的存在和一定的权威,青苗会的管理者们会寻求官府的支持、仲裁、审判,等等,而相关人士为了维护自身的利益也会寻求官府主持他们所谓的"公道"。

总而言之,青苗会作为基于特定的利害关系——看护农作物——而形成的自发性组织,其内部和彼此之间仅仅存在着十分有限的、消极的协作关系。青苗会为了达成看青、保护财产的目的,也为了强化其自身对内对外的权威,根据需要采取"禀官"或"送官司"的方式,从而寻求国家权力的支持。另一方面,国家权力,特别是负责治安和税收的州县衙门通过满足青苗会一方某些要求的方式,直接将自身的影响力渗透至社会的末端。从这个意义上说,我认为,青苗会代表的"协同"和"通力合作"是在国家参与、至少也是国家提供支持的前提之下方才得以实现。这一点实际上是青苗会的成员和代表国家权力的州县衙门的共同认识。

费孝通指出,中国社会的特质是"乡土社会",其社会秩序之所以能够维持是因为有基于"传统"的"礼治"。① 虽然在青苗会运营的过程中基于"传统"的"礼治"也许发挥过作用,但是从本文揭示的事实可以看出,这些基于"传统"的"礼治"之所以能够发挥作用,是无法离开强大的第三方——国家——的存在。与青苗会有关的人们对这一点有着相对清醒的认识。总而言之,倘若没有国家权力的支持,自律性较弱的青苗会仅仅凭借自身的力量不仅难以维持治安和财产秩序,甚至无法维持自身的生存。不仅青苗会是如此,其他许多中间团体也是如此。

有观点认为,在 20 世纪之前的中国国家统治体系中,国家权力并未

---

① 费孝通:《乡土中国》,第58~65页。

"完全渗入自然村"，官府仅对"上层"的士绅行使"直接的权力"，"在下层之中，它一般只能透过士绅间接行使权力"，从而进行控制。① 这种观点为我们进一步研究近代以前的中国国家统治方式提供了思考的空间。在近代以前的社会中，士绅权力在时空方面并非可以达到天衣无缝的程度，其本身也并非可以永远保持在一定的力度之上。更重要的是，士绅权力的源头是国家权力，其"本身之荣辱系于时君之颜色"②。当士绅的存在难以满足国家和民众需求的时候，国家权力会"渗入自然村"，民众也会要求国家权力"渗入自然村"。虽然，前近代中国国家权力在"渗入自然村"的程度上与近代以后的情况不可同日而语，但我们目前可以看到的许多前近代中国的诉讼档案都雄辩地证明，国家权力不仅对"渗入自然村"，甚至对家庭内部纠纷乃至夫妇反目、子孙不孝都曾使用过"直接权力"——这些往往是士绅权力束手无策的领域。本文讨论的青苗会的"禀官"就是要求国家行使"直接权力"的事例之一。

最后顺便指出一点，青苗会在前近代中国曾经相当普遍地存在过。但是，进入 20 世纪之后，只有华北地区的一部分青苗会最终演变为乡村的行政机构。换句话说，青苗会成为近代以后乡村行政机构并非旗田巍等学者笔下的普遍现象。在考虑中国的近代化尤其是近代乡村行政机构形成的问题时，有必要考虑青苗会为什么会呈现出如此不同的情况。关于这一点问题，将留待今后进行探讨。

（本文的第三、四等部分原载《東アジア研究》，第 73 卷，2020 年，第 1~15 页，题为《顺天府档案に见える青苗会——前近代中国の国家による社会支配の一側面》。此次作了大幅修订，并另外增补了第一、二部分。又，本文为日本学术振兴会奖助研究 21K00915 和 22H00704 的阶段性成果。）

---

① ［美］黄宗智（Philip C. C. Huang）撰，叶汉明等译：《华北的小农经济与社会变迁》（*The Peasant Economy and Social Change in North China*），中华书局，1986，第 229 页。
② 吴晗致梁方仲函，1944 年 6 月 6 日。梁承邺《无悔是书生——父亲梁方仲实录》，中华书局，2016，第 142~143 页。

《中国古代法律文献研究》第十七辑

2023 年，第 235~262 页

法律学说在民初基层民事
裁判中的适用

——以龙泉司法档案为考察中心*

段晓彦　宋　鹏**

摘　要：民初民事裁判法源的匮乏为各级各地在司法裁判中引入学说留下了空间，浙江龙泉地区亦不例外。龙泉司法档案中涉及法律学说的案件数量极少且均只援用了西方公认的法学通说，主要作用在于对特定事实进行法律定性。对比于当下司法实践中同样存在的援引学说极少的现象，可以发现基层法院所处理的案件类型与法官学术素养偏低是导致这一现象的主要原因。因此，通过与当下司法实践援引法律学说的现状进行对比并深入分析其背后的原因，本文认为当下基层法院在司法实践中应当慎重援引法律学说，必要时以法学通说为主要对象。

关键词：法律学说　法院裁判　通说　司法档案

---

* 本文系国家社科基金一般项目"民国时期民事裁判中的'法理'研究"（21BFX005）的阶段性成果。

** 段晓彦，福州大学法学院教授；宋鹏，福州大学法学院法学理论专业硕士研究生。

一、问题的提出

法律学说是法律学者就法律问题进行理性思考后所得的智慧成果，是法律脱离宗教、礼俗与习惯而独立后不断发展与进步的重要基础。法律体系的完善离不开法学家的推动。无论是古罗马时期享有解答权的法学家，还是中国古代热衷于引经注律、释律的学者，都以自己的法律思想促进了法律的适用，印证了法律学说对立法与司法的重要性。改革开放以后，随着我国法典化运动的推进、法条主义的风行，法律学说在司法中的适用空间一度受到压缩。但随着法学内部划分的精细，新兴学科以及交叉学科的出现，加之社会迅速变化所带来的社会问题与日俱增，新的法律学说层出不穷，法律的滞后日益凸显。这是否意味着可以放宽法律学说的司法适用限制以弥补法律的不足之处呢？目前学界已有研究通过实证分析认为应当重视学说的司法适用并提出了合理建议，① 亦有学者对此持谨慎态度。②

与此同时，学界对法律学说司法适用史的关注尚有不足。已有研究更多集中于北洋政府时期大理院在司法实践中对法律学说的适用，但对同时期基层法院民事裁判中的法律学说的适用几无涉及。而龙泉司法档案是至今保存相对完整的有关民初基层审判的司法史料，能够清晰地还原法律学说在基层民事裁判中的适用状况。目前学界以龙泉司法档案为基础的研究主要是以祭田、婚姻等某一类型案件或聚焦于某些特定的法律文书研究近代法律的转型与变迁，③ 但对于法律学说的适用尚无人关

---

① 参见齐健《裁判文书援引法律学说实证研究》，《法律适用》2018 年第 7 期，第 122~135 页；金枫梁《裁判文书援引学说的基本原理与规则建构》，《法学研究》2020 年第 1 期，第 190~208 页。

② 参见王立梅《裁判文书直接引用学者观点的反思》，《法学论坛》2020 年第 4 期，第 93~100 页。

③ 代表性成果参见尹伟琴《论民国时期基层法院判决依据的多样性——以浙江龙泉祭田纠纷司法档案为例》，《浙江社会科学》2010 年第 5 期，第 92~96 页；杜正贞《晚清民国时期的祭田轮值纠纷——从浙江龙泉司法档案看亲属继承制度的演变》，《近代史研究》2012 年第 1 期，第 79~91 页；杜正贞《民国的招赘婚书与招赘婚诉讼——以龙泉司法档案为中心的研究》，《政法论坛》2014 年第 3 期，第 143~152 页；吴铮强《过渡与互嵌：近代民事诉讼庭审记录的演变——基于龙泉司法档案的研究》，《浙江大学学报》2020 年第 5 期，第 170~192 页。

注，值得进一步挖掘与探讨。因此，本文通过法律史的角度，选择以民初（1912~1927）浙江龙泉地区的基层民事判决文本为材料，试对以上问题作出回应。笔者将结合相关的具体案例分析法律学说在基层法院民事审判中的适用样态与特点，以表明基层法院在司法裁判中应少用、慎用学说。其次，进一步分析这一现象的背后原因，以史为鉴，对当下我国基层法院司法实践援引法律学说提出合理建议。当然，本文的观点绝不是否决法律学说司法适用的可能性，而是主张法律学说进入民事裁判应保持谦抑的姿态。

二、 法律学说适用的历史背景与机遇

清末民初，中国本土尚未出现近现代意义上的法学研究，自然也不存在严格意义上专属于法学领域的法律学说。民国初期在司法裁判中援引法律学说既需要理论、制度上的支持，也需要借鉴其他先进法治国司法经验。而彼时与变法修律运动相伴而来的法律专业留学活动、国外法律书籍的大规模翻译以及本土立法的开展，均为法律学说的司法适用起到了推动作用。

（一）理论基础

在理论层面，值得注意的是法律渊源理论与法律解释理论的传播，这得益于大规模翻译国外法律书籍对先进法律理论的介绍，尤其是由日本转译而来的法学著作，其影响不可忽视。

1. 渊源理论

法律渊源理论通常存在司法中心主义与立法中心主义两种视角。民国初期学者们对法律渊源概念的界定普遍采取立法中心主义的视角，即定义法律渊源为"构成法律规则的材料"。同时，学者们往往会否定学说具有直接的法律效力。

王国维曾翻译日本学者矶谷幸次郎《法学通论》一书，其中作者认为法律渊源是指"法律以何者为材料"，并肯定学说是渊源之一。紧接着，作者又否认法律学说的法律效力："法学者之学说，出一人之私见，无法

律之效力固不待言。"① 学者方刚也认为法律渊源是"法律受其效力所得之
材料"②，具体包括惯习、宗教、条理、判例、学说、外国法以及条约。同
时也否认学说本身具有法律效力："学说特一事实，固无法律之效力，然
可为法律之渊源者，则法制史之所证明也。"③ 由此可见，民国时期学者会
明确区分法律渊源与法律效力两个概念。因此，学说作为法律渊源虽得到
普遍认可，但其只能作为一种间接渊源，并不具备法律效力。

　　然而理论并不能完全决定实务工作者在司法实践中对法律学说的态
度。学者徐增礼在 1906 年发表《论法律之渊源》一文，该文翻译自日本
学者奥田义人所著《法学通论》第二章，专门论述法律渊源理论。文中谈
到英美法系诸国裁判官在判决时经常采用硕儒之学说为理由，律师辩论时
亦以法学家之学说为论据。法律的进步既得学者之力，也是学者之责。作
者结合法律史进一步阐释了学说成为法律材料的四种方法：与法学者以法
律解释权、以学说为有法律之效力、编纂学说以为法典以及学说成为习惯
法。④ 矶谷幸次郎在其书中虽然否定学说具有法律效力，但依然认为裁判
官和律师可以参考学说对法律进行解释。

　　理论与实践呈现如此差距的主要原因在于法律的滞后性无法与现实中
的具体问题一一对应，必然会给其他法律渊源进入司法留下空间。日本学
者织田万指出，学说在古罗马时期可以直接赋予法律效力而在近现代则只
能作为立法的参考，主要原因是古代立法极不完善所致。⑤ 这一点恰恰与
民初的法制背景相吻合。在那个成文法律极其稀缺的特殊时期，法官在司
法实践中越过立法而径直援引法条背后的学说进行裁判说理，乃是合情合
理之举。

　　2. 法律解释理论

　　法律解释是司法裁判中最常运用的法律方法，学说也可作为一种解释
依据。

① [日]矶谷幸次郎著，王国维译：《法学通论》，商务印书馆，1914，第90页。
② 方刚：《法政提要：法学通论》，政法学会印，1913，第13页。
③ 方刚：《法政提要：法学通论》，第14页。
④ 徐增礼：《论法律之渊源（节译法学博士奥田义人法学通论第二章）》，《法政杂志》（东京）1906年第1卷第2期，第68~69页。
⑤ [日]织田万著，刘崇佑译：《法学通论》，商务印书馆，1913，第35页。

日本法学家织田万，将法律解释分为公正解释与私见解释。前者解释之结果具有法律效力，包括立法解释与裁判官解释。后者又称学理解释，即学者一己之私见，属于法律学说。学理解释固不具有法律效力，但可以通过作为裁判或行政处分之材料而间接具有法律效力。①

熊元翰依据日本学者冈田朝太郎口授编纂《法学通论》一书，其中将法律解释分为立法解释与学理解释。立法解释是通过法令解释法令，例如《唐律疏议》中针对各条文所作之注疏。学理解释则是除立法解释外其他法律解释方法的总称，包括文理解释与论理解释，论理解释又可分为缩小解释、扩张解释与见真解释。论理解释依据众多，包括但不限于法案理由书、议会议事录、委员会讨论笔记、母法之精神，等等。② 显然，这些材料不可避免地会涉及各类学说。

1912 年，陈敬第依据日本学者梅谦次郎的讲述著有《法学通论》一书，其中谈到法律解释时同样将其分为文理解释与论理解释，论理解释即"不拘于法文字句而以事理为基础进行解释"。书中详列了五种具体的论理解释方法：依据同法律之规定、依据他法律之规定、法律之目的之解释、条理之解释、沿革上理由之解释，从解释结果上看则可分为限制解释、扩充解释以及变更解释。其中，条理解释认条理为"普通学者所主张之学理也"③，肯定了学说对法律解释的重要性。

胡挹琪编辑的《法学通论》一书中针对文理解释也列举了五种方法：惯习上普通之意义、解释法律之用语例、他法律之用语例、法律家之用语例以及模范法之意义。其中"法律家之用语例"的解释方法认为在其他解释方法不足以说明法文含义时，可以采用在法学家之间形成共识的术语意义作为依据。④

（二）规范依据

法律学说司法适用的制度依据或者说规范依据，主要是法源适用规

---

① ［日］织田万著，刘崇佑译：《法学通论》，第 85 页。
② 熊元翰编辑：《法学通论》，法学社印，1913，第 58 页。
③ 陈敬第编辑：《法学通论》，群益书社，1912，第 169 页。
④ 胡挹琪编辑：《法学通论》，政法学社，1913，第 140 页。

范。当时，《大清民律草案》虽未正式颁布施行，但实际上仍发挥着"准民法典"的重要作用。总则第一条即规定法源适用顺序依次为法律、习惯、条理。① 大理院亦在 2 年上字第 64 号判例中对此予以肯定："判断民事案件应先依法律所规定，无法律明文者，依习惯法；无习惯法者，则依条理，盖通例也。现在民国民法典尚未颁行，前清现行律关于民事各规定继续有效，自应根据以为判断。"② 其中，条理为法律学说的司法适用提供了空间。③ 至于学说是否可以作为条理的内容，我们可以从《大清民律草案》中有所窥见。《大清民律草案》中每一条都注明了立法理由，立法理由即法条背后的条理所在，而学说即是立法理由之一种。

例如《大清民律草案》第 88 条规定董事会与社团法人之间的法律关系准用委任的相关规定，立法理由中明确表明这是对相关法律学说综合考虑后所得之结果："董事会与社团法人之内部关系，其为雇佣关系，抑委任关系，抑特种之法律关系，古来学说聚讼。本案则认为委任关系，故董事会与受任者负同一注意义务，并得依特约而受报酬。"④ 再比如草案第 589 条规定："依种类而定之物之买卖，若其物有瑕疵者，买主得解除买卖，或请求减少价金之额，或请求另行交付无瑕疵之物。"关于"请求交付无瑕疵之物"的行为性质，立法理由认为买主请求交付无瑕疵之物以代有瑕疵之物，学说上有不同看法，一说以其为代物清偿，一说为本于瑕疵担保之请求权。本条则以后者为更贴合实际，故采用代物请求权说。⑤ 诸如此类表述并不少见，例如第 534 条认为非因归责于两造当事人之事由而不能给付时，何人负担风险，古来学说不一；⑥ 第 539 条认为应否允许订立向第三人为给付之契约，古来学说不一，⑦ 等等。

《大清民律草案》在立法理由中如此广泛地注明各类学说，既回应了

① 黄源盛纂辑：《晚清民国民法史料辑注》（一），犁斋社有限公司，2014，第 43 页。
② 黄源盛纂辑：《大理院民事判例辑存》（总则编），元照图书出版公司，2012，第 65 页。
③ 条理的主要内容包括《大清民律草案》、一般法律原则、外国立法例、传统人情义理、学说和判例。参见段晓彦《民初大理院民事裁判中的"条理"》，《法律科学》（西北政法大学学报）2022 年第 6 期，第 35 页。
④ 黄源盛纂辑：《晚清民国民法史料辑注》（一），第 67~68 页。
⑤ 黄源盛纂辑：《晚清民国民法史料辑注》（一），第 228 页。
⑥ 黄源盛纂辑：《晚清民国民法史料辑注》（一），第 211 页。
⑦ 黄源盛纂辑：《晚清民国民法史料辑注》（一），第 213 页。

其"求最精进之法理"的立法原则,也反映出法律学说作为立法材料的重要性。因此,《大清民律草案》及隐含其背后的法律学说都是当时司法裁判的重要依据。

(三)域外经验

《大清民律草案》与大理院确定的法源适用规范并非原创,向前可以追溯至日本明治八年的《太政官布告》第 103 号裁判事务心得。心得第 3 条指出:"于民事裁判,无成文法者,依习惯;无习惯者,推考条理而判断之。"① 实际上,该心得也是日本借鉴法国、奥地利和德国法相关规定而来。

如 1812 年《奥地利普通民法典》中的"民法的基本法则"第 7 条规定,无法可依时"以自然法的法律原则对案件作出裁判"。② 此后,1888 年的《德国民法第一草案》第 1 条规定:"法律无规定之事项,准用关于类似事项之规定。无类似事项之规定时,适用有法规精神所生之原则。"③《德国民法典》的理由书中明确指出:"在缺少立法措施之场合,以法学为法。"④ 1907 年的《瑞士民法》第 1 条直接肯定了学说的法源地位:"凡在本律文字,或精神以内之事件,均受本律之支配;如审判官裁判时无可适用之律文,应依习惯法;如无习惯法,应依如审判官自为立法者时所预定之规则,惟应斟酌于学说及法理。"⑤

不难发现,这些法源适用规范的共同点是均规定了兜底性的法源条款。但同时,这些兜底性法源条款都是极为抽象的概念,如若在司法裁判中予以适用,必然需要寻求一个具体的承载者。学说作为法律研究者的成果,本就是对法律问题进行法理思考后得出的结论,兼具合理性与专业性,自然是极为合适的承载者之一。

① 渠涛:《日本民法典的成立》,载渠涛编译《最新日本民法》,法律出版社,2006,第 365 页。转引自张生《〈中华民国民法〉"第一条"的源流与功能》,《政法论坛》2022 年第 3 期,第 161 页。
② 参见张生《〈中华民国民法〉"第一条"的源流与功能》,《政法论坛》2022 年第 3 期,第 162 页。
③ 黄源盛:《民初大理院与裁判》,元照图书出版有限公司,2011,第 146 页。
④ [日]大木雅夫:《比较法》,范愉译,法律出版社,2006,第 273 页。
⑤ 黄源盛:《民初大理院与裁判》,第 146~147 页。

三、适 用 实 态

龙泉司法档案（1912～1927）中收录民刑事案件共 180 件，其中民事纠纷案件共有 86 份裁判文书（包括判词、堂谕与判决书，审判层级涵盖一审、二审与再审），涉及法律学说的仅有 4 份。四份判决书中有三份判决书来自龙泉县公署（审检所）一审，一份来自永嘉地方法院二审。据计算，适用法律学说的裁判文书只占总量的 0.046%，不到百分之一，数量极少。由于样本数量过少无法进行类型化分析，因此下文将对这四起案件结合其适用法律学说的实际情况展开具体评析。①

（一）民国初期法学界对法律学说的认识

在对具体案例展开分析之前，有必要对民国初期法学界如何看待法律学说这一问题做一个简要的介绍。

法律学说的内涵具有历时性与共时性的双重特征。历时性体现在法律学说作为法学知识体系的组成部分，同其他社会上层建筑一样会受到社会物质条件的制约与影响。因此，法律学说的具体内容随时代变迁不断变化。共时性则体现在法律学说的主要形式通常表现为学者的观点，记载于学者的论著之中。民国初期，法学研究艰难起步，法律学说尚未成为一个值得探讨的主要话题。学者们对法律学说的论述散落在其论著之中，从中我们可以窥探当时学者们是如何看待法律学说的。②

民国初期，学者们对法律学说的定义主要有以下几种。第一种是最为

---

① 下文将列举的法律学说可能涉及法理与法学通说的重合地带。因为法理可以分为"法外之理"与"法内之理"，前者属于法哲学研究的范围，即法律据以建构或所取向之价值；后者则属于法教义学的研究范畴，简单来讲是指"法律规范之理"。参见雷磊《法的渊源：一种新的分类法及其在中国语境中的运用》，《河北法学》2021 年第 11 期，第 24 页。法外之理通常表现为抽象的法的正义、法的安定性等法理念，法内之理则更多表现为法律学说的形式。通过对司法实践中"法理"一词的实证研究，也可以发现法律学说是法理的一种表现形式。参见郭栋《法理概念的义项、构造与功能：基于 120108 份裁判文书的分析》，《中国法学》2021 年第 5 期，第 186 页。

② 此处所指的是学者们对法律学说这一事物本身的看法，而非针对某法律问题产生的具体观点之间的争议。

粗略地表述为"学者的见解"。例如刘崇佑在翻译日本学者织田万《法学通论》一书时，认为法律学说是"一人之私见"①。第二种是表述为"法律学者的见解"。例如杨廷栋在《法律学》一书中，将法律学说定义为"法律学者之说"。第三种是定义为"学者对法律问题的见解"。例如吴闿生在其1905年出版的《桐城吴氏法律学教科书》中，将法律学说定义为"学者关于法律之论说"②。第四种则是表述为"学者对于法理的见解"。王觐在《法学通论》一书中即认为："学说云者，学者对于法律自法理上所抒之意见也。"③ 以上几种定义分别展现了学者们对于法律学说内涵之形式、主体、内容等不同侧面的重视。

但综合来看，民国初期的学者们并未对法律学说限定严格的准入条件，而是对其持最为一般的看法。造成这一现象的原因除了本土法学研究尚不发达外，另一个主要原因是在当时变法修律的背景下，德日等欧陆法系国家是法律学说的主要输出地。同时，伴随法律移植而来的法律学说绝大多数是流行于这些国家法学体系中的法学通说。④ 因此，当时的法律学者与司法实务者们关注更多的是这些近现代法律理论在中国本土的具体适用问题，尚未有足够的法学知识基础与研究精力对法律学说这一事物本身进行专门的研讨。换言之，下面在个案分析时所涉及的法律学说主要是近现代民法理论中最为基础的法学理论，是超越国别具有普适性的法学通说。

（二）具体适用样态

1. 民国三年程仙洲等控张同春借账谋产案——辨析法律关系之性质

本案的基本案情如下：原告程仙洲欠被告张同春钱款但资不抵债，于是先以龙泉县山场碧源坑估价绝卖于被告偿还一部分，剩余欠款从缓。其后，被告以山场树木为标的与第三人进行交易，此时原告反称被告是借账

---

① ［日］织田万著，刘崇佑译：《法学通论》，第54页。
② 吴闿生：《桐城吴氏法律学教科书》，华北书局，1905，第30页。
③ 王觐：《法学通论》，公慎书局，1921，第55页。
④ 当然，法学通说具备一定的地域性，一国之内的法学通说并不一定适用于另一国家，特别是民初中西法文化冲突较为严重的时代之下。但另一方面，法学通说也具有一定的普遍性，民初司法实践中适用的域外法学通说大多属于此类。

谋产，因此诉至遂昌县公署请求封禁山场以保护物权。被告辩称，原告签订绝卖契时经戚友在场作证，当属有效，所有物权早已丧失，不思设法清偿债款反而欺蒙长官，捏词诬控，实属刁诈已极。本案后移送至龙泉县公署审理。本案焦点在于，被告是否享有对山场的收益权，也就是林木的处分权。以现代民法理论来说，本质上则是原告程仙洲以山场清偿债务的行为属于单纯的买卖（以物抵债）还是不动产抵押。通过原被告双方的诉状可以发现，当事人已经能够运用权利主张自己的利益。针对原告这一行为的性质，法官也从物权债权的角度着手分析：

> 将自己所有之不动产公估价格先偿一部，渠不动产之转移所立契约与买卖契约无甚差异，契约既属真实，所有权之移转当然有效。渠未尝之余债系属债权债务之关系，渠不动产抵偿之一部系属物权移转之关系。是案，物权债权当分案办理，与担保债权之不动产物权显有区别。夫担保债权之不动产物权与债权有主从之关系，其物权则属于抵当权。①

在此，法官明确区分了买卖合同中的物权转移行为与设立不动产抵押中的物权行为，前者之物权转移独立于买卖合同中的债权行为，而后者中担保债权之不动产物权与债权具有主从关系，需依附于主债权而为。因此，两者不可一概而论。所以，原告以山场作价绝卖于被告与一般买卖契约并无二致，属于物权转移行为，而非不动产抵押。换言之，法官认为，原告以山场估价清偿部分债务的行为属于以物抵债，并非新设抵押。由此可见，法官在认定原被告法律关系的过程中，应是受到了"物权债权二元论"学说的影响，能够基于合同性质从债权行为与物权行为二元区分的角度发现案件争议的焦点并进行理论阐释。

其次，法官经过论证指出，本案的争议在于山场之所有权，属于不动产物权纠纷，可由不动产所在地法院（龙泉县法院）管辖，但关于原告欠

---

① 包伟民主编：《龙泉司法档案选编第二辑（1912~1927）》（1914下），中华书局，2014，第1066页。

款之未偿还部分属于债权债务纠纷，应另行向其他有管辖权的法院（遂昌县公署）起诉。再一次从诉讼法的角度区分了物权纠纷与债权纠纷得基于权利性质之不同，其所对应的诉讼管辖范围亦不相同。

2. 民国五年蔡金氏与蔡起旌祭田纠葛案——运用学说阐释旧有社会关系

本案基本案情如下，蔡世臣无子以蔡起源为嗣，蔡起源又以蔡起旌之子蔡文光入嗣，按照同治四年（1865）族约，祭田轮至坤房时应由蔡起源轮值。然而，蔡金氏（世臣叔伯蔡世睿之儿媳）提出同治三年（1864）之旧约，主张自己对该祭田亦有轮值之权利。按照族谱，坤房又分文行忠信四房，蔡起源及其嗣子蔡文光属于文房，蔡金氏属于忠房，其余二房已绝嗣。同治三年契约载明祭田轮及坤房由起源轮值，轮及文行忠信四房则由蔡金氏管业，并附有"遗书订立该约付丙（即作废）"等语。同治四年补立遗书，蔡世臣遗产归起源管业，惟文房应轮值祭田仍归蔡金氏收租管业，同时以该租金收入为蔡世臣亡妻李氏建祠。因此，本案的争议焦点在于，蔡文光依据继承所享有的轮值权与蔡金氏按照契约享有的轮值权发生冲突，这一权利究竟归谁所有。由于本案人员复杂，特将蔡氏族谱简化后附在文下（见图1）。

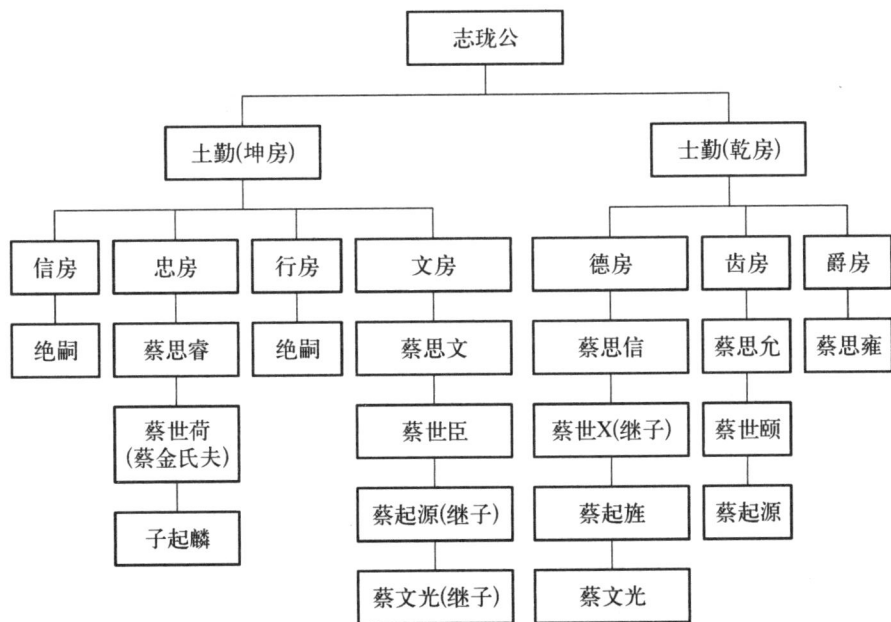

图1　蔡氏族谱（与本案无关人员未列出）

设置祭田在我国渊源已久，其目的在于保证祖先祭祀不断的同时保障子孙后代的生存发展。轮值是管理祭田的制度之一，由各房派按照次序对祭田进行管业、收益，同时承担相应的祭祀、缴税义务。民国成立以后，祭田在社会中仍广泛存在且纠纷不断，但两次民律草案以及正式施行的《中华民国民法》对此并无规定，其解决全赖法官在实践中的具体处理。解决问题的第一步就是进行法律定性，换言之，即通过运用现代法律理论将原有社会关系转化为法律关系。同时祭田纠纷与继嗣关系密切，两者往往争议并起。因此，法官首先是运用了"权利义务关系学说"对传统中国宗法社会中极其重要的嗣续关系进行了法律定性：

> 查民法法理，嗣续之主关系为义务而从关系则为权利，然所为权利之从关系者，嗣续人对于嗣续开始虽能继承彼嗣续人权利，亦应以嗣续人本有权利为限，外此不能强求。①

"清代和民国初年的法律虽将祭田认定为特殊的公共财产，却没有进一步对拥有这种公共财产的'共有人'的身份，以及他们对于祭田的权利和义务做出明确规定。但在实践中，官民基本认同祭田轮值权利的获得，要以继嗣为先决条件。"② 这也是法官在本案中要先行认定嗣续关系的主要原因。

在近现代法律理论中，通说认为权利与义务之间呈现一种对立统一的关系。从本源上看，权利与义务是一元的，都以利益为基础，义务不过是权利的对象化，是特殊形态的权利。同时，权利与义务存在着性质和价值上的主从关系，即谁决定谁，谁派生谁的关系。在现代法治理论的背景下，义务为权利而设定，权利派生义务，义务则是对象化的权利。而在法哲学层面上，权利与义务的矛盾实际上是权利与权利的矛盾的一种外化形式，一切权利—义务关系都无一例外地是权利—权利关系的反映。③ 虽然

---

① 包伟民主编：《龙泉司法档案选编第二辑（1912~1927）》（1916下），第1032页。
② 杜正贞：《晚清民国时期的祭田轮值纠纷——从浙江龙泉司法档案看亲属继承制度的演变》，《近代史研究》2012年第1期，第80页。
③ 付子堂主编：《法理学高阶》，高等教育出版社，2020，第182~183页。

权利派生义务的关系是恒定的，但权利与义务的主次地位会因时代的不同而有所表面化。例如奴隶社会和封建社会即以义务为本位。正如古代中国礼法体系中的"亲亲相隐"制度规定了家庭成员间或同居成员间负有互相隐瞒罪行的义务。从权利—义务的角度看，"相隐"行为的实施是占主要地位的亲人之间的隐瞒义务间接产生了处于次要地位的家庭成员对国家侦查权、缉捕权以及审判权等国家公权力的抵抗权。而从权利—权利的角度看，则表现为家庭私权利与国家公权力之间的矛盾。①

回到本案中，一审法官从继承关系入手，运用权利义务关系学说解释传统的继嗣关系，认为嗣续关系有主从之分，义务为主，权利为次，并且嗣子权利范围以被继嗣者所有权利为限。嗣续与祭田制度是传统宗法社会中家族延续不可分割的两部分，从权利—义务的角度看，则是继承人在负有办祭、完粮等主要义务的同时派生了相应的轮值权利。当然，从另一种角度看，法官或许是将继承视为附义务赠与从而得出嗣续关系中以义务为先、权利在后的利益位序。结合实际情况来看，管理祭田虽要承担办祭、完粮等义务，但相较于收益权所带来的租金来说，仍是少数，这也是历来各房争夺轮值权的原因所在。法官将传统的嗣续关系解释为义务为主、权利为次的新型法律关系，既符合传统社会背景下基于血缘伦理关系而设立祭田以维护世族延续这一主要价值，也将传统社会关系赋予了现代法律意义，可谓一举两得。综上，法官认为本案所争祭田由蔡金氏轮值，并按约承担建祠义务。惟其不履行义务时，可由蔡起旌代位收租建祠。

二审法官则主要从祭田性质的角度进行说理，其目的仍是对传统社会中的家庭财产结合近现代法律理论进行法律定性，这也是从法律上解决问题的前提。法官认为：

> 按民法法理，祖遗祭田为共有财产之一种，凡共有人对于该项祭田当然有轮值收租之权利，亦即有岁时办祭之义务。②

---

① 参见俞荣根《礼法中国：重新认识中华法系》，孔学堂书局，2022，328~344 页。
② 包伟民主编：《龙泉司法档案选编第二辑（1912~1927）》（1916 下），第 1032 页。

其实，大理院早在民国 2 年上字第 8 号判例中就已将祭田认定为共有物："祭田设定之方法，虽有种种，而其管业权，应自亡人死后，即归属于后嗣共同享有。"① 同年上字第 119 号判例则直接表明：

> 祭田系属其子孙共同享有，其权利性质，法律上本为一种之共同关系。②

这一定性虽无成文规定，但凭借当时大理院的独特地位已成为当时理论界与实务界的理论通说。大理院将祭田认定为公同共有物，亦是受到了西方民法理论中"合有""总有"以及"共有"等学说的影响。③ 回到本案，二审法院依此认为蔡文光虽为嗣子，但仍为祭田共有人之一，按照遗书理应有轮值权。最后，蔡金氏提出的同治三年旧约已作废，但鉴于祭田租金是各房经济收入的主要来源之一，法官从情理的角度考虑到其生存需要，判令原被告双方各按一定比例承担义务、分配收入：

> 被控诉人赖此祭祖以供养赡，倘使数年轮收一次，殊有青黄不接之虞。故本厅察核情形、权衡缓急，断令此项祭田仍归乾坤两房轮流收租照旧办祭。但被控诉人轮收年份应将前项祭租提出四分之一交与控诉人收受……至于轮值年份办祭完粮各费用亦应由控诉人负担四分之一之义务，即在应得之祭田项下扣算，以期平允。④

此外，李氏祠堂仍归蔡金氏建造以慰亡灵。由此也可看出，法官在运用新学说的同时也不忘融入情理以求判决公正。法官虽然运用近现代民法学通说认定传统社会关系并使其具备法律意义，但同时也仍兼顾情理，保护了弱势者的生存权。这一做法有助于维护嗣续以及祭田制度设立的社会

---

① 黄源盛纂辑：《大理院民事判例辑存》（物权编），犁斋社有限公司，2012，第 304 页。
② 黄源盛纂辑：《大理院民事判例辑存》（物权编），第 309 页。
③ 李启成：《外来规则与固有习惯——祭田法制的近代转型》，北京大学出版社，2014，第 232 页。
④ 包伟民主编：《龙泉司法档案选编第二辑（1912~1927）》（1916 下），第 1079 页。

价值，也体现了重视家庭和谐、社会稳定的司法传统。

3.民国十五年周家兴于陈宗传房屋纠葛案——解决程序问题

本案中，案外人范旭初有祖屋一处，被告陈宗传租住多年。民国十四年，范旭初将房屋出典于原告周家兴管业，典价大洋一百五十元，其中一百二十元先行付清，剩余三十元待陈宗传迁屋后付清。同时，范旭初与陈宗传立契，约定陈氏于民国十五年春搬离。此后，陈宗传以预付租金、租期未满为由拒绝搬迁。周家兴因而诉至法院请求维护其典权，先后控告陈宗传"强占霸房不搬妨害产权""狡串霸住无视主权"。陈宗传则以"租期未满无权干涉"为由抗辩。此外，范旭初妻范翁氏亦具状参加诉讼，以范旭初出典房屋时其并不知情为由，反诉周家兴"先允许解约后又复谋鸠占"，请求备价赎回，解除契约。当事人各持一词、争执不下。本案的争议焦点在于，被告的租赁权能否对抗原告的典权以及范旭初妻范翁氏作为第三人是否有权解除契约。

首先，法官核查证据后认定被告所称预付租金、租期未满这一事实乃是虚构，并不属实，因此被告的主张无法对抗原告。由于被告对自己的主张无法提出证据，纯属无赖，因此本案的解决并不复杂。但法官并未止步于此，而是进一步认为即便是被告所称事实属实，依据债权债务相对性的原理，被告的租赁权受损害时只能向相对方范旭初寻求救济而无法借此对抗原告周家兴：

> 是房租未曾预付已可概见，即使立契时被告并不在场，果有预付房租情事，亦只可与收受房租之范旭初理论，而不能借词对抗原告为久宅之计……至参加人请求解除契约等情，查该典契系双务契约，成立已久，该参加人既非典契上之相对人，原告且系催促履行契约并不愿解约，自不能因片面之词……（后文佚失）。

其次，同样依据合同相对性原理，范旭初之妻范翁氏既非典当契约的当事人，若非两造协商同意，当然无权主张解除合同。①

---

① 参见包伟民主编《龙泉司法档案选编第二辑（1912~1927）》（1926 中），第 579~580 页。

由此可见，法官运用现代"合同相对性"学说或者"债权债务相对性"学说解决了诉讼程序上是否享有起诉权以及该起诉谁等一系列程序问题。法官这一做法，不仅轻松解决了个案，实际上起到了有效避免传统司法中仅凭事实上的利害关系就可以随意起诉、蔑视程序的诉讼陋习。这不仅有利于向民众传递尊重程序的诉讼理念，也防止了"想诉就诉"，不管三七二十一随便起诉等乱诉、滥诉等不良现象的发生。另外，本案也体现了基层法院所处理的民事案件的特点，即事实证据问题复杂，法律适用相对清晰。这在一定程度上会限制法律学说的适用空间。

4. 民国十六年吴汝华等与吴耀聪路基纠葛案——解释法律概念

本案中，原告吴汝华、王兆树诉称被告吴耀聪新造房屋侵占其住宅门路。被告则辩称因其老屋倾塌，原告为图便利而舍老路不走，从其屋址上另辟新路。

一审中，承审法官亲往踏勘，仅凭所见事实认为原告通行之便利受到侵害，因而据此断令被告吴耀聪将新建房屋侵占路址之部分恢复原状。只凭事实，未阐明法律依据，并不严谨。①

被告不服，提出上诉。二审中，被上诉人吴汝华提出房屋上手契以表明其房屋前原有门路并享有通行权。法官核查契据后认为：

> 吴姓卖契内并无关于系争公路之记载，潘姓谢姓两契内虽有……记载，但均属添注，与契内其他字迹参互之间显为地位所不容，且墨色亦不一致，其非真有通行权……盖可断定吴汝华就该地带既非真有通行之权利。上诉人于其所有地基多年未造房屋，被上诉人因行走方便之故行走既久形同道路，然殊不容即以其系属道路遂执为理由妨害上诉人所有权之行使。②

简言之，法官认为该上手契中对涉案路址之记载为添注内容，且与正文内容墨色不一，排除了该证据的证明力。吴汝华就该地基非真有通

---

① 包伟民主编：《龙泉司法档案选编第二辑（1912~1927）》（1927中），第345~346页。
② 包伟民主编：《龙泉司法档案选编第二辑（1912~1927）》（1927中），第364页。

行权，不得以行走方便且时间长久形同道路为由妨害被上诉人吴耀聪的所有权。

《大清民律草案》中只有地役权而无通行权之规定，大理院判例曾运用学说对通行权进行过解释：

> 自己土地为他人土地所围绕，不通于公路者，则以通行围绕地之必要，其围绕地之所有人当负容忍义务，故不必依设定行为即得有通行之权利，此谓通行权。而因公有土地之分割或让与土地之一部于他人，致土地不通行于公路者，均有必要通行之权，亦为取得通行之原因，其被通行地之所有人不容借端拒绝，并不容要求偿金。①

此处主要指的是因土地被围绕所需的必要通行权，除此外，通行权也可经双方合意设立。主要区别在于，前者是无偿的，后者经约定或无偿或有偿。本案中所涉道路为房屋建设规划时即已确定，用以保障住户通行之必要，应当为必要通行权。由于二审中，法官排除了被上诉人吴汝华提出的证据，又根据上诉人吴耀聪的主张以为吴汝华仅凭"为便利长时间行走形同道路"为由主张通行权，显然不符合必要通行权的要求，从而驳回了一审中吴汝华的主张。② 可惜的是，二审法官虽然正确理解了通行权，但由于事实认定不清，两者相合最终仍得出了错误的结论。

吴汝华不满判决结果，申请再审。再审中，法官则依据吴耀聪所提出的分书认定其旧房倒毁前东侧本有道路，并非倒塌后新形成的道路，也即原告并非从被告屋址上另辟新路。因此，被告吴耀聪新建房屋时应将原有路址留出以便通行。③ 案件至此告休。

从整体上看，民初龙泉县司法实践中的法源呈现出多元化的特点，仅以"祭田"案件为例就有现行律民事有效部分、《大清民律草案》、大理院判例以及条理、法理等多种形式。在成文法缺失的条件下，龙泉县法院的法官们综合运用多种法源解决实际问题，是一种"穿行于现代法与传统习

---

① 黄源盛纂辑：《大理院民事判例辑存》（物权编），第 223 页。
② 包伟民主编：《龙泉司法档案选编第二辑（1912~1927）》（1927 中），第 364 页。
③ 包伟民主编：《龙泉司法档案选编第二辑（1912~1927）》（1927 中），第 373~374 页。

惯"之间的折中策略，呈现出一种灵活的、现实的"司法能动主义"，这值得肯定。① 但更需要注意的是，在如此丰富的法源体系中，学说只占极少一部分，这值得进一步分析与思考。

四、适用特点

龙泉档案中适用法律学说的判例极少，难以对其进行量化分析，只能定性分析，间接发现其特点。同时，由于民初缺乏统一的民法典导致司法裁判无法可依，再加上法律规定大理院具有统一法令解释之权，所以大理院判例要旨常常被地方各级司法机关奉为圭臬。因此，本节在分析适用特点时侧重与大理院在民事裁判中适用法律学说的情况进行对比的方式来予以呈现。

（一）受大理院判例影响

民国建立之初，政局动荡致使立法机关无法正常运转，立法权无从行使。好在大理院作为最高司法机关尚可保持独立，立法的任务也变相交由大理院借助审判并通过发布裁判要旨的方式附带行使。因此，一些法律学说经由大理院的解释也融入裁判要旨当中，从而对下级法院具有指导意义并产生法律拘束力。上文提到的第三个判例已经显现出大理院适用"必要通行权"的法律学说对下级司法裁判的影响。除此以外，其他适用"物权债权区分论"和"债权债务相对性"学说的判例也能在大理院判例中找到诸多痕迹。

关于"物权债权区分论"的适用，在大理院判例中并不少见。早在 2 年上字第 8 号判例中，大理院就明确区分了"物权契约"与"债权契约"。② 同时，大理院也引用通说阐释了物权契约成立的要件，并明确指出买卖契约中同时包含了"物权契约"与"债权契约"。针对物权的"绝对性"与"支配性"、债权的"请求性"与"相对性"，大理院在相关司法

---

① 参见尹伟琴《论民国时期基层法院判决依据的多样性——以浙江龙泉祭田纠纷司法档案为例》，《浙江社会科学》2010 年第 5 期，第 96 页。

② 黄源盛纂辑：《大理院民事判例辑存》（物权编），第 3 页。

裁判中着墨较多。① 不仅因为区别物权关系与债权关系是解决法律问题的基础前提，同时也有助于将新式法理融入传统社会关系中，从司法的层面推动法制的发展以及法律理念的普及。

关于"债权债务相对性"学说，在大理院判例中也有不少适用。在 2 年上字第 131 号判例中，大理院认为抵押权人可以向买受抵押物之第三人请求提存价款以消除其抵押权，原因在于抵押权为物权，可以对抗第三人。但是抵押权人不可直接请求第三取得人代债务人为单纯债务之偿还，原因在于"盖债权、债务为特定人对于特定人之关系，苟无法律上特别原因，自无向债务人以外之第三人得以主张之理"②。此外大理院 3 年上字第 13 号判例③、3 年上字第 119 号判例④等判例中均出现了对"债权债务相对性"的强调，可见该学说的适用之广。

关于"权利义务对立统一"学说，虽然大理院判例中没有直接对应的要旨，但"权利—义务"作为分析法律关系的基本范畴处处刻刻体现在判决文书之中。这是法官审理案件的基本学术常识，无需特别指明。

值得注意的是，基层法院中适用的"物权债权区分论学说""债权债务相对性"都是大理院多次适用、在判例中反复出现的法律学说。由此可见，越是那些经由最高司法机关权威认可并反复适用法律学说，对基层法院的影响力也就越大。反之，基层法院往往会选择上级法院经常适用的学理，以确保裁判结果的合理性与正当性。

（二）以法学通说为主

法律学说是法学思想与法律知识的承载形式，形式决定于内容，不同时期的法律学说其表现形式也因所处历史时期的不同而有所差异。严格意义上讲，传统中国并没有"法律学说"及与其相适应的法学知识，充其量是具有法律意义的经义学说或伦理学说。近代以来，民国效仿德日等大陆

---

① 参见段晓彦《物权债权区分论在近代中国的继受——以民初大理院裁判为中心》，《环球法律评论》2019 年第 5 期。
② 黄源盛纂辑：《大理院民事判例辑存》（物权编），第 977 页。
③ 黄源盛纂辑：《大理院民事判例辑存》（债权编），犁斋社有限公司，2012，第 161～164 页。
④ 黄源盛纂辑：《大理院民事判例辑存》（债权编），第 835 页。

法系国家，逐步建立起"六法体系"，法律制度与法学理论皆移植于域外。是以立法中所采纳的诸多理论与思想基本上是大陆法系国家法学界已形成共识，且盛行已久的法学通说。基层法院在适用法律学说时与大理院相比的另一个特点或者说不同点则是前者以法学通说为主要适用对象。

通过翻阅大理院的民事判例可以发现其适用学说时论证说理会更加充分，以学说为裁判理由或裁判依据时，经常是在多个学说间进行比较论证后方做出选择。例如大理院 3 年上字 803 号判例，该案为一起涉外案件。由于当时并无国际私法，法官为确定准据法以判断契约效力之问题时就曾在"诉讼地法、债务人居住地法、履行地法、契约签订地法"四种冲突规范的法律学说间进行比较，并最终以"条理上较为允当"为由选择最后一种。① 再比如大理院 12 年上字第 1894 号判例中针对所有人能否从善意相对人手中取回原物这一问题，法官则从社会进步与法律发展的角度比较了"绝对保护所有权主义"与"绝对保护交易安全主义"两种学说下的立法模式，认为后者更符合新时期市场经济下对交易秩序安全以及正常运转的需要，因而否定了所有权人的任意取回权。② 同样还有大理院 2 年上字第 238 号判例，法官明确指出法人之成立有"准则主义""特许主义""自由设立主义"三种学说。但碍于当时尚无成文法予以规定，对于传统中国存在已久的各类民事团体，只要事实上符合上述三种学说下法人成立的条件，依据"法无禁止即许可"的精神，即应当认定为法人。③

相较之下，龙泉司法档中的裁判文书中所出现的"权利义务对立统一说""物权债权二元论""合同相对性原理""必要通行权"等法律学说均是域外适用已久并渗透到立法当中的法学通说。既非传统观念上具备法律意义的法外学说，亦非当前法教义学背景下彼此对立、莫衷一是的学术观点。相反，龙泉县司法档案中出现的法律学说普遍是构成法学体系的众多学说之中的最为基础的学理。同时，法官在适用的过程中也没有详细的论证过程。笔者认为，主要原因在于基层法院与大理院的功能定位不同。基层法院以解决实际问题为导向，上级法院特别是大理院重在纠正错误，回

---

① 黄源盛纂辑：《大理院民事判例辑存》（债权编），第 1953 页。
② 黄源盛纂辑：《大理院民事判例辑存》（物权编），第 649 页。
③ 黄源盛纂辑：《大理院民事判例辑存》（总则编），第 153 页。

应疑难复杂案件并引领裁判标准，自然需具有更高的学术性。这种功能定位导致了基层法院较少适用学说，偶有适用也主要是法学通说。更多的原因将在下一节进行分析。而这里着重强调的是，由于当时并无成文民法典，所以这些法律学说不能通过立法的形式得以体现，只能以民事条理的名义被司法所采纳。

五、启　　示

通过与同时期大理院在民事裁判中援引法律学说的情况进行横向对比了解基层法院在司法实践中适用法律学说的特点后，本节将采取纵向的视角，回归当下，通过与目前司法裁判援引学说现状的对比，分析两者背后的相同点与不同点。目前学界对法律学说司法适用进行实证研究的主要是彭中礼与杨帆，但由于对学说的理解存在差异以及检索方法的不同，最终数据也有所差异。前者通过搜集统计获得样本文书 268 份，后者则收集到 777 份有效样本。① 虽然两者在数量上有所出入，但就已公开的裁判文书总量来讲，两个结果所占比例都是微乎其微的。因此，从总体上来看，可以认为当前司法裁判说理极少援引法律学说。所以从表面的数量比例关系上，两个时期呈现一致性，即适用法律学说的裁判文书仅占文书总量的极少一部分。但深入分析两者背后的原因，既有共同点，也有不同之处。因此，下文将结合其背后的原因对未来基层法院如何对待学说提出适当建议。

（一）基层法院应慎用学说

造成这一现象的不同之处在于，从两者所处的历史时期来看，其法制背景差距悬殊。民国肇始，百废待兴，法律体系极不完善自不待言。民初

---

① 彭中礼：《论法律学说的司法运用》，《中国社会科学》2020 年第 4 期，第 90~113 页；彭中礼：《司法裁判引证法律学说的功能研究——基于生效裁判文书的实证分析》，《现代法学》2022 年第 1 期，第 27~44 页；杨帆：《司法裁判说理援引法律学说的功能主义反思》，《法制与社会发展》2021 年第 2 期，第 72~92 页。这些结果包含了所有领域的法律纠纷，所以民事裁判适用法律学说的案件会更少。

一切焕新，不仅本土法律体系建设尚在摸索探寻，同时本土法学研究也刚刚起步，本土法学研究并不兴盛，法学学术成果更寥寥无几。虽然移植德日法制的过程中曾借鉴了大量近现代民法学说与理论，但域外法律学说的引进与传播也需要一定的学术成本与时间成本，短时间内无法做到全国通行。相较之下，当前我国法治事业蒸蒸日上，部门法律纷繁多样，法律体系层次分明，结构严谨。法律体系的不断周延使司法实务导向严格的依法裁判，法律是最主要、最重要的法律渊源，法官自由裁量的客观空间逐步缩小。因此，虽然民初与当下所处的历史时期不可同日而语，但两者在司法实践中均出现了适用学说极少的共通现象。由此可见，法律过于繁密或者过于简陋都会限制法律学说司法适用的空间。民初基层法院在司法裁判中极少适用学说一个主要原因是法学智识资源短缺。而目前司法实践适用法律学说极少的主要原因是为了贯彻"坚持法律至上"的法治观念。

而造成该现象的相同之处主要有以下两点。

1. 基层法院法官学术素养普遍不高

民初以及当下基层法院司法裁判使用法律学说较少的一个主要原因是法官的学术素养相较于上级法院相对较低。民国初期各地进行司法体制改革，为与北京政府的司法体系相统一，浙江省内未设立法院的各县开始设立审检所作为基层裁判机关。但由于法律专业人员配备不足无法满足审判需求，于是出现了"县知事兼理司法"，即行政长官兼任法官的特殊情形。1914年4月5日，袁世凯以大总统教令的形式颁布实施了《县知事兼理司法事务暂行条例》规定："凡未设法院各县之司法事务委任县知事处理之，县知事审理案件得设承审员助理之，承审员审理案件由承审员与县知事同负其责任。"① 龙泉县也不例外，遵行并实施了"县知事兼理司法"的制度。同时，北京政府颁布了《县知事审理诉讼暂行章程》作为与《县知事兼理司法事务暂行条例》相适应的诉讼程序法。即便是后期颁布实施了正式的《民事诉讼条例》与《刑事诉讼条例》，也仅是形式与程序上的变动，没有根本上改变"县知事兼理司法"这一制度。因此，这一时期的司法裁判与清代的衙门断案并没有本质不同。可想而知，审理者虽是法官但同时

---

① 包伟民主编：《龙泉司法档案选编第二辑（1912~1927）》（1912上），第3~5页。

又是一方长官，本就不具备专业素养且又受其身份、关系等诸多因素的影响，适用域外先进法律学说的可能性也就极小。

相较之下，大理院推事们的履历则颇为华丽。据黄源盛统计，大理院历任院长与推事共计81人，其中留学日本法政科者47人，留学美、英、德、法各国法律科者分别为5人、4人、3人、1人，出身自新式京师法律学堂者14人，旧式科举出身者2人，可谓人才济济。① 同时，根据笔者的研究，法律学说在民初大理院民事裁判中的适用也明显更多，论证说理也更加合理细致，这背后必然少不了大理院推事们主观上的努力。

当前我国通过法律职业资格考试、公务员考试等门槛设置，加之法律教育质量的提升，法律实务者的专业素养已有了极大提高，法律职业共同体不断壮大，相比民初人才紧缺的窘境已不可同日而语。但另一方面需要承认的是，随着法院层级的提高，法官的晋升门槛也随之提高，再加上遴选、法学教授挂职等机制的存在，客观上造就了法官学术素养从基层到最高院由低到高的金字塔式结构。因此，法官的学术素养不在于通过一次性的法学教育与考试准入机制的筛选就可以划分高下，真正高素质的法学涵养在于长时间的学术积累与实践历练。

2. 基层法院案件类型简易多疑难少

另一个阻碍法律学说在基层法院中适用的主要原因是基层法院处理的案件往往较为简单，表现为事实问题复杂，但法律适用相对明晰，无需引用学说进行说理。根据笔者的观察，龙泉档案中大多数民事案件主要是事实争议较大。一方面是民初的诉讼活动缺乏相应的规制，当事人又对新的诉讼形式缺少认识，只注重口头说理，不讲究证据。一个典型的现象是当事人在起诉时受传统司法习惯的影响，首先想到的是提起刑事诉讼，而无对案件类型进行民事领域与刑事领域区分的意识。另一方面受技术所限，证据的收集与保存能力较差，难以对法律实施进行完整还原。例如"民国十五年陈世金与林妹犬等争割稻田案"。该案中原被告双方争夺某稻田及其上作物的所有权，一方主张其所有权是通过合法的买卖取得，另一方则

---

① 黄源盛：《民初大理院与裁判》，第52页。

主张对该稻田（同时也是祭田）享有共有权。系争田地曾经过多次买卖、典当，契据繁杂，再加上当事人之间宗族关系复杂，从而对案件的事实认定有一定困难。最终法官依据各项典当契据、买卖契约、田产分书等证据认定系争田产是原告通过买卖合法取得，而被告不得以其实祭田为由而主张共有。此外，还有一些其他共性因素阻碍了法律学说在基层法院中的适用。一是基层法院案件数量多，法官数量少，工作压力大，面对大量的案件不愿细致说理。与其锦上添花耗费精力，不如照本宣科以求效率。这也导致了司法理论与理论研究渐行渐远，无法实现良性互动。二是因为法官的裁判也会受到司法政策等政治因素的影响。民国前期，大理院作为司法机关一直掌握着统一法令解释之权，下级法院倾向于保守、避免出错的审判态度，会尽量减少实质性说理，避免引起争议。这种情况在今天看仍是常态。"由于审级机制和上诉制度的存在，为将判决被推翻的风险降至最低，下级法院一般不会作出有悖于上级法院之案例的判决。"① 换个角度想，如若上级法院适用学说的情况本就不多见，下级法院对待学说的态度则会更加谨慎。

因此，法官自身的学术素养以及基层法院处理案件的类型共同决定了基层法院在司法裁判中援引法律学说应持谨慎的态度。换言之，学说被司法实践放弃的原因，除了理论上的困难外，更多地是司法技术层面的担忧。

（二）优先援引法学通说

诚然，法律自身固有的缺陷注定为其他法源的出现留下了空间，法律与现实之间的隔阂注定需要一架合适的桥梁连通彼此。民初浙江龙泉地区司法实践中对法律学说的适用给我们的另一个启示则是司法裁判在援引法律学说进行论证说理时应当以法学通说为首要选择。虽然法官的学术素养以及其他外部因素会限制其对法律学说的适用，但并非否决法官的自由裁量权。相反，法学通说本身的合理性能够弥补前者的不足，发挥其解释法律、填补法律漏洞的重要功能。目前学界对于司法裁判中援引学说的类型

---

① 雷磊：《法律渊源、法律论证与法治》，《社会科学战线》2023 年第 1 期，第 209 页。

持有不同意见，不少学者认为应以"法学通说"为主，① 但也有学者主张以"非通说"为援引对象。② 本文认为，司法裁判中援引何种类型的学说进行论证说理很大程度上取决于法院的层级。据学者统计，不论是学说还是通说，中级以上法院的占比都更高。但这并不意味着基层法院就不存在法律学说司法适用的空间。换言之，法院层级越低，援引法律学说越应该以法学通说为主。

1. 简述法学通说

正如前文所提到的，法院层级越高，法官的学术素养也就普遍越高，对理论与实务的结合有更好的把控能力。相反，基层法院"案多人少"，法官工作量较大，难以在繁忙的工作之余紧跟理论研究的步伐。同时，基层法院处理的案件相对简单，往往是事实争议大，法律争议小，法律学说发挥其作用的空间并不大。此外，学说并非明文规定的正式法源，相较于法律、习惯等规范具有相对的不确定性。对于绝大多数案件来说，正确运用法律解释方法、灵活适用法律原则以及社会主义核心价值观足够解决个案问题。因此，在该类案件中应当严格遵守"依法裁判"，避免"强行说理""过度说理"等冗赘说理的现象。一旦需要法律学说"救场"，那么应当以法学通说为首要参考对象，相较于援引个别观点，法官可以承担更轻的论证义务。

对法学通说的认识在民国初期以及当下的区别主要在于民初时期法制建立完全效仿德日，本土法学研究还不繁盛，不论是学术还是实务都以借鉴与学习国外经验为主。因此，彼时在社会中普遍流行的主要是域外各国的法学通说。法律与现实脱节，当时的最高司法机关大理院兼掌"准立法权"，在司法裁判中"参酌学理、折衷判决"③ 已是常事。时至今日，法学研究欣欣向荣，法律共同体不断壮大，法律学说层出不穷。法律学说所阐释的法律问题具体而微，像民国时期那样内容高度抽象、概括性较高的学

---

① 参见葛云松《简单案件与疑难案件——关于法源及法学方法的探讨》，《中国法律评论》2019 第 2 期，第 116~134 页。

② 参见金枫梁《裁判文书援引学说的基本原理与规则建构》，《法学研究》2020 年第 1 期，第 190~208 页。

③ 《大理院判例要旨汇览（第 1 卷）》，大理院收发所，1919，第 1 页。

说已不多见。现在所谓的法学通说，学者见解大同小异，均旨在描述对某个法律问题所达成的共识。通说既可来源于理论研究，也可来源于实践经验。从形式上，通说既可存在于学者的著述、司法的判例中，也可经立法采纳而成为正式法律条款。在具体的司法实践中，通说主要表现为"通行学术观点""司法实践中的通常做法""理论与实践通说的结合"。① 因此，司法裁判中的法学通说不单纯指学术研究的产物，也包括实践中的经常做法所形成的"实务通说"以及两者的共识性成果。

2. 法学通说的正当性

目前，基层法院适用法律学说应当以通说为主主要基于以下原因。一是通说的内容合理性，这主要依靠通说的形成机制来实现。从某种意义上讲，法学研究的目的即在于建构法学通说以指导实践活动。法学通说的形成过程，简单来讲遵循以下步骤，即就某个法律问题在自由的学术环境中呈现出多个学者意见，法律共同体间经商谈形成共识，最终接受法律实践的反复检验，最终通过判例、教科书等传播形式成为社会主流学说。其中，法律共同体的共识与实践的反复检验分别确保了法学通说的"主体间性"与"客观性"，两者共同促成了法学通说的建立。②

二是通说的形式权威性。除了通说的形成过程确保学说的内容具备较高的实质合理性外，对通说的信任一定程度上也依赖其形式上的权威性。就我国而言，这种形式上的权威性一方面来自学说的制造者。瑞典法学家佩岑尼克认为，法律学说作为一种法律渊源，不仅因为其提供了高品质的理由，也源于法学家们所具有的权威性地位。③ 根据现有研究，我国当前司法实践中注明来源的学说普遍出自知名高校法学教授或是知名法学家。但这仅能证明学说是一种学理权威，而非法律权威。形式权威的另一方面笔者认为则应来自指导性案例的认可，该途径可赋予法律学说适当的法律权威。案例指导制度作为我国特色司法制度，对基层司法裁判有着相当重

---

① 周晓帆：《论法学通说在我国司法实践中的应用——以裁判文书说理为视角》，《西部法学评论》2021年第6期，第56页。

② 参见姜涛《论法学通说的形成机理》，《学术界》2012年第10期，第81~92页。

③ 参见［瑞典］亚历山大·佩岑尼克著，桂晓伟译《法律科学：作为法律知识和法律渊源的法律学说》，武汉大学出版社，2009，第29页。

要的作用。当某个学说经过实践反复适用，指导性案例应当及时发挥其统一裁判尺度、规范自由裁量权的功能，借助指导性案例的特殊地位赋予实践中反复适用的通说以法律效力，使通说跨越立法阶段得以适用，已达到"曲线救国"的效果。民国初期大理院裁判要旨对基层法院的指导功能与现下的案例指导制度之功用异曲同工。当前，"指导性案例的基本角色就在于扮演被解释之法条的内容来源，与被解释之法条一起作为待决案件的裁判依据"①。因此，指导性案例虽不具有独立的法律效力，但基于内容的合理性来讲，司法实践中如遇有类似案件，法官仍应当参照适用。同时，对于基层法院来说，实务通说的一个重要来源就是指导性案例。② 指导性案例不只是对原有案件的简单重复与再次宣示，还有着对原有裁判核心要点的提炼与升华，足以为容纳通说留有一席之地。

综上，法学通说的形成机制确保了通说的内容合理性，形式权威则赋予了其一定的规范性与合法性。两者合力促成法学通说作为基层法院在援引法律学说时的首要选择。

结　　语

龙泉司法档案清晰记录了中国法律制度和司法实践从传统到近代变革的完整过程，尤其是这一转变在基层法院的呈现，对于研究法律学说在近代基层法院民事裁判中的适用有较大意义。通过研究发现，龙泉司法档案中涉及学说的民事裁判极为少见，仅有的四份判决书均运用了西方法律话语体系中的理论通说对传统社会关系进行法律定性。在当时那个正式法源极为匮乏的年代，基层法院能够积极援引学说解决法律问题，弥补成文法缺失的不足，值得肯定。但我们不能因此对法律学说进入司法裁判持开放乐观的态度。纵观整个民初这一前民法典时期，司法裁判中援引学说的数

---

① 雷磊：《法的渊源：一种新的分类法及其在中国语境中的运用》，《河北法学》2021 年第 11 期，第 16 页。

② 例如第 8 号指导性案例即针对如何理解贪污罪中的"利用职务上的便利"一语，参考了多种学说观点。参见孙光宁《法理在指导性案例中的实践运用及其效果提升》，《法制与社会发展》2019 年第 1 期，第 23 页。

量是极少的。联系当下司法实践中援引法律学说的情况，可以发现法律学说的适用同样极为少见。两者所处的历史时期差距极大，但都出现了同样的现象，这背后的原因值得令人深思。以基层法院为切入点可以发现，基层法院处理的案件类型以及法官的学术素养水平是导致不同时期出现类似现象的主要原因。因此，基层法院应当审慎对待法律学说，"对于简易程序案件、非重大或疑难的普通审案件，文义解释、目的解释等惯常解释方法指引下即能实现法律规范与司法个案的耦合，无须在司法裁判中援引法律学说"①。对于确实需要学说出场的复杂疑难案件，考虑到裁判的可接受性与正当性，则应当以法学通说为首要参考对象。毕竟法律学说在法律的发展中占有重要地位，法律学说能够为司法实践提供可能的参考答案，②其中法学通说基于自身的合理性与合法性又确保其为最优解。法律的进步是理论与实践的交响乐，随着未来法学理论研究的深入、基层法院法官素质的提高，不排除在司法实践中出现适用学说越来越频繁的现象。法律学说的司法适用不仅仅是一个理论问题，更是一个事实问题，更需要的则是对这一现象的正确规制，如何识别以及适用法学通说甚至是非主流学说依然需要理论与实践的不断探索与经验总结。

① 刘树德、王坤：《裁判文书援引法律学说说理的价值证成与规则建构》，《湖湘法学评论》2022年第2期，第76页。
② 彭中礼：《司法裁判引证法律学说的功能研究——基于生效裁判文书的实证分析》，《现代法学》2022年第1期，第38页。

《中国古代法律文献研究》第十七辑

2023 年，第 263~266 页

重大课题"中国古代地方治理的理论与实践及借鉴"开题论证会纪要

2022 年 3 月 19 日上午，2021 年度国家社会科学基金中国历史研究院重大历史问题研究专项"中国古代地方治理的理论与实践及借鉴"（项目号：LSYZD21006）开题论证会以线上、线下相结合的形式在北京成功举办。评审专家组由中国人民大学历史学院包伟民教授、中国社会科学院古代史研究所卜宪群研究员、天津师范大学历史文化学院杜勇教授、清华大学历史系侯旭东教授、中国人民大学历史学院刘后滨教授、中央民族大学历史文化学院彭勇教授、中国历史研究院孙宏年研究员、中国政法大学法律史学研究院朱勇教授 8 位学者组成，项目管理方代表、课题组成员以及相关学者总计 50 余人参加会议。会议由中国政法大学科研处处长栗峥教授主持。

论证会的第一个环节是管理方代表致辞。第一位致辞者是中国历史研究院副院长孙宏年。他代表中国历史研究院对重大课题的顺利立项以及开题论证会的召开表示祝贺。他高度评价了课题团队的研究能力和学术积淀，简要介绍了国家社科基金中国历史研究院重大历史问题研究专项的特色和要求，并提出三点期望，即坚持正确的政治方向、学术导向和价值取向，努力产出推出高质量研究成果，严格执行国家社科基金相关管理制度规定。

第二位致辞者是中国政法大学副校长时建中教授。他代表学校对课题成功立项表示祝贺，向参加课题论证会的专家表示感谢。他认为该课题具有重要的历史意义和现实价值，指出课题组的构成体现了校内外专家结合、法律史与历史学结合的特色，期望课题组注重过程管理，产出高质量的阶段性成果，并表示学校将给予课题组大力支持。

第二个环节是由课题首席专家、中国政法大学法律古籍整理研究所李雪梅教授介绍课题情况。李雪梅教授首先感谢领导和专家学者的鼎力支持，接着补充介绍了评议专家的学术专长，强调课题核心团队具有深厚的史学功底和法律史研究素养，课题的成功申报促成也将进一步加深中国史和法律史学界的密切合作。由于事先给评议专家提供了《课题征求意见稿》文本，所以她在现场仅提纲挈领地介绍了课题的研究框架、重点难点、进度安排、预期成果等，表达了对各位评议专家提出宝贵建议的期待。

会议的核心环节是专家评议。专家们在高度认可项目的学术创新性和现实借鉴意义的同时，对《课题征求意见稿》提出各自建议。

包伟民教授希望课题组能够辨明"地方治理"的概念，破解各时段研究资料不均衡的难题，争取在"通论"部分梳理出研究主线，串联起各时段的主要内容，并就具体研究方法提出了恳切的建议。

卜宪群研究员认为应从马克思、恩格斯关于国家的社会职能的经典论述出发，厘清"治理"的概念，区别制度体系和治理体系，梳理治理的阶段性特征。在体例方面，他建议将总结地方治理历史经验和教训的"借鉴"置于"通论"部分。

杜勇教授建议课题组注意实现"三通"，即纵通、横通、汇通，注重考察地方治理中的非政府因素；在探究先秦地方治理时，需以央地关系为抓手。他还建议课题组单独编集一部"地方治理文献整理与研究"的成果。

侯旭东教授认为，在研究地方治理时应考虑如何做减法，突出特色，总结多元的治理手段，尤其是机制性方式、运动式治理等，着眼于德治、子民论、君臣观念等，在经验"借鉴"之外也应留意可反思的内容。在研究方法上，他建议汲取历史政治学、田野政治学的有益经验。

刘后滨教授指出，通史性研究若要有所创新，宜纵深拓展，追求个案研究中的点状突破；应重新界定"地方治理"等核心概念，也可通过一些

"反治理"的典型例证来研究"治理"。

彭勇教授强调，应厘清地方治理与国家治理、基层治理的关系，把握制度理念、政治伦理等重点，关注治理的实际效能；至于课题设计所包含的边疆治理，宜展现治理方式的共同性与差异性等。

孙宏年研究员建议课题成果应兼具学理性和应用性，服务于国家治理体系和治理能力的现代化；妥善处理各子课题涉及的时间、空间、事项的差异性问题，注意吸收历史地理学等领域的成果；课题总负责人要掌握节奏，凝聚团队，有序推进课题研究。

朱勇教授提出两点建议：一是需加强从地方治理的角度阐述中国古代维护大一统国家格局、维系中央集权政治体制的研究；二是坚持问题导向，加强针对性的研究，尤其是可供借鉴的治理理论和制度实践，实现古今贯通。

在各位专家提出建议之后，子课题负责人复旦大学中国语言文学系郭永秉教授、中国社会科学院古代史研究所邬文玲研究员、中国政法大学法律古籍整理研究所赵晶教授、南开大学历史学院刘晓教授、清华大学历史系阿风教授分别做了简短回应。

最后是专家评议组组长卜宪群研究员的总结评议。他首先肯定课题组做了充分准备，各位专家也提供了诸多有益的建议，双方进行了高效互动；其次综合各位专家学者的意见，建议课题研究的主线、视角和问题意识可定位为国家制度、治理体系与地方社会变动之间的互动，立足每个时代地方社会变化的主要问题，析出地方社会变化对国家治理所提出的诉求等，由此兼顾通史的体系性与各时段的特殊性；最后希望首席专家能总揽全局，把握思路，有效协调各位成员，最终产出一批重大学术成果。

《中国古代法律文献研究》 第十七辑
2023 年，第 267~274 页

"地方治理的法制传统"
学术研讨会纪要

2022 年 11 月 19 日至 20 日，"地方治理的法制传统" 学术研讨会顺利召开。本次会议由中国政法大学法律古籍整理研究所、国家社科基金中国历史研究院重大历史问题研究专项 "中国古代地方治理的理论与实践及借鉴" 课题组、中国法律史学会法律古籍整理专业委员会联合主办。来自中国政法大学、中国社会科学院、故宫博物院、清华大学、北京大学、中国人民大学、北京师范大学、北京科技大学、吉林大学、南开大学、天津财经大学、西北政法大学、山西大学、山东师范大学、复旦大学、上海交通大学、南京大学、四川大学、中山大学、香港岭南大学、台湾朝阳科技大学、日本追手门学院大学、日本大阪经济法科大学等高校、研究机构的百余名师生参加了会议。

持续一天半的会议设有六个单元，计有 34 位发言人、12 位评议人，在 6 位学者的主持下，就秦汉至清季民国时期的地方治理问题展开纵深和跨学科的探讨。

第一单元的报告聚焦秦汉魏晋。复旦大学中国语言文学系郭永秉教授的报告题目为 "楚汉之际的楼烦军及其实物证据"。郭教授对中国国家博物馆藏将军虎节和故宫博物院藏辟大夫虎节作出新的摹本释文，并对文字字形进行细致比对，认为铭文是秦覆后楚汉之际所使用的六国文字。从考证节铭的地名入手，结合楚汉之际历史记载分析，郭教授认为虎节应是汉军中韩王信的军队招募楼烦军与楚军作战的实物见证。

中国政法大学法律古籍整理研究所刘自稳老师的报告题目为"秦代地方行政文书中的文书转引问题——从里耶秦简所见'请史书'的概念谈起"。刘老师从里耶秦简所见"请史书"概念的辨析谈起，分析了里耶秦简所见地方行政文书中的文书转引问题，指出文书转引存在文书构件上的全文转引和文书内容上的部分节引两种方式，推测"请史书"或为"御史请书"。

清华大学出土文献研究与保护中心李均明教授作了题为"五一简所反映的水上治安"的报告。报告指出学界虽然对五一广场东汉简牍涉及的治安事务进行了较多探讨，但对水上治安未有专门的讨论。李教授指出临湘地处湘水的重要河段，故实行严格的水面管理：由贼曹掾及诸部贼捕掾、诸亭具体负责例行检查、案件侦调，由县廷论决。简文虽未能展现水上治安的全貌，但许多细节为史籍所缺，故而弥足珍贵。

中国社会科学院古代史研究所邬文玲研究员的论文题目为"《长沙走马楼三国吴简·竹简》所见州中仓出米簿的集成与复原尝试（三）"，中国政法大学法律古籍整理研究所张传玺副教授代为报告。邬老师此前曾先后复原了十七组和十五组州中仓的出米记录。在此基础上，从简文内容、书写笔迹、简材形态、编绳痕迹、揭剥图位置等方面入手，综合各卷中的相关资料，又从《长沙走马楼三国吴简·竹简〔贰〕》和《竹简〔肆〕》中复原出十四组相对完整的州中仓出米记录。

故宫博物院王素研究馆员的报告题目为"魏晋'鞭杖'刑罚与地方军政治理——以长沙吴简与吐鲁番文书为中心"。王老师指出，自魏晋制定《鞭杖令》，鞭杖始成为"国法"，其施行对象也从中央向地方和基层扩展；通过对长沙吴简与吐鲁番文书相关"鞭杖"材料的梳理，"鞭杖"作为县掌司法权的最常见刑罚，对中古时期地方军政的治理发挥了重要作用。

第二单元研讨的主题围绕唐代的治理与"治道"。澳大利亚国立大学亚太学院博士、香港岭南大学历史系访问学人方金平的报告题目"羁縻何义？前唐羁縻州郡属性与地方治理模式再探"。方博士考诸信史及相关出土文献，指出唐廷将大量异族如粟特人收入正州郡县，视同编户，正州与羁縻州郡之间的分野或未如一般理解的简单。唐前期羁縻州于本质上或许可视为一特殊的经济作业及税收单位，以便于管理无法融入正州均田制体系的百姓。

浙江师范大学行知学院段知壮副教授以题为"宗教慈善与社会治理——以唐代'悲田养病坊'为中心的讨论"的论文进行报告。他指出学界对悲田养病坊诸问题的争议可能缘于概念界定的模糊。他认为只有在社会层面佛教医疗慈善发展到一定规模后，国家政权才会介入对其运行的监管，悲田养病坊才有可能正式建制。悲田养病坊之所以产生较广泛的影响，其背后既有文化融合的促进，也有社会治理的实际需要。

中国政法大学法律古籍整理研究所马俊杰老师报告的题目为"新见《唐咸亨三年（672年）诏授纪王第六女为归顺县主告身》刻石考释——兼论唐代宗室女初封问题"。他对告身刻石进行了细致分析，进而探讨唐代宗室女初封问题和三省制向中书门下体制演变过程中的文书格式问题。

南开大学历史学院夏炎教授作了题为"白居易祈雨的真相：唐后期江南祠神信仰与地方官府区域治理"的报告。夏教授通过白居易杭州祈雨的个案，揭示唐代地方官府实施祈雨除具有信仰层面的因素外，还具有区域治理的实用性动机。地方官结合地方文化特征推动地方信仰，使祠庙的经济收入稳定增长，为当地的海潮防御、运河维护、西湖水利工程等提供了劳动力与资金，再现了地方官利用祠神信仰实现区域治理目标的历史细节。

中国政法大学法律古籍整理研究所李雪梅教授的报告题目为"唐代碑石上的'时政'风范——以《周公祠灵泉碑》为例"。李老师深入探讨了碑石上的公文文种及结构，围绕地理、时间、人物等要素，指出《周公祠灵泉碑》碑额上的"记"更偏重于时政制度记，"时政"性公文碑因其本身的政治含义，突破时效局限，成为政务运行、君臣互动、政治清明的示范，对地方治理产生了深远的影响。

第三单元以宋元时段为背景探讨地方治理模式的变化。中国政法大学法律古籍整理研究所张雨副教授报告的题目为"宋吴苘赐谥碑录校及研究"。他指出该碑的形制模仿敕授告身，完整地保留了文书的原貌，并刻有官印，在其他敕告文书少有官印的情况下显得难能可贵，由此揭露出南宋告身用印制度的复杂面相。

西北政法大学法治学院陈玺教授报告的题目为"鹰隼之伺：宋代皇城司司法职能的双重面向"。报告者指出，作为与司法、监察并行的侦事机关，皇城司在惩治贪腐、澄清吏治方面发挥了独特作用；同时，皇城司的职能涉及侦查、逮捕、审判、执法等诸多环节，其实质是皇权在司法领域的延伸。皇城司司法职能双重面向的历史经验对当前深化司法改革具有重要借鉴意义。

中国政法大学法律古籍整理研究所赵晶教授报告的题目为"谫论南宋犯奸案件的证明困境"。他指出因犯奸案件事涉隐私，每个证明环节都可能出现双方当事人各执一词的现象，难以证成，也难以证伪。这种证明困境又往往为民众所利用，衍生其他不法行为，达到破坏他人婚姻、诈取财物等目的。

南开大学历史学院刘晓教授报告的题目为"元前期'陕西五路西蜀四川'称谓小考"。刘教授认为"陕西五路西蜀四川"之名系元人沿袭前代对陕西、四川两地的习惯性称呼整合而成，用以指陕西四川这一军政大区，其中"四川"的"川"应理解为路，是"秦蜀九路"的另一种表述，并就相关称谓的历史渊源及使用情况进行了深入考察。

北京大学历史学系党宝海副教授报告的题目为"赵良弼家族与元代赞皇县学"。党教授通过分析赵良弼修建赞皇县庙学、为赵州州学捐献土地，到其子敦促赞皇县加强对乃父捐助学田的管理，及其孙辈参与赞皇县学为赵良弼修建祠堂的活动，梳理出仕离乡的精英推动家乡教育的积极作用和遇到的问题，为观察古代中国地方治理提供了生动的案例。

山东师范大学历史文化学院杜立晖教授报告的题目为"元代和籴制度的管理与实施——从日本天理图书馆藏收籴文书谈起"。杜教授以日本天理图书馆藏收籴文书为线索，结合其他出土材料及传世文献，探讨元代和籴制度的管理、实施等情况，提出实施时间较长的和籴管理机构应当是路级地方官府；和籴制度在实施过程中的强制化及管理不善等问题，最终使这一制度成为强加于百姓的弊政。

第四单元着眼于元明清的立法司法实践。中国社会科学院古代史研究所张国旺研究员的报告题目为"《至正条格》中的私盐法令与元代盐务治理"。报告梳理了元代各个时期的私盐法令，辨析了私盐的界定及元代私盐法的演变过程及其变化原因。

中国政法大学法律古籍整理研究所陈佳臻老师的报告题目为"元代地方六房体系与《元典章》编纂"。他认为六房体系是路总管府基于不立成宪的前提，为确保文书高效、稳定运作，维系地方治理而采取的自下而上的实践。由于《元典章》中的文书多取材于路总管府，故编撰体例也受到一定影响。

中国政法大学法律古籍整理研究所孙旭副教授的报告题目为"明代'司法应用派'律书的特点及对地方治理的贡献"，她重点介绍了"司法应用派"律书的特点，并阐释其对地方治理的贡献。

中国社会科学院古代史研究所陈时龙研究员的报告题目为"皇明圣谕训解与晚明宗室的教化"。报告者梳理了"六谕"的沿革，认为"六谕"从面向庶民扩展到涵盖士大夫，进而包括宗室子弟，时间大致从万历二十二年开始。以教育宗藩为目标的六谕诠释文本《皇明圣谕训解》是现存"六谕"的另一种诠释文本，其编撰充分借鉴了《演教民六谕说》。

河南科技大学人文学院王云红教授的报告题目为"清代生监与地方社会治理——以诉讼为视角的考察"。报告者考察了清代生监群体和地方治理的关系，指出大量生监参与诉讼，使生监既是地方利益的维护者，同时也是麻烦的制造者和受害者，进而探讨清政府对待生监诉讼的态度和策略。

日本追手门学院大学承志教授的报告题目为"从'齐三越诉事件'看清代黑龙江布特哈社会"。报告者利用相关满汉文档案，梳理还原了乾隆六十年（1795）布特哈副总管齐三御前越诉，控诉黑龙江将军等人不法的事件。虽最终证实齐三所控属实，但齐三等人因越诉冲闯皇帝仪仗亦被革职发配新疆伊犁。这一事件也揭示出布特哈八旗社会的重要特征，即作为大清皇帝仆从的身份属性。

第五单元聚焦明清社会治理。山西大学历史文化学院周亚教授首先报告的题目为"护林碑所见明清时期太行山区的环境治理——以黎城县为中心的考察"。周亚教授认为，区域内的风俗习惯、宗教信仰以及社会组织形式等会影响民众对山林的认知，对人地关系产生深远影响。明清黎城县民众刻立的保护林木碑所体现的生态思想以及在此基础上形成的奖惩机制，在制止滥砍乱伐等方面起到了积极作用，对生态史研究具有重要意义。

清华大学人文学院历史系阿风教授的报告题目为"阄分与分管——明清时代的商人分家与家产纠纷"。报告者在分析比较台湾、徽州等地的分家书、诉讼文书的基础上，提出明清时代的分家合同中有"阄分""分管合同"等形式，后者往往被商人家庭所采用，并以咸丰九年（1859）分管合同为例，分析商人家产纠纷中的隐情及诉讼经过。

上海交通大学人文学院历史系邱澎生教授以"商人如何游说政府？略论清代前期司法案例中的商业纠纷"为题，考察清前期长江中下游地区的三类商业讼案，分析商人如何在法律框架之内对地方政府展开"游说"，使他们的财产与经商安全在制度层面得到保障，扭转了清代政府一直执行抑商政策的刻板印象。邱教授认为，商人借由"游说"而非贿赂"共谋"以改变诉讼结果的史实，是研究清代治国之道的一个重要环节。

北京科技大学马克思主义学院杨扬老师的报告题目是"清朝前中期的法律宣讲与社会教化"。杨扬认为，借助圣谕文本涉及的律例知识，可以观察清代法律如何有效与圣谕文本相衔接。综合运用讲读律令与圣谕宣讲的社会教化方式，有助于清政府实现对超大规模领土的稳定治理。

中国政法大学法律古籍整理研究所桂涛副教授的报告题目为"出版、商贸与信息流通：18世纪文字狱案中的社会控制问题"。他认为对清代文字狱的探求，不应当局限于政治史，只留意其中凸显的传统因素，更应当发掘18世纪文字狱案中蕴含的丰富社会信息。当时的商业出版、贸易路线及信息流通因素，均能体现国家与社会的互动。

南开大学法学院冯学伟副教授的报告题目为"底层经营地主生活账中的纠纷及其应对——以晚清福建苏怀墀《生财大道》为中心的考察"。冯老师对账簿中的纠纷类型及其救济方式进行了细致考察，指出当事人解决纠纷的方式分柔忍、投公、打官司三个层级。具体采取哪种方式，往往会根据争端价值大小、相对人强弱、救济难易程度、救济成本等做出理性选择，为考察民间社会健讼与否提供了真切的当事人视角。

第六单元聚焦清代民国法律史料的发现与运用。中国政法大学人文学院赵晓华教授的报告题目是"救灾有策：清代救灾法律文献略论"。赵教授指出清代的救灾法律不仅反映在会典、则例、《大清律例》等行政、刑事法典中，同时也反映在省例、救灾章程等地方性、临时性的法律规范及其汇编中；清代许多荒政著述对救灾法律做了整理和归纳，使得各级官吏更方便了解和把握救灾法律的内容及沿革，为其在救灾过程中遵循法定程序、提高办赈效率提供了很大的可能性。

南京大学法学院张仁善教授的报告题目是"论掌故笔记的法律史料价值——以清代为例"。张教授提出掌故笔记可以弥补官书正史对法律、法事及法人刚性记录有余、柔性生动不足的缺陷，展现立体的法律面相，并就与法律相关的五个方面内容展开分析。

北京师范大学法学院柴荣教授的报告题目是"新文献对法律史研究的推动：土默特历史档案与清代蒙古地区法律治理"。柴教授以亲自调查的卷宗为例，指出档案中大量的案例能够从细节方面填补以往研究清代蒙古地区文献不足的缺憾，土默特司法档案是研究清代到近现代蒙古归化城司法实践的重要依据，也是分析清代蒙古地区认同、执行中央法律的鲜活样本。

北京联合大学应用文理学院沈蕾和吴晓红教授以"簿册登记：丁日昌的吏治方法"为题，探讨了丁日昌在明代考成法的基础上，使用簿册对衙门内部事务及下属地方进行催督检查，整顿吏治，消除积案，在安定民生、缓和地方社会矛盾方面取得显著成效。

日本大阪经济法科大学伍跃教授的报告题目是"从'擅食田园瓜果'律看传统中国的社会治理——以财产秩序中的青苗会为分析对象"。伍教授以青苗会为分析对象，从"擅食田园瓜果"律切入，解析传统中国社会治理的逻辑。他认为前近代中国的青苗会之所以能够维持，固然不乏村民的支持，但更重要的是该组织始终积极寻求官府的支持。青苗会代表的"协同"和"通力合作"是在官方参与、至少是官方提供支持的前提下才能得以实现的。

中国社会科学院法学研究所张生研究员的报告题目是"'习惯'在地方治理中的作用及其变化"。张老师从立法与司法层面辨析了"习惯""习惯法"的异同，分析了传统社会中"习惯"的形态及治理功能，及近代"习惯"的变化。

六场研讨依次由厦门大学法学院周东平教授、吉林大学法学院刘晓林教授、台湾朝阳科技大学通识教育中心耿慧玲教授、吉林大学法学院吕丽教授、中国政法大学法律史学研究院顾元教授、天津财经大学法学院侯欣一教授主持。在各场研讨的评议环节，中国人民大学法学院朱腾教授、中国政法大学法律古籍整理研究所张传玺副教授、中国政法大学政治与公共管理学院黄承炳老师、中国政法大学法律史学研究院包晓悦老师、北京科技大学科技史与文化遗产研究院高柯立副教授、复旦大学历史学系温海清教授、四川大学历史文化学院洪丽珠副教授、中国社会科学院法学研究所王帅一研究员、中国政法大学法律史学研究院李典蓉副教授、中山大学法学院杜金副教授、中国人民大学法学院尤陈俊副教授分别对发表论文进行评议，并就论文的学术意义、可商榷的观点及改进方案等，提出建设性意见。

会议开幕式由中国政法大学校党委副书记高浣月教授、法律古籍整理研究所所长李雪梅教授分别致辞，会议闭幕式由中国社会科学院古代史研究所所长卜宪群研究员作学术总结。他认为本次研讨会以"地方治理的法制传统"为主题，内容新颖，讨论充分、务实。研讨会的发言人与评议人精心准备，彰显出国内外重要学者在古代地方治理领域的耕耘与造诣，体现出学界对历史的思考、对现实的关怀。六个单元的研讨围绕地方治理的细节、治理模式、治理与法制的关系、德法共治等问题，充分利用文物、简牍、碑刻、档案等一手史料，从不同视角发表见解和思考，持论有据，观点谨严，使会议主题得到深化。在肯定会议取得的成绩同时，卜所长也对课题组的下一步研究工作提出了具体建议。

《中国古代法律文献研究》第十七辑
2023 年，第 275～280 页

"天下秩序：元明清大一统王朝的法制与地方治理"青年学术研讨会纪要

2023 年 7 月 8 日，"天下秩序：元明清大一统王朝的法制与地方治理"青年学术研讨会顺利召开。本次会议由中国政法大学法律古籍整理研究所、国家社科基金中国历史研究院重大历史问题研究专项"中国古代地方治理的理论与实践及借鉴"课题组主办，来自中国政法大学、中国社会科学院、国家博物馆、清华大学、北京大学、中国人民大学、中央民族大学、首都师范大学、南开大学、复旦大学、云南大学、中南财经政法大学、西北大学、浙江师范大学、沈阳师范大学、兰州理工大学、云南财经大学、上海政法学院等高校的师生参加了会议。

会议开幕式由中国政法大学法律古籍整理研究所所长李雪梅教授致欢迎辞。持续一天的会议分为两组，每组分四场报告，计有 26 位发言人、26 位评议人，在 8 位学者主持下，就元明清时期法制与地方治理问题展开深入探讨。

第一组的议题集中在元、明两朝。

第一场报告中，北京大学陈希博士首先探讨了蒙古前四汗时期，窝阔台汗对国家行政体系的初步建设，即由大断事官和重臣必阇赤构成的行政中枢。地方上，达鲁花赤与不同地区的官制传统相结合，使统治者实现了对地方的直接管理。行省长官和达鲁花赤构成了地方行政管理的基本架构。通过这些制度实践，大蒙古国建立起其基本的地方治理模式。

清华大学周思成副教授则通过分析帝玺这一象征至高权力的政治道具，尝试勾勒大蒙古国及后来继之而起的元朝是如何通过帝玺完成中央权力建构，实现对广袤国土的有效治理。周思成还借助多语种文献，对蒙元时期帝玺在其统治范围内的形制演变等作深入翔实的考证。

中央民族大学唐倩若博士从《元典章》中记载的一则元成宗大德四年房地争端案出发，考察元朝法律对社会底层娼妓群体的歧视和约束。

第二场报告中，国家博物馆于洁博士从一件《金刚经》发愿文考察了元朝末年岐王家族的史事。诸王、驸马、后妃在元朝极具势力，在地方多有田产。从岐王家族与皇室关系出发，可以管窥皇亲国戚势力对元朝地方治理影响之一斑。

兰州理工大学马小娟博士通过元朝优免儒户杂泛差役圣旨的颁行及其在地方的执行情况，审视中央政令与地方政务之间的实际关系。儒户及儒学官们状告政府，虽获得一时优免，但最终地方政府通过申奏中央，明确儒户与其他户计一体承充杂泛差役，反映了圣旨在地方赋役政务中并未被有效实施。

首都师范大学寇博辰博士则聚焦元大都附近著名的卢沟桥，以驻防该桥的守卫部队履行治安监察职责为切入，探讨了元朝首都的治安管理。

第三场报告中，南开大学博士生项泽仁以山东邹县《孟子庙赁田记碑》为切入，考察孟子庙的经济来源——佃地收入。通过分析孟子庙晚元碑刻之生成史，揭示圣裔如何利用祭田收入，借助各类人脉推动儒教名胜的形成。这一实践也是蒙元政权儒教政策于地方之反映。

清华大学刘伟杰博士从元明时期榜示文书的形态变化，揭示作为向民众公布国家政令的载体的重要性。在地方层面，榜文被应用在处理词讼、乡村教化、社会治安等内容中，实现官府对基层社会的控制与约束。作为官方意志的单向表达，榜文的文书形态能够真实反映出信息公开的必要特征，并与他类官文书形成区别。

中国政法大学陈佳臻博士考察了元明法律体系中的全面例化现象，认为例的广泛运用受中国古代法律"法先王"传统思想的影响，元朝例的发展有一定规律。元明统治者在例的基础上尝试构建新的法律体系，是其作为统一的多民族国家的现实统治需要。

第四场报告中，中国政法大学张雨副教授分析了明初六部堂司体制的确立与定型情况。明初废中书省，以六部直隶皇帝的机构改革虽与胡惟庸案有直接关系，但君相矛盾只是明初废丞相的随机性因素，其背后是开国皇帝朱元璋有意弱化中书省职权的政治考量。在此基础上，朱元璋充实六部官制，罢中书省，恰可视作对金元省部关系中利弊的反思与回归。

复旦大学尹敏志博士从静嘉堂所藏明初浙江行省的公牍文书出发，分析彼时南京中央政府的政令如何一步步下达基层。这种系统严密的文书行政，是当时中央政府得以进行有效的政治宣传和基层动员的关键载体。

中国人民大学张阅博士从嘉靖三十年俺答汗派出的赏犒儿使团考察明朝与漠北势力关系的变迁，以及明朝在边疆地区实行羁縻政策的成效。

中国政法大学李典蓉副教授聚焦明代法律中"光棍"一词的出现和使用，并分析"光棍"在法律术语中的发展流变，以及对清朝"光棍例"的影响。

第二组的议题集中在明、清两朝。

第一场报告中，沈阳师范大学张田田副教授以"明清会典与刑律中的'违制'罪名研究"为题，全面系统梳理明清会典、《问刑条例》《大清律例》等典章乃至明清律学著作中违制罪规则的传承与变迁，发现违制罪在明清时期调整事项广泛，一定程度上脱离了"制书有违"本条的职官管理、公文程式的本意。这一变化，既是无处不在的皇权及刑罚工具在国家治理各层面发挥作用的体现，又是出于明示刑罚的需要，律学家、修律者利用违制罪补全律例文义，为问刑者提供了清晰指引。

中国政法大学孙旭副教授以"《镌大明龙头便读傍训律法全书》管窥"为题，对明代司法应用类律学著述做了精细考察，并分析了该书的题目、编纂刊刻、版式内容、注释方式、史料来源等问题。

西北大学闫乐强博士以"官法同构：明代国家治理的法律模式探索"为题，对明代治理体系进行宏观讨论，解释明代通过全面建设六部官制与法典六部体例，使得中国古代官僚体制与法律编撰体例进入成熟形态；官僚体制与法律体例的同一结构，及所形成的以吏事法、户事法、礼事法、兵事法、刑事法、工事法为主体的明代六事法体系，展现了明代国家治理的政治和法律智慧。

第二场报告中，中南财经政法大学童旭副教授以"清代共享产权的形成、类型与规则——基于共业与分业文书为中心的考察"为题进行学术分享。童旭利用阄书、分业合同、坟产合同、共业合同、田契、禁约等民间文书系统考察清代共享产权的样态，指出清代共业产权往往经由分家留存、合买、出卖、让与、共建等行为形成，并表现为多种类型。由于建立在契约制度上，清代的共业更强调受益；在产业处置上，共业人按股经管，并可流转。

中国政法大学张一弛博士报告的题目是"国家治理视角下清初'逃人法'的政治困境——以顺治时期'窝隐逃人罪'的立法与司法实践为中心"。他从国家治理的视角审视清初"逃人法"中的"窝逃罪"，展示清初法律制度从管制工具向"治理主义"转型所面临的困难。张一弛认为，"重惩窝隐"的规定来自对明律的选择性援引，从国家治理的角度应被视为清代国家形成过程中的一种社会管治措施。因应于国家构建的进程，"窝逃罪"惩罚力度在"逃人法"历次修订中争议频现。由于"逃人法"未能妥善处理逃人辨识问题，加上满汉关系问题对司法制度的干扰，相关罪名的实施不仅未能表现出足够效能，更带来了严重的副作用，成为地方政府施治的阻碍。

上海政法学院白阳博士报告的题目是"清代'拆毁申明亭'条研究"。白阳认为，尽管申明亭在清代已然废弛，但清律中仍保留了"拆毁申明亭"条，并且该条并未成为具文，而是被作为比附的条文在司法实践中得以援引，主要针对毁坏官厅、军械等情形予以适用，且处罚较重。

第三场报告中，中国政法大学博士生柳俊熙以"清代海疆河道治理与法规——以嘉定县河役改革为例"为题，对清代嘉定县河役制度和沿革进行了梳理。从清初承袭明代塘夫制，并尝试禁革明末出现的折夫；到雍正年间废除排年，塘夫制被编夫制取代；乃至相继进行的编折、禁革金董改革，有清一代嘉定河役的改制体现出政府不断收权的趋势。

浙江师范大学博士生张彬、云南财经大学孙骁副教授以"风起天南：'年代'史视阈下1720年代云南改土归流与社会变迁"为题，考察改土归流背景下云南社会所发生的剧烈变迁。在1720年代，云南地区汉化的范围得到扩大，形成统一的多民族地区和谐共处的相处模式。

云南大学博士生刘建超以“清朝昭通地区的地方治理——以碑刻为中心的考察”为题，系统整理清代云南昭通地区学宫碑、水利碑、禁约碑等文献，揭示出民间自主交流交往和政府主导治理管控互相交织，共同作用于边疆多民族地区的基层治理，展现了清代官民共治的特色。

第四场报告中，中国政法大学姜金顺博士首先以“四库全书编纂工程中的皇帝负面清单以及陆燿的回应”为题作了报告。《切问斋文钞》属于清代中期较为少见的经世书籍。报告者通过梳理编者陆燿的从政经历、私人社交网络，发现《切问斋文钞》的编纂与四库全书编纂工程存在密切联系。随着四库全书编纂工程由搜集书籍转为查办禁毁书籍，已搜集的大量书籍面临命运转换。《切问斋文钞》的编纂大致回应了这个变化过程。

西北大学王若时博士报告的题目是“论清代‘刑部通行’的性质和功能”。报告者从刑部修例制度与刑部通行的关系入手，分析刑部通行的性质与功能，认为刑部通行为《大清律例》提供基础文本，通过定期纂修使《人清律例》不断完善，并在两次定期修例期间，为律例无文可援用的新案提供审判依据。

中国政法大学郭瑞卿副教授报告的题目是“试论清律中通奸妻子的注意义务：以‘奸夫自杀其夫，奸妇不知情’为中心的考察”。郭瑞卿通过讨论《大清律例》“杀死奸夫”律文的设计逻辑，揭示清代通过立法，对婚姻尤其是具有瑕疵的婚姻进行调解的方式。

云南财经大学孙骁副教授报告的题目是“太平有象：清前期庆云祥瑞的政治参与及社会功能”。通过系统整理清代官修史籍的记载，孙骁指出，清代庆云祥瑞记载最早出现在顺治朝，康熙朝逐渐增多，雍正朝达到顶峰，乾隆朝开始逐步减少。他认为清代祥瑞在政治领域发挥的作用较有限，其作用更多体现在社会层面，且往往与祭孔、修缮文庙联系在一起，反映出清前期满汉互动的历史过程，以及清代社会意识形态建构的历史轨迹。

会议最后设置圆桌讨论环节，由中国政法大学赵晶教授主持。与会学者围绕"天下秩序""大一统""地方治理"几个会议主题，就分组、分场报告中未能充分展开的议题进行展开讨论，畅所欲言。八场报告利用史籍、文物、律典、碑志、公牍、契约、档案等史料，从不同视角出发，围绕元明清时期的行政体系与地方治理、法律制度与治理模式、国家政令通行、法律文献编纂、文教政策与地方治理等议题，展开充分、细致的讨论，体现出青年学者对于中国传统治理模式的探索不断深入、细化。

法律文献与法制史研究

《中国古代法律文献研究》第十七辑
2023 年，第 283~296 页

《汉书·刑法志》文帝除肉刑文本补证[*]

郭伟涛[**]

摘　要： 汉文帝十三年进行了废除肉刑和规定刑期的改革，影响深远，《汉书·刑法志》记载了相关内容，但因传抄刊刻既久，除肉刑文本存在讹脱和异文。本文从新出走马楼西汉简、五一广场东汉简入手，结合《唐六典》等后世文献，并全面排查《汉书》现存版本，认为颜师古所见《汉书》"流俗本"记载的"籍笞"异文值得高度重视，应是班固《刑法志》原文。这一调整，最为接近文帝君臣本意和《刑法志》原貌，可为学界研究这一重要文本提供可靠的起点。

关键词：《汉书·刑法志》　除肉刑　籍笞　出土文献

在中国古代法律制度的发展史上，汉文帝十三年（前 167）进行的刑制改革占据重要位置。在这次著名的改革中，文帝君臣主要做了两方面的重大调整：一是废除肉刑，二是改革刑期。两项改革均对后世产生深远影响。关于除肉刑的具体内容，《汉书·刑法志》（下称《刑法志》）记载如下：

> 诸当完者，完为城旦舂；当黥者，髡钳为城旦舂；当劓者，笞三

---

* 本文系古文字工程项目"五一广场简牍整理与研究（G2433）"的阶段性成果。
** 清华大学出土文献研究与保护中心副教授。

百；当斩左止者，笞五百；当斩右止，及杀人先自告，及吏坐受赇枉
法，守县官财物而即盗之，已论命复有笞罪者，皆弃市。①

引文涉及文帝改制后的刑罚种类，乃汉代刑制史上不可绕过的重要文本。
尽管看起来浅显直白，但过去关于这段文字及刑期改革文本的研究都存在
不同程度的疏误。究其原因，两部分内容原本就艰深难懂，② 再加上《汉
书》流传过程中的讹脱倒衍，故学界对其具体含义难免莫衷一是。关于刑
期改革的文本，经过张建国的研究，相信已近定谳，③ 而除肉刑文本依然
存在不少问题。本文拟结合新出简牍，并调查《汉书》现存版本，尝试复
原这段文字旧貌。

一、 除肉刑文本的学术史考察

关于除肉刑文本，初看之下语义显豁似无难点，故学者往往未深加措
意，仅就字面意思加以理解。④ 其中"当劓者，笞三百；当斩左止者，笞

---

① 《汉书》卷二三《刑法志》，中华书局，1962，第1099页。
② 如沈家本在一番考索不得要领之后，感叹"此文只可就文论文，难以义例绳之矣。汉法
多疏阔，固未可守拘墟之见也"。可参沈家本《历代刑法考·附寄簃文存》，1912年初刊，
此据邓经元、骈宇骞点校本，中华书局，1985，第1541~1542页。
③ 关于刑期改革内容，《刑法志》记载"罪人狱已决，完为城旦舂，满三岁为鬼薪白粲。鬼
薪白粲一岁，为隶臣妾。隶臣妾一岁，免为庶人。隶臣妾满二岁，为司寇。司寇一岁，
及作如司寇二岁，皆免为庶人。其亡逃及有罪耐以上，不用此令。前令之刑城旦舂岁而
非禁锢者，如完为城旦舂岁数以免"（第1099页）。规定了髡钳城旦舂、完城旦舂、隶臣
妾和司寇的刑期，唯独缺少鬼薪白粲。张建国敏锐注意到"隶臣妾一岁，免为庶人"与
"隶臣妾满二岁，为司寇"之间的颜师古注文"男子为隶臣，女子为隶妾。鬼薪白粲满三
岁为隶臣，隶臣一岁免为庶人。隶妾亦然也"，认为"鬼薪白粲满三岁为隶臣，隶臣一岁
免为庶人"原本当为正文，后窜入注文。调整后，髡钳城旦舂刑期六岁，完城旦舂五岁，
鬼薪白粲四岁，隶臣妾三岁，司寇二岁。这一方案，不仅文通意顺，获得文献上的支持，
且刑期序列非常规整有序，故几乎获得学界一致认可。相关学术史可参李力《秦汉法制
史研究的两桩公案——关于〈汉旧仪〉〈汉书·刑法志〉所载刑制文本解读的学术史考
察》，载中国政法大学法律古籍整理研究所编《中国古代法律文献研究》（第十辑），社
会科学文献出版社，2016，第186~195页。
④ ［日］浅井虎夫：《中国历代法制史》，1904年初刊，此据邵修文、王用宾中译本，古今图
书局，1906，第72页；沈家本：《历代刑法考》，第19页；程树德：《九朝律考》，1927
年初刊，商务印书馆，2010，第47~49页；杨鸿烈：《中国法律发达史》，1930年初刊，
中国政法大学出版社，2009，第73页；等等。

五百"，即理解为以笞五百、笞三百分别取代劓和刖，进而将笞五百、笞三百视为改制后仅次于死刑的两级刑等。实际上，问题并非如此简单。

冨谷至最早注意到文帝改革后若干减死一等的判罚，即与此不符。如《汉书·贾捐之传》"减死刑一等，髡为城旦"；《汉书·鲍宣传》"抵宣罪，减死一等，髡钳"；《后汉书·蔡邕传》"有诏减死一等，与家属髡钳徙朔方"；等等，按照前述对《刑法志》除肉刑诏文的理解，死罪减去一等，应该是"笞刑"才对，不应该是髡钳城旦。针对这一矛盾，冨谷至联系劓刑、斩趾刑在秦代刑罚中均为黥的附加刑而非独立施用的情况，[①] 推测所谓笞五百、笞三百应该也是单纯替换劓刑和斩趾刑而施用的。换言之，"当劓者，笞三百"指的是："黥+劓者"调整为"髡钳城旦舂+笞三百"；"当斩左止者，笞五百"指的是："黥+斩左趾者"调整为"髡钳城旦舂+笞五百"。[②] 这一方案，巧妙解决了上述矛盾。在刑制上，减死一等之后恰为髡钳城旦刑，而非笞刑。当然，因为在死刑之下的刑等中笞与髡钳城旦刑共同施用，故在髡钳城旦的判罚中还是要施以笞刑的，只是文献记载有时省略了而已。章帝元和元年（84）八月下诏"郡国中都官系囚，减死一等，勿笞，诣边县"[③]，为了让囚徒去边地效力而专门免除笞刑，这一记载恰与冨谷至的解释相吻合。

虽然如此，冨谷至只是从道理上加以推测，并未触及《刑法志》的文本。实际上，这段文字的末尾"皆弃市"之下的颜师古注文提到：

> ……今流俗书本"笞三百""笞五百"之上及"劓者"之下有"籍笞"字，"复有笞罪"亦云"复有籍笞罪"，皆后人妄加耳，旧本无也。[④]

① ［日］冨谷至：《秦汉刑罚制度研究》，1998年初刊，此据柴生芳、朱恒晔中译本，广西师范大学出版社，2006，第20~22页。这一看法，基本上已成学界共识。可参韩树峰《秦汉刑徒散论》，《历史研究》2005年第3期，第43~46页；程令政《秦及汉初刑罚制度研究——以出土简牍资料为主要依据》，吉林大学博士学位论文，2020，第125~130页。
② ［日］冨谷至：《古代中国の刑罚：髑髅が語るもの》，中央公论社，1995，第67页；［日］冨谷至：《秦汉刑罚制度研究》，第92~93页。
③ 《后汉书》卷三《章帝纪》，中华书局，1965，第147页。
④ 《汉书》卷二三《刑法志》，第1100页。

师古当时所见《汉书》"流俗本"，文字与其依据的"旧本"不同，"笞"前尚有"籍"字。张建国最早注意到这一点，并联系景帝元年（前156）下诏"加笞与重罪无异，幸而不死，不可为人，其定律：笞五百曰三百，笞三百曰二百"，及景帝中六年（前144）再次下诏"加笞者，或至死而笞未毕，朕甚怜之，其减笞三百曰二百，笞二百曰一百"，① 认为"籍""加"互训，颜师古鄙弃的"流俗本"更忠实于文帝君臣的意思，比所谓的"旧本"更优胜。②

不可否认，景帝两道诏命的表述"加笞"，与文帝改革后笞刑在某些场合附加于城旦刑的地位相一致，因此将《汉书》流俗本注文中记载的"籍笞三百""籍笞五百"移至正文中，倒也讲得通。不过，如果严格依照流俗本的异文，除肉刑正文文本将调整如下：

> 诸当完者，完为城旦舂；当黥者，髡钳为城旦舂；当劓者籍笞，籍笞，笞三百；当斩左止者籍笞，笞五百；当斩右止，及杀人先自告，及吏坐受赇枉法，守县官财物而即盗之，已论命复有籍笞罪者，皆弃市。

不难发现，这一方案存在非常明显的问题，即调整后的文字尤其是"当劓者籍笞，籍笞，笞三百"，语义重复，原文必不会如此。有鉴于此，张建国选择性接受流俗本异文，复原为"当劓者籍笞，籍笞三百""当斩左止者，籍笞五百"。③ 这一调整道理上倒是可通，可惜没有文献版本上的依据。而且，传世和出土汉代文献虽然有不少施以笞刑的记载，但绝大多数均直接记作"笞"，而不言"籍笞"或"加笞"。④ 当然，《唐六典》及其

<hr>

① 《汉书》卷二三《刑法志》，第1100页。
② 张建国：《前汉文帝刑法改革及其展开的再探讨》，1996年初刊，载《帝制时代的中国法》，法律出版社，1998，第193~194页。
③ 张建国也意识到矛盾之处，认为"仔细分析师古所说和刑法志原文，实际只在'劓者'之下插入'籍笞'，其他三处仅插入一个'籍'字便可"（《前汉文帝刑法改革及其展开的再探讨》，载《帝制时代的中国法》，第193页）。
④ 抛开私刑性质的笞打不谈，将笞作为刑罚施用的，绝大多数均为"笞"。如《汉书》卷一五《王子侯表》"（陆式侯延寿）五凤三年（前55）坐知女妹夫亡命笞二百"（第474页），又如《后汉书》记载明帝、安帝、桓帝等下诏均言"勿笞"而非"勿籍/加笞"（第111、121、224、290页）。又如《后汉书》卷五二《崔寔传》载崔寔《政（转下页注）

他文献所载文帝刑制改革文本出现了几例似是而非的"籍笞",可惜未为研究者所注意(详下)。

需要特别提及的是,尚未正式刊布的走马楼西汉简中出现了"籍笞",整理者欧扬将之联系到《刑法志》文本上来,认可"籍笞"的存在,而对张建国的调整方案,虽然不予支持,却未进一步考察。①

综上,关于《刑法志》所载文帝改革肉刑的文本,先后经过冨谷至、张建国在法理和文献层面的梳理,可以说应该已经比较接近历史原貌了。可惜的是,尽管学界对笞刑在刑罚序列中的地位和性质争议颇大,但对张建国的文本调整方案,往往不置可否,② 甚至视而不见。③ 之所以如此,最大的原因恐怕还是张建国基于流俗本的调整方案,尚无过硬例证,且文句本身窒碍难通。正如学者所言,"这些看法仍然都是推测之词,目前还是不能在文献学上举出确凿的、令人信服的证据来证明其假说"④。

二、 新出简牍与除肉刑文本疏证

非常幸运的是,长沙市五一广场附近出土的走马楼西汉简和五一广场东汉简,都出现了"籍笞"字眼。现标点移录如下:

      ☑☑☑☑☑人(?)等公士以上,有籍笞二百至隶臣☑　0623
左行⑤

（接上页注④）论》,谈及文帝除肉刑,也只说"笞五百""笞三百",不见"籍"或"加"字(第 1729 页)。目前所见,仅睡虎地秦简《法律答问》载有"笞当加不当",肩水金关汉简 73EJT1:93 记有"☑丑命加笞八百要斩"两例(承匿名审稿专家赐告)。

① 欧扬:《走马楼西汉简刑制史料初探》,载邬文玲、戴卫红主编《简帛研究》(2018 年秋冬卷),广西师范大学出版社,2019,第 216~217、222 页。

② 新近有学者考察笞刑时,提及了冨谷至关于笞刑作为附加刑的观点,但不置可否。可参黄海《由"笞"至"笞刑"——东周秦汉时期"笞刑"的产生与流变》,《社会科学》2019 年第 4 期,第 154 页脚注④。

③ 如新近整理校注的《二十四史今注本·汉书》,就未征引张建国的说法,文字上未做任何改动。可参孙晓主持校注《今注本二十四史·汉书》,中国社会科学出版社,2020,第 2171、2173 页。

④ 李力:《秦汉法制史研究的两桩公案》,《中国古代法律文献研究》(第十辑),第 193 页。

⑤ 这枚简牍,可参欧扬《走马楼西汉简刑制史料初探》,《简帛研究》(2018 年秋冬卷),第 216 页。

　　·具律：公士以上，有籍笞二百至鬼新，罪减一等 2600/2010CWJ1③：
283－48

　　☐士以上有籍笞二百至鬼薪罪减一等　　　2634/CWJ1③：283－82①

　　走马楼西汉简目前尚未见到照片，从整理者将这部分文字标为"左行"
看，前面必定还有"右行"，故"籍笞"相关内容极可能是某个首尾完整
的案件中的引文。五一简两枚竹简，前者上端标黑圆点，其下抄写《具
律》律条，再下则是大面积留白，显见律条应首尾完整。另一枚上下残
损，不见首尾，从残存简文看内容及格式当与前简相同。② 三枚简牍记载
内容相似的律条，足以说明该律文并非简牍书写者向壁虚造，而应是实际
行用法律的抄录。

　　按照五一简《具律》的规定，身份为公士以上的人犯罪，处罚在籍笞
二百至鬼薪者，减罪一等，而走马楼西汉简则是"籍笞二百至隶臣"，两
者的差异在于鬼薪与隶臣的不同。据研究，刑名隶臣妾最晚出现于武帝末
期，此后即从史籍中消失不见，③ 而走马楼西汉简纪年分布于元朔三年
（前126）至元狩三年（前120），④ 属于武帝早中期，故"隶臣（妾）"
在走马楼西汉简中出现而在两枚五一广场东汉简中被替换为鬼薪，与上述
认识恰好相吻合。至于律文记载的"籍笞二百"，因文献未载文景之后关
于笞刑的改革，故很可能就是景帝中六年改革后的籍笞等级。从这一点
看，"籍笞二百""籍笞一百"当属法律专有名词，格式固定为"籍笞"＋
笞数，这一表述方式无疑脱胎于《刑法志》所载的文帝除肉刑诏命。

---

① 长沙文物考古研究所等编：《长沙五一广场东汉简牍（陆）》，中西书局，2020。"/"前
　　后分别是整理号和考古流水号。2634简收入第七卷，即将出版，本简的使用得到整理者
　　李均明先生授权，谨此致谢！
② 从图版看，简2600有明显的两道编痕，显然原应与其他简牍编联在一起。仔细爬梳可以
　　发现，另有简688、2813、2602记载《囚律》律条，2603、2852记另一条《囚律》，
　　2601、2768记《贼律》律条。这九枚都是竹简，书风相似，极可能属于同一册书。
③ 这一看法，最早由滨口重国提出，冨谷至、籾山明、张建国加以发扬。相关梳理，可参李
　　力《秦汉法制史研究的两桩公案》，《中国古代法律文献研究》（第十辑），第179~182页。
④ 走马楼西汉简的时代，目前整理者的主流看法是元朔三年到元狩三年，但同时也有不同
　　的认识，最晚者止步于武帝太始元年（前96）。相关梳理，可参陈松长《长沙走马楼西
　　汉古井出土简牍概述》，《考古》2021年第3期，第98页；陈松长、陈湘圆《长沙走马
　　楼西汉简整理与研究的新进展》，《中国史研究动态》2022年第1期，第50~51页。

不仅如此，走马楼西汉简中某些案例的实际判罚也出现了"籍（笞）"。如"令史儿等为武擅解脱易桎弗举劾案"，最后判罚是"驾（加）论：武笞百，钛左，髡钳儿、外、不识，皆为城旦籍髡笞"；① 又如另一案件的判罚，"驾（加）论：髡钳血娄、齐，血娄笞一百、二百，钛左右止（趾），齐笞百，钛左止（趾），皆为城旦籍髡笞"。② 两个案件都是先说明判罚（即"论"）的具体内容，最后加上"皆为城旦籍髡笞"。据欧扬分析，"皆为城旦籍髡笞"，类似于给犯人定性，即确定刑事身份，具体当是指附加了髡钳、笞等处罚的城旦刑徒。③ 若这一说法不误，"城旦籍髡笞"之"籍"恰好应当理解为附加的意思。④ 进一步而言，走马楼吴简"城旦籍髡笞"的表述，恰好证明师古所见流俗本所录的"籍笞"并非空穴来风。

走马楼西汉简、五一广场简的相关记载，是汉代文字资料中明确记录的文帝改制之后的"籍笞"表述，且属于法律文书，有力证明文帝改制后"籍笞"刑的存在，同时对于认为"籍"非诏文原有、乃后人所加的观点来说，⑤ 也是难以绕过的反证。虽然文帝改制后关于"籍笞"的记载，仅有上述几处，但五一简时代在东汉和帝至安帝早期，⑥ 与走马楼西汉简相距两百年，足以证明相关律条传承有自，"籍笞"专名确实存在过。进一步而言，走马楼西汉简、五一简所载的"籍笞"最大可能就是传流自文帝刑制改革所

---

① 陈松长、陈湘圆：《长沙走马楼西汉简整理与研究的新进展》，《中国史研究动态》2022 年第 1 期，第 47 页。该案件录文又见于邬文玲《走马楼西汉简所见赦令初探》，《社会科学战线》2022 年第 4 期，第 116 页。两篇文章编联方案似不同，敬请读者留意。

② 这一案件，可参欧扬《走马楼西汉简刑制史料初探》，《简帛研究》（2018 年秋冬卷），第 221~222 页。

③ 欧扬：《走马楼西汉简刑制史料初探》，《简帛研究》（2018 年秋冬卷），第 221~222 页。

④ 当然，故训所载，"籍"似无"增加"的义项（可参宗邦福、陈世铙、萧海波主编《故训汇纂》，商务印书馆，2003，第 1695~1696 页）。不过上古"籍"与"藉"通，如《汉书》卷四三《陆贾传》"名声籍甚"，三国魏人孟康注"言狼籍甚盛"（第 2115~2116 页），而"藉"有假借之意，也就相当于增加。从这一点来说，"籍"理解为增加、附加的意思，应该没问题。"籍"的这一义项，应该是因为后来由"藉"字所承担和领有，并且"籍""藉"两字经常换用而从古书中失传。

⑤ 如程令政就认为《刑法志》文本中的"籍"字并非诏文原有，乃后来熟谙西汉法制的某位注者怕后人误解而特意加上去的，参《秦及汉初刑罚制度研究》，第 176 页。

⑥ 长沙市文物考古研究所：《湖南长沙五一广场东汉简牍发掘简报》，《文物》2013 年第 6 期，第 16 页。

制定的相关法律。若此不误，新出简牍资料明白无误记载了"籍笞"这一极为罕见的法律专有词汇的存在，因此佐证了唐代流俗本《汉书》的可信性。

实际上，颜师古对其注释中常所批评的"流俗本""流俗书本""今书本"等，态度是有欠公允、失之苛刻的。[①] 这些为师古所鄙弃的"流俗书本"，文字往往与《史记》《文选》等其他文献相同，[②] 极可能承自《汉书》学非常兴盛的南朝，传流有序。但师古因学风近于北朝，走朴实一路，故对南朝《汉书》多家注释大加诋毁，视之为"近代注史，竞为该博，多引杂说，攻击本文"（《汉书叙例》），[③] 因此对于南朝《汉书》学不予正视和承认也是可以想见的。有鉴于此，所谓《刑法志》"流俗本"的文字和意见，更不应轻易舍弃和无视。

三、 从《汉书》版本流传看除肉刑文本的异文

不过，如前所述，流俗本异文语义重复，尤其是"当劓者籍笞，籍笞，笞三百"多出"籍笞"，非常不合理。这一情况显示，《汉书》流俗本虽然正确记载了"籍笞"字眼，但远非尽善尽美，或许有必要调查其他版本的记载。

基于上述考虑，笔者全面排查比对了《汉书》现存的主要版本——如北宋刻递修本、日本静嘉堂文库藏南宋茶盐司本、南宋庆元建安刘元起刻本、南宋蔡琪家塾刻本、日本宫内厅书陵部藏南宋福唐郡庠 43 册本、南宋白鹭洲书院刻本、元大德太平路儒学刻明成化正德递修本、明北监本、南监本、正统本、明汪文盛本、明汲古阁本、清武英殿本等。[④] 发现前引

---

① 程明安：《颜注〈汉书〉校对文字异同之计量分析》，《改革与战略》2003 年第 9 期，第 75~76 页；潘铭基：《〈汉书〉及其春秋笔法》，中华书局，2019，第 227~230 页。

② ［日］吉川忠夫：《颜师古的『漢書』注》，1979 年初刊，此据王启发中译本《六朝精神史研究》，江苏人民出版社，2010，第 288~292 页。

③ ［日］吉川忠夫：《颜师古的『漢書』注》，此据《六朝精神史研究》，第 305~306、310~314 页。

④ 庆元本、蔡琪本、白鹭洲本、大德本等，均据《中华再造善本》。南宋茶盐司本，据日本静嘉堂文库典藏（http://j-dac.jp/sogenpan）。福唐郡庠 43 册本，据日本宫内厅书陵部收藏汉籍集览（https://db2.sido.keio.ac.jp/kanseki/T_bib_search.php），第 7 册，第 14 页 a 面。日本宫内厅书陵部另有 35 册藏本，《刑法志》相关文字乃是抄补，并非 （转下页注）

"皆弃世"之后的颜师古注文，除了北宋刻递修本外，其他版本的文字均与中华书局点校本相同，而成书于两宋之交的北宋刻递修本——也是目前存世最早的版本，[①] 其注文作：

> ……今流俗书本"笞五百"之上及"劓者"之下有"籍笞"字，"复有笞罪"亦云"复有籍笞罪"，皆后人妄加耳，旧本无也。[②]

只有"笞五百"之上和"劓者"之下才有"籍笞"字眼，而"笞三百"之上没有，故《刑法志》除肉刑文本可调整为"当劓者籍笞，笞三百；当斩左止者籍笞，笞五百"，两两相对，清晰规整。对文本复原来说，这算是近乎完美的方案了。

不过，仔细审视北宋刻递修本的行款，"'笞五百'之上及'劓者'之下有'籍笞'"，尤其是"'劓者'之下"字距疏阔，迥异于其他注文（见图一），显然是挖改所致，推测原来当有"笞三百"三字。挖改的原因无非两种：一是有版本依据，即北宋刻递修本的校勘者信据了某个更为权威的版本；二是道理上讲不通，即校勘者发现注文里若有"笞三百"，则补足正文后将出现前已指出的语义重复现象。不过，如前所述，北宋刻递修本已是《汉书》传世最古的本子，未见更早的版本了，故不好直接判断属于哪一种可能。然而前引除肉刑正文最末一句，北宋刻递修本刻作"已论命复有籍笞罪者"，与注文"'复有笞罪'亦云'复有籍笞罪'"自相矛盾，如此明显的矛盾却未作处理，可以看出北宋刻递修本的校勘者应该

（接上页注④）刻本。汪文盛本、汲古阁本、武英殿本等，据中国国家图书馆中华古籍资源库（http://read.nlc.cn/thematDataSearch/toGujiIndex）。北监本，据哈佛大学哈佛燕京图书馆善本特藏资源（http://read.nlc.cn/allSearch/searchList? searchType = 14&showType = 1&pageNo=1）。南监本，据国家图书馆所藏明清递修二十一史本，卷二三《刑法志》，第13页a面。正统本，据国家图书馆藏缩微胶卷（书号10047）。

① 北宋刻递修本，此前学界多称为"景祐本"，实际上并非北宋监本，乃两宋之交的覆刻本。这一点经赵万里、尾崎康指出后，已成学界共识。参北京图书馆编《中国版刻图录（增订本）》第1册，文物出版社，1961，第8页；［日］尾崎康《正史宋元版之研究》，1989年初刊，此据乔秀岩、王铿编译本，中华书局，2018，第42~59页。

② 北宋刻递修本，据国家图书馆影印《宋本汉书》，国家图书馆出版社，2017，第5册，第145页。

不是从文本本身出发进行的理校，很可能别有版本方面的依据。如果这一推测不错，则北宋刻递修本《刑法志》注文只提"笞五百之上"和"劓者之下"的"籍笞"异文，在版本传承上有其合理之处，法理和文本上也自洽。进一步而言，除肉刑文本正文作"当劓者籍笞，笞三百；当斩左止者籍笞，笞五百"是极为可能的。

至于后世诸多版本注文里均有"笞三百"这一现象，很可能是后世刻工觉得正文有"笞三百""笞五百"而注文只提"笞五百"，不甚合理，故直接加以补刻。这一点在北宋刻递修本的南宋中后期印本——日本宫内厅书陵部藏福唐郡庠本上，① 体现得最为充分。福唐郡庠本行款（图二），"'劓者'之下"字距与北宋刻递修本一样疏阔，但"'笞三百''笞五百'之上及"非常拥挤，应是将北宋刻递修本"'五百'之上及"五字挖掉，重新补板所致。② 换言之，福唐郡庠本将北宋刻递修本挖改的内容，又改回去了。

当然，北宋刻递修本除肉刑正文末句有"籍"字，确实与注文不相应。而其他版本中唯独南宋绍兴年间所刊茶盐司本，也有"籍"字，但注文与北宋刻递修本不同，"笞三百""笞五百"并列出现。可惜这一藏于日本静嘉堂文库的珍贵版本公之于众不久，学界研究尚未充分开展，故无法进一步比较与北宋刻递修本的异同及两者之间的关系。无论如何，这两个较早版本显示除肉刑正文末句有"籍"字，单从文献流传上看，是值得重视的。新近校注出版的《今注本二十四史》系列《汉书》，底本就是北宋刻递修本，③ 虽然整理者注意到了"已论命复有籍笞罪者"不同版本的异文，但均未予采纳，④ 可见北宋刻递修本的权威性。静心考虑，目前所见《汉书》的主要版本，注文均有"'复有笞罪'亦云'复有籍笞罪'"一

---

① 关于福唐郡庠本与北宋刻递修本的关系，可参马清源《〈汉书〉版本之再认识》，载《版本目录学研究》第五辑，2014，第370~373页。

② 国家图书馆所藏另一宋刻本（缩微胶卷书号07344），据学者研究，版本情况非常复杂，多以后世版本配补，可能仅有本纪部分为原本（马清源：《〈汉书〉版本之再认识》，《版本目录学研究》第五辑，第370、373页）。笔者核查胶卷，《刑法志》相关内容，正文末句作"复有笞罪"，注文行款与福唐郡庠本相同，当属配补。

③ 孙晓主持校注：《今注本二十四史·汉书》，"前言"，第15页。

④ 孙晓主持校注：《今注本二十四史·汉书》，第2172~2173页。

句，显然颜师古当时见到的流俗本正文末句确实作"已论命复有籍笞罪者"，只不过师古未予理睬，而宋人刻书可能别有所见，某个权威版本正文恰好也作"已论命复有籍笞罪者"，故在照录师古注文的同时也继承了这一正文字句。当然，后世版刻看到正文与注文的矛盾之处，故将正文"籍"字刓去了。若这一推测不误，结合前举新出简牍资料，可能《刑法志》正文原本确实作"已论命复有籍笞罪者"。

四、《唐六典》所载文本辨疑

行文至此，还有一份文献需要注意，即《唐六典》所载文帝刑制改革文本，内容与《刑法志》大同小异，一方面可证成前文某些说法，同时又存在谬误，具有很大的迷惑性，需要加以辨析。暂引与改革肉刑有关的文字如下：

> 诸当完者，为城旦春；当黥者，髡钳为城旦春；当劓者，笞三百，籍笞；当斩左趾者，笞五百，籍笞；当斩右趾及杀人先自告及吏坐受赃枉法、守县官财物而即盗之、已论而复有笞罪者，皆弃市。①

这段文字，与通行《刑法志》文本不同，与本文方案相比，一是"籍笞"的位置不同，二是"已论【命】而复有【籍】笞罪者"，少了"命"和"籍"两字，三是"诸当完者，【完】为城旦春"，少了个"完"字。

关于"籍"，《唐六典》记载"笞三百，籍笞""笞五百，籍笞"，较通行《刑法志》多出"籍笞"，② 从一定程度上证明流俗本《汉书》应有所据，并非空穴来风。同时，这一非常规整的表述似也可说明本文方案的正确。不过，《唐六典》"籍笞"在"笞三百""笞五百"之后，类似于对

① 李林甫等：《唐六典》卷六《尚书刑部》，陈仲夫点校本，中华书局，1992，第180页。
② 日本学者广池千九郎、内田智雄及中国学者陈仲夫，在整理校勘《唐六典》时，均注意到较《刑法志》多出来的"籍笞"，可惜未进一步考证（［日］广池千九郎训点、［日］内田智雄补订：《大唐六典》，広池学園出版部，1973，第132页；陈仲夫：《唐六典》卷六"校勘记"，第十二条，第198页）。后来张建国考察《刑法志》注文时，亦未注意到《唐六典》的相关记载。

"笞三百""笞五百"的注释说明，而这在帝王诏文中是极为罕见的。从这点来说，流俗本的文字应该更为可信。进一步而言，流俗本《刑法志》相较《唐六典》"已论【命】而复有【籍】笞罪者"多出来的"籍"字，也应该是文帝诏文或班固《汉书》原有的。北宋编撰的《册府元龟》和宋元之际成书的《续古今考》，该句也作"籍笞"，可见文字或传承有自。① 故此，《唐六典》的这一记载似是而非，不足采信，但也证明了"流俗本"所载"籍笞"的可靠性。

至于《刑法志》所有而《唐六典》所无的"命"字，李奇注"逃亡也"，晋灼注"名也，成其罪也"，② 据学者结合出土文献所做的综合分析，晋灼说为是，实质上为确定罪名之意，乃定罪之程序。③ 如岳麓秦简第四卷《亡律》载"城旦舂亡而得，黥，复为城旦舂；不得，命之，自出殹（也），笞百（047）"，张家山汉简《二年律令》所载"群盗命者，及有罪当命未命，能捕群盗命者，若斩之一人，免以为庶人（153）"，又载"有罪（122）当完城旦舂、鬼薪白粲以上而亡，以其罪命之；耐隶臣妾罪以下，论令出会之。其以亡为罪，当完城旦舂、鬼薪白粲以上不得者，亦以其罪（123）论命之（124）"等，皆可为证。当然，作为司法程序，"论"也有判定刑罚之意，《刑法志》"论""命"相接，当是因为"命"在程序上还有与"论"不同的地方。④ 无论如何，前引时代接近文帝的《二年律令》有"以其罪论命之"的类似用例，为《刑法志》"论""命"连用提供直接证据。至少可以说《刑法志》无误，如无特别理由，不宜据后出的《唐六典》来否定《刑法志》。

关于《唐六典》"诸当完者，为城旦舂"一句，因少了"完"字，故

---

① 王钦若等编纂：《册府元龟》卷六〇九《刑法部·定律令》，周勋初等校订，凤凰出版社，2006，第7034页；方回：《续古今考》，据《文渊阁四库全书》第853册，台湾商务印书馆影印，1982~1986，第455页上栏、625页下栏。不过，其他文字又不同于流俗本《汉书》。

② 《汉书》卷二三《刑法志》，第1099页。

③ ［日］保科季子：《亡命小考——兼论秦汉的确定罪名手续"命"》，载武汉大学简帛研究中心编《简帛》（第三辑），上海古籍出版社，2008，第343~352页；周海锋：《岳麓书院藏秦简〈亡律〉研究》，载杨振红、邬文玲主编《简帛研究》（2016年春夏卷），广西师范大学出版社，2016，第165~166页。

④ 欧扬：《走马楼西汉简刑制史料初探》，《简帛研究》（2018年秋冬卷），第222~225页。

语意不明，易致混乱。与城旦舂搭配的刑罚，改制之前有完、黥、劓、斩趾等，改制之后有完、髡钳、籍笞等，故此《唐六典》"为城旦舂"就可能有多种搭配。《刑法志》明确作"完为城旦舂"，即原先判处完城旦舂刑的，因为没有肉刑，故改制后还是完城旦舂。当然，《刑法志》此句，臣瓒注曰"文帝除肉刑，皆有以易之，故以完易髡，以笞代劓，以釱左右止代刖。今既曰完矣，不复云以完代完也。此当言髡者完也"①，主张"诸当完者，完为城旦舂"应为"诸当髡者，完为城旦舂"。《通典》记载同《刑法志》，但注释采用臣瓒之说。② 故此，相当多的学者采信臣瓒之说，认为《刑法志》原文有误。实际上，若江贤三已指出，臣瓒此处的理解是将髡视为肉刑，故文帝改制以完易髡，但紧随其后的改制"当黥者（城旦舂），髡钳为城旦舂"明显是将髡钳作为肉刑的替代刑而非另一种肉刑，臣瓒的说法显然与之矛盾。③ 值得一提的是，新出胡家草场汉简也显示，文帝刑制改革后，"黥"已全部改为"髡"，④ 可见臣瓒之说的不可信。职此之故，《刑法志》原文"诸当完者，完为城旦舂"不误，臣瓒的说法改是为非。

结　语

通过上述考辨，依照目前的材料和认识，《刑法志》除肉刑文本可复

---

① 《汉书》卷二三《刑法志》，第 1099 页。

② 《通典》卷一六三《刑法一》，中华书局，1988，第 4197 页。

③ ［日］若江贤三：《文帝による肉刑除去の改革——び髡刑及び完刑をめぐって》，1978 年初刊，此据作者《秦漢律と文帝の刑法改革の研究》，汲古书院，2015，第 31~33 页。

④ 时代在文帝朝之前的张家山汉简《二年律令》，简 55~56 关于盗罪和简 4~5 关于火灾的判罚，其中一级是"黥为城旦舂"，而不早于文帝后元元年下葬的胡家草场汉简，相应的律条（简 1374~1375 和简 1260）已改为"髡为城旦舂"（相关讨论，亦可参陈伟《胡家草场汉简律典与汉文帝刑制改革》，《武汉大学学报》2022 年第 3 期，第 77~78 页）。值得指出的是，此前若江贤三、冨谷至均认为髡钳城旦舂作为法定的刑名，是在文帝改制时新创的（［日］若江贤三：《文帝による肉刑除去の改革——び髡刑及び完刑をめぐって》，此据《秦漢律と文帝の刑法改革の研究》，第 38~40 页；［日］冨谷至：《秦汉刑罚制度研究》，第 86~90 页），而陈伟据胡家草场汉简和走马楼西汉简指出，文帝十三年改制后，应称为"髡为城旦舂"，"髡钳城旦舂"应是武帝早期某个时间才改称的（陈伟：《胡家草场汉简律典与汉文帝刑制改革》，《武汉大学学报》2022 年第 3 期，第 78 页）。考虑到胡家草场汉简和走马楼西汉简目前仅小部分刊布，这一说法的对错不太好判断，不过即使是对的，"髡钳城旦舂"应该也是班固的记述，目前从文献上还看不出来《刑法志》原文也作"髡为城旦舂"的任何可能性。

原如下：

> 诸当完者，完为城旦舂；当黥者，髡钳为城旦舂；当劓者籍笞，笞三百；当斩左止者籍笞，笞五百；当斩右止，及杀人先自告，及吏坐受赇枉法，守县官财物而即盗之，已论命复有籍笞罪者，皆弃市。

当然，除非班固《刑法志》原本再世，否则任何调整都难逃假说之讥，但对文本问题视而不见，也不是良性和健康的态度。因此，笔者参照新出简牍资料，并调查《汉书》不同版本的记载，对《刑法志》文本做出如上谨慎的推测和复原。考虑到既有学理上的疏通论证，又有多种文献证据，相信调整之后的文本，应该是比较接近班固本意和《刑法志》原本的。

附记：文章承李力、李成晴、欧扬、马力、张琦等师友及匿名审稿专家指正，谨致谢忱！

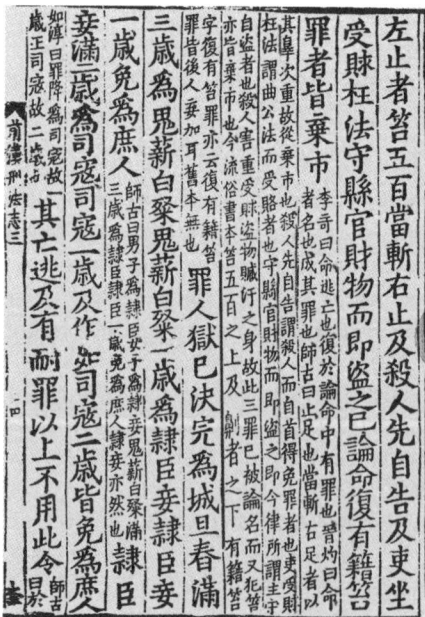

图 1　北宋刻递修本《汉书》
卷二三《刑法志》

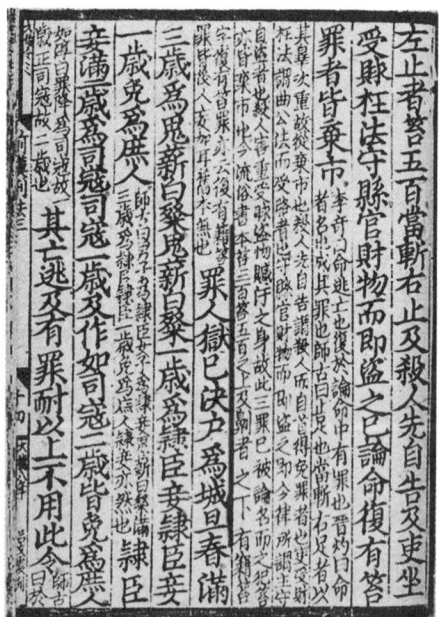

图 2　日本宫内厅书陵部藏《汉书》43 册
本卷二三《刑法志》

《中国古代法律文献研究》第十七辑

2023 年，第 297~332 页

试论《唐六典》的编纂

——以《初学记》和《唐六典》注为中心 *

［日］小岛浩之　著　赵帅淇　译 **

摘　要： 从编纂团队和内容对比的角度入手，可以推测《唐六典》沿革注的编纂基于《初学记》的叙事部分展开。对于有对应记载的部分，《六典》沿革注以《初学记》叙事部分的结构和叙述顺序为基础，适当地根据出处和原典进行了修改，包括《修文殿御览》系的类书，以及基于这些书籍编纂《初学记》时的编纂记录、工作记录等，同时以《六典》的世界观为依据，谋求表达上的统一和订正。《初学记》没有记载的部分，《六典》很有可能依据《初学记》之前的类书或正史的志等进行了编纂。

关键词：《唐六典》　沿革注　《初学记》　类书　张说

---

* 本译文为中国人民大学科学研究基金项目"《大唐六典》疏证"阶段性成果（项目批准号 22XNLG04）。

** 小岛浩之，日本东京大学大学院经济学研究科讲师；赵帅淇，中国人民大学历史学院博士研究生。

引　言

开元二十六年（738）（一说二十七年）成书的三十卷本《唐六典》（以下简称《六典》），按照官制结构叙述唐代的典章和制度，是研究唐代历史的基本史料之一。《六典》是概括了唐代法典的文本，[①] 其沿革注所引汉魏六朝时代的法令和书籍佚文，也作为唐以前时代的一手资料而备受重视。宋代以降，《六典》被当作开元之治这一典范、理想时代的典故之一。北宋元丰年间，神宗试图将官制恢复到以《六典》为基准的旧制，进行了所谓元丰官制改革，就是最典型的案例。[②] 也就是说，《六典》作为集周朝至唐朝典章、制度大成之书，是宋以后直至现代首先应该参照的古典，也是可以成为史料依据的原典。

管见所及，近代以降历史学界对《六典》的史料研究中，需要重点提及的有仁井田陞、牧野巽《故唐律疏議製作年代考（下）》[③]，内藤乾吉《唐六典の行用に就いて》[④]，玉井是博《大唐六典及び通典の宋刊本に就て》[⑤]，严耕望《略论〈唐六典〉之性质与施行问题》[⑥]，池田温《六典所揭开元職員一覧表》[⑦]，奥村郁三《〈大唐六典〉》[⑧]，中村裕一《唐令の基

---

① 仁井田陞说"《唐六典》之文概括了唐令"（《唐令拾遗》，東方文化学院東京研究所，1933，第241页），实际上不仅是令，包括律、格、式和制敕在内的相关法典也是《唐六典》的概括对象，这样理解更为贴切。

② 正如熊本崇《宋神宗官制改革試論：その職事官をめぐって》（《東北大学東洋史論集》10，2005）所述，即使范祖禹等人知道，《六典》所记载的官制结构，并不一定展现了唐制的实际情况，但多数宋人还是将《六典》看作可以依据的一种原典。

③ 仁井田陞、牧野巽：《故唐律疏議製作年代考（下）》，1931年原刊，收录于律令研究会编《訳註日本律令1（首巻）》，東京堂出版，1978。

④ 内藤乾吉：《唐六典の行用に就いて》，1933年原刊，收录于《中国法制史考証》，有斐閣，1963。

⑤ 玉井是博：《大唐六典及び通典の宋刊本に就て》，1934年原刊，收录于《支那社会経済史研究》，岩波書店，1942。

⑥ 严耕望：《略论〈唐六典〉之性质与施行问题》，1953年原刊，收录于《严耕望史学论文选集》下编，联经出版，1991。

⑦ 池田温：《六典所揭开元職員一覧表》，编者油印，1967。

⑧ 奥村郁三：《〈大唐六典〉》，滋賀秀三编《中国法制史：基本資料の研究》，東京大学出版会，1993。

礎的研究》和《大唐六典の唐令研究："開元七年令"説の検討》①，榎本淳一《〈唐六典〉編纂の一断面：重出規定を視点として》② 等。从笔者的主观判断出发，划分其大致的研究方向的话，可以如下所示：

1. 编纂经过：内藤乾吉、玉井是博、严耕望、奥村郁三、中村裕一、榎本淳一；
2. 史料性质：内藤乾吉、严耕望、奥村郁三；
3. 法制研究：仁井田陞、牧野巽、内藤乾吉、奥村郁三、中村裕一、榎本淳一；
4. 官制研究：池田温、中村裕一。

开元十年（722），玄宗下令编纂《六典》，试图模仿《周礼》中的"六典"，总结唐朝的各种制度，但编撰工作遇到了瓶颈而停滞不前，到成书为止，足足花了 16 年的时间。因此有人指出，《六典》中记载的各种唐朝制度和法令存在诸多矛盾，其编纂也十分粗陋。另外，由于成书后并没有立即行用，《六典》是否为法典的问题也引起了长期的争论。这些先行研究的主要问题点可以归纳为"行用时期""是否是法典""矛盾和疏漏较多的理由""引用法令属于何时"这 4 点。其中最根本的问题是"引用法令属于何时"，考定《六典》中所引法令史料的年代，是前辈学者倾注最大精力的部分。查明史料矛盾和编纂疏漏的原因，确定行用时间和是否为法典等，都需要先回答这个问题，或者从这个问题出发进行讨论。

《六典》的各卷包括① 列举官员名称和员额、品阶的部分；② 注释正文中所列诸事（如各个官职）之沿革的部分；③ 采录与各官概况和职掌相关的当代行政法规，以阐述典章制度的部分。③ 为了阐明这些对应关系，我们举卷六《尚书刑部》"司门"条为例。需要说明的是，原文中的小字是《六典》的原注。其中，加双行线的部分对应①，不划线的部分对应

---

① 中村裕一：《唐令の基礎的研究》，汲古書院，2012；《大唐六典の唐令研究："開元七年令"説の検討》，汲古書院，2014。
② 榎本淳一：《〈唐六典〉編纂の一断面：重出規定を視点として》，小此木輝之先生古稀記念論文集刊行会编《歴史と文化：小此木輝之先生古稀記念論文集》，青史出版，2016。
③ 池田温：《六典所揭開元職員一覧表》。池田将②中的沿革限定为与"官"有关，但在官员之外，论述法令和典章制度沿革的内容也存在，因此本文将记载了这些内容的沿革的部分都看作②。

②，画波浪线的部分对应于③。

> 司门郎中一人，从五品上。《周礼》，大司徒属官有司门下大夫，掌授管键，以启闭国门。后周依《周官》。隋开皇初，置司门侍郎，炀帝曰司门郎，皇朝因之。武德三年，加"中"字。龙朔二年，改曰司门大夫，咸亨元年，复故。员外郎一人，从六品上。《周礼》有司门上士，后周有小司门上士，隋置司门员外郎，炀帝改曰承务郎，武德三年，改曰员外郎。主事二人，从九品上。司门郎中、员外郎，掌天下诸门及关出入往来之籍赋，而审其政。凡关二十有六，而为上、中、下之差。京城四面关有驿道者为上关。上关六：京兆府蓝田关，华州潼关，同州蒲津关，岐州散关，陇州大震关，原州陇山关。（后略）

①（双行线部分）可以认为是由职员令所规定的员额和官品令所规定的品阶组合而成。②中的官府与官职的沿革，原则上在①之后用注的形式记载，本文将这样的注称为"沿革注"。另外，③（波浪线部分）的职掌说明原则上依据职员令的内容，[①] 以注文或正文的形式附后，详细记述与该官职务有关的内容。从前述的研究状况来看，在《六典》的史料学研究中，前人的研究以分析①及③部分为中心，以②中的沿革注为分析对象的极少。近年来，徐适端、钟兴龙两位学者的研究都以《六典》的全部注文为对象，将其分为五种类型，并在此基础上论述了其史料特征。[②] 虽然两位都指出了沿革注的特殊性和重要性，但很难说深入到了包括编纂历程及其原委在内的沿革注形成过程之中。

尚没有学者尝试将沿革注在《六典》全部内容中所占的比例进行定量比较。不过，徐适端已经指出，卷一"三师"条中，21 字的正文所附沿革

---

① 职员令与《六典》的关系，参照小岛浩之等《〈唐六典〉卷一〈三师三公尚书都省〉訳註稿》（東京大学経済学部資料室，2019）的理解。

② 徐适端《略论〈唐六典〉的注》（《河南理工大学学报》2012 年第 4 期）分为① 追述历代制度的沿革变迁、② 补充说明正文的各种制度和职守、③ 训释词语名物和解释制度、④ 对所引史料进行考辨、⑤ 编者的直接解释，共五种；钟兴龙《〈唐六典〉注文撰修研究》（《古籍整理研究学刊》2016 年第 4 期）分为① 职官沿革、② 补充说明、③ 补充史事、④ 职掌、⑤ 注文中有议论，共五种。

注为 525 字，卷六《尚书刑部》"凡律十有二章"条中，64 字的正文所附沿革注有 2450 字，她认为，沿革注中有"详细的历代各类制度沿革变迁的通史"。①

这样看来，以"引用法令属于何时"这一疑问为开端的《六典》史料学研究，虽然在法制和官制方面取得了一定的成果，但在包括构成《六典》三大支柱之一的沿革注在内的综合探讨方面，研究还不够充分。反过来说，通过研究沿革注的内容和编纂经过，也有可能发现仅从引用法令制度的文字中无法得知的新事实。因此，本文首先对《六典》的编纂经过进行重新检讨，然后根据其结果，用文献学的方法将沿革注和与之关系密切的《初学记》文字进行比较分析，以此尝试对《六典》进行史料学研究。

一、《六典》编纂过程再论

关于《六典》的编纂，《大唐新语》《直斋书录解题》《新唐书·艺文志》《玉海》等都有完整的记载。从内容上判断，这些都是基于《六典》编纂者之一韦述的《集贤注记》。但是，明确提到引用来源的只有《直斋书录解题》，而且无论哪种史料都没有进行正确的引用，只是根据原意做了摘录。② 本文暂且先列出有明确出处的《直斋书录解题》和最集中记录编纂者变迁的《新唐书·艺文志》。

《直斋书录解题》卷六《职官类》：

《唐六典》三十卷。题御撰，李林甫等奉敕注。按韦述《集贤记注》，开元十年，起居舍人陆坚被旨修《六典》。上手写白麻纸凡六条，曰理、教、礼、政、刑、事典。令以类相从，撰录以进。张说以其事委徐坚，思之历年，未知所适。又委毋煚、余钦、韦述，始以令式入六司，象《周礼》六官之制，其沿革并入注。然用功艰

---

① 徐适端：《略论〈唐六典〉的注》，《河南理工大学学报》2012 年第 4 期。

② 加藤繁：《唐宋时代に於ける金银の研究（分册第 1）》，東洋文庫，1925，第 155 页。

难。其后，张九龄又以委苑咸。二十六年奏草上。至今在书院，亦
不行。

《新唐书》卷五八《艺文志二·乙部史录·职官类》：

《六典》三十卷〔开元十年，起居舍人陆坚被诏集贤院修《六
典》，玄宗手写六条，曰理典、教典、礼典、政典、刑典、事典。张
说知院，委徐坚，经岁无规制，乃命毋煚、余钦、咸廙业、孙季良、
韦述参撰。始以令式象《周礼》六官为制。萧嵩知院，加刘郑兰、萧
晟、卢若虚。张九龄知院，加陆善经。李林甫代九龄，加苑咸。二十
六年书成〕。

开元十年，玄宗命起居舍人陆坚在丽正书院（后来的集贤院）编纂
《六典》。① 当时，玄宗亲手将"理典、教典、礼典、政典、刑典、事典"②
的文字写在白麻纸上交给他，并指示他仿照《周礼》中的"六典"，将唐
朝的各项制度整理、分类、集成进六个部门。有学者认为，玄宗有以开元
治世比拟周公时代，制成一代之典的虚荣心，③ 但从这一指示确实可以解
读出，他想编成一部凌驾于《周礼》之上、网罗全部制度的书籍。就这一
问题，谷井俊仁在《六典》以前职官书的基础上发现，有一种思潮认为，
官制具有对世界的概括性，也就是说，像《周礼》那样描绘整体官制，就
是描绘世界全貌，如果在这种思潮的延长线上理解玄宗的指示就会明白，
《六典》试图以新的职官书形式，从历史（沿革）和现代（唐制）两个方
面来描绘世界的全貌。④

张说成为知院后，编纂《六典》的宏大计划被委任给了徐坚、贺知

---

① 《新唐书》作"集贤院"，但开元十年时当作"丽正书院"。丽正书院改称集贤院是在开
元十三年。
② 《周礼·天官·冢宰（大宰）》："大宰之职掌建邦之六典，以佐王治邦国。一曰治典，
以经邦国，以治官府，以纪万民。二曰教典，以安邦国，以教官府，以扰万民。三曰礼
典，以和邦国，以统百官，以谐万民。四曰政典，以平邦国，以正百官，以均万民。五
曰刑典，以诘邦国，以刑百官，以纠万民。六曰事典，以富邦国，以任百官，以生万
民。"玄宗改治典为理典，乃是避高宗讳。
③ 内藤乾吉：《唐六典の行用に就いて》，《中国法制史考证》，第 73 页。
④ 谷井俊仁：《官制は如何に叙述されるか：〈周礼〉から〈会典〉へ》，《人文論叢：三重
大学人文学部文化学科研究紀要》23，2006。

章、赵冬曦等人。① 玉井是博推测，这一时期在丽正书院开设、张说任都知丽正殿修书事、徐坚为副的开元十年九月，② 和丽正书院成为集贤院的开元十三年（725）之间，③ 接下来就有改纂陆坚所撰《六典》之命了。④

然而，将现实中的法律和制度重新按像《周礼》那样的古典典制分

---

① 《旧唐书》卷一九〇中《文苑中·贺知章传》："开元十年，兵部尚书张说为丽正殿修书使，奏请知章及秘书员外监徐坚、监察御史赵冬曦皆入书院。同撰《六典》及《文纂》等，累年，书竟不就。"《新唐书》卷一九六《隐逸·贺知章传》："张说为丽正殿修书使，表知章及徐坚、赵冬曦入院，撰《六典》等书，累年无功。"

② 《玉海》卷五二所引《集贤注记》："开元十年九月，张说都知丽正殿修书事，秘书监徐坚为副。张悱改充知图书括访异书使。"

③ 《唐会要》卷六四《史馆下·集贤院》："［开元］十三年四月五日，因奏封禅仪注，敕中书门下及礼官学士等，赐宴于集仙殿。上曰：今与卿等济才，同宴于此，宜改集仙殿丽正书院为集贤院。乃下诏曰：仙者捕影之流，朕所不取。贤者济理之具，当务其实。院内五品已上为学士，六品已下为直学士。中书令张说充学士知院事，散骑常侍徐坚为副。礼部侍郎贺知章、中书舍人陆坚，并为学士。国子博士康子元为侍讲学士。考功员外郎赵东（冬？）曦，监察御史咸廙业，左补阙韦述、李子钊、陆元（去？）泰、吕向，拾遗毋煚，太学助教余钦，四门博士赵玄默，校书郎孙季良，并直学士。（后略）"

④ 玉井是博：《大唐六典及び通典の宋刊本に就て》，《支那社会经济史研究》。关于陆坚，有一则这样的逸闻：他对其他丽正学士的批评传到了玄宗耳中，损害了玄宗对他的信任，相反，张说对陆坚的批评却受到了玄宗的重视。《大唐新语》卷一《匡赞》："开元中，陆坚为中书舍人，以丽正学士，或非其人，而所司供拟过为丰赡，谓朝列曰：此亦何益国家，空致如此费损。将议罢之。张说闻之，谓诸宰相曰：说闻自古帝王，功成则有奢纵之失，或兴造池台，或耽玩声色。圣上崇儒重德，亲自讲论，刊校图书，详延学者。今之丽正，即是圣主礼乐之司，永代规模不易之道。所费者细，所益者大。陆子之言，为未达也。玄宗后闻其言，坚之恩眄，从此而减。"《资治通鉴》卷二一二《唐纪二八》"开元十一年五月"条："中书舍人洛阳陆坚以为，此属无益于国，徒为糜费，欲悉奏罢之。张说曰：自古帝王于国家无事之时，莫不崇宫室，广声色。今天子独延礼文儒，发挥典籍，所益者大，所损者微。陆子之言，何不达也。上闻之，重说而薄坚。"从《六典》编纂为玄宗亲自策划来看，陆坚被排除在《六典》编纂之外，应该是受了这件事的影响。另一方面，从继承这一工作的徐坚等人"思之历年，未知所适"（《直斋书录解题》）、"经岁无规制"（《新唐书·艺文志》）来看，《六典》早在构思阶段就陷入了僵局，因此很难认为存在可以作为修改底本的原稿。由此可以推测，陆坚虽然受命编纂，但几乎没怎么动笔就被撤换了。另外，钟兴龙《〈唐六典〉撰修始末考》（《古籍整理研究学刊》2006年第5期）根据前揭注中《旧唐书·贺知章传》和《集贤注记》的记载，认为从陆坚到张说等人的编者更替是在开元十年九月。但钟氏作为根据之一的《旧唐书》中"同撰《六典》及《文纂》等，累年，书竟不就"的记载，概括了贺知章在丽正书院的活动，不应该将其理解为开元十年九月的事情。陆坚原本在丽正书院受诏编纂《六典》，而丽正书院设置于开元十年九月，丽正书院成立之后，陆坚因不当发言而被撤换，这样理解更为自然。

类，在事实上是不可能的，① 即使有丰富书籍编辑经验的徐坚也陷入了僵局。② 停滞的《六典》编纂工作正式启动，是在韦述、毋煚、余钦、咸廙业、孙季良等人参与之后。韦述等人提出的《六典》编纂新方针是"以令式入六司，象《周礼》六官之制，其沿革并入注"（前揭《直斋书录解题》）。最初的编纂计划是将唐朝的整体制度按照古典的六个主题进行分类排列。对此，韦述等人进行了重新审视，改为以现实官制为基础，适当加入相关法令类文献。这就是"以令式入六司"一句的意思。这里所说的"六司"，并非尚书六部这一狭义，而是指整体官制，在《六典》这样形式的书中，应该认为尚书六部成为了整体官制的代表。对同样的部分，《新唐书·韦述传》中"述始摹周六官领其属，事归于职，规制遂定"③的理解值得信从。

同时，为了和当初的方针保持一致，《六典》"仿照《周礼》序官，在各卷首列官名和员额，又改变引用令式的文体，以仿效《周礼》经文之体"④ 等，在格式和文体等形式上的部分努力向《周礼》靠拢。由此，沿革注等注文也被认为是沿袭了"经文—注文"的经书形式，"象周礼六官之制"主要是指这种形式方面的调整。就《六典》将法制、制度当作典故来模仿《周礼》的情况，可以看出编纂者将《六典》视作礼典的立场。⑤

另一方面，陈寅恪认为《六典》附会《周礼》，是为了说明近承隋制、远以北魏北齐为渊源的唐代官制承继了北周。⑥ 也就是说，玄宗和编纂者倾向于将西魏、北周视作唐的渊源。确实，沿革注中的王朝排列采取了

---

① 奥村郁三：《〈大唐六典〉》，《中国法制史：基本资料の研究》。

② 《大唐新语》卷九《著述》："开元十年，玄宗诏书院撰《六典》以进。时张说为丽正学士，以其事委徐坚。沉吟岁余，谓人曰：坚承乏，已曾七度修书，有凭准皆似不难，唯《六典》历年措思，未知所从。"《新唐书》卷一三二《韦述传》："累除右补阙。张说既领集贤院，荐述为直学士，迁起居舍人。（中略）先是，诏修《六典》，徐坚构意岁余，叹曰：吾更修七书，而《六典》历年未有所适。及萧嵩引述撰定，<u>述始摹周六官领其属，事归于职，规制遂定</u>。"

③ 参前揭注中《新唐书·韦述传》的划线部分。

④ 内藤乾吉：《唐六典の行用に就いて》，《中国法制史考证》，第71页。

⑤ 内藤乾吉：《唐六典の行用に就いて》，《中国法制史考证》，第84页。以前笔者曾指出，在《六典》的叙述中，无视法令的立法宗旨和法律结构的部分比比皆是，这是编纂者中没有法律学者的影响（见小岛浩之《〈大唐六典〉の构造と史料の性格》，《〈唐六典〉卷六·尚书刑部訳註稿（下）》，富山大学人文学部，2014），如果在《六典》的编纂中有对礼典的强烈倾向的话，那么法律学者的缺席和对法律的不理解也许是无可奈何的事情。

⑥ 陈寅恪：《隋唐制度渊源略论稿》，1940（此据中华书局香港分局1974年版）。

"周→秦→汉→后汉→魏→晋→刘宋→齐→梁→陈→北魏→北齐→北周→隋→唐"的北朝正统论，由此可见，《六典》除了从周朝流传下来的系谱之外，还试图从北朝的"周礼主义"观点出发，对制度进行评价和归纳。①从《六典》的正统观来看，"其沿革并入注"的方针，是将自《周礼》官制以来的沿革作为正文的注文来记述，在谋求与当初的编纂方针在形式上统一的同时，通过展示自北周以来的连续性，实现凸显唐王朝正统性的意图。

那么，为什么因为编纂方针的改变，一直以来都一筹莫展的《六典》编纂工作突然启动了呢？虽然从整体的编纂工作来看，这算是一个转折性的时间节点，但直到现在学界还没有进行深入探讨。因为在有关《六典》编纂的史料中没有相关记载，也没有任何可以作为直接证据的记录。因此，本文尝试换个角度思考这一问题。

从编纂方针变更时的执笔阵容来看，集贤院的负责人（知院事、修书使）张说，副负责人（副知院事、修书副使）徐坚，实际负责编纂的韦述、毋煚、余钦、咸廙业、孙季良中，张说、徐坚、韦述、余钦、孙季良5人也参与了《初学记》的编纂。②换句话说，将编纂《初学记》的工作队伍投入到《六典》的编纂中，成为了推进《六典》编纂的契机。由此可以推测，《初学记》的编纂及其内容与《六典》有某种关系。

《初学记》三十卷，是玄宗为给皇子们收集整理经、史、文章中的重要用例而作的，③与《北堂书钞》《艺文类聚》《白氏六帖》并称为四大类书之一。史书没有记载《初学记》编纂的开始时间，关于编撰的结束时间则有多种说法。根据市川任三的考证，《初学记》的编纂始于开元十四年（726）四月以后，完成上奏的时期是开元十五年（727）年五月或开元十六年（728）正月，④这几乎成了定论。虽然没有记载显示韦述等人参与

---

① 小岛浩之：《〈大唐六典〉の構造と史料的性格》，《〈唐六典〉卷六·尚書刑部訳註稿（下）》。
② 《新唐书》卷五九《艺文志三·丙部子录·类书类》："又《初学记》三十卷〔张说类集要事以教诸王，徐坚、韦述、余钦、施敬本、张烜、李锐、孙季良等分撰〕。"
③ 《大唐新语》卷九《著述》："玄宗谓张说曰：儿子等欲学缀文，须检事及看文体。《御览》之辈，部帙既大，寻讨稍难。卿与诸学士撰集要事并要文，以类相从，务取省便，令儿子等易见成就也。说与徐坚、韦述等编此进上，诏以《初学记》为名。"
④ 市川任三：《初学記成立考》，《城南漢学》10，1968。

《六典》编纂是在《初学记》编纂结束之后，但如果《六典》的记载以《初学记》为基础的话，那么韦述等人受命编纂《六典》时，张说尚任知院事，至少是在《初学记》编纂接近尾声以后。

《初学记》编纂开始时，张说遭到宇文融等人的弹劾，被解除中书令之职。市川氏认为："虽然因资料错综复杂而无法确定，但我认为在十四年四月，张说在解除兼中书令一职的同时，一定辞去了宰相兼领的知院事一职。"① 也就是说，张说的知院事也是在此时辞去。

然而，《资治通鉴》却描述了当时的情形："〔开元十四年四月〕庚申，但罢〔张〕说中书令，余如故。"② 只是罢免了张说的中书令，其他都是原封不动。罢免制书中写道：

> 门下：特进、行尚书右丞相兼中书令、燕国公张说，往属艰难，输诚于履险，及兹辅相，润色于告成。而不肃细微之人，颇乖周慎之旨。朕略小任大，念旧录功。且法不欲屈，宜罢中枢之务。义亦有在，更全端右之荣。宜停中书令。仍将国史于宅修撰。主者施行。③

由此可知，张说当时被罢免的只有中书令，"端右"即尚书右丞相并未被解职，直到翌年开元十五年二月张说致仕，此职尚在。《六典》卷一"左右丞相"原注曰："开元中，张说兼之（尚书右丞相），后罢知政，犹为丞相。自此已后，遂不知国政。"那么，在这次事件之后，右丞相一职就没有政治实权了。④ 制书末尾的国史云云，是与张说自睿宗先天二年

---

① 市川任三：《初学记成立考》，《城南汉学》10，1968，第32页。
② 《资治通鉴》卷二一三《唐纪二九》"开元十四年四月"条。
③ 《唐大诏令集》卷五五《大臣·宰相·罢免上·张说停中书令制》。
④ 《唐六典》卷一《尚书都省》"左右丞相"条原注。唐初有中书令2名、〔门下〕侍中2名、尚书左右仆射（等于丞相）各1名，合计6名宰相，但到了贞观末年，只有中书令和侍中才被视为真正的宰相。担任其他官职的人，被赋予同中书门下三品、同中书门下平章事、同平章事之名，意为与中书省、门下省的正三品官中书令、侍中等同，从而加入宰相行列。开元十一年（723），之前被称为政事堂的宰相府改名为中书门下（见内藤乾吉《唐の三省》，1930年原刊，收录于《中国法制史考证》，有斐阁，1963；礪波護《唐の官制と官職》，1975年原刊，收录于《唐代政治社会史研究》，同朋舍出版，1983）。如果被剥夺中书令一职，即使有右丞相的头衔，也等于没有政治实权。

(713) 以来兼任的监修国史职位有关，① 让他在自己家里进行工作的内容，虽然同为三馆（集贤院、史馆、弘文馆），史馆之职并非集贤院之职。重要的是，虽然张说中书令以外的官职都还安在，但监修国史之余的职务都接近名义化了。另一方面，《六典》中也有"每以宰相为学士者知院事"的记载。② 没有被剥夺中书令以外的官衔，相当于名义上宰相的右丞相张说，从制度上说是可以在这个时候兼任知院事的。另外，前述制书相当于对张说发布的任免文书（制授告身）的制词部分。③ 经门下省通过、皇帝裁可的制词，会送交尚书省审批，再加上发令的告词交给本人。也就是说，制词是构成人事任免的根本部分，官职的变动都必须记录在这里。制书开头、结尾的定型句（"门下"以及"主者施行"）样式一致，从文章结构来看也没有明显的脱文，因此可以认为这个制词基本上是首尾完整的。《资治通鉴》中"但罢中书令，余如故"的记载应该是正确的。

另一方面，开元十五年二月致仕时，张说应该失去了包括集贤院在内的一切官职。一年后的开元十六年（728）二月，他以尚书右丞相致仕的头衔，再次兼任集贤院学士和监修国史，④ 也就可以理解了。如果他在致仕后仍在集贤院或史馆任职，就没有必要在致仕一年后特意发出"前尚书

① 《旧唐书》卷九七《张说传》："玄宗在东宫，说与国子司业褚无量俱为侍读，深见亲敬。明年，同中书门下平章事，监修国史。（中略）开元七年，检校并州大都督府长史，兼天兵军大使，摄御史大夫，兼修国史，仍赍史本随军修撰。（中略）其年（开元九年），拜兵部尚书、同中书门下三品，仍依旧修国史。"据此，张说自玄宗东宫时期开始就担任监修国史一职。《唐大诏令集》卷五一有先天二年十一月二十二日授予张说等人监修国史时的敕授告身敕词（《张说等监修国史敕》），由此可知，张说初拜监修国史是在先天二年。

② 《唐六典》卷九 "集贤殿书院" 条原注："五品已上为学士，每以宰相为学士者知院事。"

③ 制授告身是用于五品以上官爵的任免文书样式。详参内藤乾吉《唐的三省》（《中国法制史考证》），大庭修《唐告身的古文书学的研究》（1960 年原刊，收录于《唐告身与日本古代的位阶制》，皇學館出版部，2003），中村裕一《隋唐王言の研究》（汲古書院，2003）。本文以下根据这些先行研究和小岛浩之《唐代公文書体系試論：中国古文書学に関する覚書（下）》（《東アジア古文書学の構築：現状と課題》，東京大学経済学部資料室，2018）、《中国の文書とその料紙》（《歴史と地理》719［世界史の研究 257]，2018）以敕授告身为例研究所得的唐代公文运行实际情况进行描述。

④ 《资治通鉴》卷二一三《唐纪二九》"开元十六年二月壬申"条："二月壬申，以尚书右丞相致仕张说兼集贤院学士。说虽罢政事，专文史之任，朝廷每有大事，上常遣中使访之。"《册府元龟》卷八九九《总录部·致政》："张说，以前尚书右丞相致仕、修国史兼集贤院学士，俸料等并依右丞相给。"

右丞相致仕修国史兼集贤院学士"的任命。① 又过了一年，开元十七年
（729）三月，张说复职为尚书右丞相，同年八月改任左丞相。严耕望、陈
祖言两人认为，张说在此时（三月）被再次任命为知院事。② 对此，市川
任三认为，严氏作为典据的《旧唐书·张说传》中，只有"十七年，复拜
尚书左（右）丞相、集贤院学士"的记载，所以严氏的张说知院事之说是
错误的。③ 但是，同样在《旧唐书·张说传》中，有张说死后追赠太师的
诏书，其中记载张说去世时的官职为"故开府仪同三司、尚书左丞相、集
贤院学士、知院事、上柱国、燕国公"，可见他确实担任了知院事。

张说在致仕后任修国史兼集贤院学士时，"俸料等并依右丞相给"④。通常
情况下，五品以上的官员致仕时，会得到岁禄的一半作为养老金，⑤ 但张说的
情况是与右丞相等额。也就是说，在这种状态下，张说即使恢复尚书右丞相的
身份，经济上的待遇也不会改变。此外，右丞相虽被称为宰相，但如前所述，
在政治上并无实权，因此也很难说他已经回归政界。尽管如此，如果有必要在名
义上将张说从致仕官恢复为宰相的话，应该是为了让他作为知院事统领集贤院。

另外，市川氏据《旧唐书》的这段记载，认为之后上任的萧嵩拜中书
令的同时也担任了集贤院学士、知院事、监修国史，亦是错误的：

[开元] 十七年，授宇文融、裴光庭宰相，又加 [萧] 嵩兼中书令。
自十四年燕国公张说罢中书令后，缺此位四年，而嵩居之。常带河西节

---

① 但是，如前揭注中《资治通鉴》后半部分所述，张说的中书令被罢免以后，朝廷每有大事，玄
宗都会派遣使者听取他的意见，张说似乎是以顾问的身份参与政事。实际上，《初学记》的编
纂命令也如后揭引文所示，是以尹凤翔为使者宣敕，也就是由使者口头传达皇帝的命令。

② 严耕望：《略论〈唐六典〉之性质与施行问题》，《严耕望史学论文选集》下编，第 329、
371 页；陈祖言：《张说年谱》，中文大学出版社，1984，第 83 页。

③ 市川任三：《初学记成立考》，《城南漢学》10，1968，第 32 页。陈祖言说的根据与严说
不同，乃是基于《职官分纪》卷一五《集贤院大学士、学士》"擅一时文词之美"条注：
"十六年，张燕公拜右丞相，依旧学士，知院事。燕公与徐常侍圣历年同为珠英学士，每
相推重。至是，旧学士死亡并尽，唯二人在。燕公尝手写同时诸人名与观之，悲欢良
久。"陈说认为《职官分纪》的系年是"十七年"之误，但将这段记载看作是张说在开
元十三年第一次担任尚书右丞相时发生的事情，也不奇怪，积极肯定"十七年"说的论
据仍然不足。

④ 参前揭注所引《册府元龟》。

⑤ 礪波護：《唐の官制と官職》，《唐代政治社会史研究》。《唐六典》卷三《户部》"仓部郎
中员外郎职掌"条："凡致仕之官五品已上及解官充侍者，各给半禄。"

度，遥领之。加集贤殿学士、知院事、兼修国史、进位金紫光禄大夫。①

《唐大诏令集》卷五一记载了萧嵩任知院事时的制授告身制词部分，内容为授兵部尚书兼中书令萧嵩兼集贤院学士、知院事、兼修国史。② 也就是说，兼中书令和兼集贤院学士、知院事、兼修国史的任命并非同时，而是按照先中书令，后知院事的顺序，两者的任命有时间差。据《职官分纪》卷一五所引的《集贤注记》记载，萧嵩担任知院事是在开元十九年（731）二月。③ 也就是说，萧嵩自开元十七年成为宰相兼中书令后，有一年多没有兼任知院事，直到开元十八年（730）十二月张说去世后，萧嵩才成为知院事。萧嵩之所以推迟担任知院事，大概是因为同一时期张说担任了此职。④

将这些片段化的事实联系起来，可以得知张说知院事的在任时间，是从他成为丽正书院都知修书事的开元十年九月开始，至开元十五年二月致仕为止，以及复任尚书右丞相的开元十七年三月开始，至开元十八年十二月去世为止。由此可以推断，韦述等人参与《六典》编纂是在开元十五年初，或开元十七年三月以后的事情。在韦述等人的参与下，编纂工作终于走上了正轨，萧嵩任知院事时，刘郑兰、萧晟、卢若虚也加入了编纂工作。但是，即使再努力，编纂工作也没有马上完成，直到张九龄担任知院事时陆善经加入，李林甫担任知院事时苑咸参与编纂，《六典》才得以最终完成。

现在，将与编纂《六典》有关的人物及其在集贤院的地位归纳为表格。

---

① 《旧唐书》卷九九《萧嵩传》。
② 《唐大诏令集》卷五一《大臣·宰相·馆职·萧嵩集贤院学士修国史制》："（前略）兵部尚书兼中书令萧嵩，自天生德，惟国之桢。孝友温仁，禀于性与。明密忠谨，自然道合。礼乐资其黼藻，风雅由其发挥，足以掌书殿之秘文，紬史策之徽烈。论道而讲学，司论而记言，俾垂作范之规，用成不刊之典。可兼集贤殿学士、知院事兼修国史。"
③ 《职官分纪》卷一五《集贤院》所引《集贤注记》："［开元］十九年二月诏，中书令萧嵩为集贤院学士、知院事、修国史。"另外，《玉海》卷五一《艺文·唐六典》记载："十九年三月，萧嵩知院，加刘郑兰、萧晟、卢若虚。"同卷的《唐南宫故事》引用的《集贤注记》记载："开元十九年三月，卢若虚入集贤院修撰。"对比两条材料可知，《玉海》记载以后半部分的"加刘郑兰、萧晟、卢若虚"为焦点，并未指向萧嵩成为知院的年月日。整合来看，应当认为萧嵩在二月担任知院事，次年三月让卢若虚等人入院参与《六典》的编纂。
④ 钟兴龙《〈唐六典〉撰修始末考》（《古籍整理研究学刊》2006年第5期）将前揭《旧唐书·萧嵩传》中"加集贤殿学士、知院事、兼修国史、进位金紫光禄大夫"的记载系于开元十七年，但是从传记的结构和脉络来看，与开元十七年有关的只有"又加嵩兼中书令"一句，之后都是记载相关前后的记载。因此，钟氏以《旧唐书》的记载为基础，认为萧嵩知院始于开元十七年，这种说法难以让人信从。

表1 《六典》编纂负责人

序号	姓名	开元10	开元11	开元12	开元13	开元14	开元15	开元16	开元17	开元18	开元19	开元20	开元21	开元22	开元23	开元24	开元25	开元26
①	张说	9月					2月	学士 3月			12月薨							
②	徐坚	9月							5月薨		2月			5月				
3	萧嵩													5月				
4	张九龄										2月					11月		
5	李林甫																	
6	陆坚		学士		4月学士		学士					学士						
7	贺知章		修撰	修撰	4月学士													
8	赵冬曦	修撰	修书判官	修书判官	4月直学士													
9	毋煚	正书	正书	正书	4月直学士													

续 表

序号	姓名	开元10	开元11	开元12	开元13	开元14	开元15	开元16	开元17	开元18	开元19	开元20	开元21	开元22	开元23	开元24	开元25	开元26
⑩	余钦	正书	正书	正书		（后为学士）												
11	咸廙业	修撰	修撰	修撰	4月直学士													
⑫	孙季良	修撰	修撰	修撰	4月直学士													
⑬	韦述	校勘	学士	学士	4月直学士					学士								
14	刘郑兰										3月入院							
15	萧晟										3月修撰							
16	卢若虚										3月入院							
17	陆善经											入院（天宝5载直学士）						
18	苑咸															入院		

－ 311 －

关于知院事和副知院事，分别用深色和浅色图案表示在任时间。其他人则仅根据正史列传和池田温《盛唐之集贤院》①、陶敏辑校《景龙文馆记·集贤注记》②等，记载其于《六典》编纂期间内在集贤院任职的情况。另外，与《初学记》编纂相关的人物会在序号外加圈。学士（职事官五品以上者）和直学士（职事官六品以下者）等馆职，是由担任职事官的人兼任的，没有品阶和定员。③因为不像职事官那样不断地迁转，即使有就任时的记录，也很难追踪他们之后的履历。因此遗憾的是，开元十四年以后的详细情况已经无从得知，但考虑到《六典》的编纂一直持续到开元二十六年，如果没有垮台、致仕或死亡的话，到《六典》完成为止，他们应该一直是集贤院的学士。

综上所述，本节基于《六典》的编纂之所以能够顺利进行，是因为韦述、余钦、孙季良等编纂《初学记》的工作队伍投入的假设，从与《初学记》编纂时期的关系出发，对《六典》的编纂过程进行了重新验证。在下一节中，我们通过对《初学记》和《六典》的记述进行文献学上的比较，以证实这一假说。

二、《初学记》与沿革注

笔者开始思考《初学记》与《六典》的关系，是因为以下的经过。近年来，笔者与数名研究者共同精读《六典》，先读了卷六《刑部》，然后回到书首开始阅读。在按顺序阅读的过程中，对比卷一和卷二的内容，尤其是沿革注部分与其他史料的记述后可以发现，《六典》与《初学记》有很多相似之处，这是在卷六中完全没有的情况。

《初学记》中有关官制的内容在卷一一及卷一二的职官部。不过，《六典》30卷的官制内容中，《初学记》所采的约有12卷。表2显示了两者的具体对应关系。

---

① 池田温：《盛唐之集贤院》，《北海道大学文学部纪要》19（2），1971。
② 陶敏辑校：《景龙文馆记·集贤注记》，中华书局，2015。
③ 礪波護：《唐の官制と官職》，《唐代政治社会史研究》。

表 2 《初学记》职官部构成与对应的《六典》内容

《初学记》																														
卷 11																			卷 12											
大师大傅大保	太尉司徒司空	尚书令	仆射	诸曹尚书	吏部尚书	左右丞	侍郎郎中员外郎	中书令	中书侍郎	中书舍人	侍中	黄门侍郎	给事中	散骑常侍	谏议大夫	御史大夫	御史中丞	侍御史	秘书监	秘书丞	秘书郎	著作郎	大常卿	司农卿	大府卿	光禄卿	鸿胪卿	宗正卿	卫尉卿	大仆卿 大理卿
《唐六典》																														
三师三公		尚书都省、尚书吏部						中书省			门下省					御史台			秘书省				九寺							
卷 1		卷 1、卷 2						卷 9			卷 8					卷 13			卷 10				卷 14～卷 20							

这张表首先要确认的是《初学记》卷十一中，从尚书令到侍郎郎中员外郎的 6 项内容。其中尚书令、仆射、左右丞三项毫无疑问是尚书都省的官职名。其余的诸曹尚书、吏部尚书、侍郎郎中员外郎之中，可以明确吏部尚书对应《六典》卷二的尚书吏部。另一方面，乍一看，诸曹尚书是指吏部以外的各部长官，侍郎郎中员外郎是指尚书六部的所有侍郎、郎中、员外郎。但实际上，诸曹尚书概括性地叙述了尚书各曹的变迁，而侍郎郎中员外郎则与《六典》左右司郎中的内容相对应。结果，这部分内容只涉及尚书省中的都省和吏部的一部分。由此可见，《初学记》对吏部以外的五部几乎只字未提，所以《六典》中的刑部也没有相应的记载。

因此笔者试着将《六典》沿革注与《初学记》职官部的记载进行了整体比较。《初学记》将事物分为 23 部 313 个子目，每个子目由叙事（经过、沿革说明）、事对（对句用例解说）、诗文（提示具体用例）三项组成。其中，在近年的文学研究中，事对作为《初学记》的标志性内容而受到关注。事对是指根据含义和韵脚以成对的形式排列的两种骈俪性词汇，作为写作新颖而韵律良好的对偶句的参考，而展示与之相关的典故和用例。① 另外，诗文部分根据韵文和散文的文体区别，从实际的诗文中举出用例。虽然其内容一般多用于文学研究，但是近年来，加藤聪通过分析《初学记》诗文部分收录的太宗御制诗文，对开元时期回顾颂扬贞观之治的情况，和编纂者张说的政治、学术立场进行了讨论。②

另一方面，叙事是在类书各项目中构成核心的正文部分，并非只存在于《初学记》中。但是，与一般类书的叙事一直罗列从诸书引用摘录的文字不同，《初学记》的叙事不是将相关事项逐条罗列，而是按照事物的来龙去脉写成一篇文章。③ 关于《初学记》的叙事部分，《四库全书总目提要》也说道：

其例前为叙事，次为事对，末为诗文。其叙事虽杂取群书，而次

---

① 韩艳玲：《类书と诗：〈初学记〉"事对"を中心に》，《中国学志》隋（17），2002。
② 加藤聪：《类书〈初学记〉の编纂：その太宗御製偏重をてがかりとして》，《东方学》111，2006。
③ 胡道静：《中国古代的类书》，中华书局，1982。

第若相连属，与他类书独殊。①

给出了很高的评价，认为《初学记》是有一贯性、连续性的编纂物，这是其他类书没有的特点。《初学记》"太府卿"叙事之注文曰：

> 自梁以前无太府，故其事对及文章并阙。今既列在九卿之数，特存于叙事。应须作文章，亦可参采司农之事用也。②

由此可以看出，在事对和文章（诗文）方面，③ 梁朝以前的作品所占的比重较大，而在叙事方面所应选取的事项则不同。像太府寺这样历史较短的部门，虽然没提供使编纂者满意的作为文学范本的作品用例，但可以看出编纂者的立场，是在叙事中毫不省略、直至唐代地记述其历史沿革。

从其形式考虑，叙事部分与《六典》沿革注的关系最为密切。因此，在对照《六典》和《初学记》的记载时，我们以叙事部分为中心，事对和诗文的内容只作次要对照。④

在汇总这个分析结果的时候，把所有的对应内容都列在一览表上是最有效的。但是篇幅所限，为免繁杂，我们首先以中书侍郎为例，对比两者的条目内容（表3），在此基础上概述《六典》与《初学记》的关系，并适当地举出相关的其他案例加以论述。以下文本，《六典》和《初学记》均以中华书局的校订本为底本，但《六典》卷一遵照小岛浩之等《〈唐六典〉卷一〈三师三公尚书都省〉訳註稿》的校订。另外，标点符号也做了

---

① 《四库全书总目提要·子部四五·类书类一》。

② 《初学记》卷一二《职官部下》"太府卿"注。

③ 如加藤聰《類書〈初学记〉の編纂：その太宗御製偏重をてがかりとして》（《東方学》111，2006）注3所述，《初学记》的几个项目中，叙事和事对在版本上也被标记为标题，而诗文部分则只是区分了赋、诗、文等文体。《四库全书总目提要》将其统称为"诗文"，因此历来的研究都将《初学记》的三项称为叙事、事对、诗文。本文也遵循此原则。但是如前揭引文所述，在《初学记》的注文中，叙事、事对、文章才是其区分方式，"诗文"本来应该称其为"文章"。

④ 管见所及，比较《初学记》职官部的事对和《六典》后，相同或类似内容有37处。与此相对，在诗文部分并没有找到一致的内容。

适当的修改，《初学记》的原注用〔〕括了起来。由于本节以下的主要工作是对文章结构的比较探讨，所以原则上用中文原文来列举史料。

表3　《六典》与《初学记》内容对照表（中书侍郎）

《六典》卷九"中书侍郎"原注	《初学记》卷一一"中书侍郎"
① 按《环济要略》：汉置中书，掌密诏，有令、仆、丞、郎。②《汉旧仪》云：置中书领尚书事，掌匈奴营部一郎，民曹一郎，谒者一郎。③ 魏黄初，中书置监、令，又置通事郎，次黄门郎，即中书侍郎之任也。④《魏志》：明帝诏举中书郎，谓卢毓曰：得人与否，在卢生耳。又：司马宣王辟王伯舆，擢为中书侍郎。则其名起于魏氏。《晋令》：中书侍郎四人，品第四，给五时朝服，进贤一梁冠。晋氏每一人入直西省，专掌诏草，更直省五日。从驾，则正直从，次直守。⑤ 东晋又改为通事郎，寻复旧。宋、齐并同晋氏。梁置高者一人主直内事，秩千石，班第九。陈依梁。后魏置四人，初，正第四品上。太和末，从第四品上。北齐因之。后周依《周官》，春官府置小内史下大夫二人，盖比中书侍郎之任也。隋初改为内史省侍郎，置四人，正第四品下。炀帝三年减二员，十二年改为内书侍郎。⑥ 皇朝改为内史侍郎。武德三年改为中书侍郎，龙朔、咸亨、光宅、神龙、开元并随省改复。	中书侍郎，魏官也。① 案《环济要略》曰：中书有令、仆射、丞、郎。谓西汉时也。② 又案卫宏《汉旧仪》曰：汉置中书领尚书，匈奴营部一郎，民曹一郎，谒者一郎。此则中书郎已闻汉代，记传无明文，莫知废置之由矣。沈约《宋志》云：③ 魏文帝黄初间，中书置通事郎，次黄门郎。黄门郎已署过，通事乃署名，帝省读书可。晋改通事郎为中书侍郎，盖此始也〔④ 案《魏志》：明帝诏举中书郎，谓卢毓曰：选举莫取有名，有名如画地作饼，不可啖也。毓举韩暨，帝用之。又：司马宣王辟王伯兴，擢为中书侍郎。亦明帝时，据此，中书侍郎起魏代。沈约《宋书》云晋改，似谬也〕。⑤ 东晋又改为通事郎，寻复为中书郎，以后因之。按，隋初改中书省为内侍省，隋末改为内书监。⑥ 唐初，又改为内史省，龙朔二年，改为西台。光宅初改为凤阁，开元初改为紫微。其侍郎各因台阁改易为名〔若凤阁则名凤阁侍郎，其舍人以下皆仿此〕。

表中将《六典》与《初学记》一致或相似的内容加了下划线，又标上画圈的数字以明确对应关系。可以看出，虽然字句有异，记载内容有精粗，但基本的叙述走向和引书倾向是相同的。① 可以认为，《六典》挪用了《初学记》编纂时叙事部分的成果。

《初学记》的编纂者们，已经积累了从历史角度将事物沿革按顺序说明的经验，这一经验被运用到《唐六典》沿革注的写作中，并没有什么不可思议的。

在《六典》和《初学记》中，《六典》的字数倾向于多一些。表4列

---

① 但是，关于三公的内容，虽然两书在表述上有相似性，但完全一致的文字很少。而且《初学记》是将三公集中在一起叙述，《六典》则是按照太尉、司徒、司空的顺序分别记载其沿革，结构也有所不同。

出了每个条目上两者字数的对比。上段是《六典》的字数，中段是《初学记》叙事部分的字数，下段是《初学记》字数相对于《六典》字数的百分比。原则上《六典》的字数较多，但尚书令、侍中、太常卿例外，这三个条目《初学记》的字数较多。不过，《初学记》关于太常卿的记述中，开头的九卿总论的内容占了 205 个字，关于太常卿本身则有 210 个字，实际比例是 50% 左右，和其他子目没有太大差别。

表4　《六典》与《初学记》文字数量比较

	三师	三公	尚 书 都 省				尚书吏部	门 下 省		
			尚书令	仆射	左右丞	左右司郎中	吏部尚书	侍中	黄门侍郎	给事中
《六典》	581	1 038	495	362	335	1 496	348	751	459	304
《初学记》	382	271	521	274	200	640	285	838	290	199
初学记/六典	66%	26%	105%	76%	60%	43%	82%	112%	63%	65%

	门 下 省		中 书 省			秘 书 省				
	左散骑常侍	谏议大夫	中书令	中书侍郎	中书舍人	秘书监	秘书丞	秘书郎	著作郎	著作佐郎
《六典》	706	157	709	310	445	640	284	395	447	250
《初学记》	603	153	657	297	344	465	170	171	162	221
初学记/六典	85%	97%	93%	96%	77%	73%	60%	43%	36%	88%

	御 史 台					太常寺	光禄寺	卫尉寺	宗正寺	太仆寺
	御史大夫	御史中丞	侍御史	殿中侍御史	监察御史	太常卿	光禄卿	卫尉卿	宗正卿	太仆卿
《六典》	293	475	633	103	236	324	284	264	211	464
《初学记》	247	353	72	77	66	415	267	143	169	137
初学记/六典	84%	74%	11%	75%	28%	128%	94%	54%	80%	30%

	大理寺	鸿胪寺	司农寺	太府寺
	大理卿	鸿胪卿	司农卿	太府卿
《六典》	267	467	343	282
《初学记》	175	252	173	153
初学记/六典	66%	54%	50%	54%

单纯从表面上看，《六典》沿革注的记述似乎是补充了对应的《初学记》叙事部分的不足，扩充了1.5倍到2.5倍。但是实际情况没有那么简单，例如表3所见的"中书侍郎"条，《六典》有310字，《初学记》有297字，体量相当，简单考虑的话应该相差无几。但是，虽然基本的思路一致，《六典》的记述却比对应的《初学记》内容简化了不少，减少的字数部分，用来填补了《初学记》中没有的内容。《六典》似乎不只是补充了《初学记》信息不足之处。

那么，《六典》有而《初学记》无的部分，又有哪些特征呢？例如，下划线⑤之后，《初学记》将东晋以后至隋为止的各王朝笼统概括为"以后因之"，而《六典》则以《初学记》以外的内容为信息来源，详细记述了梁、北魏、北周的官制。另外，在下划线⑤之前，《六典》也引用了《初学记》没有提及的《晋令》，论述了中书侍郎在晋朝官制中的地位。它们的共同之处在于，都涉及了官秩、品阶、班序、冠服等与官制结构和官员序列有关的内容。在《初学记》职官部的叙事中，对法令逸文的引用以及有关官秩、品阶、班序、冠服的记述很少，因此《六典》有必要额外对这些进行适当补充，就像"中书侍郎"这个例子一样。

这样看来，《六典》沿革注以《初学记》的叙事部分为基础，叙事部分信息不足时，则有可能回顾《初学记》编纂时参考的原典和编纂记录等进行补充，再进行整体改写。下划线④可以提供佐证。

这一部分以三国时期的卢毓和王基为例，叙述中书侍郎的官名始于曹魏。原文均出自《三国志·魏书》卷二二《卢毓传》和卷二七《王基传》。

《三国志》卷二二《魏书·卢毓传》：

前此诸葛诞、邓飏等驰名誉，有四聪八达之诮，帝疾之。时举中书郎，诏曰："得其人与否，在卢生耳。选举莫取有名，名如画地作饼，不可啖也。"毓对曰："名不足以致异人，而可以得常士。常士畏教慕善，然后有名，非所当疾也。愚臣既不足以识异人，又主者正以循名案常为职，但当有以验其后。故古者敷奏以言，明试以功。今考绩之法废，而以毁誉相进退，故真伪浑杂，虚实相蒙。"帝纳其言，即诏作考课法。会司徒缺，毓举处士管宁，帝不能用。更问其次，毓对曰："敦笃至行，则大中大夫韩暨。亮直清方，则司隶校尉崔林。贞固纯粹，则太常常林。"帝乃用暨。

《三国志》卷二七《魏书·王基传》：

王基字伯舆，东莱曲城人也。（中略）大将军司马宣王辟基，未至，擢为中书侍郎。

一看便知，前半段的《卢毓传》被节略了。不仅如此，根据《初学记》的记载，任用韩暨为司徒的故事（前揭《三国志》中划线部分），变成了任用其为中书郎的故事。实际上，这种混乱不仅存在于《初学记》中，《北堂书钞》《艺文类聚》《太平御览》中也有这一问题。

根据胜村哲也的说法，以梁朝《华林遍略》为蓝本修成的有北齐《修文殿御览》、唐朝的《艺文类聚》和《文思博要》，后来的《太平御览》是这三者的延伸，编纂的基础便是将《修文殿御览》扩大了3倍。[1]另外，关于《初学记》，《玉海》所引的《集贤注记》记载：

初，尹凤翔宣敕与燕公云："儿子欲学缀文，若《御览》《类文》《博要》《珠英》之类，部秩广大。卿与学士撰集要事要文，以类相从，务要省便。"[2]

---

[1] 胜村哲也:《修文殿御览天部の復元》，山田庆儿编《中国の科学と科学者》，京都大学人文科学研究所，1978，第672页。

[2]《玉海》卷五七《艺文·记、志》，"唐初学记"所引《集贤注记》原注。

由此可以想到，《修文殿御览》《类文》①《文思博要》《三教珠英》② 等也是《初学记》的蓝本。

另一方面，虽然同为类书，《北堂书钞》的系谱似乎略有不同。柳川顺子认为，《北堂书钞》在加入了大量稀有独特文献的同时，又在取舍中将虞世南的价值观反映得淋漓尽致。③ 不过，虞世南在同一时期也参与了以《华林遍略》为蓝本的官修类书《长洲玉镜》的编纂，《北堂书钞》也不是完全没有受到影响。④

从类书之间的相互关系来看，《初学记》《艺文类聚》《太平御览》《北堂书钞》都同样错误地引用了《三国志·卢毓传》的故事，由此可以推断出，这个错误是《华林遍略》系类书的共同错误。

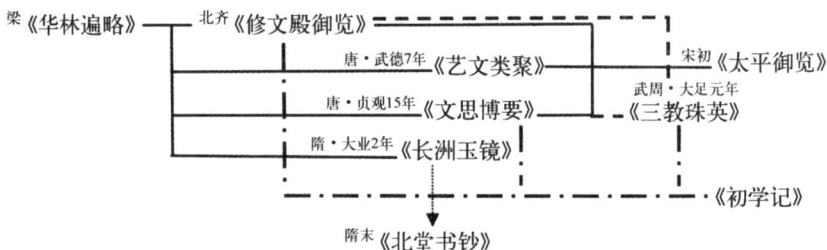

图1　类书系谱关系略图

---

① 据市川任三《初学记成立考》（《城南汉学》10，1968）所云，这一《类文》应该是庚自直所撰三百七十七卷本《类文》。关于《类文》，只知道其书名和卷数，无法得知准确的刊行时间。庚自直曾仕陈与隋，隋大业初为著作佐郎，擅长撰写文章（《隋书》卷七六及《北史》卷八三本传）。所以，《类文》大概是隋代的作品，从书名来看，也是将古今名文分类刊载的。

② 《唐会要》卷三六《修撰》："大足元年十一月十二日，麟台监张昌宗撰《三教珠英》一千三百卷成，上之。初，圣历中，上以《御览》及《文思博要》等书，聚事多未周备，遂令张昌宗召李峤、阎朝隐、徐彦伯（中略）等二十六人同撰。"据此，《三教珠英》或亦以《修文殿御览》《文思博要》为蓝本。

③ 柳川顺子：《〈北堂书钞〉引书考：集部以外的文献を中心として》，《筑紫女学园大学纪要》6，1994。

④ 柳川顺子利用《艺文类聚》，就《北堂书钞》引用的经部、史部、子部书籍，调查了其与《华林遍略》系书引用书籍的一致度。在1198种引用书籍中，《北堂书钞》和《艺文类聚》共同引用的有296种。《艺文类聚》对《华林遍略》进行了相当程度的压缩和重新编辑，并不与虞世南编纂的《长洲玉镜》完全一致，所以只能作为参考，但即使《北堂书钞》保持着独立性，也可以看出其在一定程度上受到了《华林遍略》系类书的影响。

考虑到这一情况，我们根据表 3 中下划线④的全部内容，将各类书和《六典》的记载制作成表 5 这样的逐句对照表。在表 5 中，为了说明的方便，我们按照《太平御览》（卷二二〇）、《艺文类聚》（卷四八）、《初学记》、《六典》、《北堂书钞》（卷五七）的顺序排列。

表 5　据下划线④文字的类书间相互关系和《六典》文字对照表*

	《太平御览》	《艺文类聚》	《初学记》	《六典》	《北堂书钞》
1	魏志曰	魏志曰	案△魏志	魏志▲	魏志云△
2	明帝诏举中书郎	明帝举▲中书郎	明帝诏举中书郎	明帝诏举中书郎	明帝诏举中书郎
3	谓吏部尚书卢毓曰	谓吏部尚书卢毓曰	谓卢毓曰▲	谓卢毓曰	
4	得其人与不	得其人与不得△其人△		得人与否▲△	
5	在卢生耳	在卢生尔△		在卢生耳	
6	选举莫取有名	选举莫取有名	选举莫取有名		
7	有名如画地作饼	如画地作饼▲△	有名如画地作饼△		
8	不可啖也	不可啖也	不可啖也		
9	毓举韩暨	毓举韩暨	毓举韩暨		吏部尚书卢△毓举韩暨△△△△
10	敦笃至行	敦笃至行			敦笃有至行
11	帝乃用也	帝乃用也	帝用之▲△		帝用之▲
12			又司马宣王辟王伯兴	又司马宣王辟王伯舆△	
13			擢为中书侍郎	擢为中书侍郎	
14			亦明帝时据此		
15			中书侍郎起魏代	则其名起于△魏氏△△△	

* 从第 1 句到第 11 句以《太平御览》为基准，第 12 句以后以《初学记》为基准，将各书的文字异同用记号表示。△ 指的是与基准史料文字不同，▲ 指的是与基准史料相比字句缺少之处。

《太平御览》和《艺文类聚》的结构和句法几乎完全相同，一眼就能看出其有共同的蓝本。《北堂书钞》虽然省略了很多内容，但在误传《三国志》故事这一点上是相同的，可以认为它与《太平御览》《艺文类聚》属于同一系统。① 《初学记》和《六典》的文字虽然典出《三国志·魏书》，但从与《太平御览》的相同字句来看，很难认为其直接依据了《三国志》，应该是从同一系统的类书中摘录的。

《初学记》中，以"按"字开头的第1句到13句是引用他书，此后的"亦明帝时，据此，中书侍郎起魏代"则是《初学记》编者所作的说明文字。而《六典》第15句"则其名为起于魏氏"换了一种说法，使用了《初学记》的说明文字，这可以说是《六典》沿革注以《初学记》叙事为基础的确凿证据。

类似的例子还有很多。如《六典》卷一三"监察御史"沿革注以"监察御史，盖取秦监郡御史以名官"为始，这可能是转用了《初学记》卷一二"侍御史附监察御史"叙事部分末尾的"盖亦取秦监察（郡）御史之义以名之"（如下文所示）。

> 监察侍②御史，隋置也。晋置检校御史，知行马外事。宋、齐、梁、陈并省之。后魏、北齐复置十二人。隋改检校御史为监察御史，盖亦取秦监察（郡）御史之义以名之〔出《五代史百官志》〕。

正如史料开头所述，监察御史是隋朝始设的官名。《北堂书钞》和《艺文类聚》中都没有监察御史的子目，《太平御览》只引用了《六典》和《旧唐书》。在这些类书的蓝本《华林遍略》和《修文殿御览》形成的时代，还没有监察御史这一官职，因此它不可能作为类书的子目存在。因

---

① 只有《北堂书钞》以"《魏志》云"为开头，这一点很有意思。据勝村哲也《修文殿御览天部の復元》（《中国の科学と科学者》）研究，《华林遍略》条文的引用形式是"某书云"，《修文殿御览》和《艺文类聚》是"某书曰"。《北堂书钞》的引用形式为两者混杂，"云"和"曰"的不同，也可能反映了不同类书蓝本的差异。如果这个推论是正确的，那么《北堂书钞》的相关部分很有可能是对《华林遍略》的节略，这可以成为将误引《三国志》的渊源追溯到《华林遍略》的佐证。

② "侍"字当为衍文。

此，后代的类书要么沿袭蓝本的分类，不设监察御史的子目，要么创造新的子目。《北堂书钞》和《艺文类聚》选择了前者，①《太平御览》则仅以唐朝以后的史料完成了后者的内容。另一方面，《初学记》没有将监察御史作为一个子目，而是将其与殿中侍御史一起作为侍御史的附目记述，从类书的分类、子目的变迁这一点来看，这似乎是《艺文类聚》到《太平御览》之间的过渡处理。由此可以推测，《初学记》的蓝本类书中并没有监察御史的子目，该部分全部是《初学记》自己的记述。

具体来看，《初学记》虽自称依据了《五代史志》，但《隋书·百官志》却没有这样的记载。北齐有十二员检校御史是很明确的，②从《隋书·百官志》也可以确认梁朝、陈朝没有检校御史。但是，在《隋书》中，既找不到关于晋、宋、齐、北魏的只言片语，③也找不到隋代根据秦的监（郡）御史，将此前的检校御史改名为监察御史的记载。由此可以判断，《初学记》中关于监察御史的记载，并非引自先前的类书，而是根据《五代史志》和其他史料重新整理而成。④如果是这样的话，"盖"云云是《初学记》编纂者自己的推测，⑤《六典》几乎是原封不动地引用了这一

---

① 八品官监察御史在官场上地位提高，最早是在高宗朝，到了开元四年（716），任命监察御史时开始使用皇帝敕命的敕授告身，其在精英路线上的地位得到了确定。隋末唐初时，其作为官员的历史还很短，地位也很低，应该不是类书子目积极采纳的官名。关于敕授告身，请参大庭修《唐告身の古文書学的研究》，《唐告身と日本古代の位階制》。

② 《隋书》卷二七《百官志中》"后齐制"："御史台，掌察纠弹劾。中丞一人，治书侍御史二人，侍御史八人，殿中侍御史、检校御史各十二人，录事四人。"

③ 《五代史志》本来就是以梁、陈、北齐、北周、隋五朝为记载对象，除了沿革等需要说明的部分外，很少有关于晋、宋、齐、北魏的内容。再者，关于《初学记》中"晋置检校御史，知行马外事"的记述，《六典》的对应内容为："沈约《宋书》云：古司隶校尉知行马外事。晋江左罢司隶，置检校御史，专掌行马外事。"《通典》原注则为："《晋志》云：古司隶知行马外事。晋过江，罢司隶官，故置检校御史，专掌行马外事。"（卷二四《职官六·监察御史》）但在现存的《宋书》和《晋书》中都找不到相应的记载。

④ 另一种可能性是，《初学记》没有验证就直接使用了被其他类书引作"《五代史志》曰"的内容。例如武后时代编成的《三教珠英》是在《五代史志》完成后编纂的，《初学记》可能转引了《三教珠英》中的《五代史志》引文。但是，《初学记》的出处标记，基本上可以认为是根据史料出处重新整理的意思。如果它真的转引了《三教珠英》引用的《五代史志》，那么根据《初学记》的特性，开头的文字应该是"《五代史志》曰"。因此，认为这是对其他书的错误引用的可能性极低。

⑤ 《初学记》中有"盖亦"字样，是由于"监察御史"附目"侍御史"的开头有"侍御史，秦官也"的文字。因为有侍御史是秦官的前提，由此派生出来的监察御史也可以与秦官中的监郡御史相提并论。

推测。

《初学记》编者的推测文字进入《六典》的部分，还有《六典》卷一七"太仆卿"条的"成帝永和七年，省并宗正。<u>盖有事则权置，无事则省</u>"。这与《初学记》卷一二"太仆卿"中的"至成帝又省之，并入宗正，<u>盖有事郊祀则权置，毕则省</u>"相对应。另外，《六典》卷一三"御史中丞"条中，有关于御史中丞的古称持书侍御史的说明："持书侍御史者，本汉宣帝元凤中，因路温舒上书，宜尚德缓刑，帝深采览之，季秋请谳时，帝幸宣室，斋居而决事，令侍御史二人持书，故曰侍书侍御史。"这一部分出自《初学记》卷一二"御史中丞"的注文："按，持书侍御史者，本汉宣帝时，路温舒上书，宜尚德缓刑，帝深采览焉，季秋后请谳时，帝幸宣室，斋居而决事，令侍御史二人持书，故曰持书侍御史。"《六典》根据《初学记》编者的案语，补充了汉宣帝时的年号等内容。

先前笔者曾推测，《六典》的沿革注以《初学记》的叙事部分为基础，而叙事部分内容不足时，则回顾《初学记》编纂时参照的原典和编纂记录等加以补充，进行整体改写。《六典》沿革注是以《初学记》叙事为基础的，这一点从吸收《初学记》说明文字的例子中可以看出。另一方面，从对《三国志·卢毓传》引用案例的分析可以看出，《六典》的编者不仅补充了《初学记》中不足的部分，而且追溯《初学记》编纂时所参照的原典和编纂记录，对《初学记》的记述进行了修改。虽说《六典》的记述有很多疏漏，但从其没有采用对《三国志·卢毓传》的错误引用来看，《六典》编纂时应该对史料进行了一定的考订。

再举一个例子，我们来看一下《六典》"尚书左右丞相"条注引用的《汉书·百官公卿表》。以下除《六典》的具体内容外，还列出了相关史料。

　　　　《六典》卷一《尚书都省》"尚书左右丞相"条注：
　　　　《汉书·百官表》云：仆射，秦官。A1 <u>自侍中、尚书、博士、郎皆有仆射</u>。B 古者重武官，有主射以督课，C <u>因所领之职以为号</u>。若尚书则曰尚书仆射。D 汉因秦。
　　　　《汉书·百官公卿表上》：

仆射，秦官。A1 自侍中、尚书、博士、郎皆有。B 古者重武官，有主射以督课之，A2 军屯吏、驺、宰、永巷宫人皆有，C 取其领事之号〔孟康曰：皆有仆射，随所领之事以为号也。若军屯吏则曰军屯仆射，永巷则曰永巷仆射〕。

《太平御览》卷二一一《职官部九·左右仆射》：

《汉书·百官表》曰：仆射，秦官也。B 古者重武官，有主射以督课之，A 自侍中、尚书、博士及驺、宰、永巷，皆有仆射，C 取所领之事以为号。若尚书则名曰尚书仆射。

《北堂书钞》卷五九《设官部一一·尚书仆射》：

《汉书·百官表》云：仆射，秦官也。A1 自侍中、尚书、博士、郎皆有。B 古者重武官，有主射者以督课之，A2 军屯吏、驺、宰、永巷宫人皆有，C 取其领事之号。注曰：皆有仆射，随所领之事以为号也。

《艺文类聚》卷四八《职官部四·仆射》：

《汉书》曰：仆射，秦官也。B 古者重武官，有主射以督课之。A 自侍中、尚书、博士及驺、宰、永巷官（宫）人皆有，C 取其领事之号。

《初学记》卷一一《职官部上·仆射》：

仆射，秦官。仆，主也。B 古者重武，故官曹之长，主领其属而习于射事也〔《汉书·百官表》曰：A 自侍中、尚书、博士、郎、军屯吏、马（驺？）、宰、永巷，皆有仆射，C 随所领之事以为号。若尚书则名曰尚书仆射〕。D 汉因秦，本置一人。

开头的“仆射，秦官（也）”是共通的，之后的文字中，将叙述设仆射之官的部分作为 A，用波浪线表示；将附会仆射的职掌于周代制度而加以说明的部分作为 B，[1] 用粗线表示；将讨论仆射名称的部分作为 C，用双行线表示；将提到汉朝继承情况的内容作为 D，用虚线表示。在《汉书》的

---

[1] 王先谦《汉书补注》于“古者重武官，有主射以督课之”下注曰：“（何焯曰）秦官不征诸，《汉书》乃反附会周制耶？”从之。

原文中，A 在文脉上被分成两部分（A1 和 A2），两者之间插入了 B，叙述顺序是"A1+B+A2+C"。《北堂书钞》也是如此，原则上是照抄了《汉书》。

《太平御览》《艺文类聚》《初学记》将 A 部分作为一个整体，采取了"B+A+C"的顺序。但是，《初学记》中只有 A 和 C 作为对《汉书》的引用被放入了注文，B 则被编入正文，内容也有增补。另一方面，如果将这三者中的 C 部分相比较的话，《太平御览》和《初学记》将《汉书》的孟康注改为特指尚书，重写为"若尚书则名曰尚书仆射"，《艺文类聚》则没有对应的字句。《太平御览》的文字，与《北堂书钞》《艺文类聚》等编辑时所能利用的早期类书都不一致，也没有直接引用原典，或是基于其蓝本《修文殿御览》而成。另外，从《初学记》中同样出现"若尚书则名曰尚书仆射"的语句来看，《初学记》是以《修文殿御览》的记述为基础重新编辑的，由此可以推断出从《汉书》经《修文殿御览》再到《初学记》，反复引用、编辑的过程。

在此基础上，我们来看一下《六典》的相关部分。《六典》的叙述顺序是"A1+B+C+D"，仅从这一点来看，其在列举的史料中似乎最接近《汉书》。但是，A1 中的"有仆射"，以及 C 中"若尚书则曰尚书仆射"的表述，都与《太平御览》及《初学记》相同，亦可以窥见《修文殿御览》系类书之一斑。

以前揭表 3 为准，我们在表 6 中将《六典》与《初学记》的"尚书仆射"条进行对比，可以清楚地看出，两者的叙述走向和顺序相同，《初学记》叙事部分是《六典》沿革注的基础。另外，D 中"汉因秦"的记载只见于《初学记》和《六典》，由此可知，《六典》是以《初学记》为基础而加以利用的。

表 6　《六典》与《初学记》内容对照表（尚书仆射）

《六典》卷一"尚书左右丞相"原注	《初学记》卷一一"仆射"
左右丞相，本左右仆射也。①《汉书·百官表》云：仆射，秦官，自侍中、尚书、博士、郎皆有仆射。古者重武官，有主射以督课，因所领之职以为号。若尚书则曰尚书仆射。汉因秦。②后汉建安四年，以执金吾荣郃为尚书左仆射。分置左右，盖	① 仆射，秦官。仆，主也。古者重武，故官曹之长，主领其属而习于射事也〔《汉书·百官表》曰：自侍中、尚书、博士、郎、军屯吏、马（驺？）、宰、永巷，皆有仆射，随所领之事以为号。若

《六典》卷一"尚书左右丞相"原注	《初学记》卷一一"仆射"
自此始。③《汉官仪》：仆射，秩六百石。公为之，加至二千石。自晋以后，给省事吏三人。魏、晋、宋、齐秩皆六百石，品并第三。④梁品犹第三，秩中二千石，班第十五。陈品加至第二。后魏、北齐及隋品，皆从第二。⑤自魏、晋以来，置二则为左右仆射。或不两置，但曰尚书仆射。《宋百官阶次》云：尚书仆射，胜于减左，望在二者之间。仆射职为执法，置二则曰左右执法。又与列曹尚书分领诸曹郎。令阙，则左仆射为省主。⑥自东晋以来，祠部尚书多不置，以右仆射主之。若左右仆射并阙，则置尚书仆射以掌左事，置祠部尚书以掌右事。然则尚书仆射、祠部尚书不常置矣。隋置左右仆射，从二品，皇朝因之。自汉已来，章服并与令同。⑦龙朔二年，改为左右匡政，咸亨元年，复为仆射。光宅元年，更名为左右相，神龙元年，复为仆射。开元初，改为左右丞相。	尚书则名曰尚书仆射〕。汉因秦，本置一人。②至献帝，以执金吾营劭为尚书左仆射。分置左右，盖始于此。③秦汉秩六百石，公为之，增至二千石。④至梁，加秩中二千石。自魏以来品第三，至陈加品第二。⑤自魏晋以来，省置无恒，置二则左右仆射。或不两置，曰尚书仆射。⑥自东晋以来，祠部尚书多不置，以右仆射主之。若左右仆射并阙，则置尚书仆射以掌主左事，置祠部尚书以掌右事。然则尚书仆射与祠部尚书，不恒置矣〔已上出《齐职仪》及《五代史〔百〕官志》〕。⑦唐龙朔二年，改左右仆射曰左右匡政。咸亨初，复旧。光宅初，改为左右相。神龙初，复旧。开元初，又改曰左右丞相。

　　由此可见，《六典》的整体结构和叙述流程，是在《初学记》的基础上，根据出处和原典的记述进行了适当的修改。就"尚书仆射"条而言，当时编纂者们追溯的原典中，应该包括《修文殿御览》系的类书以及基于这些书籍编纂《初学记》时的记录。着眼于《六典》和《初学记》共通的"若尚书则曰尚书仆射。汉因秦"这一部分的话，"若尚书则曰尚书仆射"是从《初学记》引用的《修文殿御览》中转引，① "汉因秦"是从《初学记》的说明文字中引用。这样一来，在《六典》沿革注中，不仅有《初学记》的说明文字，还能找到《初学记》编纂的痕迹，甚至还混杂着可以追踪至唐初为止的类书系谱的证据。

　　我们可以结合下文的案例追溯这种记载的变迁。

　　《六典》卷一《尚书都省》"尚书左右丞相"条注（表6中的下划线⑥部分）：

---

① 小岛浩之等《〈唐六典〉卷一〈三师三公尚书都省〉訳註稿》的解题部分曾认为"若尚书则曰尚书仆射"来自《初学记》的说明文字，经本文考证，这一部分应该是从《初学记》引用的《修文殿御览》中转引而来，这一点可以订正前稿。

自东晋以来，祠部尚书多不置，以右仆射主之。若左右仆射并阙，则置尚书仆射以掌左事，置祠部尚书以掌右事。<u>然则尚书仆射、祠部尚书不常置矣</u>。

《初学记》卷一一《职官部上·仆射》：

自东晋以来，祠部尚书多不置，以右仆射主之。若左右仆射并阙，则置尚书仆射以掌主左事，置祠部尚书以掌右事。<u>然则尚书仆射与祠部尚书不恒置矣</u>〔已上出《齐职仪》及《五代史〔百〕官志》〕。

《隋书》卷二六《百官志上》"梁制"：

其祠部尚书多不置，以右仆射主之。若左右仆射并阙，则置尚书仆射以掌主左事，置祠部尚书以掌右事。<u>然则尚书仆射、祠部尚书不恒置矣</u>。

划线的部分，是《六典》《初学记》《隋书》三者字句不同之处。

根据末尾的注，《初学记》的记载是基于《齐职仪》和《隋书·百官志》而成的，所以《隋书》中没有的"自东晋以来"这句开头的话，应该是据《齐职仪》的记载而写成的《初学记》说明文字。《六典》承袭了这一表达，很明显是参照了《初学记》。不过，从下划线部分来看，在连接"仆射"和"祠部"的"与"字有无这一点上，《隋书》和《六典》的句子结构相同。由此判断，《六典》应该是将《初学记》的记载上溯到其典据《隋书·百官志》并加以修订而成的。

至此，我们将《六典》沿革注与《初学记》叙事部分相比较，对两者相同部分的编纂经过和典据进行了考察，接下来则是《初学记》叙事部分没有记载的内容。那么，《六典》是以什么为典据补充这些记载的呢？

在对表3进行概观时，我们提到《初学记》叙事部分中关于官秩、品阶、班序、冠服等的记载很少，《六典》以他书为典据作了补充。例如，《六典》卷九"中书令"条"晋氏监、令并第三品，秩千石，铜印、墨绶，进贤两梁冠，绛朝服，佩水苍玉，轺车。监、令掌赞诏命，记会时事，典作文书"的部分，与《太平御览》卷二二〇《职官部一八·中书令》中"晋制曰：中书令，铜印、墨绶，进贤两梁冠，绛朝服，佩水苍玉，乘辂车"以及"《晋令》曰：中书为诏令，记会时事，典作文书也"①
相对应，《六典》卷一〇"著作佐郎"条"晋制，著作佐郎始到职，必撰
名臣传一人"的部分，与《宋书》卷四〇《百官志下》全同。

关于《六典》卷一三"侍御史"条"惠帝三年，相国奏遣御史监三
辅不法事，有：辞讼者，盗贼者，铸伪钱者，狱不直者，蹂赋不平者，吏
不廉者，吏苛刻者，逾侈及弩力十石以上者，非所当服者，凡九条。监者
每二岁一更，常十一月奏事，三月还监焉"的文字，《北堂书钞》卷六二
"侍御史·察辞诏"中"《汉旧仪》：惠帝三年，相国奏遣御史监察三辅郡，
所察辞诏凡九条。监者二岁一更，常以中月奏事也"是现存最古老的相关
史料，此外找不到其对同时代其他类书或正史的引用情况。

在《旧唐书·经籍志》中可以找到《晋令》和《汉旧仪》等可以成为
典据的一手史料，② 编纂《六典》时当然也可以直接进行参照。但是，从迄
今为止所见的《六典》沿革注的编纂过程来看，其采用了以类书等编纂史料
的记述为基础，再适当地核对原典进行增补、修订的方式，因此，编纂者首
先应该核对的是类书和正史的志等，然后再根据需求来核对原典。

关十正史之志，《初学记·职官部》的叙事部分，连同正文和注，共
引用《五代史志》（现在的《隋书》之志）32 处，此外还参考了《宋书·
百官志》和《魏书·官氏志》等。因此，即使不直接参照原典，还有《初
学记》编纂时的工作记录等必要的资料积累，这些资料应该也被有效利
用了。

据小岛浩之《〈大唐六典〉の構造と史料的性格》，作为《六典》沿
革注特征的王朝排列方式为"周→秦→汉→后汉→魏→晋→刘宋→齐→
梁→陈→北魏→北齐→北周→隋→唐"，符合北朝正统论，在一般使用王
朝和年号来表示时间的情况下，炀帝时期并没有使用这些标志，而是直接
使用了皇帝的称呼"炀帝"，则天武后时期的记述始终只是对事实经过的
确认。最后，我想确认一下《初学记》是如何处理这些问题的。

---

① 这一部分，《初学记》卷一一《职官上·中书令》的事对"参时务、典史书"也曾引用：
"《晋令》曰：中书为诏令，记会时事，典作文书。"
② 《旧唐书》卷四六《经籍志上·乙部史录·刑法类》有"《晋令》四十卷〔贾充等
撰〕"，《仪注类》有"《汉旧仪》四卷〔卫宏撰〕"。

由表 3 和表 6 可知，关于王朝的记载顺序，《初学记》叙事部分在原则上与《六典》沿革注的处理方法相同。但是，《初学记》卷十一"中书令"中有"历晋、宋、齐、梁、陈、北齐、后魏，皆置中书监，位在令上"的记载，后魏和北齐是颠倒的，与《六典》相比，没有注意王朝的记载顺序。关于汉朝，《六典》采用前、后汉的书写方式，而《初学记》则混合了前、后汉和东、西汉两种书写方式。

另一方面，关于作为唐朝渊源而受到重视的北周（后周）的记载，两者之间也有很大的差距。后周的内容在《初学记·职官部》叙事中只出现了 4 次，《六典》却提到了 27 次。《初学记》几乎没有提及北周，但《六典》似乎尽可能地在记载中加入了北周的内容。

这种差异反映了作为类书而编纂的《初学记》与作为国家礼典一部分的官制书而编纂的《六典》在性质上的差异。中林史朗以《艺文类聚》为例，认为多数编纂者对古典的抄撮（仅萃取必要部分）导致了引用的不统一，短时间内的编纂导致了从早期类书而非原典的简单转引。[1] 由众多编纂者抄撮及在短期内完成的特点，对《初学记》来说也适用。如果是这样的话，那么《初学记》中王朝排列顺序和书写的不统一以及北周记载的欠缺，完全可以归结为所引原典和早期类书的问题。在这一点上，可以认为《六典》的编纂阶段，曾在"从周至唐"的基本原则下，试图消除书写上的不统一和矛盾之处。

关于炀帝，《初学记》职官部的叙事中提到了他 9 次，而汉武帝也出现了 9 次，《初学记》不像《六典》那样突出对炀帝的提及。《初学记》中收录了太宗御制的 77 首诗文（诗 65 首，文 12 首），这是非常多的内容，[2] 但纵观《初学记》全书，并没有发现炀帝有类似的情况。[3]

---

① 中林史朗：《〈藝文類聚〉読書箚記：卷一から卷五までを中心にして》，《類書の総合的研究》（平成六、七年度科学研究費補助金研究成果報告書，総合研究（A），研究代表者：加地伸行），大阪大学文学部，1996。

② 加藤聰：《類書〈初学記〉の編纂：その太宗御製偏重をてがかりとして》，《東方学》111，2006。

③ 纵观《初学记》，诗文部分收录了炀帝诗 14 首（卷一《天部上》1 首，卷三《岁时部上》3 首，卷四《岁时部下》1 首，卷六《地部中》4 首，卷一三《礼部上》1 首，卷一四《礼部下》1 首，卷二四《居处部》1 首，卷二八《木部》1 首，卷三〇《鸟部》1 首）。管见所及，事对部分没有提到炀帝。

关于武后时期频繁的官制变迁的记载，从前面所列的表 3 的下划线⑥和表 6 的下划线⑦可以明显看出，《六典》和《初学记》的记述是类似的。两者的下划线部分都提到了开元时期，因此很难认为《初学记》在这一部分有早期类书可以参照。所以，我们可以认为，这种仅以事实关系来描写包括武后时期在内的唐初至开元时代官制变迁的手法始于《初学记》，而《六典》则承袭了这一手法。

结　语

本文首先就《六典》的结构和编纂过程，对常见说法进行了重新检讨。其中，本文着眼于前人研究没有充分讨论的沿革注，和《六典》与《初学记》编纂者重合的现象，提出了《六典》沿革注可能基于《初学记》叙事部分的假说。为了证明这一点，本文将《六典》和《初学记》的记载逐一对照分析，暂时得出以下结论。

（1）关于《六典》中与《初学记·职官部》有对应部分的官职记载，《六典》沿革注以《初学记》叙事部分的结构和叙述顺序为基础，适当地根据出处和原典进行了修改。

（2）据推测，当时编纂者们追溯的出处和原典，包括《修文殿御览》系的类书，以及基于这些书籍编纂《初学记》时的编纂记录、工作记录等。

（3）在记载修改方面，编纂者对史料进行了一定的考订，并以《六典》的世界观为依据，谋求表达上的统一和订正。

（4）《初学记》没有记载的部分，《六典》很有可能依据《初学记》之前的类书或正史的志等进行编纂。

如果本文所论述的《六典》编纂过程有少许正确的话，那么可以认为，《六典》中与《初学记》有对应关系的部分，其编纂工作很有可能早于没有对应关系的部分。关于《六典》的编纂顺序，榎本淳一着眼于法令的重出，通过分析其异同和前后关系，推测出卷二《尚书吏部》、卷四《尚书礼部》、卷八《门下省》的先后顺序。① 其中卷二《吏部》和卷八

---

① 榎本淳一：《〈唐六典〉編纂の一断面：重出規定を視点として》，《歴史と文化：小此木輝之先生古稀記念論文集》。

《门下省》是《初学记》中有对应条目的部分，从沿革注的编纂过程来看，也可以认为其形成阶段较早，这与榎本的推论并不矛盾。不过，关于卷四《尚书礼部》，《初学记》中没有对应的条目，用本文的手法无法验证榎本的假说。

如表 2 所示，《六典》的 30 卷官制中，《初学记·职官部》所采的只有 12 卷。而且，《初学记》原则上只会引及有汉魏六朝以来传统的三师、三公、宰相、九卿，还有吏部、中书省、门下省、秘书省、御史台的长官和次官，所以尚书六部中吏部以外的五部都没有涉及，① 很难说是包罗万象的。因此，本文得出的结论仅在与《初学记·职官部》相对应的记载上有效，《六典》编纂的全貌仍有晦暗难明之处。关于《初学记》中没有对应记载的部分，《六典》如何进行编纂，这将成为今后需要明确的课题。

原载《唐代史研究》第 22 号，2019 年 8 月

① 表 7 将四大类书的官制部分中有关尚书的子目可视化了。可以看出，虽然截至开元时期的《北堂书钞》《艺文类聚》《初学记》中郑重地列举了尚书都省和尚书吏部所对应的官职，但其他五部都以尚书诸曹来概括（此外《北堂书钞》中还有"尚书总"和"尚书郎总"的子目，表中省略了）。与此相对，成书于唐代后半期的《白氏六帖事类集》中，六部均见于子目，甚至还有总括全体的"尚书"子目。在以后的类书中，六部均见于子目是很普遍的，从另一方面来看，或许可以认为《六典》的世界观对以后的事物分类和类书的构成产生了影响。

表 7　四大类书尚书相关子目对比表

《北堂书钞》	录尚书	尚书令	尚书仆射	吏部尚书	诸曹尚书				诸尚书左右丞	尚书吏部郎	尚书诸曹郎	尚书令史
《艺文类聚》	录尚书	尚书令	仆射	吏部尚书	尚书					吏部郎		
《初学记》		尚书令	仆射	吏部尚书	诸曹尚书				左右丞			
《白氏六帖》		尚书令	仆射	吏部	户部	礼部	兵部	刑部	工部	郎官		
				尚　书								

《中国古代法律文献研究》第十七辑

2023 年，第 333~356 页

宋代私人法律著述新考

李　鑫*

摘　要：宋代法学兴盛，涌现出大量私人法律著述。徐道隣较早撰文对宋代私人法律著述进行考察，认为宋代有 66 种私人法律著述。但仔细爬梳史料，可知徐文存在误收唐人法学著述、误收宋人非法学著述、误收宋代官修法律著述、作者或书名讹误及漏列宋人法律著述等问题。经过重新考证，本文考证出宋代私人法律著述 58 种，包括纠正徐文中书名或作者名有误的宋代私人法律著述 11 种，确认徐文信息无误的著述 24 种，宋代私人法律著述补遗 23 种。通过以上考察，能更准确地认识宋代私人法律著述的面貌。

关键词：宋代　私人　法律著述　考证

引　言

宋代重视法制，法学十分兴盛，涌现出大量法律著述。这些法律著述，除宋廷编修的大量官方法律著述外，亦有不少私人法学著述，此前学界对宋代私人法律著述已有所考察。如徐道隣《宋朝的刑书》一文第六节

---

*　四川师范大学历史文化与旅游学院硕士研究生。

《宋人法律著述》①（以下简称徐文）对宋代私人法学著述进行了考证，认为宋代共有66种私人法律著述，钱元凯、何勤华、陈景良等学者对徐道隣的观点已有所补正，② 但笔者翻检史料，又发现一些学界此前尚未论及的徐文错漏，以及数十种前人未能发现的宋代私人法律著述。因此，笔者不揣浅陋，在辩证徐先生研究谬误的基础上，对宋代私人法学著作进行重新考证，以求教于方家。

徐道隣文章中列出宋代私人法学著述共66种，笔者重新整理，实际只有55种，先将徐文所列书目列表如下：

表1 徐文所收宋代私人法律著述表

序　号	作　者	书　名　及　卷　数
1	卢　纡	《刑法要录》十卷
2	黄克升	《五刑纂要录》三卷
3	黄克升	《断狱立成》三卷
4	黄克升	《刑法要例》八卷
5	黄　懋	《法鉴》八卷
6	张　员	《法鉴》八卷
7	田　晋	《章程体要》二卷
8	王行先	《律令手监》二卷
9	张履冰	《法例六赃图》二卷
10	张　侁	《判格》三卷

---

① 徐道隣：《宋朝的刑书》，载氏著《徐道隣法政文集》，清华大学出版社，2017，第356~383页。

② 参见钱元凯《〈名公书判清明集〉版本流传考略》，认为宋代私人法律著作有54种，载华东政法学院法律系编《法学新问题探索》，上海社会科学院出版社，1997，第227页。何勤华《中国法学史》（修订本）第2卷，指出徐道隣列出的宋代私人法律著述只有56种；误收唐五代人著作如五代和凝《疑狱集》等；遗漏部分宋代私人法律著述如孙奭《律文音义》等，法律出版社，2006，第34~37页。陈景良《"卢纡"非"卢纤"说略——徐道隣〈中国法制史论集〉献疑一则》，载氏著《跬步探微：中国法史考论》，法律出版社，2022，第141~143页。

续　表

序　号	作　者	书　名　及　卷　数
11	赵　绰	《律鉴》一卷
12	赵　绰	《法要》一卷
13	赵　绰	《外台秘要》一卷
14	赵　绰	《宪问》十卷
15	元　绛	《谳狱集》十三卷
16	刘次庄	《青囊本旨论》一卷
17	王　晋	《使范》一卷
18	曾　旼	《刑名断例》三卷
19	李元弼	《作邑自箴》一卷
20	郑　克	《折狱龟鉴》三卷
21	和　凝	《疑狱集》三卷
22	王　皞	《续疑狱集》四卷
23	赵　仝	《疑狱集》三卷
24	郑至道	《谕俗编》一卷
25	赵　绪	《金科易览》一卷
26	刘高夫	《金科玉律总括诗》三卷
27	刘高夫	《金科玉律》一卷
28	刘高夫	《金科类要》一卷
29	王日休	《养贤录》三十二卷
30	李兴权	《绍兴士师龟鉴》五册
31	李康侯	《广例判辞》十一卷
32	钱　熙	《措刑论》
33	钱　熙	《律心》四卷
34	佚　名	《刑统纲要》

序　号	作　者	书　名　及　卷　数
35	彭伊刚	《谕俗续编》
36	王　键	《刑书释名》一卷
37	杨　渊	《续刑统赋》一卷
38	刘　筠	《刑法叙略》
39	刘　筠	《治狱须知》
40	桂万荣	《棠阴比事》一卷
41	佚　名	《名公书判清明集》十七卷
42	宋　慈	《洗冤录》
43	张去华	《大政要录》三卷
44	朋九万	《东坡乌台诗案》
45	赵　升	《朝野类要》
46	杨　亿	《历代铨政要略》
47	佚　名	《州县提纲》
48	胡太初	《昼帘绪论》
49	佚　名	《贡学叙略》
50	吕本中	《官箴》
51	吕祖谦	《历代制度详说》
52	真德秀	《西山政训》
53	程　俱	《麟台故事》
54	周必大	《玉堂杂记》
55	郑伯谦	《太平经国之书》

在徐文所列 55 种著作中，除一部分确为宋代私人法律著述外，尚存在误收唐人法律著述、误收宋人非法律著述、误收宋代官修法律著述、作者

或书名讹误及漏列宋人法律著述等问题，① 本文试一一考辨之。

徐道隣考证宋代私人法律著述时，并未对"宋代私人法律著述"的范围作定义，只说明根据《宋史·艺文志》《玉海》《四库总目》、沈家本《律令考》和孙祖基《中国历代法家著述考》等材料，以表格形式列出他认定的"宋代私人法律著述"之作者姓名、书名及卷数，未做具体考证，② 前文表格已列出。从徐文所收书目来看，收录范围较为宽泛，如将部分介绍制度沿革的著作一并列入。本文则采用较狭义的定义，只将较为专门讨论法律问题的著述视作法律著述。

具体来说，本文所谓的"宋代私人法律著述"是指由宋代私人所著、且较为专门的法律著述，如私人所著劝喻文、官箴书等著作。由私人撰著上于朝廷的，亦包括在内。叙述典章制度而涉及法律制度的著作，或是奉诏敕但私人署名的著作，如宋代各种编敕、条法事类等，不计在内。③

一、 徐文所收法律著述再考

（一）徐文误收唐人法律著述补考

学界对徐文误收的唐人法律著作已有所辩证。如陈景良指出，徐道隣将唐代《刑法要录》误为宋人著作，且将作者"卢纾"误作"卢纡"。④

李守良对唐代私家律学著作进行了考证，其成果有助于我们了解《宋史·艺文志》（以下简称宋志）⑤ 中所收录的唐代私人法学著作。根据李守良的考证，宋志中收录的卢纾（应作卢纾，宋志误）《刑法要录》、黄克升（应为黄克昇，宋志误）《五刑纂经》（宋志作《五刑纂要录》）、王行先

---

① 何勤华已提及徐道邻统计宋人法学著作书目不确、误收唐人著作和漏收宋人著作的问题，但未能深入考证。参见何勤华《中国法学史》（修订本）第 2 卷，第 34~37 页。
② 徐道隣：《宋朝的刑书》，载氏著《徐道隣法政文集》，第 380~382 页。
③ 也就是说，本文对"宋代私人法律著述"的定义范围较徐道隣更为狭窄，徐文所见宋人非专门法律著述，本文不将其视作"宋代私人法律著述"。
④ 参见陈景良《"卢纾"非"卢纡"说略——徐道隣〈中国法制史论集〉献疑一则》，载氏著《跬步探微：中国法史论考》，第 141~143 页。
⑤ 如未特别说明，文中所称的宋志，一般指《宋史》卷二〇四《艺文三》之《刑法》，收入其内的著作，页码不再一一注出。

《律令手鉴》（徐文误为《律令手监》）、张伭《判格》、赵绰《律鉴》及《法要》、赵绪《金科易览》7 种著述实为唐人著述。① 以上著述，皆为徐文所列，即也是徐道隣误收之唐人法律著述。

以上两位学者的考证，帮助我们梳理出了一部分徐文沿袭宋志而误收的唐人法律著述。在此基础上，笔者进一步梳理徐文误收的唐人法律著述。

1. 田晋《章程体要》两卷

此书宋志著录。田晋，两唐书无传。检《新唐书》卷一四五《杨炎传》："（赵）惠伯为河南尹时，尝市炎第为官廨。御史劾炎宰相抑吏市私第，贵取其直。（卢）杞召大理正田晋评罪，晋曰：'宰相于庶官比监临，计羡利，罪夺官。'杞怒，谪晋衡州司马。"② 田晋曾在唐代宗时期做过大理寺正，因直言得罪宰相卢杞遭贬。作为大理寺官员，其人宁守法纪，不阿权贵。故可知《章程体要》为唐代法律著作。

2. 张履冰《法例六赃图》二卷

此书宋志著录。张履冰，两唐书无传。检《册府元龟》卷八五开元十三年（725）正月戊子制有"秘书丞张履冰往淮南道"③，则张履冰在唐玄宗开元年间曾任秘书丞，故《法例六赃图》为唐人著作。

3. 王晋《使范》一卷

此书宋志不著录，《新唐书》卷五八《艺文二》系于仪注类。④ 王晋，两唐书无传，生平不详。

（二）徐文所见宋人非法律著述考

1. 赵升《朝野类要》

本书宋志未著录。按《四库全书总目提要》（以下简称《四库提要》）云："宋赵升撰。升字向辰，自署曰文昌。未详何地，其始末亦不可考。是书作于理宗端平三年（1236），征引当时朝廷故事，以类相从。

---

① 李守良：《唐代私家律学著作考》，载中国政法大学法律古籍整理研究所编《中国古代法律文献研究》（第 4 辑），法律出版社，2011，第 233~237 页。

② 《新唐书》卷一四五《杨炎传》，中华书局，1975，第 4726 页。括号中文字为笔者所加。

③ （宋）王钦若等编，周勋初等校订：《册府元龟》（校订本）卷八五《帝王部·赦宥四》，凤凰出版社，2006，第 938 页。

④ 《新唐书》卷五八《艺文二》，第 1492 页。

一班朝、二典礼、三故事、四称谓、五举业、六医卜、七入仕、八职任、九法令、十政事、十一帅幕、十二降免、十三忧难、十四余纪。逐事又各标小目，而一一详诠其说。"① 可知赵升字向辰，文昌人，其余生平不详。本书是记载宋代诸多典章制度的史料笔记，不是专门的法律著述。

2. 杨亿《历代铨政要略》

本书宋志未著录。检《四库提要》云："此书《宋史·艺文志》不著录，亿本传亦不载，惟曹溶《学海类编》收之。细核其文，乃《册府元龟·铨政》一门总序也，已为割裂作伪。又亿虽预修《册府元龟》，而据晁氏《读书志》，总其事者尚有王钦若，同修者更有钱惟演等十五人，作序者亦有李维等五人。亿于诸序，不过奉敕点窜，何所见而此序出亿手？此真随意支配者矣。"② 由此可知，本书为职官制度文献，且非杨亿私人著述。四库馆臣甚至怀疑本书非杨亿所作，有待进一步考证。

3. 佚名《贡学叙略》

此书宋志不著录。按笔者检诸史料未见《贡学叙略》，疑为《贡举叙略》。检《四库提要》云："旧本题宋陈彭年撰。载曹溶《学海类编》中，实《册府元龟·贡举》一门之总序。以彭年为作序五人之一，遂题彭年之名。然原本不言此序。"③ 但《贡举叙略》亦非法律著作。

4. 吕祖谦《历代制度详说》

本书宋志不著录。检《四库提要》云："宋吕祖谦撰。……此书凡分十三门，一曰科目，二曰学校，第三门原本阙页，佚其标题，所言乃考课之事，四曰赋役，五曰漕运，六曰盐法，七曰酒禁，八曰钱币，九曰荒政，十曰田制，十一曰屯田，十二曰兵制，十三曰马政。皆前列制度，叙述简赅，后为详说，议论明切。"④ 可见本书是阐释历代制度源流变化的政书，并非法律专著。

---

① （清）纪昀总纂：《四库全书总目提要》卷一一八《杂家类一》，河北人民出版社，2000，第3072页。

② （清）纪昀总纂：《四库提要》卷八〇《职官类存目一》，第2097页。

③ （清）纪昀总纂：《四库提要》卷八三《政书类存目一》，第2170页。

④ （清）纪昀总纂：《四库提要》卷一三五《类书类一》，第3452页。

5. 程俱《麟台故事》

此书宋志著录，系于史部故事类。① 程俱，字致道，衢州开化人。《宋史》卷四四五《文苑七》有传。② 绍兴初，为秘书少监，上《麟台故事》。检程俱《宋史》本传云："时庶事草创，百司文书例从省记，俱摭三馆旧闻，比次为书，名曰《麟台故事》上之。"③ 晁公武《郡斋读书志》云："《麟台故事》五卷。右皇朝程俱撰。绍兴初复馆职，俱首入馆，纂集旧闻成二十篇。予所藏书，断自南渡之前，独此书以载官制后事为详，故录之。"④ 据此，《麟台故事》为讲述三馆旧闻及相关职官制度之书，非法律著作。

6. 周必大《玉堂杂记》

此书《宋史·艺文二》著录，作"《淳熙玉堂杂记》一卷"，归于史部故事类。⑤《郡斋读书志》云："《玉堂杂记》三卷，右周益公必大记玉堂中事也。丁朝佐谓九重之德羡，前辈之典刑，恩数之异同，典故之沿革，皆因事而见之云。"⑥ 《四库提要》则云："此书皆记翰林故事，后编入必大文集中，此乃其别行之本也。宋代掌制，最号重职，往往由此致位二府。必大受知孝宗，两入翰苑，自权直院至学士承旨，皆遍为之。凡銮坡制度沿革及一时宜召奏对之事，随笔记录，集为此编。"⑦ 据此，《玉堂杂记》为记载宋代学士院制度沿革及周必大在翰苑之见闻之书，非法律著作。

7. 郑伯谦《太平经国之书》

此书宋志不著录。《四库提要》云："宋郑伯谦撰。伯谦字节卿，永嘉人。官修职郎，衢州府学教授。王与之《周礼订义》首列宋代说周礼者四十五家，伯谦为第三十一，居黄度、项安世之间，盖宁宗理宗时人。是书

① 《宋史》卷二〇一《艺文二》，中华书局，1977，第5107页。
② 《宋史》卷四四五《文苑七·程俱传》，第13136~13138页。
③ 《宋史》卷四四五《文苑七·程俱传》，第13136页。
④ （宋）晁公武著，孙猛校正：《郡斋读书志校正》卷七《职官类》，上海古籍出版社，1990，第322页。
⑤ 《宋史》卷一五六《艺文二》，第5106页。
⑥ （宋）晁公武著，孙猛校正：《郡斋读书志校正·读书附志》，第1120页。
⑦ （清）纪昀总纂：《四库提要》卷七九《职官类》，第2084页。

发挥《周礼》之义，其曰《太平经国书》者，取刘歆'周公致太平之迹'语也。"① 则此书为宋代的一种经学著作，非法律著作。

（三）徐文误收宋代官修法律著述考

1. 曾旼《刑名断例》三卷

此书宋志著录。曾旼，《宋史》无传。字彦和，福建龙溪人。熙宁六年（1073）进士，曾监润州仓曹。② 检李焘《续资治通鉴长编》卷五〇八宋哲宗元符二年（1099）九月辛巳条：

> 左司员外郎兼提举编修《刑房断例》曾旼等奏："准尚书省札子编修《刑房断例》，取索到元丰四年（1081）至八年。绍圣元年（1094）二年断草，并刑部举驳诸路所断差错刑名文字共一万余件，并旧编成《刑部大理寺断例》。将所犯情款看详，除情法分明，不须立例外，其情法可疑，法所不能该者，共编到四百九件。许依元丰指挥，将诸色人断例内可以令内外通知，非临时移情就法之事，及诸处引用差互，曾被刑部等处举驳者，编为《刑名断例》，共一百四十一件，颁之天下，刑部雕印颁行。其命官将校依条须合奏案，不须颁降天下，并诸色人断例内不可颁降者，并编为《刑名断例》共二百六十八件，颁降刑部大理寺检用施行。勘会申明，颁降断例系以款案编修刑名行下检断，其罪人情重法轻，情轻法重，有荫人情不可赎之类，大辟情理可悯并疑虑，及依法应奏裁者自合引用奏裁，虑恐诸处疑惑，欲乞候颁降日令刑部具此因依申明，遍牒施行。"从之。③

据此，《刑名断例》非私人著作，而是宋哲宗时期曾旼领衔编修的官修断例汇编著作。

---

① （清）纪昀总纂：《四库提要》卷一九《礼类一》，第 508 页。
② （清）厉鹗辑撰：《宋诗纪事》卷二五《曾旼》，上海古籍出版社，1983，第 648 页。
③ （宋）李焘著：《续资治通鉴长编》卷五〇八宋哲宗元符二年四月辛巳条，中华书局，2004，第 12106 页。

2. 刘筠《刑法叙略》一卷

此书宋志不著录。刘筠，字子仪，大名人。《宋史》卷三〇五有传。《四库提要》："《刑法叙略》一卷……旧本题宋刘筠撰。筠字子仪，大名人。咸平元年（998）进士，累擢司谏、知制诰、翰林学士承旨，进龙图阁学士加礼部侍郎。是编载曹溶《学海类编》中，今考其文，即《册府元龟·刑法》一门之总叙也。"① 则《刑法叙略》非刘筠私人著作。

（四）徐文所见作者或书名不确的法律著述考

1.《刑法纂要》十二卷

2.《断狱立成》三卷

3.《外台秘要》一卷

4.《宪问》十卷

以上四书宋志著录。前两书位于黄克升之后，后两书位于赵绰之后。因此，徐文将前两书作者系于黄克升，后两书作者系于赵绰。

四种书当中，《刑法纂要》十二卷及《宪问》十卷，仅见于宋志，详情已难考。又清人沈家本《历代刑法考》云："《艺文志》：《刑法纂要》十二卷、《断狱立成》三卷、《外台秘要》一卷、《宪问》一卷。按四书志不著作者，《崇文目》有《断狱立成》《外台秘要》，亦不著作者，《通志略》：《断狱立成》亦无撰人。"② 根据沈家本的意见，上述四种著述作者不详。

按《宋史·艺文志》在表示同一作者的多种著作时，从右方第二种著作开始，文字较第一种"作者姓名＋书名"的文字低一格，或在第二种著作名称上方加"又"字，若无此标志，便不是同一作者的著作。以上四种著作，在《宋史·艺文三》中均顶格书写，可见《刑法纂要》与《断狱立成》不是黄氏的著述，《外台秘要》及《宪问》亦非赵绰作品。

---

① （清）纪昀总纂：《四库提要》卷一〇一《法家类存目》，第 2574 页。

② （清）沈家本：《历代刑法考》，载《沈家本全集》第 3 卷，中国政法大学出版社，2010，第 710 页。按，《宪问》宋志记载为十卷，沈家本误为一卷。

因此，本文将以上四种著述视作宋人法律著述，作者佚名。

5. 和凝《疑狱集》三卷

此书宋志著录，案例汇编著作。此书实为和凝和㠓父子合著。① 和凝（898—955），字成绩，郓州须昌人，为五代时后晋宰相，《旧五代史》卷一二七及《新五代史》卷五六有传。和㠓，和凝第四子，字显仁，由五代入宋，《宋史》卷四三九《文苑七》有传。和㠓为太平兴国八年（983）进士，历霍邱主簿、知崇仁县、知南昌县，代还迁刑部详覆官、光禄寺丞。和㠓献《疑狱集》三卷及自己所著文赋五十轴后，迁太子中允。② 另据学者考证，三卷本《疑狱集》当于淳化元年（990）献给宋太宗。③ 因此，这里笔者将《疑狱集》视作宋人法律著作。

6. 刘筠《治狱须知》一卷

此书宋志著录，系于杂家类，不著作者姓名。④ 其具体内容已不可考，据标题可推知应为指导司法官吏管理刑狱的著作。徐道隣认为此书为刘筠所著，不知何据，误。

7. 彭伊刚《谕俗续编》

此书宋志著录，凡两见。一为《宋史》卷二○四《艺文三》刑法类，一为卷二○五《艺文四》杂家类⑤。按《嘉定赤城志》卷三七《风土门二》收《临海令彭仲刚续谕俗五篇》⑥，即《谕俗续编》。则彭伊刚应作彭仲刚，宋志误。由此可知彭曾为临海令，其余生平无考。

8.《金科玉律》一卷

9.《金科类要》一卷

此两书宋志著录。位于刘高夫《金科玉律总括诗》之后，但文字均顶格书写，可见两书不是刘高夫著作，故作者佚名。

---

① 参见（宋）和㠓，杨奉琨校释《疑狱集序》，载（五代）和凝原著、（宋）和㠓续编《疑狱集校释》，上海古籍出版社，1988，第43页。

② 《宋史》卷四三九《文苑七·和㠓传》，第13014~13015页。

③ 刘栋：《宋太宗朝和㠓入职刑部年代考——从〈疑狱集〉的编纂年代说起》，《海南热带海洋学院学报》2019年第4期，第111页。

④ 《宋史》卷二○五《艺文四》，第5212页。

⑤ 《宋史》卷二○五《艺文四》，第5210页。

⑥ （宋）陈耆卿著：《嘉定赤城志》卷三七《风土二》，载《宋元方志丛刊》第七册，中华书局，1990，第7578~7580页。

10. 李兴权《绍兴士师龟鉴》五册

此书宋志不著录。王应麟《玉海》云："（绍兴）三年（1133）九月六日丁巳，大理卿李与权以圣贤之训与谨狱之事分章取义，类聚条分，凡三百事，列十门，总为一书上之。缮写成五册，名曰《士师龟总》，诏录副本申尚书省。"① 按王应麟的记载，李兴（兴）权当作李与权，《绍兴士师龟鉴》应作《绍兴士师龟总》，此处徐文两误。

11. 钱熙《律心》四卷 佚名《刑统纲要》

此两书宋志不著录。钱熙生平，详见后文。按《玉海》卷六六《法令》关于《律心》记载不标点的原文为："钱熙著措刑论律心四卷未详撰人纂刑统纲要晁氏志。"② 这句话，徐道隣的断句为："钱熙著《措刑论》、《律心》四卷。未详撰人纂《刑统纲要》。晁氏志。"这样，就得出钱熙《律心》四卷和佚名《刑统纲要》的结论。检晁公武《郡斋读书志》卷八《刑法类》原文："《律心》四卷。右未详撰人。纂《刑统》纲要也。"③ 晁公武记载《律心》作者不详，《律心》是以纲要形式解释《宋刑统》的著作。则上引《玉海》文字应该如下标点："钱熙著《措刑论》。《律心》四卷，未详撰人纂，《刑统》纲要。晁氏志。"此外，《宋史》卷四四〇《文苑二》钱熙本传只言钱熙著《措刑论》，而不言《律心》。④ 由此可见，钱熙并非《律心》的作者，《律心》作者不知何人。宋代并无《刑统纲要》一书，此处的讹误是徐先生阅读史料时断句错误而造成的。

综上所述，徐文中收录但书名或作者名有误的宋代私人法律著述，应该还原为：佚名《刑法纂要》十二卷、佚名《断狱立成》三卷、佚名《外台秘要》一卷、佚名《宪问》十卷；和凝、和㠓《疑狱集》三卷、佚名《治狱须知》一卷、佚名《金科玉律》一卷、佚名《金科类要》一卷、李与权《绍兴士师龟总》五册、彭仲刚《谕俗续编》及佚名《律心》四卷，共 11 种。

---

① （宋）王应麟：《玉海》卷六七《诏令》，江苏古籍出版社、上海书店，1987，第 1276 页。

② （宋）王应麟：《玉海》卷六六《法令》，第 1258 页。

③ （宋）晁公武著，孙猛校正：《郡斋读书志校正》卷八《刑法类》，第 337 页。

④ 《宋史》卷四四〇《文苑二·钱熙传》，第 13038 页。

（五）徐文所见信息不误的宋代私人法律著述考

经过上述考证，笔者梳理出了徐文中存在错漏的书目。又经过对徐文所列书目的通考，现对徐文中信息不误的宋代私人法律著述作简要考证。

1. 黄懋《刑法要例》八卷

此书宋志著录。黄懋，宋史无传。检《长编》卷三四宋太宗淳化四年（993）三月有临津令闽人黄懋上书宋太宗言河北屯田之利事，因此太宗令何承矩往河北调查，何覆奏如黄懋之言，太宗因此采纳河北屯田之议。黄懋后被提拔为大理寺丞，充判官，协助何承矩在河北屯田。①

治狱是县令的重要职能之一，宋代县级司法工作通常十分繁重，黄懋既然做过县令，则其人对宋代法律与司法运作应该相当熟悉，故写出《刑法要例》也就不足为奇了。

2. 张员《法鉴》八卷

此书宋志著录。张员，《宋史》无传，生平无考。

3. 元绛《谳狱集》十三卷

此书宋志著录。元绛，字厚之，《宋史》卷三四三有传。元绛多年为地方官，《宋史》本传有元绛任地方官时依法处置乡里恶霸、破获妻子与僧人合谋杀夫的事例，② 可见元绛是一位优秀的司法官，《谳狱集》可能为元绛总结司法实践经验的著作。

4. 刘次庄《青囊本旨论》一卷

此书宋志著录，凡两见。一为《宋史》卷二〇四《艺文三》法令类；一为《宋史》卷二〇六《艺文五》五行类，作"刘次庄《青囊本旨论》一卷二十八篇"③。因此此书内容可能较为复杂，具体已不可考。笔者仍将《青囊本旨论》视为法学著作。刘次庄，《宋史》无传。元丰三年（1080）为太常丞，④ 后又做过殿中侍御史，⑤ 其余生平无考。

---

① （宋）李焘著：《续资治通鉴长编》卷三四宋太宗淳化四年三月辛亥条及壬子条，第747页。

② 《宋史》卷三四三《元绛传》，第10905~10906页。

③ 《宋史》卷二〇六《艺文五》，第5259页。

④ 《宋史》卷一二五《礼二十八》，第2933页。

⑤ 《宋史》卷一七七《食货上五》，第4312页。

5. 李元弼《作邑自箴》十卷

此书宋志著录，作"李元弼《作邑自箴》一卷"。李元弼，字持国，《宋史》无传。哲宗元祐中曾任蔡州汝阳县令，① 绍圣中为杭州余杭县令，② 其余生平无考。本书按李元弼《自序》确为十卷，宋志误作一卷。

6. 郑克《折狱龟鉴》三卷

此书宋志著录。郑克，《宋史》无传。其人生平，据学者考证，郑克字武子，一字克明，开封人。宣和六年（1124）进士，南宋初任建康府上元县尉，湖南提刑司干官等。③ 《郡斋读书志》作"《诀狱龟鉴》二十卷"④，《玉海》作"《绍兴折狱龟鉴》"⑤。《折狱龟鉴》为宋代断狱案例汇编著作。

7. 王皞《续疑狱集》四卷

此书宋志著录。王皞，《宋史》无传。字子融，益都人，王曾之弟，曾为天章阁待制。⑥ 检韩琦《安阳集编年笺注》卷三三有《授知制诰举官自代状》："右，臣伏睹尚书刑部郎中、直集贤院、权同纠察在京刑狱王皓（应为皞，笺注误），识略淹该，艺文宏赡。怀铅书殿，素高约史之才；典狱都畿，甚著持平之誉。倪进司于明命，必振起于时风。愿回误恩，庶协公议臣。今举充自代，干冒旒扆，臣无任。"⑦ 韩琦在文中称赞王皞管理东京刑狱"甚著持平之誉"，则王皞对于公正司法应该颇有心得，可说是一位优秀的司法官。可推知王皞极可能结合自身做司法官的经验，受到和凝父子《疑狱集》的启发，编纂续书。又《玉海》"王皞"作"王皋"，⑧当误。

① （宋）苏颂撰，王同策等点校：《苏魏公文集》卷六〇《西上阁门使王公墓志铭》，中华书局，2004，第925页。
② （宋）潜说友编：《咸淳临安志》卷五一《秩官九》，载《宋元方志丛刊》第4册，中华书局，1990，第3805页。
③ （宋）郑克著，刘俊文译注：《折狱龟鉴译注·前言》，上海古籍出版社，1988，第1页。
④ （宋）晁公武著，孙猛校正：《郡斋读书志校正》卷八《刑法类》，第336页。
⑤ （宋）王应麟：《玉海》卷六六《诏令》，第1267页。
⑥ （宋）陈振孙，徐小蛮、顾美华点校：《直斋书录解题》卷四，上海古籍出版社，1987，第109页。
⑦ （宋）韩琦撰，李之亮、徐正英笺注：《安阳集编年笺注》卷三三《授知制诰举官自代状》，巴蜀书社，2000，第997页。
⑧ （宋）王应麟：《玉海》卷六六《诏令》，第1267页。

8. 赵仝《疑狱集》三卷

此书宋志著录。赵仝,《宋史》无传,生平不详。本书可能与和凝、和㠓父子同名著作类似,为案例汇编著作,详情已不可考。

9. 郑至道《谕俗编》一卷

此书宋志著录,凡两见。一为《宋史》卷二〇四《艺文三》法令类,一为卷二〇五《艺文四》杂家类①。按《嘉定赤城志》卷三七《风土门二》收《天台令郑至道谕俗七篇》,② 此七篇谕俗文应即为《谕俗编》。可知郑至道曾为天台令,其余生平无考。

10. 刘高夫《金科玉律总括诗》三卷

此书宋志著录。刘高夫,《宋史》无传,生平不详。

11. 王日休《养贤录》三十二卷

此书宋志著录。王日休,《宋史》无传。检《皇宋中兴两朝圣政辑校》卷五七宋孝宗淳熙六年（1179）七月有"沿海置制司参议官王日休"③,当为同一人。按晁公武《郡斋读书志》附志《刑法类》云:"《养贤录》二十二卷,右王日休所编也。以嘉祐、元丰、政和、绍兴《敕》《令》《格》《式》,嘉祐、政和《禄》《令》,绍兴《禄秩》《吏部七司条法》《绍兴免役令》参考编类。"④ 则本书为王日休以嘉祐至绍兴诸多法令为根据,分门别类编纂而成的法令汇编著作。

12. 李康侯《广例判辞》十一卷

此书宋志不著录。李康侯,《宋史》无传。按胡宿《文恭集》卷七有《缴进李康侯〈广律判辞〉》云:"据前权知沧州军州事判官李康侯状,昨在任日著到《广律判辞》十一卷通四册。"⑤ 则李康侯曾任权知沧州军事判官,其余生平不详。本书为判辞汇编著作。

---

① 《宋史》卷二〇五《艺文四》,第5210页。
② （宋）陈耆卿编:《嘉定赤城志》卷三七《风土二》,第7574~7578页。
③ （宋）佚名撰,孔学辑校:《皇宋中兴两朝圣政辑校》卷五七宋孝宗淳熙六年七月,中华书局,2019,第1310页。
④ （宋）晁公武著,孙猛校正:《郡斋读书志校正》附志《刑法类》,第1120页。
⑤ （宋）胡宿撰:《文恭集》卷七《缴进李康侯〈广律判辞〉》,《景印文渊阁四库全书》第1088册,台湾商务印书馆,1986,第671页。

13. 钱熙《措刑论》

此书宋志不著录，钱熙《宋史》本传著录，见前文。钱熙，《宋史》卷四四〇《文苑二》有传。字太雅，泉州南安人。①

14. 王键《刑书释名》一卷

此书宋志不著录。王键，《宋史》无传，生平不详。考清人丁立中《八千卷楼书目》云："《刑书释名》一卷，宋王键撰，《学海类编》本。"②

15. 杨渊《续刑统赋》一卷

此书宋志不著录。杨渊，《宋史》无传，生平不详。考清人钱曾《述古堂藏书目》："杨渊《续刑统赋》一卷一本。"③

16. 桂万荣《棠阴比事》一卷

此书宋志不著录。《棠阴比事》为宋代又一案例集合之著作。

桂万荣生平，据张秀春考证，桂万荣（1148—1224），字梦协，世称石坡先生。四明慈溪人。庆元二年（1196）进士，授余干尉。历建康司理、太学正、平江府通判、南康太守、直秘阁、尚书右郎等，最终以常德知府致仕。年九十六卒于家。④

17. 佚名《名公书判清明集》十七卷

此书宋志不著录。《四库提要》："《名公书判清明集》十七卷，永乐大典本，不著撰人名氏。辑宋元人案牍判语，分类编次。"⑤ 据陈智超考证，本书成于宋理宗景定二年（1261），作者署名"幔亭曾孙"，生平待考。⑥《名公书判清明集》是一部判辞和官文书汇编著作。

18. 宋慈《洗冤集录》

此书宋志不著录。《四库提要》云："《洗冤录》二卷，《永乐大典》本，宋宋慈撰。慈字惠父，始末未详。是书自序题淳祐丁未（1247），结

---

① 《宋史》卷四四〇《文苑二·钱熙传》，第 13037～13038 页。

② （清）丁立中：《八千卷楼书目》卷十《法家类》，国家图书馆出版社，2009，第 584 页。

③ （清）钱曾：《述古堂藏书目录》卷一《政刑》，《丛书集成初编》本，中华书局，1985，第 12 页。

④ 参见（宋）桂万荣《棠阴比事》卷首张秀春"整理说明"，凤凰出版社，2021，第 1～2 页。

⑤ （清）纪昀总纂：《四库提要》卷一〇一《法家类存目》，第 2576 页。

⑥ 陈智超：《宋史研究的珍贵史料——明刻本〈名公书判清明集〉介绍》，载（宋）佚名撰《名公书判清明集》附录，中国社会科学院宋辽金元史研究室点校，中华书局，2002，第 650～651 页。

衔题朝散大夫、新除直秘阁、湖南提刑充大使行府参议官。序中称四权臬司，于狱案审之又审。博采近世诸书，自《内恕录》以下，凡数家荟萃厘正，增以己见为一编，名曰《洗冤集录》，刊于湖南宪治。"① 本书为宋代法医学著作。

19. 张去华《大政要录》三卷

本书宋志著录，系于法家类。② 张去华（938—1006），字信臣，五代宋初开封府襄邑（今河南商丘睢阳）人，《宋史》卷三〇六有传。《宋史》张去华本传著录《大政要录》。③

检《续资治通鉴长编》卷二七宋太宗雍熙三年（986）九月庚辰条："户部郎中张去华献《大政要录》三十篇，上嘉之，降玺书褒美，赐帛五十段。去华初受命知陕州，因留不行。"④ 王应麟《玉海》作《雍熙大政要录》。⑤

20. 朋九万《东坡乌台诗案》

此书宋志不著录。《直斋书录解题》："《乌台诗话》十三卷，蜀人朋九万录东坡下御史狱公案，附以初举发章疏及谪官后表章、书启、诗词等。"⑥ 朋九万为蜀人，《宋史》无传，其余生平不详。本书《四库提要》作"《乌台诗案》一卷"⑦。考清人周中孚《郑堂读书记》云："《东坡乌台诗案》一卷，函海本。宋朋九万编，仕履未详。《四库全书存目》无东坡二字；《书录解题》小说类、《通考》小说俱作《乌台诗话》十三卷"⑧，即为此书。本书为苏轼乌台诗案相关史料汇编。

21. 佚名《州县提纲》

此书宋志不著录。《四库提要》云："其书论州县莅民之方，极为详备，虽古今事势未必尽同，然于防奸厘弊之道，抉摘最明。而首卷推本正

① （清）纪昀总纂：《四库提要》卷一〇一《法家类存目》，第2575页。

② 《宋史》卷二〇五《艺文四》，第5202页。

③ 《宋史》卷三〇六《张去华传》，第10110页。

④ （宋）李焘著：《续资治通鉴长编》卷二七宋太宗雍熙三年九月庚辰条，第623页。

⑤ （宋）王应麟：《玉海》卷五八《艺文》，第1123页。

⑥ （宋）陈振孙撰，徐小蛮、顾美华点校：《直斋书录解题》卷十一《小说类》，第330页。

⑦ （清）纪昀总纂：《四库提要》卷五四《传记类存目六》，第1741页。

⑧ （清）周中孚撰，黄曙辉、邱晓峰标校：《郑堂读书记》卷二四《传记类三》，上海书店出版社，2009，第415页。

己省身，凡数十事，尤为知要。亦可为司牧之指南。虽不出于襄手，要非究心吏事、洞悉民情者不能作也。"① 本书为宋代官箴书之一。

22. 胡太初《昼帘绪论》

此书宋志不著录。胡太初，《宋史》无传，《四库提要》云："宋胡太初撰。太初，天台人。端平乙未（1235），其外舅陶某出宰香溪，太初因论次县令居官之道，凡十五篇以贻之。后十七年为淳祐壬子，太初出守处州，越明年，复得是稿于其戚陶云翔。遂锓诸版，以授属县。其目首曰《尽己》、次曰《临民》、曰《事上》、曰《寮寀》、曰《御吏》、曰《听讼》、曰《治狱》、曰《催科》、曰《理财》、曰《差役》、曰《赈恤》、曰《行刑》、曰《期限》、曰《势利》，而终之以《远嫌》。条目详尽，区昼分明。盖亦《州县提纲》之类也。"② 本书为官箴著作。

23. 吕本中《官箴》

此书宋志著录，归于杂家类。③ 吕本中，《宋史》卷三七六有传。字居仁，吕公著曾孙。宋代学者，世称"东莱先生"。④

24. 真德秀《西山政训》

此书宋志不著录。《四库提要》云："《西山政训》，则真德秀《西山集》中所载帅长沙及知泉州日告谕官僚之文也。"⑤ 则本书为官箴类著述。

综上，徐文中信息无误的宋代私人法律著述共 24 种。

二、宋代私人法律著述补遗

何勤华已经指出徐文遗漏部分宋代私人法学著作，如孙奭《律文音义》《律令释文》及傅霖《刑统赋》等，但未详考。⑥ 本节在前人的基础上，试对已知的宋代私人法律著述进行补遗。

---

① （清）纪昀总纂：《四库提要》卷七九《职官类》，第 2094 页。
② （清）纪昀总纂：《四库提要》卷七九《职官类》，第 2092 页。
③ 《宋史》卷二〇五《艺文四》，第 5210 页。
④ 《宋史》卷三七六《吕本中传》，第 11635~11637 页。
⑤ （清）纪昀总纂：《四库提要》卷一三一《杂家类存目八》，第 3359~3360 页。
⑥ 何勤华：《中国法学史》（修订本）第 2 卷，第 37 页。

1. 孙奭《律文音义》一卷

此书宋志著录。孙奭，《宋史》卷四三一《儒林一》有传。字宗古，博州博平人。九经及第，历国子监直讲、龙图阁待制、翰林侍讲学士、判国子监、兵部侍郎、龙图阁学士等，终太子少傅。① 《直斋书录解题》卷七《法令类》云："《律文》十二卷。《音义》一卷……本朝天圣中，孙奭等始撰《音义》，自《名例》至《断狱》，历代异名皆著之。"② 《玉海》作"《天圣律文音义》……文义不同，即加训解。"③ 因此是解释律文读音和字义的著作。

2. 孙奭《律令释文》一卷

此书宋志著录。应为解读宋代律令的著作。④

3. 傅霖《刑统赋》两卷

此书宋志不著录。傅霖，《宋史》无传，生平待考。晁公武《郡斋读书志》卷八《刑法类》："右皇朝傅霖撰。或人为之注。"⑤ 则除《刑统赋》外，宋代应该存有注解《刑统赋》的著作，但详情已难考。

4. 佚名《刑统赋解》

此书宋志著录。按，上文考出宋傅霖《刑统赋》，此《刑统赋解》即可能为宋代一种注解《刑统赋》的著作。

5. 吕惠卿《县法》十卷

此书宋志著录。《郡斋读书志》附志《刑法类》云："《治县法》十卷，右吕惠卿所著也。曰《法令》、曰《词讼》、曰《刑狱》、曰《簿历》、曰《造簿》、曰《给纳》、曰《灾伤》、曰《盗贼》、曰《劝课》、曰《教化》。惠卿自序于前绍圣二年九月也。所在多刊此法，岂非不以人废言欤？"⑥ 又《直斋书录解题》卷六《职官类》作"《县法》一卷"⑦。本书

---

① 《宋史》卷四三一《孙奭传》，第 12801～12808 页。
② （宋）陈振孙，徐小蛮、顾美华点校：《直斋书录解题》卷七《法令类》，第 223 页。
③ （宋）王应麟：《玉海》卷六七《诏令》，第 1258 页。
④ 按，清代学者沈家本认为《律文音义》与《律令释文》恐是同书异名。参见（清）沈家本《历代刑法考》，第 675 页。沈家本的看法待考，此处仍将《律文音义》与《律令释文》看作两书。
⑤ （宋）晁公武著，孙猛校正：《郡斋读书志校正》卷八《刑法类》，第 335 页。
⑥ （宋）晁公武著，孙猛校正：《郡斋读书志校正》附志《刑法类》，第 1120～1121 页。
⑦ （宋）陈振孙，徐小蛮、顾美华点校：《直斋书录解题》卷六《职官类》，第 180 页。

为吕惠卿所著官箴著作。

6. 刘鹏《县务纲目》二十卷

此书《宋史·艺文志》著录，归于杂家类。① 刘鹏，赣阳人，《宋史》无传，生平不详。《直斋书录解题》云："《县务纲目》二十卷，赣阳刘鹏撰。凡四十四门，四百七十余事。其说不止于作县，而事关县务者为多焉。"②《县务纲目》与《县法》类似，亦为针对县官的官箴著作。

7. 佚名《内恕录》

此书宋志不著录。宋慈《洗冤集录序》："每念狱情之失，多起于发端之差，定验之误，皆源于历试之浅，遂博采近世诸书，自《内恕录》以下，凡数家荟萃厘正，增以己见为一编，名曰《洗冤集录》。"③ 从宋慈的自序中，我们可以知道，宋代存有一种名为《内恕录》的著作，性质应与《洗冤集录》类似，为法医学著作。

8. 佚名《邓思贤》

此书宋志不著录。沈括《梦溪笔谈》卷二五《杂志二》云："世传江西人好讼，有一书名《邓思贤》，皆讼牒法也。其始则教以侮文，侮文不可得，则欺诬以取之；欺诬不可得，则求其罪劫之。盖思贤，人名也。人传其术，遂以之名书。村校中往往以授生徒。"④ 宋代江西民风好讼，讼学大兴，《邓思贤》就是当时一种用于教授讼学的教材，即为一种宋代私人法律著述。

9. 许月卿《百官箴》

此书宋志不著录。许月卿，《宋史》无传。考《四库提要》卷七九《职官类》云："宋许月卿撰。月卿字太空，后更字宋士，婺源人。始以军功补校尉，理宗时换文资就举，以《易》魁江东，廷对赐进士及第，官至浙江西运干。贾似道当国，召试馆职，语不合，罢去，闭门著书。自号泉田子，宋亡不仕，遁迹十年乃卒。亦志节之士也。是书仿扬雄《官箴》，

① 《宋史》卷二〇五《艺文四》，第5211页。
② （宋）陈振孙，徐小蛮、顾美华点校：《郡斋读书志》卷六《职官类》，第181页。
③ （宋）宋慈著，高随捷、祝林森译注：《洗冤集录序》，载《洗冤集录译注》，上海古籍出版社，2016，第1页。
④ （宋）沈括著，金良年点校：《梦溪笔谈》卷二五《杂志二》，中华书局，2015，第244页。

分曹列职，各申规戒。"① 此书为叙述百官职能与申明规戒的官箴著作。

10. 佚名《条令总类》

11. 佚名《名刑尽心录》

12. 佚名《士民指掌》

13. 佚名《检验法》

以上四书宋志不著录，仅见于尤袤《遂初堂书目》之《刑法类》，②除书名外信息不详。若以书名推断，《条令总类》可能为对法律条文的分类汇编；《检验法》可能为法医学著作。《名刑尽心录》与《士民指掌》难以推测。

14. 佚名《六赃论》一卷

15. 佚名《续疑狱》一卷

16. 佚名《断狱指南》一卷

17. 佚名《绳墨断例》三卷

18. 许长卿《许公办正案问录》一卷

19. 佚名《案前决遣》二卷

20. 佚名《仕途守法》二卷

21. 佚名《元丰仕途守法》二卷

以上八书宋志不著录，见郑樵《通志》卷六五《艺文三》。③

按，宋代作者姓名可考有王暐《续疑狱集》，此处之一卷本《续疑狱》是王著的别本还是另一种续编《疑狱集》的著作，已不可考。

根据书名考察剩余书目，《断狱指南》《案前决遣》应为指导司法官办案断狱的著作；《绳墨断例》可能为断例汇编著作；《仕途守法》与《元丰仕途守法》可能为官箴书；《六赃论》难以推测。

以上著作，许长卿《许公办正案问录》是唯一著有作者姓名的。许长卿，《宋史》无传。考苏辙《龙川略志》卷四《许遵议法虽妄为能活人以得福》条："后十余年，谪居筠州。筠守许长卿，遵之子也。言其兄弟及

---

① （清）纪昀总纂：《四库提要》卷七九《职官类》，第 2093 页。

② （宋）尤袤：《遂初堂书目》，《丛书集成初编》本，中华书局，1985，第 13 页。

③ （宋）郑樵：《通志》卷六五《艺文三》，中华书局，1987，第 778 页。

诸子仕宦者十余人，而郎官、刺史至数人。予复叹曰：'遵之议妄甚矣！而子孙仕者若是其多也。一能活人，天理固不遗之也哉！'"① 故许长卿为筠州行政长官，许遵之子。许遵是宋代著名司法官，宋代著名的阿云案即发生在许遵知登州时。许长卿的司法素养，应受到其父很大影响，加上任地方官的经历，《许公办正案问录》应该是许长卿对其父或自己办案经验的总结。

22. 李鹬《审理书》一卷

23. 佚名《之官申戒》一卷

以上两书《宋史·艺文志》著录，系于杂家类。② 李鹬，《宋史》无传，生平待考。顾名思义，《审理书》可能为指导官员审案的著作；《之官申戒》应为官箴类著作。

综上，宋代私人法律著述补遗有 23 种。

余　论

经过以上的考证，笔者厘清了徐道隣文中误收的唐人法律著述、宋人非法律著述和宋代官修法律著述。考证出徐文中书名或作者名有误的宋代私人法律著述 11 种，信息无误的著述 24 种。同时，根据史料补遗宋代私人法律著述 23 种，即总共考证出 58 种宋代私人法律著述。以上考证，基本厘清了徐文的错漏，又补充了 23 种前人未能注意的宋代私人法律著述，使我们对宋代私人法律著述的面貌有了更全面的认识。

但应该指出的是，本文所述还远不是宋代所有的私人法律著述，而只是较为系统整理成书的一部分。本文将郑至道、彭仲刚所著的劝俗文视作法律著述，此类劝俗文在宋人文集中并不鲜见，如宋末黄震的文集中就有许多零散的劝俗文，限于篇幅，本文难以对宋代劝俗文进行通考。此外，宋代史料数量巨大，笔者考证书目所据的史料主要是宋元人及清人的目录学著作，宋人文集、笔记中可能存在关于私人法律著述的记载，亦难以通

---

① （宋）苏辙撰，余宗宪点校：《龙川略志》卷四《许遵议法虽妄为能活人以得福》，中华书局，1982，第 19~20 页。

② 《宋史》卷二〇五《艺文四》，第 5210 页。

考。此外，宋代私人法律著述的印刷和流传情况如何？什么人在使用它们？这两个重要问题有待进一步考证。

要之，从宋代私人法学著作的丰富可以看出宋人重视法律风气之盛与宋代法学的发达。此外，本文所考证出的著作，大部分是宋代士大夫的著作，《宋史》称赞宋代士大夫"文学法理，咸精其能"①，岂妄语哉？

附记：本文的写作和修改，得到四川师范大学王化雨副教授、魏华仙教授的支持和鼓励，匿名评审专家对本文初稿提出了中肯而细致的修改意见，中央民族大学郑豪、同门李奇林和高中同学卢世敏对本文的修改亦有帮助，在此一并表示感谢。

---

① 《宋史》卷三一九《曾巩传》史臣论语，第 10396 页。

《中国古代法律文献研究》第十七辑

2023 年，第 357~384 页

《镌大明龙头便读傍训

律法全书》管窥*

孙　旭**

摘　要：《镌大明龙头便读傍训律法全书》是明代的一部
"司法应用类律学著述"，版式分上、中、下三栏，以"傍注"
"后注"的形式对明代律例进行注释，较有特色的内容有指掌图、
"为政规模节要总论"等。通过比对可见，《镌大明龙头便读傍训
律法全书》对明例的注释吸取了《读律琐言》《读律管见》的
内容。

关键词：《龙头律法全书》　指掌图　"为政规模节要总论"
《读律琐言》　《读律管见》

《镌大明龙头便读傍训律法全书》（以下简称"《龙头律法全书》"）
属于明代的"司法应用类律学著述"①。黄彰健言该书藏于日本内阁文
库，② 本文所论即为该版本。

---

　* 本文系国家社会科学基金中国历史研究院重大历史问题研究专项重大项目"中国古代地
方治理的理论与实践及借鉴"（项目批准号：LSYZD21006）的阶段性成果。
　** 中国政法大学法律古籍整理研究所副教授。
　① 李守良：《明代私家律学著述探析》，《档案》2016 年第 6 期，第 47 页。
　② 黄彰健编著：《明代律例汇编·附明代律例刊本钞本知见书目》，台北"中研院"历史语
言研究所专刊之七十五，第 121 页。

一、 书名与纂者、刻者以及刊刻时间

（一）书名

《龙头律法全书》的"封面"（封皮翻开后的反面）为方框上下两栏，方框之上，横题"皇明新例"——表明该书不仅有律，还包括例。方框上栏，约占整个方框的三分之一，小字，15 行，行 7 字，文字如下：

> 此律达廷氏所纂，达廷见坊肆刊律，封面类云"精制"，及观其中，大相矛盾，不无遗议，惟是编为此集。第见其自始自终，不惟训释详明，递异诸律，抑且事类兼全，甚便检阅。仕者获此，将见奉天绳民之际，听断剖决难明等事，不越此律而得之矣。鉴之，自知予言之不谬。谨识。

这里表达了纂者的编纂目的——"训释详明""甚便检阅"。方框下栏，分三行，自右向左竖题："全补傍训便读，书林安正堂刘双松氏梓，龙头律法全书"，中间行为小字（比上栏字大）。"全补傍训便读"标榜书籍特点——补遗、傍训、便于检阅，"书林安正堂刘双松氏梓"为刻家室名，"龙头律法全书"为书的简称。

该书卷首、目录、卷一以及卷九至十一的卷端题"镌大明龙头便读傍训律法全书"，卷二至八的卷端题"镌大明龙头便读新例律法全书"，可知该书有二名，之所以出现这种情况，与纂者突出该书内容方面的特点——律例兼收与附以注释方面的特点——"傍训"（即傍注）有关。

（二）纂者、刻者①

该书"封面"的方框下栏题"书林安正堂刘双松氏梓"，卷一卷端书名后题"蜀资阳贡举纂集，闽双松刘朝琯绣梓"，卷二至卷六以及卷八的卷端书名后题"蜀资阳贡举纂集，闽书林刘朝琯绣梓"，卷十一的卷尾题

---

① 卷首、目录、卷七、卷十一的卷端书名后无编著者、刊刻者姓名。

"安正堂刘双松氏梓",可知纂者为贡举,刻者为安正堂刘朝琯(字双松)。

贡举生平不详,仅知其为资阳人。"封面"方框的上栏有"此律达廷氏所纂",达廷可能是贡举的字。

刘氏安正堂为明代著名书坊。据刘世德《〈钟馗全传〉札记》:"安正堂知名的刻书家,有刘宗器、刘仕中、刘朝琯(双松)、刘永茂(莲台)等祖孙四代。刘双松为其中的第三代。"① 方彦寿在古代刘氏刻书的两个主要地点——建阳麻沙水南村和书坊乡,读到了光绪《刘氏族谱》和民国《贞房刘氏宗谱》,从中可见,现存刘朝琯刻书,标识时间最早为嘉靖三十九年(1560),最晚为万历三十九年(1611)。②

此外,该书卷九③、卷十的卷端书名后题"闽双松刘朝琯纂集"。卷九的内容:下栏,《大明律》"吏律"的告示(从"选用军职"到"私借驿马",与前面"告示"的字句有所不同);中栏,"补遗判语"(从"无故不朝参公座"到"私借驿马");上栏,"洗冤捷录"(从"初复检验本末"到"十四时变动",无尸图)。卷十:下栏,《大明律》"刑律"的告示(从"谋反大逆"到"修理桥梁道路");中栏,"补遗判语"(从"造妖书妖言"到"侵占街道");上栏,"洗冤捷录"(从"十一验坏烂尸"到"五十四救死方")。很有可能这两卷以及后面的第十一卷,并非贡举编纂,而是刘朝琯参考其他书籍编入的。如此,刘朝琯除了刊刻该书,还编纂了部分内容。

(三)成书、刊刻时间

鉴于古代刻书的复杂情况,这里对《龙头律法全书》的成书、刊刻时间分别讨论。

1. 成书时间

《镌大明龙头律法全书序》后署:"赐进士第奉直大夫南京刑部湖广清吏司郎中成都资阳凤石任甲第撰书于安正堂。"

---

① 刘世德:《〈钟馗全传〉札记》,《文学遗产》1989 年第 3 期,第 115 页。
② 据方延寿《建阳刘氏刻书考(上)》,《文献》1988 年第 4 期,第 219~220 页。实际上,刘朝琯万历四十年(1612)刻有《新板全补天下便用文林妙锦万宝全书》。
③ 卷端书名后的人名处,只有"闽 双",余不清。因只有一行,与卷十格式同,故判断文字亦同。

明马麟修、清杜琳等重修、清李如枚等续修《续纂淮关统志》："任甲第，字子荐，四川资阳人（光绪府志作滋阳人，误）。甲戌进士，主事。"①

清李周望编《国朝历科题名碑录初集》②，今人朱保炯、谢沛霖编《明清进士题名碑录索引》③，记任甲第为万历二年进士。

《乾隆资阳县志》："任甲第，万历甲（戌）〔戌〕任北京行人，出为山西平阳知府。"④

《神宗实录》："万历二十一年九月壬子朔，……山西巡抚吕坤申严荐举连坐法，劾参议和震、副使陈九畴、平阳府知府任甲第，官多不肖，而止报一人；幽本当黜，而注云可荐。"⑤

可知作序者任甲第，字子荐，四川资阳人，万历二年进士，历官北京行人司行人、南京刑部湖广清吏司郎中、平阳府知府。

明代"北京行人司行人"正八品，"南京刑部湖广清吏司郎中"正五品，"平阳府知府"正四品，按照官阶升迁一般由低到高的规律，任甲第任"南京刑部湖广清吏司郎中"的时间当在万历二十一年前，即其为《龙头律法全书》作序的时间在万历二十一年前。

一般书成之后方作序，因此《龙头律法全书》的成书时间不晚于万历二十一年。

在《序》中，任甲第在指出律、例的关系——"夫律为法之铨，例为律之辅，本相须以为用者"的基础上，揭示出当时法律书籍出版中存在的问题——"但从事于法家者以律例各成一书，苦于诵读者多谓浩瀚旨意，难明者不便追求。因考《管见》《附解》《琐言》等注，言无不尽、意无不详，但书籍多而讲读厌，始见其难也"；接下来，指出《龙头律法全书》的特色所在——"今以律刊一书，随条附例，注以诸家释意，至于假如招

① （明）马麟修、（清）杜琳等重修、（清）李如枚等续修、荀德麟点校：《续纂淮关统志》卷八《题名》，方志出版社，2006，第246页。
② （清）李周望辑：《国朝历科题名碑录初集·明洪武至崇祯各科》"明万历二年进士题名碑录甲戌"，雍正刻本，国家图书馆藏，4b叶。
③ 朱保炯、谢沛霖编：《明清进士题名碑录索引》（上），上海古籍出版社，1980，第718页。
④ （清）张德源纂修：《乾隆资阳县志》卷九《选举志·进士》，乾隆三十年刻本，3b叶（"鼎秀古籍全文检索平台"，北京翰海博雅科技有限公司，第166页）。
⑤ 《明神宗实录》卷二六四"万历二十一年九月壬子朔"，1962年台北"中研院"历史语言研究所据国立北平图书馆红格钞本微卷影印，第4895页。

拟、判告体式、行移捷录，靡不备载于中，使学者随诵便观，勿劳寻究"。这与"封面"的文字一起，给本书做了非常好的广告。最后，任甲第还交代了作《序》的缘起——"此蜀馆达廷贡子纂要便读之意，因乞余言，以为之序"。贡举因任甲第与其同为蜀人，故请任甲第作序。

2. 刊刻时间

虽然任甲第为《龙头律法全书》作序的时间相对明确，但还不能以此为本书刊刻时间，因为"以序断年必须十分谨慎，只有在确认作序或作跋之年与实际刻印之年十分相近或相同，或实在找不到其他关于本书版本情况的任何文字时，才能采取这种方法"[①]。

就方彦寿所掌握的材料，万历二十二年至二十七年是刘朝琯刻书相对集中的时期，考虑到《龙头律法全书》成书于万历二十一年前，将其刻印时间定为万历二十七年之前较为合适。

二、 版式与内容

（一）版式

《龙头律法全书》11 卷正文分上、中、下三栏，下栏字号最大，上栏字号次之，中栏字号最小，相当于下栏的注释字号。

"司法应用类律学著述"多采用分栏的版式——或上、中、下三栏，或上、下两栏。分栏的好处是方便对照，正如《龙头律法全书》封面所言："事类兼全，甚便检阅。仕者获此，将见奉天绳民之际，听断剖决难明等事，不越此律。"

《龙头律法全书》的字体整齐严谨，"妾为家长族服之图""出嫁女为本宗降服之图""外亲服图""妻亲服图""三父八母服图"中还有装饰性的花卉、如意、金钱、云朵等，刊刻较明代其他"司法应用类律学著述"精美。

（二）内容

《龙头律法全书》共 8 册，包括序、卷首、11 卷正文。下为各册内容。

---

① 郭英德、于雪棠编著：《中国古典文献学的理论与方法》，北京师范大学出版社，2008，第 110 页。

第一册：序、卷首、目录、卷一。

1. "镌大明龙头律法全书序"。

2. "镌大明龙头便读傍训律法全书卷之首"：

"五刑之图""狱具之图""六赃横图""六赃指掌"4幅图；

"六赃总论"；

"在京纳赎诸例横图""在外纳赎诸例横图""收赎钞图"3幅图；

"七杀总论"；

"五服指掌"1幅图；

"本宗五服歌""外姻服歌"；

"丧服总图""本宗九族五服正服之图""妻为夫族服图""妾为家长族服之图""出嫁女为本宗降服之图""外亲服图""妻亲服图""三父八母服图"8幅图；

舒化等《重修问刑条例题稿》。

3. "镌大明龙头便读傍训律法全书目录"。

4. "镌大明龙头便读傍训律法全书卷之一"：

分上、中、下三栏。下栏，《大明律》之《名例律》的律文、律注，以及对应的例文（标识为"例"）、例注；中栏，"六律总括""真杂二犯"；上栏，"为政规模节要总论""问囚则例""比附杂犯""律颐断法"。

第二一第五册：卷二一卷七。

下栏，《大明律》从《吏律》到《刑律》的律文、律注，以及对应的例文、例注；中栏，"判语"；上栏，"假如招拟"（包括"告示"，不全有）。

第六册：卷八、卷九。

卷八：下栏，《大明律》之《工律》的律文、律注，以及对应的例文、例注；中栏，"判语"；上栏，"假如招拟"。

卷九：下栏，《大明律》之《吏律》至《兵律》的告示（从"选用军职"到"私借驿马"）；中栏，"补遗判语"（从"无故不朝参公座"到"私借驿马"）；上栏，《洗冤捷录》（从"初复检验本末"到"十四时变动"，无尸图）。

第七册：卷十。

下栏，《大明律》之《刑律》《工律》的告示（从"谋反大逆"到

"修理桥梁道路");中栏,"补遗判语"(从"造妖书妖言"到"侵占街道");上栏,《洗冤捷录》(从"十一验坏烂尸"到"五十四救死方")。

第八册:卷十一。

下栏,"在京各衙门合用行移各式";中栏,"刑名启蒙""招眼字眼""发落节目""有禄人""无禄人""金科玉律";上栏,《无冤捷录》以及"番异事""二次番异事""详拟罪名""月报囚犯事""处决重囚事""问拟刑名""起解赃罚""月报军官事""处决重囚事""出仕官明鉴"。

三、注 释 方 式

这里主要指《龙头律法全书》对《大明律》《问刑条例》的注释方式。《龙头律法全书》对《大明律》的注释方式有夹注①、傍注、后注三种。"夹注"是注释夹于律、例正文之中,"傍注"是注释列于律、例正文旁边,"后注"是注释附于律、例正文之后。

"夹注"的优势在于,随时解释,及时清除阅读障碍,故为很多明代律书所采用,《大明律》是其中的典型代表。"后注"的逻辑性、理论性较强,"辑注类"律书多采取此种注释方式,如《读律琐言》。关于"傍注",明代律书采用相对较少,以下为《龙头律法全书》卷一《名例律·文武官犯私罪》的傍注:

赎罪完日,照旧管事。

凡文官犯私罪,笞四十以下,附过还职;五十,解见任

即对调。　　　　　　　就正从言。

别叙;杖六十,降一等;七十,降二等;八十,降三等;九十,

各赎罪完日,送吏部,查照降等。　　　　　　　　　地方。

降四等,俱解见任。流官于杂职内叙用,杂职于边远

杂职。兼流官、杂职。引行止有亏。　　　　　　　五等。

---

① 《龙头律法全书》中律文的"夹注"主要在《名例律》的"五刑""十恶"部分。

叙用。杖一百者，罢职不叙。○若军官有犯私罪，该笞

之笞。　　　　　　　　杖自六十至九十。　　　　　　　杖一百。

者，附过收赎；杖罪，解见任，降等叙用；该罢职不叙者，

徒罪发二千里（衙）〔卫〕分，流罪照所犯地里远近。

降充总旗；该徒、流者，照依地里远近，发各卫充军。若

于配所。　　　　　　九品之外。

建立事功，不次擢用。○若未入流品官及吏典有犯

吏罢役。　官别叙

私罪，笞四十者，附过，各还职役；五十，罢见役，别叙；杖

并字指官吏。

罪，并罢职役不叙。

可见"傍注"浮于律文之外，与律文并列。"傍注"为小字，多数情况下不能占满一行，浪费版面，对于篇幅较大、对空间要求较多的"司法应用类律学著述"来说，并非首选，故大多数"司法应用类律学著述"不采取此种注释方式。《龙头律法全书》采取此种方式，确实较有特点。

《龙头律法全书》对《问刑条例》的注释方式有"傍注""后注"，情况与对《大明律》的注释类似，兹不举例。

四、指掌图

"指掌"指手指和手掌。指掌图是利用左手食指、中指、无名指、小指各分3节、各有4个点——或取其中的12个点形成一个封闭的圆，与地支相对应，或利用其竖起时高低错落的形态，帮助进行计算。

（一）关于"六赃指掌"图

《龙头律法全书》卷首有"六赃指掌"图。

此图取左手食指、小指各4个点，加上中指、无名指上、下各2个点，共12个点，形成一个封闭的圆，对应十二地支，帮助进行刑罚的计算。

图右侧最右的图记为"坐赃申笞二，十贯加酉走"，小注为"一贯以下笞二十，贯上十贯加等乎。一百贯加徒一等，五百贯止五等徒"，小指指尖旁为"坐赃起此"，可知：坐赃的刑罚计算，是从"申"——小指指尖处开始，"一贯以下笞二十"；每十贯加一等，图左侧有文字"俱顺轮"——顺时针向下，一十贯、"笞三十"则"加酉走"；然后按照戌、亥、子、丑、寅、卯、辰、巳、午、未，再到申、酉的顺序，分别对应二十贯"笞四十"、三十贯"笞五十"、四十贯"杖六十"、五十贯"杖七十"、六十贯"杖八十"、七十贯"杖九十"、八十贯"杖一百"、一百贯"徒一年"、二百贯"徒一年

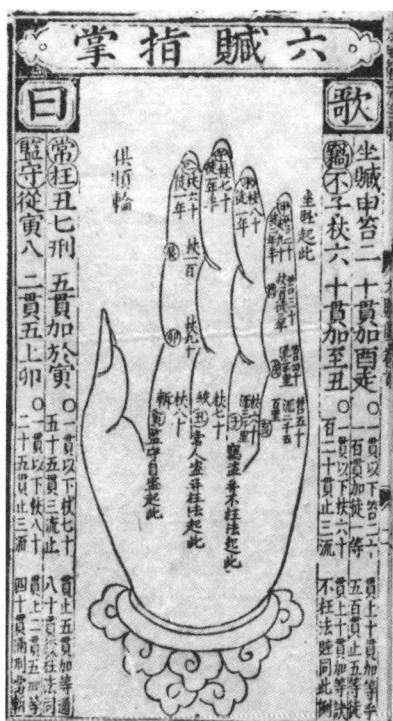

半"、三百贯"徒二年"、四百贯"徒二年半"、五百贯"徒三年"。

图右侧最左的图记为"窃不子杖六，十贯加至丑"，小注为"一贯以下杖六十，贯上十贯加等诀。百二十贯止三流，不枉法赃同此例"，掌心右侧为"窃盗并不枉法起此"，可知："窃不"——窃盗、不枉法赃的刑罚计算，是从"子"——无名指的最下端开始，"一贯以下杖六十"；每十贯加一等，一十贯、"杖七十"则"至丑"；然后按照寅、卯、辰、巳、午、未、申、酉、戌、亥，再到子的顺序，分别对应二十贯"杖八十"、三十贯"杖九十"、四十贯"杖一百"、五十贯"徒一年"、六十贯"徒一年半"、七十贯"徒二年"、八十贯"徒二年半"、九十贯"徒三年"、一百贯"流二千里"、一百一十贯"流二千五百里"、一百二十贯"流三千里"。

图左侧最右的图记为"常枉丑七刑，五贯加于寅"，小注为"一贯以下杖七十，贯止五贯加等通。五十五贯三流止，八十贯绞枉法同"，掌心中为"常人盗并枉法起此"，可知："常枉"——常人盗、枉法赃刑罚的计

算，是从"丑"——中指的最下端开始，"一贯以下杖七十"；每五贯加一等，五贯、"杖八十"则"加于寅"；然后按照卯、辰、巳、午、未、申、酉、戌、亥、子，再到丑的顺序，分别对应一十贯"杖九十"、一十五贯"杖一百"、二十贯"徒一年"、二十五贯"徒一年半"、三十贯"徒二年"、三十五贯"徒二年半"、四十贯"徒三年"、四十五贯"流二千里"、五十贯"流二千五百里"、五十五贯"流三千里"、八十贯"绞"。

图左侧最左的图记为"监守从寅八，二贯五上卯"，小注为"一贯以下杖八十，贯上二贯五加等。二十五贯止三流，四十贯满刑当斩"，掌心左侧为"监守自盗起此"，可知：监守盗刑罚的计算，是从"寅"——食指的最下端开始，"一贯以下杖八十"；每二贯五百文加一等，二贯五百文、"杖九十"则"上卯"；然后按照辰、巳、午、未、申、酉、戌、亥、子，再到寅的顺序，分别对应五贯"杖一百"、七贯五百文"徒一年"、一十贯"徒一年半"、一十二贯五百文"徒二年"、一十五贯"徒二年半"、一十七贯五百文"徒三年"、二十贯"流二千里"、二十二贯五百文"流二千五百里"、二十五贯"流三千里"、四十贯"斩"。

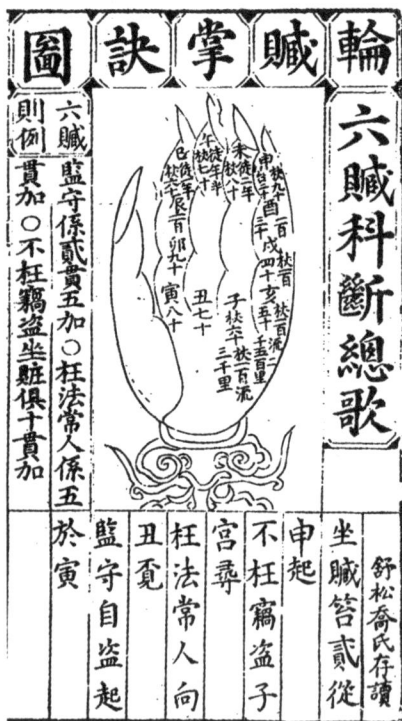

《刑台法律》《三台明律》① 有"轮赃掌决图"。下为《刑台法律》中的"轮赃掌决图"。

两相对照，可知《龙头律法全书》中的"六赃指掌"图不仅内容丰富，而且了然易懂。此外，《昭代王章》

---

① 二者的区别有二。其一，《刑台法律》的图记在左，冠名"六赃则例"；《三台明律》的图记在右，冠名"科赃则例"。其二，《刑台法律》下栏的歌诀冠名"六赃科断总歌"，《三台明律》无冠名。

以 5 幅指掌图——"科赃准则"（说明手指的 12 个点与地支的对应，类似于"总则"）、"监守自盗""常人与枉法""窃盗与不枉法"与"坐赃致罪"，来说明赃罪的刑罚，相比之下更为全面、易懂。

（二）关于"五服指掌"图

《龙头律法全书》卷首有"五服指掌"图，为其他律书所少见。

"五服指掌"图的设计思路与"六赃指掌"图的设计思路有所不同："六赃指掌"图是利用左手食指、中指、无名指、小指各分 3 节、各 4 个点，选取其中的 12 个点，与十二地支相对应，帮助进行刑罚的计算；"五服指掌"图则利用左手的食指、中指、无名指、小指各分 3 节，加上各自与手掌连接部分，竖起时形成高低错落的形态，来表示辈分的高低。因如此尚嫌不够，故《龙头律法全书》在拇指与食指之间，又凭空多出一列并高于其他手指，这样就可完整形象地表示高祖、曾祖（族曾祖）、祖辈（伯叔族、族伯叔祖）、父辈（伯叔、堂伯叔、族伯叔）、己身（兄弟、堂兄弟、从兄弟、族兄弟）高低不同的辈分。

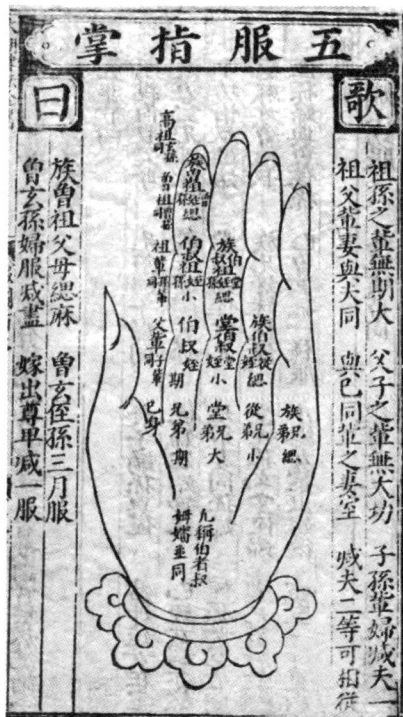

服制的问题比较复杂，洪武二十二年定《大明律》时曾列"八礼图"——"丧服总图""本宗九族五服正服之图""妻为夫族服图""妾为家长族服之图""出嫁女为本宗降服之图""外亲服图""妻亲服图""三父八母服图"，加以说明。因此，《龙头律法全书》以"五服指掌"图说明服制的全部情况有一定难度，但用于了解基本情况还是可行的。

五、"为政规模节要总论"及注释

"为政规模节要论"在明代日用类书及律学著述中比较常见。

尤陈俊言其所研究的8种明代日用类书都收录了"为政规模节要论"（《新刊翰苑广记补订四民捷用学海群玉》称之"为政规模"）①，李雪梅、陈仁鹏言《刻精注大明律例致君奇术》中也有"为政规模节要论"②。此外，笔者发现《龙头律法全书》以及《三台明律》《折狱指南》《刑台法律》中也有"为政规模节要论"（《龙头律法全书》称之"为政规模节要总论"），《昭代王章》则称"律例要括"。

《龙头律法全书》的"为政规模节要总论"附有小注，这一点为其他明代律书少见。"为政规模节要论"文字简练，给理解造成一定障碍，注释很有必要。尤陈俊指出："《新刻全补士民备览便用文林汇锦万书渊海》还另在大字部分之后各附小字加以解释，而《大明律例附解》《大明律直引》中则均无此小字注释部分。尽管笔者尚未查到《新刻全补士民备览便用文林汇锦万书渊海》等书所载'为政规模节要论'中的小字注释部分系从何书抄来，但观其内容和风格，其原型必系某本律书。"③

明刘子明辑《新板全补天下便用文林妙锦万宝全书》（以下简称《万宝全书》）为万历四十年（1612）刊本，封面题"书林安正堂刘双松重梓"④，也就是说刘双松先后刊印的两部书都对"为政规模节要论"进行了注释。下面以《龙头律法全书》为底本，校勘《龙头律法全书》与《万宝全书》中"为政规模节要（总）论"文字的异同。其中圆括号内的文字，为《龙头律法全书》有而为《万宝全书》无者；斜体文字，为《万宝全书》有而《龙头律法全书》无者；校勘的文字，置于脚注中。因篇幅

---

① 尤陈俊：《法律知识的文字传播：明清日用类书与社会日常生活》，上海人民出版社，2013，第164页。
② 李雪梅、陈仁鹏：《日藏明〈刻精注大明律例致君奇术〉析评》，载中国政法大学法律古籍整理研究所主编《中国古代法律文献研究》第16辑，中西书局，2023，第289页。
③ 尤陈俊：《法律知识的文字传播：明清日用类书与社会日常生活》，第166~167页。
④ 中国社会科学院历史研究所文化室编：《明代通俗日用类书集刊》10，西南师范大学出版社、东方出版社，2011，第317—323页。

较大，这里仅比较两者差别最大的前三分之一处。

尝谓经者，圣（人）贤道统之传；律者，治世安民之要。（注：）经者，六经也，六经是圣人为治之迹，圣圣相承也；律者，六律也，六律是圣人（为）致治之具。二者相须也，故曰"读书万卷不读律，致君尧舜终无术"。

盖律以明经，则所以验其学者益广；经以通律，则所以资其仕者益深。（注：）律与经兼用，内圣外王之道也。故有经无律，则有体而无用；有律（无）而经不明，（则）□①有用而无体。二书之理，互相发明也。盖学而优则仕，仕而优则学之意也。

嗟夫，凡观政事，务在评论。（注：）或朝廷以政事晓示中外之衙门，或藩省府县衙门以政事观示所属之军民，务要将所行政事，参详律条、评论可否，可则行之，否则不可妄行，（致）有乖宪度也。

律条有限，事变无穷。（注：）古者五行之属三千，今律条不过四百六十条而已，是律条有限也，天下之事变千态万状，岂能一一而该之乎？（是无穷也。）故特设断罪无正条一款，又设不应为一条，以该未尽之事。重犯，则用断罪无正条，引律此②附，应加应减，定议所罪，罪名转达刑部奏闻，然后施行。若轻犯，则用不应为而为之条，笞四十。谚云：小不应，减一等，笞三十。其或事理略重者，杖八十。谚云：大不应，减一等，杖七十。若此观政，律条须有限，可以该无穷也。

准者，与真犯有间；（注：）律内凡称一"准"字者，其所犯之罪（则）与真犯（者）之罪不同（也）。盖笞杖徒流相同，绞斩除名、刺字不同也。如真犯枉法赃八十贯，律该绞罪，削除官爵为民；监临官强借部内财物八十贯，计赃准枉法论，止问绞罪，官爵不除。又如真犯不枉法赃五百贯，律该杖一百、流三千里，削除官爵为民；今事后受财五百贯，计赃准不枉法论，止杖一百、流三千里，官爵不除。又如真犯窃盗论得财四十贯律，该杖一百、刺字；今诈欺取财四

---

① 应为"则"。

② 应为"比"。

十贯，计赃准窃盗论，止杖一百，不刺字。

以者，与真犯相同。（注：）律内凡称一"以"字者，其所犯之罪（则）与真犯（者）之罪相同（也）。盖笞杖徒流相同，绞斩除名、刺字亦同也。如真犯枉法赃八十贯，律该绞罪，削除官爵为民；今因公擅科敛财物八十贯入己，计赃以枉法论，亦论绞罪，削除官爵为民。又如真犯不枉法赃一百贯，律该杖一百、流三千里，削除官爵为民；今巡捕官克留盗赃，以不枉法论，亦杖一百、流三千里，削除官爵为民。又如真犯监守自盗官钱一十八贯，律该杖一百、徒三年、刺字；今库子□①用官钱一十八贯，计赃以监守自盗论，□□借□②，亦杖一百、徒三年、刺"盗官钱"三字。

监临势要，借贷为准；（注：）此二句引律内一"准"字，以证准者，与真犯有间之意。盖监临主守自盗仓库钱粮，此乃真犯盗③守自盗罪，律该刺字；今监临人、势要家借贷系官钱粮，准监守自监④论，律不刺字。

虚出铢⑤钞，同于监临。（注：）此二句引律内一"以"字，以证以者，与真犯相同之意。盖监临能⑥守自监⑦仓库钱粮，此乃真犯监守自盗罪，律该刺字；今如官法该收物料，收者竟同折收银两，如该收此物，而收者即收被⑧物以折之，是尽出铢⑨钞也，其罪以盗⑩守自监⑪论，律亦刺字。

各者，彼此同科；（注：）律内凡称一"各"字者，彼此两件事或三四件事，同科一样罪名。如放火杀伤他人畜产各笞四十，咬杀

---

① 不清，应为"借"。
② 应为衍文。
③ 应为"监"。
④ 应为"盗"。
⑤ 应为"朱"。
⑥ 应为"主"。
⑦ 应为"盗"。
⑧ 应为"彼"。
⑨ 应为"朱"。
⑩ 应为"监"。
⑪ 应为"盗"。

者亦笞四十。又如罪人犯罪逃走拒捕者，各于本罪上加二等，则是逃徒①者加二等，拒捕者亦加二等。然数事共条而无"各"字者，多因上文有"及"字、"若"字，则不必"各"字可也。

皆者，不分首从。（注：）律内凡称一"皆"字者，犯人虽有为首为从（虽有）两样人，同科一样罪名。如盗内府财物皆斩，又如盗京城门钥皆杖一百、流三千里，又如盗园陵树木皆杖一百、徒三年。此则人有首从，罪无轻重，斩则皆斩，流则皆流，徒则皆徒。

借者、与者，各得其罪。（注：）此二句引律内一"各"字，以证各者，彼此同科之意。如监临主守将官物私自借用故笞二十，或转借与人，亦笞二十。

监守自盗，职役同情。（注：）此二句引律内一"皆"字，以证皆者，不分首从之意。如监②自盗，或职官或吏、库子、斗级等役，虽为首为从不同，科罪则不分首从，同一样罪名。

其者，变于先意；（注：）律内凡（□③）称一"其"字者，"其"字前罪重，则"其"字后变重为轻；"其"字前罪轻，则"其"字后变轻为重。如八议犯罪请旨，律内其犯十恶，不用此律，此则变轻为重也。又如老幼发④疾收赎，律内其有人教令，坐其教令者，此则变轻为重者。又如犯罪自首律内其轻罪虽发，因首重罪，免其重罪，此则别举其事也。

即者，意尽而复明。（注：）律内凡称一"即"字者，所犯之事，其事理既明，不须对问，就凭此决断勿疑也。如犯罪事发在逃，众证明白，即同狱成也。又如庶民之家存养奴婢即放从良，盖良贱既明，不须疑惑也。

其犯十恶，不在奏请。（注：）此二句引律内一"其"字，以证其者，变于先意之意。如应议者犯罪，请旨，然后勾问；问定，又请旨议罪；议定，又请旨发落，其犯十罪⑤，不用此律。

---

① 应为"走"。
② 漏"守"。
③ 应为"称"。
④ 应为"废"。
⑤ 应为"恶"。

事发在逃，即同狱成。（注：如犯罪在逃，众证明白，即同狱成也。）解见"即者，意尽而复明"下。

及者，事情连后；（注：）律内凡称一"及"字者，下文又有一事连接上文，入加（入）"及"字在中间，以分别之（是也）。如彼此俱罪之赃及应禁之物则入官，又如奸无服之亲及无服亲之妻，皆是两事相连也。

若者，文殊上同。（注：）律内凡称一"若"字者，上下等情未尽，重说在下，谓文虽殊而会上意，盖上下事同，则加一"若"字。如若以子与异姓人为嗣，又如若立嗣虽系同宗而尊卑失序，又如若在徒年限内老疾之类是也。

减降从轻，遇赦连后。（注：）此二句引律内一"及"字，以证"及"者，事情连后之意。如及减降从轻不立此限，连接于遇赦之后。

以药迷人图财，罪同。（注：）此二句引律内一"若"字，以证"若"者，文殊上同之意。如强盗律内若以药迷人图财，罪同。

从以上可见，《万宝全书》中的注释较《龙头律法全书》多出很多。这应该不是《万宝全书》编者所加。明代日用类书中关于明代律例以及相关法律的解释多取自成见，沿袭他说，不会花工夫去注释解读。按笔者的推断，应有另一有注释的"为政规模节要论"全本（可能类似《万宝全书》），《龙头律法全书》对其进行了剪裁，《万宝全书》收录时全收或大部分全收。这也很正常，《龙头律法全书》的读者群具有一定的法律知识，稍加注释即可理解，而《万宝全书》以资民间使用，故注释应较全。

六、 补遗告示与"补遗判语"的性质

（一）补遗告示

《龙头律法全书》卷二至卷八上栏有告示，卷九、卷十下栏也有告示（卷九从"选用军职"开始），两者是何关系？下表选取《大明律·吏律·职制》，比较《龙头律法全书》卷二上栏的"告示"与卷九下栏的"告示"的异同。黑体处为两者不同处。此外，改字用（），补字用〔〕，下同。

告示所在的律条/卷数	卷 二	卷 九
选用军职	兵部为严禁选用以防擅专事。照得守御防奸，地方之事变攸系；举直错枉，朝廷之用舍匪轻。凡于在内在外地方一切守御去处，如遇员缺所在，当该官吏合申都指挥使司，转达五军都督府奏闻，抄出本部，查议推补，取自上裁。若有先行擅自委用，违制莫甚。在委者，虽云暂（今）〔令〕权管，其（隋）〔情〕希图实授；受委者，纵为非己由人，其心实喜幸进。擅专之权由滋，奔竞之风日长，与者受者，其罪安逃？为此，合行严禁，除往不究外，以后敢有仍前违制、不行奏闻者，定将当该官吏依律重究，各罢职充军，并受委之人拟罪，照以贪缘奔竞事例，降级调卫，带俸差操，决不虚示。须至告示者。	兵部为严禁选用以防擅专事。照得守御防奸，地方之事变攸系；错枉举直，朝廷之用舍靡轻。凡于在内在外地方一切守御去处，如遇员缺所在，当该官吏合申都指挥使司，转达五军都督府奏闻，抄出本部，查议推补，取自上裁。若有先行擅自委用，违制莫甚。在委者，虽云暂令权管，其情希图实授；受委者，纵为非己由人，其心实喜幸进。擅之之权由滋，奔竞之风日长，与者受者，其罪安逃？为此，合行严禁，除已往不究外，以后敢有仍前违制、不行奏闻者，定将当该官吏依律重究，各罢职充军，并受委之人拟罪，照以贪缘奔竞事例，降级调卫，带俸差操，决不虚示。须至告示者。
大臣专擅选官	有	无
文官不许封公侯	吏部为严爵赏以隆圣治事。照得朝廷建官分理，务期供职。爵赏不明，固无以示劝惩于天下；滥冒不革，又何以杜窃取于将来。今者公侯之爵，极于人臣，宠于当世，百僚莫敢与并者也。苟非定国功勋、成王丕业，虽武职亦不得与封谥，文官安可轻与？查得迩来文职官员，徒有出将入相之尊，实无率兵御寇之能。及至大患，不过因人成事，侥幸成功。殆非尽忠报国之实者，一概滥冒封谥，非惟朝廷报功之典（不）〔有〕乖，而以下罔上之罪莫逃。为此，严行禁革。在后文官查无的（当）〔实〕开国功勋、尽忠报国者，不许封谥（文）〔公〕侯。当该官吏及受封之人俱坐重刑处斩，决不虚示。须至榜示者。	吏部为严爵赏以隆圣治事。照得朝廷建官分埋，务期供职。赏罚不明，固无以示劝惩于天下；滥冒不革，又何以杜窃取于将来。今者公侯之爵，极于人臣，宠于当世，百僚莫敢与并者也。苟非定国功勋、成王丕业，虽武职亦不得与封谥，文官安可轻与？查得迩来文职官员，徒有出将入相之尊，实无率兵御寇之能。及至大患，不过因人成事，侥幸成功。殆非尽忠报国之实者，一概滥冒封谥，非惟朝廷报功之典有乖，而以下罔上之罪莫逃。为此，严行禁革。在后文官查无的实开国功勋、尽忠报国者，不许封谥公侯。违者，当该官吏及受封之人俱坐重刑处斩，决不轻贷。须至榜示者。
官员袭荫	兵部为禁约事。窃惟世禄及于勋臣，乃朝廷报功之典；袭荫先于嫡长，实纲常伦序之宜。所系匪轻，不可不慎。今访得按属军卫衙门官员，但知自便，不顾大体，嫡庶紊乱而所立非人者，兄弟颠倒而伦序不当者。有承继	巡按监察御史某为禁约事。窃惟世禄及于勋臣，乃朝廷报功之典；袭荫先于嫡长，实纲常伦〔序〕之宜。所系匪轻，不可不慎。今访得按属军卫衙门官员，但知自便，不顾大体，嫡庶紊乱而所立非人者，兄弟颠倒而伦序不当者。有承继已绝、预收乞养

续　表

告示所在的律条/卷数	卷　二	卷　九
官员袭荫	已绝、预收乞养者，有宗派不明而支庶紊乱者。缘此弊端，起送之际，虽有邻佑保（功）〔勘〕甘结、收生沐浴姓名，皆是用财买求，虚应故事，上下通情，肆意妄为。及至该部驳查，或仍（拘）〔据〕旧案抵搪，或慕奇意遮饰。千方百计，乘隙塞穴，奈何以官员袭荫之大事，为奸徒取利之因由。轻与易得，诚为可恶。若不禁革，将率成风。为此，合出告示，给发军卫有司大小衙门一体遵守。如遇袭荫，务宜查审本官嫡庶亲疏伦序，并无搀越、乞养、诈冒等情的实，勘结到部，以凭奏请。敢有仍前故犯者，事发定行拿问，依律发边卫充军，决不轻恕。须至告示者。	者，其有宗派不明而支庶紊乱者。缘此弊端，起送之际，虽有邻佑保（功）〔勘〕甘结、收生洗浴姓名，皆是用财买求，虚应故事，上下通情，肆意妄为。及至该部驳查，仍（拘）〔据〕旧案抵搪，或慕奇意遮饰。千方百计，乘隙塞穴，奈何以官员袭荫之大事，为奸徒取利之因由。轻与易得，诚为可恶。若不禁革，将率成风。为此，合出告示，给发军卫有司大小衙门一体遵守。如遇袭荫，务宜查审本官嫡庶亲疏伦序，并无搀越、乞养、诈冒等情的实，勘结到部，以凭奏请。敢有仍前故犯者，事发定行拿问，依律发边〔卫〕充军，决不轻恕。须至告示者。
滥设官吏	有	无
贡举非其人	有	无
举用有过官吏	有	无
擅离职役	有	无
官员赴任过限	无	吏部为禁约事。照得领文以趋事，食禄以奉公。赴任之期，每有定限，立有程途，岂可违越？凡本部选除出外文职官，除领敕人员并京官升除外，其余若延缓半月之上不辞朝出城，参提问罪。若已辞出城、复入城潜住者，改降别用。若过违凭限半年之上不到者，虽有中途病帖，不准，仍照例问罪。若过违一年以上，不许到任，起送本部，革职为民。今访得有等已除官员，罔思选法事例，照在京以除授日为始，不依定限赴任者有之，或枉道回家者有之，甚至或有规避、冒作疾病不赴任者有之。为此，出示严禁。敢有仍前故违凭限，在京延住者，许缉事人役拿送法司参究。中间果有在京在途患病，行勘显迹，与免问罪。到任若有虚诈者，从重究问，决不轻恕。须至出给者。
无故不朝参公座	无	无

告示所在的律条/卷数	卷　二	卷　九
擅勾属官	无	巡按监察御史某为禁约事。照得朝廷建官分职，品秩盖有尊卑；僚分按属，衙门自有大小。自上而下，各宜守分，毋相凌懵。近访所属各官，居上者轻自凌下，居下者轻易犯上，或逢迎不至而触怒者，或称呼不逊而结忿者，或假公事未完而参究者。擅发信牌勾摄，实为报复私仇，变乱成规，乖张制体。似此罪及不才，犹之可也；设及贤能，深为可恶。为此，合出告示，发仰各属衙门知悉。今后除风宪衙门受有犯赃词状告发，许令提问外，其有司官所犯，须要遵制申呈本院参详发问，方许勾摄。以后如有仍前故违，擅发信牌勾摄所属官员，本院定行参问违制，决不轻贷。须至告示者。
官吏给由	**吏部**为裁革宿弊以一法守事。照得在京在外衙门，一弊不除，斯为一事之害。甚至有司不察，视为泛常；案牍迁奸，承为故事。是以官吏给由文书，在于该管起送衙门，或刁索未就者，则迟滞时月而不与；通同作弊者，则藏匿过名而不报；又或公文事行，失漏不行附载者；亦多其故匿而不报、报而不尽之弊，盖难枚举。此给由在外之弊也。及至到部，合与依期付勘，而所引官吏或留难五日之外、稽程十日之上，竟不移付各司，照勘完备。此给由在内之弊也。为此，合**行**出示禁革，在内在外官吏一体遵守。如有**仍**前作弊等情，**本部依法**定行参究除**名**，**俱**坐以受赃，从重问拟，决不轻恕。须示。	**巡按监察御史某**为裁革宿弊以一法守事。照得在京在外衙门，一弊不除，斯为一事之害。甚至有司不察，视为泛常；案牍迁奸，承为故言。是以官吏给由文书，在于该管起送衙门，或刁索未就者，则迟滞时月而不与；通同作弊者，则匿蔽过名而不报；又或公文事行，失漏不行附载者；亦多其故匿不报、报而不尽之弊，盖难枚举。此给由在外之弊也。及**其**到部，合与依期付勘，而所引官吏或留难五日之外、稽程十日之上，竟不移付各司，（付）〔照〕勘完备。此给由在内之弊也。为此，合就出示禁革，在内在外官吏一体遵守。如有依前作弊等情，本**院**定行参究除（答）〔名〕，（不）坐以受赃，从重问拟，决不轻恕。须**至**告示**者**。
奸党	无	刑部为惩革奸党以肃法纪事。窃惟奸朋恶党，古亦有禁，况〔庸〕奸济党，法岂容轻纵？照得内外大小职官，罔有效忠竭力，辄自济奸结党。有邪佞而谗言害人者，有通贿而巧言免罪者，欺上恣奸多端；或党权势而乱政者，或从大臣而枉法者，背君结党尤甚。似此上为国患，下为民殃，深为可惧。本部职司刑（明）〔名〕，

告示所在的 律条/卷数	卷　二	卷　九
		风纪攸关，安敢坐视？为此，合就出示，晓谕惩革，在内在外大小职官一体遵守。敢有仍前奸党、故违法禁者，本部定行请旨参究，依律极刑，决不姑宥。须至榜示者。
交结近侍官员	无	都察院为严禁私交以杜奔竞事。照得朝廷建官，所任有轻重不一；臣下供职，同寅宜大小协恭。致于趋权纳交、通同行私者，深为不忠不才，甚非事上之道。今者近侍为朝廷耳目之官，内宦系朝廷从随之臣，职任非轻，往来宜慎。迩者有等趋权附势，结好于近侍之门；窃奸弄弊，纳交于内宦之侧。诛其心而原其意，若非体探事情，即为扶同奏启。欺君蠹国之端，实由此辈始也。若不严禁，其来未便。为此，合出示谕，大小官员一体遵守。在近侍者，宜别嫌远交；在庶僚者，当守分息好。敢有仍前交结，故违明禁者，本院定行指实参奏，拟以奸党背上例律，重治极刑，决不轻贷。须至告示者。
上言大臣德政	无	无

　　15 条律条中，卷二、卷九皆无告示者 2 条，卷二、卷九皆有告示者 4 条（非常相似，只有个别字词的不同），卷二有"告示"而卷九无者 5 条，卷二无告示而卷九有者 4 条，可见编纂者没有进行好的编纂，前后出现重复的情况，这也可佐证前面所言，书坊主刘朝琯参与了此书的编纂工作。但不可否认，刘朝琯补入的告示对贡举的告示确实起到了一定的补充作用。

（二）"补遗判语"

　　《龙头律法全书》卷二至卷八中栏有"判语"，卷九、卷十中栏有"补遗判语"（卷九从"无故不朝参公座"开始），下表选取《大明律·吏律·职制》"无故不朝参公座"以后的 6 条，加上《吏律·公式》《户律·户役》，比较卷二"判语"与卷九"补遗判语"的异同。

判语所在的律条/卷数	卷 二	卷 九
无故不朝参公座		有
擅勾属官	有	
官吏给由	有	
奸党	有	
交结近侍官员		有
上言大臣德政		有
讲读律令	有	
制书有违		有
弃毁制书印信	有	
上书奏事犯讳	有	
事应奏不奏		有
出使不复命	有	
漏泄军情大事	有	
官文书稽程	有	
照刷文卷		
磨勘卷宗	有	
同僚代判署文案		有
增减官文书	有	
封掌印信		
漏使印信		有
漏用钞印		
擅用调兵印信	有	
信牌	有	
脱漏户口	有	
人户以籍为定	有	

续　表

判语所在的律条/卷数	卷　二	卷　九
私创庵院及私度僧道	有	
立嫡子违法	有	
收留迷失子女		有（"子女"作"女子"）
赋役不均	有	
丁夫差遣不平	有	
隐蔽差役		有
禁革主保里长		
逃避差役	有	
点差狱卒		有
私役部民夫匠	有	
别籍异财		
卑幼私擅用财	有	
收养孤老		有

从上表可见，卷二"判语"与卷九"补遗判语"没有重复，卷九的"补遗判语"对卷二的"判语"确实起到了"补遗"的作用。

七、《读律琐言》《读律管见》对《龙头律法全书》例"后注"的影响

（一）《读律琐言》中的例注

明代律学著作对例作注的不多，张伯元《陆柬〈读律管见〉辑考》指出："以往都把对'例'的解释看成是其后王肯堂《大明律笺释》的首创，其实在雷梦麟、陆柬的当时就已受到关注和重视。"① 笔者统计《读律

---

① 收入何勤华编《律学考》，商务印书馆，2004，第383页。

琐言》^①共为 11 条例作注，其中 2 条例列于同一律文之下。下表是《读律琥言》《龙头律法全书》对这 11 条例文的注释的比较。限于篇幅，此表不列例文，只列律条名。涂黑处为二书相同处。

例所在的律条/书名	《读律琥言》	《龙头律法全书》
工乐户及妇人犯罪	**卷一《名例》** 纳钞赎罪者，赎其决杖一百之罪也。盖妇人非犯奸、盗、不孝，犹为惜其廉耻。 命妇、军职正妻例难的决，故并准纳钞赎罪，免其决打，余罪仍依律收赎。收赎、赎罪，轻重不同，须作二项科之。	**卷一《名例》** 妇人犯奸、盗，不审力；不孝，犯在十恶，纵虽有力，俱不准赎。其犯别项罪名，俱审力、无力，笞杖的决，徒流、杂犯死罪决杖一百，余罪收赎。有力，俱纳钞赎罪。其命妇、军职正妻犯奸、盗，亦不审力，奸罪去衣的决，盗罪单衣决杖一百。余罪收赎。
选用军职	**卷二《吏律·职制》** 调卫之例，南京及江南直隶调北京附近卫所；北京、直隶并江北直隶、山东调山海、宣府等卫所；山西、河南调大同、延安、绥德等卫所；陕西调甘肃、宁夏卫所；浙江、江西调福建、广东卫所；湖广调贵州、四川卫所；福建调广东；广东调广西；四川调云南；云南调广西；广西调贵州，此正统三年行者。考选军政之例，会同五府官，将所属官员通行考选，每卫不限指挥使、同知、佥事共三员，卫镇抚一员。如无卫镇抚，选相应千户署管，每所不拘正副千户一员、百户十员，专管军政，俱限年二十五岁以上、五十岁以下。有六十以上精力未衰者，验实存留。现任不敷，许选别卫。先尽现任，次带俸。其终得带俸官，除犯贪淫，五年之外能改过自新者，巡抚、巡按保用。此景泰十三年行者，今因之。	**卷二《吏律·职制》** 五年一次考选，在内听兵部，会同该府堂官；在外听抚按，会同都司，定以优劣，公同选委印屯操捕管事。若先营求嘱托，终身带俸差操，不叙用。
官员袭荫	**卷二《吏律·职制》** 初次保勘，亦指首先出与保结之人，罢职揭黄。盖先勘为初，再勘为次，恐两次卫所掌印之官不同，其首先出与保结之人亦异，故曰"一体罢职、揭黄"。非谓连名保结之人及都司等官，据凭卫所原勘转委保结者言也。	**卷二《吏律·职制》** 无此例

① 这里使用的版本为（明）雷梦麟撰，怀效锋、李俊点校《读律琥言》，法律出版社，2000。

例所在的律条/书名	《读律琐言》	《龙头律法全书》
滥设官吏	卷二《吏律·职制》 久恋之例，其义甚精，各有所指。如说事过钱，方能把持官府，二句一串，则皂隶、门库所为者；如飞诡税粮，起灭词讼，方为陷害良善，三句一串，此主文、书算所为者；如卖放强盗，诬执平民，则快手、禁子、总甲所为者。以上数事而发有显迹，情重者，方拟充军；虽有显迹，其情若轻，枷号一个月。今问刑者，但系衙门之人索财等项，即概以陷害良善，引拟充军，更不论其所犯有例内数事与否，虽惩奸之意，殊失例之（情）〔精〕矣。又，巡司驿递，自有包揽之例，此条不及者，亦以其无说事过钱、起灭词讼等事也。今以"等衙门"三字贯之，于抄关点簿之人，亦引主文之例，亦过矣。	卷二《吏律·职制》 久恋之例，其（议）〔义〕甚精，各有所指。如说事过钱，方能把持官府，则皂隶、门库所为者；如飞诡税粮，起灭词讼，方能陷害良善，此主文、书算所为者；如卖放强盗，诬执平民，则快手、总甲、禁子所为者。以上数事而发有显迹，情重者，方拟充军；虽有显迹，其情亦轻，枷号一月。今问刑者，但系索（才）〔财〕等项，概拟充军，更不论其所犯有例内数事与否，虽惩奸之意，殊失例之精矣。为从专指卖放、诬执二者，虽为首，未至死，亦充军。若书手将开垦起科田地不报册者，依飞诡例。卫所军吏作主文，引兵作快手。地方有久恋者，作总甲引用。
多收税粮斛面	卷七《户律·仓库》 律称依令准除折耗，查《大明令》，每米一斗除耗米七合，盖不拘年分久近，直以收支之数除之，国初太仓常有七年以上之积故也。今在外守支年近者，或有盈余；守支年远者，或仍不足，未免赔补。故例定拟每年每石准开耗一升，可谓计处停当，经久可行。但今查盘，鲜有照例开耗者。夫米粮积久，安得无耗折也？甚有因其折耗而坐以侵盗，辄拟永远充军。例以其耗而开之，今以其耗而罪之，民安得以无冤也哉？	卷三《户律·仓库》 无此例
虚出通关朱钞	卷七《户律·仓库》 抚按会案查盘，申呈各差御史知会，**政不烦而民不扰**，钱粮赃罪皆得从一归结，何其简易而至当也。若各另委官查盘，不惟烦扰地方，或一年而查二三次，或一事而问二三罪，在委官既妨职业，在民又重被罪累矣。	卷三《户律·仓库》（例字数少） 巡按每年一次委官查盘，果有侵欺情弊，务须亲审赃数定罪，将问过罪名通申巡抚知会，内有与各差御史相关者，摘申从一归结，则**政不烦而民不扰**，又无重罪矣。如委官听凭吏书出入人罪，问失出入，吏书问故出入。有赃，以枉法科。

续　表

例所在的律条/书名	《读律琐言》	《龙头律法全书》
仓库不觉被盗1	卷七《户律·仓库》 　　此例亦指被窃盗者而言，库子有不觉之罪，故尽其财产追赔。若强盗，在律明言勿论矣，安可责其赔偿也哉？观别条言"因盗贼劫夺，事出不测者，免罪不赔"，律意自见。	卷三《户律·仓库》 　　被盗日为始，扣至一月不获贼盗，经该掌印并巡捕官住俸，候拿获补支。至三月不获，捕盗官罚俸钱一月。库官、库子有不觉之罪，被盗银两，俟其财产均追赔偿。若强盗，在律明言勿论矣，谓事出不测，免罪不赔。若妄拿平人，逼认追赔，依故入人罪。或追钱粮，诬指平人代纳，计所枉征财坐赃论。
仓库不觉被盗2	卷七《户律·仓库》 　　此例专为监守、常人盗仓库钱粮而设，故首句特以一"凡仓库钱粮"冠之各条。以监守盗，以常人盗，但不自仓库盗者，不得辄引此例。其未入仓库者，若系征收在官军需物料；已出仓库者，若系起解料价银两，虽非仓库中盗出，然此等钱粮，干系军国大计，故亦照腹里科断。其管收、管解之人，盗银四十两；常人知其为军需物料、起解料价银两，而盗至八十两者，亦照前拟，边卫永远充军。若不系军需物料、起解料价银两，又不自仓库中盗出，即不得引此例。永远充军之罪，亦甚重矣，岂可轻加人也哉？又，例言正犯逃，故于同爨名下追赔，亦自仓库钱粮言。若别项还官赃物，依《名例》，犯人身死勿征矣。	卷三《户律·仓库》 无此例
把持行市	卷十《户律·市廛》 　　开市之法，或启边衅。今已难行矣。	卷三《户律·市廛》 无此例
从征守御官军逃	卷一四《兵律·军政》 　　官旗无力纳钞者，就在原问衙门单衣决打；若有力，仍令纳钞。初犯打七十，该钞四贯二百文，再犯打一百，该钞六贯，各赎罪。以其为操官，故宽之也。国初未有京操之事，律无正条，故宪庙特为著此例也。如有犯者，仍问不应，引例断之。	卷五《兵律·军政》 　　送操事例发落者，谓照京操军一班不到送营罚班三个月、两班六个月、三班一年事例罚补。官旗无力纳钞者，就在原问衙门单衣决打；若有力，仍令纳钞。初犯打七十，该钞四贯二百文；再犯打一百，该钞六贯，各赎罪。以其为操官，故宽之。

例所在的律条/书名	《读律琐言》	《龙头律法全书》
斗殴及故杀人	卷一九《刑律·人命》 　执持枪刀等项凶器，不必其有重伤也。盖凶器伤人，在例已该充军矣，安论其致命与否耶？亦有致命重伤，不必其尽凶器也，谓抵命者殴有重伤，而共殴者亦有之，不问手足、金刃，皆足以致人于死，又不欲以二命偿之，故一绞、一充军。谓其凶恶相仿佛。两句自是二事。若以刀枪凶器殴伤致命，则下手之伤，孰有重于此者？当论绞罪矣。	卷六《刑律·人命》 　一共殴者，惟有凶器，又殴有致命伤者，方引充军。其虽有凶器而无重伤，及虽有重伤而无凶器，皆不得剪摘例文妄引矣。

　　《读律琐言》《龙头律法全书》对 11 条例文的注释中，"滥设官吏""从征守御官军逃"条对例的注释大部分相同，"仓库不觉被盗"条对第一例的注释小部分相同，"虚出通关朱钞"条对例的注释只有 1 句相同，因此可以判定《龙头律法全书》对例的注释在参考《读律琐言》的同时，还参考了其他文献。

（二）《读律管见》中的例注

　　张伯元从隆庆刻本《大明律例》和万历六年王藻校刻《大明律例》中辑出 88 条《读律管见》原文。其中有 6 条涉及对例的注释。下面将其与《龙头律法全书》中的例注加以对比。黑体处为二书相同处。

例所在的律条/书名	《读律管见》	《龙头律法全书》
选用军职	卷二 　《管见》曰:《琐言》曰，全引正统三年官员调卫及景泰十三年考选军政官员例为解，俱系《大明会典》。今引例于前。	卷二 　五年一次考选，在内听兵部，会同该府堂官；在外听抚按，会同都司，定以优劣，公同选委印屯操捕管事。若先营求嘱托，终身带俸差操，不叙用。

例所在的律条/书名	《读律管见》	《龙头律法全书》
盐法1	卷八 《管见》曰：**此例重在人命，故称杀人及伤人至三命者，比照强盗已行得财律，皆斩**。**杀人，谓拒敌时杀死**；伤人至三命，谓被伤之人死至三命者，乃引此例。今议者多以被伤而死一人者即为杀人，伤三人未死者即为三命，其误不小。	卷三 **此例重在人命，故称杀人及伤三人者**，比律不分首从，皆斩。**杀人，谓拒敌时杀死；伤人，谓拒伤应捕之人，未曾身死者**。若聚十人，驾大船，挂旗号，用兵器拒敌，止伤一二人者，为首依律拟斩，为从伤人，问犯罪拒敌殴人。至折伤以上，绞。若十人以下拒敌，为从杀人问故杀，为首依本律，各斩。前伤一二人，后止伤一人，俱不至折伤以上，为从者亦作不曾伤人，引例充军。
盐法2	卷八 《管见》曰：**越境，谓越过行盐地方，如淮盐而至浙盐地方、广盐而至福盐地方。是已至（二）〔三〕千斤以上，不论有引、无引，皆引例充军**。议者多以此县至彼县即为越境，误矣。若尔，则有引官盐亦不得出县界矣。故必越境，又至（二）〔三〕千斤以上者，方可引例。若虽越境，盐不及（二）〔三〕千斤，或私盐（二）〔三〕千斤而未越境，止当依律科断。	卷三 此例重在"越境"二字。淮盐引管直隶、江西、湖广三处。**越境者，谓越过行盐地方，如淮盐至浙、广盐至福、川盐至广是。已至三千斤以上，不论有引、无引，皆引例充军**。议者多以此县至彼县即为越境，误矣。若尔，则有引官盐，亦不得出县界矣。故必越境，又至三千斤以上，方可引例。若虽越境，盐不及三千斤，或私盐三千斤而未越境，止当依律科断。但今考试题内，但有贩盐，或称"盐徒"字样，不论有无越境，即引此例。
邀取实封公文	卷一七 《管见》曰：关防，钦给公差关防也，非各官私刻关防。盗之者有例，见"诈为制书"条下。	卷五 此言上司邀下司、不言下司邀上司者，盖《名例》云所属官被上司非理凌虐，亦许开具实迹，实封径直陈奏，此恐上司倚势位而强拒，止之也，故罪极重。设有（不）〔下〕司畏上司劾奏而邀取者，当比附奏请。若邀表笺，亦比此律。自己进本，中途取回，问不应（丈）〔杖〕罪。各减二等：谓邀取为首者，于斩罪上减二等，（丈）〔杖〕一百、徒三年；为从，（丈）〔杖〕九十、徒二年半；该铺司兵容隐不告，为首者（丈）〔杖〕八十；官司不即受理，为首者亦（丈）〔杖〕八十。从者，各减一等。

续　表

例所在的律条/书名	《读律管见》	《龙头律法全书》
斗殴故杀人	卷一九 《管见》曰：《琐言》谓，执持凶器者，不必有重伤；有致命重伤者，不必其尽凶器，皆当引例。又谓，若凶器殴伤致命，则下手之伤，孰有重于此者？即当论绞矣。余观例意，本谓两人共殴者，皆有凶器，皆有致命重伤，故以伤多者抵死，其亦有重伤者充军。若谓凶器伤重即当论绞，则两人皆绞乎？如《琐言》意，是两人必有一有凶器，抵死；一无凶器，乃免。引例泥亦。**惟有凶器，又殴有致命伤者，方充军。其虽有凶器而无重伤，及虽有重伤而无凶器者，皆不得剪摘例文妄引矣。**	卷六 一共殴者，**惟有凶器，又殴有致命伤者，方引充军。其虽有凶器而无重伤，及虽有重伤而无凶器，皆不得剪摘例文妄引矣。**
斗殴	卷二〇 《管见》曰：**辜限外人命要看例文"情真事实"四字，若情事可疑、审究不的者，俱不得过拟渎奏。**	卷六（"保辜限期"） **辜限之外死者，要看果因本伤"情真事实"二句，若情事可疑，或因别故而死，止照所殴之伤定罪，不得过拟。**

6 条例注中，《龙头律法全书》与《读律管见》不同者有 2 条，部分相同者有 4 条，可见《龙头律法全书》的例注参考了《读律管见》的例注。

《龙头律法全书》版式分上、中、下三栏，既注律又解例，还有指掌图、"为政规模节要总论"等内容独特之处，在明代律书著述中较有特色。作为明代较早的律学著述，《龙头律法全书》对明例的注释吸取了《读律琐言》《读律管见》的内容，同时对后来的律学著述也产生较大影响，比如《祥刑冰鉴》的注释就比较多地因袭《龙头律法全书》的观点。《龙头律法全书》的法律文献价值值得深入挖掘。

《中国古代法律文献研究》 第十七辑

2023 年，第 385~414 页

晚近掌故笔记的法律史料价值举隅

张仁善*

摘　要：掌故笔记属于私家著述，在传统分类中常被归入稗官野史，其史料价值虽为诸多先学所重，但尚未得到当下法史学界的普遍关注。晚清、民国时期的"晚近掌故笔记"中有大量与法律相关的内容，其不仅记录晚近法律制度的变迁、法律人物的事迹或轶事，也记载了晚近司法实践状况，在细化法律制度、鲜活法律人物以及揭露司法弊端方面有重要价值。值得注意的是，晚近掌故笔记毕竟不同于规范的学术论著，今人应择优阅读，恰当利用，留心辨伪，注意由点到面、由点到线的整合。

关键词：晚清民国　掌故笔记　法律史料　文献价值　利用方法

掌故笔记，始于汉魏，兴于唐宋，盛于明清，流行于民国。其中，涉及晚清民国历史资料最多，包括晚清、民国前期记录掌故的笔记，暂名其为"晚近掌故笔记"。记录晚近有关法律方面的掌故笔记主要集中于三方面的内容：一是记录晚近法律制度的变迁或某种特殊法律制度；二是记录晚近法律人物的事迹或是关于某法律人物的轶事；三是记录晚近司法实践状况。掌故笔记的记述不一定系统连贯，而且"负面"内容较多，却有助

---

*　南京大学法学院教授。

于透过吉光片羽，觅迹寻踪，从另类线索及视角，观察晚近法律的立体面向。本文拟通过介绍晚近掌故笔记中的法律史料价值，列举笔记掌故在细化法律制度、鲜活法律人物以及暴露司法弊端方面的实际功用，提出恰当利用掌故笔记法律史料的注意要点，以求为法律史研究做些文献线索及观察视角方面的提示。至于掌故笔记中所涉及的具体法律制度、人物事迹的存疑辨证，暂不作为讨论的重点。

一、 掌故笔记的性质及史料价值

（一）掌故笔记的性质

掌故笔记属于私家著述，归入稗官野史一类，另有"历史掌故""笔记小说""野史"之称，一般通指文史掌故笔记著作。"笔记"或"笔记小说"这种体裁，起源很早，学界多认为，大致肇始于秦汉，盛于唐代，至明清两代，野史笔记种类尤为繁多，数量也很巨大;① 或称"笔记一体，始于汉魏，兴于唐宋，盛于明清"②。这些概括大致勾勒出其发展的时段及结构特征。其内容属性，被《汉书·艺文志》归入"小说家流"，"出于稗官街谈巷语、道听涂说者之所造也"。《四库全书总目提要》将掌故著作归于杂家及小说家等类。近世有学者将"笔记""小说笔记""野史笔记"归于"野史稗乘"。③ 也有学者在此基础上细化为三类：小说故事类，即志怪、轶事小说；历史琐闻类，记野史，即谈掌故、辑文献的杂录、丛谈；考据、辨证类，即读书随笔、札记。④

掌故笔记虽也有称"笔记小说"的，但此"小说"非现代意义上的"小说"，依邓云乡的解释，所谓笔记小说，是"笔记"一词的小范畴，远的如《太平广记》、近的如清人纪昀的《阅微草堂笔记》、袁枚的《子不

① 谢国桢：《明清笔记谈丛》"重版说明"，上海书店，2004。
② 来新夏：《民国笔记小说大观》"序言"，山西古籍出版社，1996，第1页。
③ 谢国桢：《明清笔记谈丛》"重版说明"。
④ 参见刘叶秋《历代笔记概述》，中华书局，1980，第1、4、5页；参见冯尔康《清史史料学》，沈阳出版社，2004，第306~307页。

语》诸书，即"四库"分目中杂家类的小说家，既非今日的所谓"小说"及古代的"通俗小说"等，亦非广义的笔记。广义的"笔记"概念，包括笔记和笔记小说，"笔记小说"也可作为笔记和笔记小说的泛称。[①] 据于此论，历史笔记可简化为小说笔记（包括志怪笔记）、掌故笔记及考辨笔记三类。

20世纪20年代，不断有集古代掌故笔记著作之大型丛书"笔记小说大观"出版，承其余绪，20世纪50年代以来，中华书局将记载当时见闻而有较高史料价值的笔记归为"史料笔记"，出版了"唐宋史料笔记""元明史料笔记丛刊""清代史料笔记丛刊""近代史料笔记丛刊"等，至今仍在陆续推出。另外还有书目文献出版社出版的"史料笔记"，山西古籍出版社推出的"民国笔记小说大观"，上海古籍出版社出版的"明清笔记丛书""历代笔记小说大观"，上海书店出版的"清代历史资料丛书""民国史料笔记丛刊"，四川人民出版社出版的"近代稗海"，河北人民出版社出版的"清朝野史大观"，三晋出版社推出的"民国小说笔记粹编"，中华书局出版的徐珂《清稗类钞》多卷本，等等。

本文援用的"掌故笔记"内容，注重于法律制度、法律人物、法律实践等，有关志怪小说、江湖异闻、梦幻玄思及文献校勘等内容，未加着意。

（二）晚近掌故笔记的形成

"晚近掌故笔记"主要以晚清民国时期的掌故笔记为主。笔记小说虽"盛于清"，而在晚清、民国时期才渐呈流行趋势。清朝中期以前，确出现了诸多高质量的笔记，只是作者们"多半生当文网严密之时，下笔不敢不慎重，所以大致没有什么无稽之谈。而且他们所处的地位又多是便于考究朝章国故之类的，所以隶事立言大都能不悖于著述之例，决不是泛泛传闻可比"。到清朝末叶，"文字之禁骤然失效，从前闷着不敢说的一切历史上疑案渐都成为好事者之谈助，于是谈佚闻的纷然而起。数十年来私家刊行的专著以及散见于报章杂志，一鳞片羽不胫而走者，不可胜数。人人感觉

---

① 参见邓云乡《民国笔记小说大观》"序言"，山西古籍出版社，1996，第7页。

兴趣，遂成一时风尚"。①

晚近掌故笔记的代表作，如：吴振棫《养吉斋丛录》、陈其元《庸闲斋笔记》、陈康祺《郎潜纪闻》、薛福成《庸庵笔记》、朱彭寿《安乐康平室随笔　旧典备征》、罗惇曧《宾退随笔》《罗瘿公笔记选》、戴璐《藤阴杂记》、福格《听雨丛谈》、张集馨《道咸宦海见闻录》、崇彝《道咸以来朝野杂记》、白曾焯《庚辛提牢笔记》、刘体仁《异辞录》、汪康年《汪穰卿笔记》、王树枬《陶庐老人随年录》、龙顾山人《南屋述闻》、黄濬《花随人圣庵摭忆》、陈夔龙《梦蕉亭杂记》、马叙伦《石屋续沈》《石屋余沈》、刘成禺《世载堂杂忆　续编》、李伯元《南亭笔记》》、江庸《趋庭随笔》、董康《书舶庸谭》、徐一士《一士类稿》《一士谈荟》、徐一士　徐凌霄《凌霄一士随笔》、徐一士　　徐凌霄《凌霄汉阁谈荟》、徐彬彬《晚清民国史事与人物：凌霄汉阁笔记》、汪诩尘《苦榴花馆杂记》、瞿兑之（铢庵）《杶庐所闻录》《养和室随笔》《人物风俗制度丛谈》、徐珂《清稗类钞》、徐铸成《旧闻杂忆》《旧闻杂忆续编》，等等。晚近自传、日记、回忆录等体裁的著述甚多，也属于私家出品，但除非它们的部分内容为有关掌故笔记所摘抄的以外，本文基本未予胪列。

（三）晚近掌故笔记史料的价值

掌故笔记的史料价值以晚近瞿兑之的评价最高，并率先呼吁建立"掌故学"。其理由是：照史例的原则说来，纪传体是以人为纲的史，编年体是以时代为纲的史，纪事本末体是以事为纲的史，通典体是以制度门类为纲的史；严格地注重体例组织，则详于此必略于彼，若要打破这个藩篱，将四者通而为一，则必须另有一种新的史裁，融会前人之长，为后人辟一途径；为救济史裁之拘束以帮助读史者对于史事之了解，则所谓掌故之学兴焉。他高屋建瓴，大胆直言：根据实事求是的治史方法治掌故的学者，"乃是治史者所不能离手的一部活字典"。② 进而指出，"通掌故之学者是能够

---

① 参见徐一士编著《一士类稿》《一士谈荟》"瞿（兑之）序"，书目文献出版社，1983，第10~11页。

② 参见徐一士编著：《一士类稿》《一士谈荟》"瞿（兑之）序"，第8、13页。

透彻历史上各时期之政治内容，与夫政治社会各种制度之原委因果，以及其实际运用情状"，而一个对掌故深有研究者，"则必须对于各时期之活动人物熟知其世袭渊源师友亲族的各种关系与其活动之事实经过，而又有最重要之先决条件，就是对于许多重复参错之琐屑资料具有综核之能力，存真去伪，由伪得真……"① 冯尔康则更进一步，分类指出笔记的史料价值："笔记中的内容，含有志怪、奇闻轶事、闲谈、闲话、无稽、无聊等内容，史料价值为人轻视，但所有这些不能否定笔记的史料价值，因为：（1）记录见闻，反映当时的社会历史，也表现作者对时事的态度；（2）写阅读文献、鉴赏文物心得，表现作者的学术观点和研究成果；（3）笔记小说中，也夹杂有考辨成分，其资料亦堪参考利用。笔记有其史料价值，史料学要把它作为研究对象之一，说明它的创作、资料意义和利用情况。② 上述诸般识见，无疑给利用掌故笔记的学者指明了康庄之径，治法律史者亦不例外。

二、 细化法律制度

王朝或国家的法律制度及其实施状况，易于从官颁律典及档案文书中获知，常法的稳定性、权威性毋庸置疑，但相关制度的一些演变契机及轨迹、实施过程中的变异及内幕等，往往不见于官典，笔记掌故的记录恰可弥补官方记载缺少细节的不足。兹举如下。

（一）关于礼法机构

如关于清代宫廷礼仪、乐舞制度的记录，缪荃孙推崇的"择精而语详"的吴振棫《养吉斋丛录》③ 所记尤详，其中不仅涉及乐舞机构，还涉及专事乐舞者的法律身份。山陕乐户的祖先，是明朝永乐帝夺天下时坚决拥护建文帝的官员，永乐成功后，除加害这些政敌本人外，还将他们的妻

---

① 转引自蔡登山《掌故大家徐彬彬和〈凌霄汉阁笔记〉》，徐彬彬《晚清民国史事与人物：凌霄汉阁笔记》，蔡登山主编，台北：独立作家，2016，第15页。
② 参见冯尔康《清史史料学》，第308页。
③ 参见吴振棫《养吉斋丛录》"点校说明"，北京古籍出版社，1983，第1页。

女罚入教坊司，充当官妓，世代相传，久习贱业。① 明朝在宫内设教坊司，有专职"乐工"，属于明初强迫迁徙征召、归入"贱籍"的工乐户，无故不能易籍。关于教坊司在清代的演变及存废，该笔记记载甚详："国初沿明制，有教坊司。耕耤筵宴，有黄童白叟、鼓腹讴歌、香斗老人、进宝回回、五方夜叉、五海龙王等承应。"② 又载，"国初沿明制，设教坊司，隶礼部，与太常分掌乐事。有奉銮一员，左右韶舞二员，左右司乐二员，协同官十五员。又有俳长、色长、歌工、乐工，凡一百三十五人，司宫悬大乐，又宫内行礼、燕会，用领乐官妻四人，女乐四十八名，序立奏乐。顺治十六年（八年停止，后复用），裁女乐，改用太监（旧时本有随銮太监十八名）。雍正七年，改教坊司为和声署，隶礼部。乾隆七年设乐部，凡太常寺、神乐观所司祭祀之乐，和声署掌仪司所司朝会燕飨之乐，銮仪卫所司铙歌鼓吹前部大乐，皆隶焉。③ 正朝庆贺，取市贩鼓吹者流充数。乾隆间，以内府梨园承值易之，以其习于音律，究胜于潦倒佣伎介厕冠裳也。④ 从教坊司到和声署的变迁，直接关系到乐户这一群体法律身份地位的变化，经过雍正帝的"开豁贱民"法令政策后，工乐户也由"贱"转"良"。"教坊司"易名为"和声署"，实际基本从机构上消除了乐户的贱籍烙印。⑤ 清代乐部大臣，例属满人专职，但是否存在汉人充任特例，笔记掌故似可提供相关线索。《世载堂杂忆》记述：汉人方耕（存与）曾任乐部大臣一条。其文曰："有清特设乐部，皆满缺，惟乾隆间十二世方耕公任礼部侍郎，以通律吕特简为乐部大臣，汉官膺此任者，实所罕觏。公所著有乐说若干卷，阐经考律，时称绝学。"⑥ 乐部大臣中是否有汉人，该笔记没有给出考实结果，但可提供一则汉人乐律专家担任乐部大臣的线索。

登闻鼓制度由来已久，但一般对击鼓告状案情的细节不甚了解，从

---

① 冯尔康：《雍正传》，人民出版社，1985，第377页。
② 吴振棫：《养吉斋丛录》卷之五，第56页。
③ 吴振棫：《养吉斋丛录》卷之二，第25~26页
④ 吴振棫：《养吉斋丛录》卷之二十一，第230页。
⑤ 参见冯尔康《雍正传》，第378页。
⑥ 参见刘成禺《世载堂杂忆　续编》"清代乐部大臣"，三晋出版社，2022，第22~23页。

《养吉斋丛录》的记载可知：清朝登闻院在西长安门外街东，旧设满、汉科道各一员；雍正二年，统于通政司，主受诉讼之事。清初刘余佑的《请革带地投充疏》中指出御状、鼓状、通状"纷争无已"：鼓状，即登闻院之状；通状，通政司之状也；其后控诉者赴都察院及提督衙门；外藩则赴理藩院，无所谓鼓状通状。① 清代京控或登闻院制度的区分由此可见。

再如"肺石"的由来及存续，江庸《趋庭随笔》对其有所考论，他先引用另一则掌故笔记彭氏《续墨客挥麈》所记："长安故宫阙前，有唐肺石尚在，其制则如佛寺所击响石，而甚大，可长八九尺，形如人肺，亦有款志，但漫剥不可读。"继而通过《周官·大司寇》"以肺石达穷民"及《周礼郑注》《周礼贾疏》对肺石的解释，推论汉唐俱无肺石之制。彭氏记载似属望文生义。继而又引《梁书·武帝纪》，证明梁武好古，故有谤木、肺石之设，唐则未闻。白居易诗及《旧唐书·刑法志》所记，均证明唐有申冤匦，而无肺石。② 江氏考证即使不能为定论，已足言明唐之前肺石之存废概况，对法制史教材上的有关内容也可起到补证作用。

（二）关于题奏制度

清代题奏制度，例有定制，但具体如何拟制、转呈、批转、标记及发寄的详细过程，则难见诸正典。笔记掌故则可缀补。据《南屋述闻》载：康熙时即有奏折，然以题本为正，往往奏折奉准者，仍令照例具题。自设置军机处，凡重要政事皆具折直达于上，上阅后即时处断，由枢臣承行之，其题本主于内阁者，大抵皆例文也。凡题本由通政司收受。刑科题本当属于此类。每日奏折上陈，或依议，或照所请，或交部议奏，上各以指甲画之，以为暗记……若寻常安折之批"朕安"等字者，由章京蘸硃敬书，以代御笔。③ 这里的皇帝指甲划印作记，就很有现场感；章京还可代替皇帝批"朕安"，益发生动。庚子事变以后，题、奏程式有所变动，"或以题本辗转稽时日，乃改题为奏。自是阁臣旷无一事，万机勤劳，例折不

---

① 吴振棫：《养吉斋丛录》卷之二，第25页。
② 江庸：《趋庭随笔》一二，"肺石由来"，山西古籍出版社、山西教育出版社，1999，第188~189页。
③ 龙顾山人辑：《南屋述闻》，中华书局，2007，第116页。

能遍阅，枢府亦以具文视之，舛错无暇细勘，内批时有误者"。所署"依议"奏折，君主"盖皆未尝寓目也"。①因嫌按程序递转的题本太慢，改题为奏；奏折太多，君上又无法尽阅，又失去了改奏的意义。这些情节多为笔记掌故作者目睹或亲历，可信度极高。

（三）关于刑罚制度

刺字　历史上的刑罚制度历代刑律或《历代刑法志》等所载其详，常刑之外的滥刑也史不绝书。由于年代久远，缺乏图片录像，诸多刑具或行刑过程，一朝一式，随时而变，后世研习法史者，往往知其常，不知其变。笔记掌故则偶有专考独论，可补正史之阙。如堪称"笔记中的笔记"的徐一士《近代笔记过眼录》，对前人的"刺字"记载曾列有专条。他引述《谏书稀庵笔记》（陈恒庆著，字子久）记刺字云："刺字一事，亦须有仁心。予审窃贼，只令刺窃字，不刺窃字，俾少受痛楚，殆亦古哀矜勿喜之义也。曾见某城满汉御史为此窃字相与争论，此曰宜正写，彼曰俗写亦可，争论不已，复刮贼之肉而改刺之。"徐一士觉得，刮肉改刺，"事甚可笑"，而在这之前已有先例。《近代笔记过眼录》又引述宋人魏泰《东轩笔录》的记载：担任苏州通判、实际全面掌管苏州事务的陆东，判决某罪犯流罪时，令人黥其面，曰"特刺配某州牢城"。黥毕，幕中有人告诉他："凡言特者，罪不至是而出于朝廷一时之旨。今此人应配矣，又特者，非有司所得行。"东大恐，即改特刺字为准条字，再黥之，颇为人所笑。陆东此举被传为"面上起草"。②所述谑语诙谐，殊不知受刑者之创巨痛深，亦可见法外有法、刑外加刑一斑。

凌迟　南宋开始，凌迟成为法定刑，已经成通说。不过，如何行刑，历来众口不一，无非法定性和法外刑两类。法定刑按章法而行。董康记清代凌迟：凌迟人犯，先割两乳，次两臂，次开膛，出起腑脏，划以三刀，最后乃殊其首；两犯凌迟加割刀数者，于未绝之前，刮其两肋，此刑宋时盛行；若犯凌迟及枭示事前身故者，仍需舁棺市曹，戮尸示众，依法定刀

---

① 参见胡思敬《国闻备乘》"改题为奏"，中华书局，2018，第141页。
② 徐一士：《近代笔记过眼录》一四，"面上起草——刺字残忍谈"，山西古籍出版社，1996，第57~57、85~86页。）

数行刑。明北京行刑在西四牌楼。董康在清代曾经担任监刑官，上述法定凌迟刑的记录当无疑问，至于民间流传的"千刀万剐""杀千刀"以及以人肉入药等是否存在，正史记载阙如，掌故笔记中则时有载述。董康曾见到明代某笔记作者所记："吾乡郑庶常鄭曾受此刑，谓京师剐人，药肆麇集，冀得其血肉，治疗噎嗝，以一清流，顷刻间化为万千之药丸云云。"认为这大概就是所谓的"鱼鳞碎剐"。① 明代刘瑾被处死的经过，《人物风俗制度丛谈》转引张文麟《端岩公年谱》，张文麟自记其为刑部主事时，亲见刘瑾被逮会审事略："刘瑾凌迟三日，锉尸枭首，仍画影图形，榜示天下。凌迟刀数例该三千三百五十七刀，每十刀一歇一吆喝，头一日例该先剐三百五十七刀，如大指甲片，在胸膛左右起。初动刀，则有血流寸许，再动刀，则无血矣。人言犯人受惊，血俱入小腹小腿肚，剐毕开膛，则血皆从此出。至晚，押瑾顺天府宛平县寄监，释缚数刻，瑾尚能食粥两碗。次日则押至东角头。先日瑾就刑，颇言内事，以麻核桃塞口，数十刀，气绝时，方日升，在彼舆同监斩御史具本奏，奉旨：刘瑾凌迟数足，锉尸，免枭首，锉尸，当胸一大斧，胸去数丈。"② 《庸闲斋笔记》记载，清嘉庆时，成得因行刺嘉庆睿皇帝，被凌迟处死，先处死二子，再凌迟成得：依次割耳、鼻及乳，从左臂鱼鳞碎割，再割右臂，以及胸、背。初尚刀刀见血，继则血尽，只黄水而已；割上体竣，忽言曰："快些。"言甫毕，厂上走下一官，谓之曰："皇上有旨，令尔多受些罪。"得遂瞑目不言，脔割至尽乃死。"③ 可见，常刑之外，出于政治报复，视情节轻重，存在法外凌迟滥刑。其他如夹棍刑罚，最为惨酷，据刑幕介绍，宋元以前没听过有这种刑具，即使明太祖定律，卷首的横图所记刑具也没有夹棍，自从自景泰二年（1451），御史赵缙才创制了此种刑具。④

勾决 清制规定，凡人命盗案，除立决者外，都归入秋审程序，结果分别为情实、缓决两项，入情实的要被勾决，入缓决的则继续被监候，遇

---

① 董康：《前清司法制度》，《法学杂志》第 8 卷第 4 期，1935。
② 铢庵：《人物风俗制度谈丛》，上海书店，1988，第 196~197 页。
③ （清）陈其元：《庸闲斋笔记》"成得行刺案"。
④ 寿鹍：《都门消夏琐记》"夹棍"，苏曼殊等著《民权素笔记荟萃》，山西古籍出版社，1997，第 132~134 页。

赦"有邀宽典"的希望。不了解内情的人，只要看到各省张贴之誊黄"是以勾决""是以缓决"等词，无不情真罪当，以为皇帝"一日万几，而平情论法，纤悉靡遗"，果真如此，那真是天纵圣明。《凌霄一士随笔》记载的实际情形则是：刑部进秋审本时，俱分别清楚，在各犯人名下，注明勾决或缓决，皇帝"不过依注而行耳，其偶有变动，则例外也"①。易言之，改判的为例外，不改判的为常态，不过确实也有皇帝改判的案例。又如，清代惯例，凡死刑，必须经三法司全堂画押签字，缺一个签字，都不能定谳。《花随人圣庵摭忆》记载，光绪初年，大理寺少卿王家璧在参加会审的法司 13 人均已画押、判定尸谏处死成禄的吴可读（柳堂）斩立决时，仍坚持己见，认为不应判死刑，拒绝画押，避免了对吴可读的死刑执行，最后只好对吴降等处罚，改斩为流，② 可见清朝司法祖制尚得以勉强维系。

死囚改名 《世载堂杂忆》记道：清代犯大辟不赦之罪，犯者本名，如有吉、祥、宏、大字面，文卷中皆为之特加偏旁，凡廷寄、上谕及刑部奏折、通行文告，多照此例。习惯加"刀"旁、加"水"旁。如白莲教林青，则加水旁为林清。马新贻案张文祥，为汶祥。太平天国谭绍光、胡以光、赖文光，公文中皆用绍洸、以洸、文洸。洪大全解京凌迟，"大"字上也要加一点。③

（四）关于司法制度的变异

慈禧破坏司法程序

光绪中期以后，正常的司法程序不断受到最高统治者的干扰和破坏。慈禧垂帘听政后期，变更祖制之事频频发生，开了藐视司法权威的先例。清宫严令：太监凡私自走出京城滋事者，即行斩决，故历朝无权阉之患。同光以来，曾有李苌材、张受山等肆无忌惮，竟敢于辇毂之下，明目张胆，纠众打闹娼寮，殴杀捕人，刑部尚书薛允升力持将太监李苌材等处

---

① 徐一士、徐凌霄：《凌霄一士随笔》（四），"清代定刑之制"，山西古籍出版社，1997，第 1192 页。

② 参见黄濬《花随人圣庵摭忆》（一）一〇七，"陈弢庵《围炉话别图》题诗"，山西古籍出版社、山西教育出版社，1999，第 219~220 页。

③ 参见刘成禺《世载堂杂忆 续编》"清代刑部则例"，第 23~24 页。

斩，守法不阿。① 慈禧听政后期，恣意破坏祖制，开启太监可以随意出入公门之恶例。有关案例在笔记掌故中多有记载。如《花随人圣庵摭忆》就记有两则案例：案例一，光绪五年（1879），慈禧太后派太监去太平湖的醇王府，护军依例，禁止太监从中门进府。太监归报西太后被护军殴骂之情。病中的西太后大怒，面谕兼南书房行走的刑部尚书潘祖荫，比拟斩立决，潘祖荫回署，拒绝拟以死罪，但迫于西太后的淫威，最后不得不对护军"曲法拟流"，从此太监携带他人随意出入，概无门禁。慈安死后，刑部"一听宫中唆使"②。该案的原委，近人陈岱孙《往事偶记》中也有类似记载，其叔祖太傅公陈宝琛，曾奏请门禁，裁抑宦官，就宦官李三顺违例，处罚护军，上疏力争。③ 案例二，光绪二十四年（1898），未经刑部审理，即将"六君子"绑缚市朝斩首。"六君子"之一的刑部资深司官刘光第，起初以为是提审，还安慰康广仁，后发现果真要未审即杀，痛骂道："未提审，未定罪，即杀头耶？何昏聩乃尔。"④《罗瘿公笔记》亦载其事道：杨锐与刘光第入狱，殊泰然。至（八月）十三日，乃各加以卤服，刘固刑部司官，诧曰："就刑矣。"至法庭，先生呼刘曰："裴村且听旨。"刚毅宣旨毕，先生对曰："愿明心迹。"刚毅云："有旨不准说。"先生怒叱曰："尔军机大臣陷害。"遂出就刑。⑤ 以上记录，直接反映了朝纲紊乱、司法失序的场景。另有一案例，光绪二十九年（1903），慈禧太后未经法司审理，下令于狱中残忍杖、勒毙记者沈荩。⑥ 慈禧听政后期一系列擅断乱法行径，开启了清代执法滥刑、藐视司法的先例。从此，司法失序愈演愈烈。⑦《南屋述闻》也记载："司法本为独立，自慈禧

---

① 徐凌霄：《凌霄一士随笔》（四），"薛允升精于刑律"，第1293～1296页。
② 参见黄濬《花随人圣庵摭忆》（一），"西太后执法滥刑"，第239页。
③ 陈岱孙：《往事偶记》，商务印书馆，2016，第142～143页。
④ 参见黄濬《花随人圣庵摭忆》（一），"西太后执法滥刑""狱卒所叙数十年来轶事"，第239、240～241页。
⑤ 罗惇曧：《罗瘿公笔记选》"记杨锐"，山西古籍出版社，1997，第209页。
⑥ 参见罗家伦主编《国民日日报汇编》第1～4期，台北：中国国民党中央委员会党史史料编纂委员会，1968；黄濬：《花随人圣庵摭忆》（一），"狱卒所叙数十年来轶事"，第241页。
⑦ 黄濬：《花随人圣庵摭忆》（一），"西太后执法滥刑""狱卒所叙数十年来轶事"，第238～242页。

始破坏之。"①

监狱制度的变革

清末记述监狱制度的代表性掌故笔记如白曾焯的《庚辛提牢笔记》等，对清末监狱制度的改革背景、中外交涉对监狱改革的影响等记载均比较详细，保留了官方记载疏漏的资料。《庚辛提牢笔记》所记京城庚子前后的狱情主要有：刑部南北两监经费的筹措，禁囚恤囚制度的争议，与侵华联军的交涉狱政事权，简介外国监狱情况。附录了《外洋监狱考》和作者所著有关洋教与中华平民构讼的《教案平议》一书摘要。② 该笔记掌故提及的庚子前后的监狱状况及中外交涉事宜中的资料，无疑成为清末狱政改革的前奏。紧随其后，就有 1903 年的宛平监狱、1905 年的江宁监狱等新式监狱的出现。

书吏制度的消亡

书吏在传统行政体制中不可或缺，晚近该制度日渐式微的具体记述散落在不同掌故笔记之中，非一般公文告示可比。学人大多以为"书吏"普遍存在于地方官府，其实在京师衙门，此辈也很活跃，且与司官的关系相当微妙，会典或职官志中鲜有记载，笔记掌故对其活动则留载痕迹。如《罗瘿公笔记》对京师曹司书吏有过生动详细的记述："京师曹司不习吏事，案牍书吏主之，每检一案，必以属书吏，早已习常为治，事必援例，必检成案。自开国以来二百余年，各部例案，高与屋齐，非窬其中者未从得一纸。书吏皆世其业，一额出，争以重金谋得之，蟠踞窟穴，牢不可拔。书吏执例以制司官，司官未如之何，吏遂借例以售其奸欺。故以吏起家者恒富，都中有'东富西贵'之谚，盖吏多居正阳门东与崇文门外，恒多华宅；京曹则多居宣武门外也。"又介绍道：庚子拳变，百官奔亡，"独书吏不散"；乱渐定，鉴于例案过多，竟至无人敢担责销毁；书吏与司官相见，虽称司官"老爷"，站立汇报，然而司官"不敢开罪于吏，惧掣其肘也"。作者罗惇曧还引用冯桂芬《校邠庐抗议》"有清之弊在吏、利、例

---

① 王照口述，王树枏笔录：《陶庐老人随年录》；龙顾山人辑《南屋述闻》（外一种），中华书局，2007，第 180 页。

② 参见薛梅卿、杨育棠点注《〈庚辛提牢笔记〉点注》，中国政法大学出版社，2007，《导言》第 3、4、9、21 页。

三者恒相因"之句对书吏制度加以评论。1903 年，吏部尚书张百熙，首倡裁书吏之举，选新入署司官行书吏之事，两月余，乃大定，他部乃渐效之，从顺康以至同光二百多年的书吏制度迄至 1906 年官制改革最终废止。① 此段记述，清晰勾勒清朝书吏发展、消弭的轨迹，张百熙亦为首倡废除书吏之人。

刑幕制度的终结

作为司法辅佐人员，刑名幕友的角色功能不可小觑，稍早一些的如汪辉祖《病榻梦痕录》、龚未斋《雪鸿轩尺牍》、许思湄《秋水轩尺牍》等相关资料，对其都有比较集中的记载，一些笔记掌故中则常留下只言片段，足资补充。如《异辞录》就曾列举刑幕协助知县改动文案、确保主官政绩无碍的成功案例，感慨道"刑幕功用较之律师，似无不及"②。但刑幕制度毕竟是专制官僚制度下的产物，与近代行政管理体系扞格不通，势必废除，该功绩则首推张之洞。据《世载堂杂忆》介绍，张之洞莅鄂，第一项改革，即不聘刑名师爷，署中只有教读一人准称老夫子，另设刑名总文案。司道府县效之，皆改设刑名为科长。各省效之，绍兴师爷之生计，张之洞乃一扫而空，衙门从此无商榷政事之幕宾矣；民国以来，竟用秘书、参议，张之洞也被视为废除幕友制度的"始作俑者"。③

太监制度的罢除

太监制度历时已久，该制度的废除时间官方记载为 1915 年 12 月 23 日北洋政府政事堂奉政府申令："所有从前太监等名目，着即永远革除，悬为厉禁。内廷供役，酌量改用女官。应如何规定之处，着政事堂审议以闻。"其实此后尚有反复的契机，一些太监如李莲英因为在清末西后垂帘听政时，刻意与袁世凯交结，后袁又与小德张勾连；辛亥革命后，小德张协助袁世凯，劝说隆裕让位，以为有功；待袁复辟帝制，小德张侄子以小德张对袁有助，屡上呈折，求充洪宪宫中领班太监，却遭到袁世凯断然拒绝。刘成禺在《洪宪纪事诗本事簿注》中记述袁世凯对此事的态度道："以刑余之人与闻国政，清代严禁，颁示祖训，末世阉祸，仍难避免，文

① 参见罗惇曧《罗瘿公笔记选》二四，"记书吏"，第 252~254 页。
② 刘体仁:《异辞录》卷三，上海书店，1984 年影印版，第 16~17 页。
③ 刘成禺:《世载堂杂忆》"张之洞罢除宾师"，第 57~59 页。

明各国视为笑谈，予岂能舍强欧良制而从诸弱国之虐政乎？"遂下诏罢除太监，改用女官，选头等警卫桢扈跸辇，太监制度从此结束。① 清末民初，袁世凯对司法制度的改革态度开明，并予以较多支持，尽管暮年冒天下之大不韪，复辟帝制，但在太监制度存废上立场鲜明，避免这一制度借帝制之尸再度还魂。

三、 鲜活法律人物

晚清民国，政局急剧变化，新型法律人异军突起，出现了一批杰出的法律精英，活跃在国际国内法坛，引领时代潮流。法律人物的记载，除了正史"列传"、碑传集、行状、墓志铭、传记、自传、日记外，笔记掌故也是重要的素材之一。与上列相对完整的记录人物一生经历行状的材料不同的是，掌故笔记的记载，往往只聚焦某件轶闻趣事或某关节点的表现，从某个侧面刻画人物特征或历史地位。涉及法律人物的记载，或为笔记掌故作者的同僚、师友以及熟知的同时代人物，或为笔记掌故所辑资料中的专门记录。这类资料涉及的法律人的事迹甚至"八卦"，在官方公报文书中也许无法登"大雅之堂"，却能反映法律人物的交游、性情，估量法律人物的角色地位及时代贡献，使法律人物形象饱满鲜活，富有立体感。

（一）展示法律人的才识

晚近法律人中，薛允升、沈家本、伍廷芳、汪荣宝、江庸、梁启超等，均为同侪翘楚，他们的声望及法律事功，学界并不陌生，但同僚、师友对其才识或生活细节的回忆记录，对于人物的总体评价极具佐证价值。兹举例如下：

《凌霄一士随笔》转述李岳瑞《春冰室野乘》极称薛允升律学之精，又引所阅读吉同钧《薛赵二大司寇合传》（收于《乐素堂文集》）的介绍：薛允升精研法律，自清律而上，凡汉唐宋元明律书，无不博览贯通，

---

① 刘成禺：《洪宪纪事诗本事簿注》一二，"罢除太监制度"，第 203~204 页。

故断狱平允；先后平反冤狱，不可枚举；前后任刑部四十余年，明刑弼教，不畏强御；晚年严于律己，涵养深沉。又转引李岳瑞《春冰室野乘》描述薛允升个性特征："清癯瘦削，若不胜衣，而终日端坐读书无倦容，语言极小而清朗，每在稠人大会中，忽发一言，虽坐离数丈者，亦闻之历历，盖寿相，亦异禀也。"①

赵舒翘是刑部继薛允升之后，另一个精于律学之人。《凌霄一士随笔》记述他：潜心法律，博通古今，《大清律例》全部口能背诵，凡遇大小案，无不迎刃而解；一生功名事业，皆由平反冤狱为之兆也；整饬刑部陋习，严格选拔人才，杜绝奔走夤缘恶习，自是风气一时铮佼；晚节委蛇，坐拳案而死，谤议掩其休名，良可惜也；一生可归于清官之列。② 该掌故笔记赞誉赵舒翘精通律例、作风清廉，而另一些掌故笔记则对赵持负面评价，其中以李伯元《南亭笔记》所录为多。如记赵舒翘面相为"仰若肉不附骨者。按管辂言'肉不附骨为鬼躁'"；又说赵舒翘专以害人为事，戊戌六章京之狱，赵实主持之；赵舒翘未出道前一贫如洗，同乡耆宿刘古愚，爱其制艺，为揄扬于郡邑之间，赵渐进出名，感激之余，投到刘的门下，后刘与梁启超偶通书札，赵知之，密令地方大吏，逮刘下狱；赵入都后，气质忽然变化，则专以害人为事矣；庚子罪魁，汉人中仅一赵舒翘。③ 李伯元以《官场现形记》名闻于世，盖因嫉恶如仇，所以擅于揭露吏治腐败，对赵舒翘的"不堪"之处多有记述。不过也从侧面描绘了赵舒翘恪守食君之禄、忠君之事的臣节。

沈家本为清末修律大臣，对新式法律人才尤其爱惜。曾亲历其事的江庸在《趋庭随笔》中特有一节予以介绍，说沈家本"实清季达官中，最为爱士之人。凡当时东西洋学生之习政治法律、归国稍有声誉者，几无不入其彀中"。又进一步通过修订法律馆的人员薪金待遇高下，证明沈家本真心爱才：法律馆于两大臣下，虽设有提调、总纂、纂修、协修等名目，然

---

① 徐凌霄、徐一士：《凌霄一士随笔》（四），"薛允升精于刑律""薛允升仪状可嘉"，第1293~1296、1298页。
② 徐凌霄、徐一士：《凌霄一士随笔》（四），"赵舒翘生荣死哀"，第1296~1297页。
③ 李伯元：《南亭笔记》八，"赵舒翘受养于姊母""赵舒翘专以害人为事""庚子罪魁赵舒翘"，山西古籍出版社、山西教育出版社，1999，第222~223、224~225页。

薪俸之厚薄，则不以位置之高下为标准。总纂薪金倍于提调，纂修薪金又倍于总纂，考虑到"初筮仕之学生，其资格不足以充提调，总纂使之专致力于编纂事业，非厚俸不能维絷之也"。同代王大臣也多乐于延揽新进，爱士惜才。在江庸眼中，除严范生等极个别人外，其余差不多类似于叶公好龙而已，均无法与沈家本相比。①

清末修律中的"礼教派"代表劳乃宣，留给世人的印象多为一守旧固执的迂夫，殊不知，在《石屋余渖》的记叙中，他则有"循吏"之称，一则证据即来源于劳乃宣的幕友傅增湘的回忆：劳乃宣在直隶清苑县任知县时，不信鬼神，禁止祭祀五通神，民间讹传劳乃宣信仰耶稣教，其在办公衙署受到民众冲击。《石屋余渖》还述及劳乃宣在义和团运动时，任吴桥知县，遭逢义和团队伍过境，直隶总督裕禄以令箭使劳乃宣办理供应，配合义和团运动，劳乃宣"巧妙"拒绝，虽"少滋杀戮，而大局得以保全"②，体现了其守旧的一面。

被称为清末政坛"四大金刚"之一的汪荣宝在清末立宪活动中十分活跃，贡献卓著，史载昭然。《凌霄一士随笔》转录的《新谈往》中对汪荣宝的介绍，生动细致，刻画了人物个性。如：介绍王荣宝"幼敏慧绝人"，"先辈皆显宦，独能以勤苦自励"；初莅译馆，"布衣芒鞋"，如出穷人之家；"教授生徒有条段，治学有规程，以故馆生多敬畏之"；在馆与教长张缉光接触中，感慨经济拮据，心艳财富风光，辞教从政，出入车马厚仪，与从前任校事时大异；投身政界，能竭其治学能力移治官事，"恢乎有余"，清末一时所谓"新政条教，出荣宝手者十九，故前清虽云伪立宪，而章程条教，往往有可采者，荣宝之为也……"③ 寥寥几段，将清末新政干将由执教转向政界的原因及在清末立宪中所起的作用，栩栩如生地展现在世人面前。

（二）体现法律人的性情风骨

晚近中国，国际处境艰难，国内政坛复杂，一批法律精英对外折冲樽

---

① 参见江庸《趋庭随笔》八六，"法律大臣重视人才"，第169页。

② 马叙伦：《石屋余渖》"劳玉初先生遗事"，上海书店，1984，第136~137页。

③ 徐凌霄、徐一士：《凌霄一士随笔》（三），"汤用彬谈汪荣宝"，第1067~1068页。

姐，为国争利权；对内维护法律权威，保持应有的风骨。笔记掌故中此类记载颇丰。

《南亭笔记》记述张集馨担任广州太守时，"值英国构衅，制军命其至英国兵轮通款，英国海军皆戎装佩刀，威仪整肃，从者莫敢仰视，张公独徐步入舱，其所戴花翎，无一丝摇曳者，则安闲之态，可想见矣，英军皆伸巨擘喝采；咸丰初，迁擢入都，陛见奏对时，朝珠忽断，其珠流于殿廷，张公仰视天颜，右手拾珠，左手握珠线断处，奏对一一称旨，未尝失仪，咸丰帝大为叹赏……①张集馨在洋人面前，不卑躬屈膝；在君王面前，不惊慌失措；在自撰《道咸宦海见闻录》中能针砭时弊，揭露司法黑暗。其所具有的一以贯之的凛然淡定风范从该掌故笔记中可见一斑。

清末民初当过司法总长的许世英，徐铸成在《旧闻杂忆》中曾如此描绘他：辛亥以后在官僚中，"历官"最久的，恐怕要算许世英了；袁世凯当国时，他就当过总长、国务总理；国民党时代，他也曾被蒋介石重用，被任为第一任驻日大使，蒋介石给他的名义是"赈务委员会"主任；他的一生"没做过好事，似乎也未做过大坏事，算是一个老风派，一个典型的中国式的传统官僚主义人物"②。这位资深司法总长做事四平八稳、少有创新的特征被充分刻画出来。

刘成禺《世载堂杂忆》记录的伍廷芳的口述内容也颇具趣味，如谈到伍廷芳与另一位法律人何启是同学、伍何两代郎舅的关系（伍廷芳娶何启的姐姐，伍朝枢娶何启的大女儿）；何启办亚理士医院学堂，培养了孙中山、陈少白等革命人士；英国大律师制度及"吧"律师的培养经过，早期出身英国吧律师的中国人有伍廷芳、何启和丁榕、刁作谦，罗文干在"吧"只住餐半年即离去，放弃大律师名位，伍朝枢在"吧"中进餐，历时只三个月；李鸿章因与日签订《马关条约》，伍廷芳随行，英文和约皆经伍廷芳、罗丰禄、李经芳三人之手；北京议修订法律，沈家本刻意邀聘伍廷芳，称伍廷芳"为中国老于英国法律之唯一人物"，伍廷芳"乃出而仕矣"。《世载堂杂忆》还记伍廷芳在出任公使期间，为反对《禁止华工条

---

① 李伯元：《南亭笔记》九"张椒云气度安闲"，第284~285页。
② 徐铸成：《旧闻杂忆续编》"记许世英"，四川人民出版社，1982，第122~124页。

例》延续，当面痛斥美议院议员"无人道、无法理，有如英殖民初来美大陆之放牛儿；根据外交，根据法律，谓如此议员，违背耶稣，违背华盛顿平等民主之遗教遗训，演说至一小时"；墨西哥欲仿效美国与中国签订外人入境条例，禁止华工入境，伍廷芳亲赴墨国都城，与墨政府办理此案，墨外交部长强硬无礼，惹得伍廷芳大怒，威胁要"下旗回国，再电中国政府调兵船来，与汝等周旋；老博士平生有三大得意之笔，是伍老一手写出，其一即为黎元洪解散国会命令，宁死不副署"[1]。这段笔记掌故涉及诸多近代法律事件及法律人物的关系，材料来源多出于传主的口述，可信度甚高。

法律人江庸不满袁世凯称帝意图，通过时政评论，对其颇有讥评，惹得袁世凯不悦，江干脆上书辞职，批评袁世凯"摧残国家元气"，袁大怒，要立即免去江庸职务，经秘书长张一麐劝说，对江宜"温语慰留，以示总统之虚怀"。即使如此，事后袁世凯还托王式通转告江庸，"以后但做官，少说话"。《趋庭随笔》以当事人身份记录其人其事，颇足征信。[2]

马叙伦《石屋余沈》记述罗文干：民初任京师总检察厅检察长时，检举袁世凯叛国称帝，大得称誉，"其胆识固可服也"；任财政总长时，力任整顿，虽陷牢狱，"然莫须有之狱终白，而廉洁转为世信"；任国民政府外交部长，特别费用有余而不入私囊，则"殆自来所未有"；后罗曾与胡适一起致函桂系军阀，制止其"兵谏"蒋介石的企图，维系政治统一。以上均彰显这位留英法律人的人生挫折及担当。[3]

（三）记录法律人的交谊

笔记掌故中还能看到法律人的日常交往及同行情谊。如《石屋余沈》记述 1919 年五四运动时，刘崇佑正在北京当律师，在业界闻名，曾挺身为各校被捕的学生义务辩护；1921 年马叙伦自己也遭大总统徐世昌起诉，刘崇佑愿意担任他的辩护人，马叙伦慨叹其"好义如此"。《石屋余沈》还谈

① 刘成禺：《世载堂杂忆　续编》"纪伍老博士"，第 178~186 页。
② 江庸：《趋庭随笔》一五七，"但做官少说话"，第 207~208 页。
③ 马叙伦：《石屋余沈》"罗文干"，第 55~56 页。

到刘崇佑善做美食，品味珍馐，与广东的郑天锡、黄晦闻，浙江的陈伏庐及汤尔和、余绍宋、蒋梦麐等，每周一会，轮流请客做东，共享美味佳肴，其中大厨手艺以刘崇佑、郑天锡两家为最佳，刘崇佑、余绍宋酒量均大。① 除刘崇佑外，这里提到的郑天锡、汤尔和、余绍宋等，均出身法界，其余几位则为画家及学者，法律人与他们常一起聚会酬酢，可以看出这些法律人拥有的高品位朋友圈。法律人的日常生活方式还能对他们从事的职业有所补益，如郑天锡1945年辞去海牙国际法院法官、就任中国驻英大使期间，就常在使馆举行招待会，款待应邀前来的英国皇室或议会成员，介绍中国美食文化。他还著有英文《食论》一书，推动异国人士对包括饮食文化在内的中国文化的了解。掌故笔记的记述展示了法律人的生活情趣。

四、 揭露司法弊端

"依法断案""教谕式调停""卡迪司法""情理法结合"等司法模式，以及历史上的大案、要案的处理结果等，往往可以从朝廷实录及官府档案等官方文献中查悉，按诸司法程序，亦难见瑕疵。但其中内情，官方文献少有记载；即使有记载，也多粗疏简略。地方司法尤其是州县自理词讼处理的具体过程，是否存在"暗箱操作"，很难见诸官府文档。笔记掌故则常常搜集诸方资料线索，还原本真，再现内情，补充法律史资料。

（一）程序之不公

晚清冤案平反昭雪的典型，首推"杨乃武小白菜案"。该案以黄濬《花随人圣庵摭忆》记述最为详尽。杨乃武与小白菜案件发生于同治十二年—光绪三年（1873—1877），围绕该案展开的争论，涉及朝野诸多势力、诸多人物，京城中央有刑部尚书、御史、帝师、皇帝、太后等，在京任职的浙江籍官员；地方有知县（含司法辅佐人员仵作、书吏、幕府）、知府、督抚、学政等；京官与地方大员之间的司法权之争；媒体有《申报》等报

---

① 马叙伦：《石屋余渖》"刘崧生"，第53~54页。

刊的跟踪报道；司法程序则有证据的获得、尸检的手段、传统法医知识、京控等；还有上诉人的车旅费用、当事人的余生结局；等等。《花随人圣庵摭忆》结合野史征存如《清代野记》《余杭大狱记》（江阴祝善诒著）、《光绪政要》《翁文恭日记》《越缦堂日记》以及邸钞上谕等，对此详加比对考证，信息之丰，视野之宽，堪足复盘内幕，梳理其间各种关系，也间接反映出清朝诉讼当事人通过"京控"翻案的难度之大。[①] 尽管如此，事后还有地方吏员对此处理结果表示不服，甚至怀疑仵作银针验毒的可靠性。《异辞录》记述，有地方官员就坚持认为，"药性由渐而入，故验之不得"，即慢性中毒，仵作无法验出症状，并谈及亲自处理过的案件，以质疑刑部仵作检验小白菜的丈夫葛品连非中毒而死的结论。[②] 该案的提审、改判，最终还杨乃武、小白菜以清白，过程一波三折，偶然性很大。但通过笔记掌故的考证补充，至少说明，在同、光之际，地方司法中滥刑逼供，官官相护，以为常事；仵作的验尸鉴定，是否经得起科学检验，疑点颇多；都察院御史的司法监督职能尚得发挥；最高统治者还能在一定程度上尊重司法，发现明显错误后，同意启动纠错程序，给予司法以应有的尊重。

地方官庸政懒政，视司法如儿戏，在掌故笔记的记载中也屡见不鲜。如《道咸宦海见闻录》记载，闽浙总督庆端"系公子出身，不肯究心公事，惟幕友之言是听"。陕甘总督乐斌旗员出身，"粗能识字，公事例案，阅之不甚了了"。臬司明绪、兰州道恩麟与候补道和祥结为兄弟，"日事征逐""鼓吹休明"，督臬两署"笙歌竟无虚月"。[③]《汪穰卿笔记》记载："有知县全某，每断案，民或不服，便攘臂起曰：'大老爷如此断，我等不能依。'全曰：'我只能如此，汝辈不依，我便不管。'"因此人们称他为"全不管"。[④] 这与明代赵豫为松江太守时，"患民俗多讼，讼者至，辄好言谕之曰：'明日来'，众皆笑之，有'松江太守明日来'之谣"[⑤] 的故事相映成趣。

① 黄濬：《花随人圣庵摭忆》（二），"杨乃武案野史征存""续辑杨乃武案公私材料"，第599~606、634~659页。
② 刘体仁：《异辞录》卷三，第12~14页。
③ 张集馨：《道咸宦海见闻录》，丁名楠"序"，中华书局，1981，第3~5页。
④ 汪康年：《汪穰卿笔记》，中华书局，2007，第139页。
⑤ （清）胡文炳：《折狱龟鉴补》卷五，《杂犯》上"明日来"。

（二）滥刑之普遍

地方官员司法不勤、不清、不慎，案件积压，拖累诉讼；要不就厉行刑讯逼供，草草结案。《道咸宦海见闻录》记载：四川首府衙门案件积压甚多，屡催不结；作者的前任刘燕庭按察使，"凡各属解到咽匪，不问真伪，先责小板四百，然后讯供，其中供情不得，而罪名莫定，即于大堂杖毙。后因大堂黑夜鬼啸，差役每被迷惑，因将犯人押至东门大街城隍庙，于神前掷筊，若阳筊则免死，若阴筊则立毙。官踞于上，犯罟于下，严刑惨酷，脑裂骨折者不知凡几，乌乎惨矣！委员希奉臬台意，每问案无不刑求"。作者的结论是"川省刑法极重，各委员更以为高下，真所谓三木之下，何求不得也"，又道，"蜀省刑名繁重，甲于海内，州县意为轩轾者甚多；招解到省各案，以及按卯呈词，稍不经意，便生枝节"。① 这些都是亲历者掌握的实情，书诸笔端，留下了晚清四川司法弊端的一幕。

监狱属于封闭神秘之地，实际状况如何，非有熟悉内情者难以知晓，掌故笔记则常有相关"秘闻"披露。如《民权素笔记荟萃》记道，"中国监狱之惨，莫若京师刑部……部中禁卒虐囚，苛酷乃过地狱，人言藉藉，岂竟无因"②；《花随人圣庵摭忆》记道，"刑部狱舍分两种，一为普通监，一为官监。普通监，阴湿凶秽，甚于豕牢；官监则有种种，其最上者，客厅、书室、寝室及厨皆备，无异大逆旅也。专制君王喜怒不测，其大臣往往朝列廊庙，而夕投囹圄者；亦有缚赴市曹，而临时赦免，倚界如故者"③。京师狱政尚且如此，地方狱政更有甚者焉。如山东监狱残酷，并不亚于京师刑部，如有某嫌犯因债务官司，被控押追，被狱卒剥光衣服，全身无缝隙仰捆于木板上，推入黑屋，由臭虫通宵成堆噬咬；有被误认为拐卖妇女的嫌犯，纳贿有缺，每当在押犯开饭前，即被狱卒以妇人秽布塞口，令其呕吐不止，食量大减，体质急剧变差。④

晚清以降，吏治每况愈下，司法日渐腐败，地方官员贪污无能，沉湎

---

① 参见张集馨《道咸宦海见闻录》，第95~102页。
② 飘瓦：《京华闻见录》，苏曼殊等《民权素笔记荟萃》六 "刑部"，第132~133页。
③ 黄濬：《花随人圣庵摭忆》（一）一一六，"狱卒所叙数十年来轶事"，第241~242页。
④ 飘瓦：《京华闻见录》，苏曼殊等《民权素笔记荟萃》六 "刑部"，第133~134页。

声色，此种情形，再以《道咸宦海见闻录》所记为例：清朝除所谓"正供"以外，苛捐杂税，层出不穷，人民不堪负担。当缴不起税捐租谷、还不清债务时，往往被诬为抗粮、抗捐、抗税及赖债的刁民，被逮捕拷打，投入"卡房"。稍有反抗，则横加匪盗等罪名，滥施酷刑，逼害惨死。该作者曾任四川按察使，叙述"卡房"情况说："卡房最为惨酷，大县卡房恒羁禁数百人，小邑亦不下数十人及十余人不等；甚至将户婚、田土、钱债、佃故被证人等亦拘禁其中，每日给稀糜一瓯，终年不见天日，苦楚百倍于囹圄……前此通省质毙者，每年不下一二千人。"① 每年被朝廷判处死刑的罪犯人数，可以从刑部档案中进行统计，但官方存留的司法判决中，人们看到的往往只是法律适用程式及判决结果，无法看到羁押场所的内况，未经进入审转程序之前，已在羁押过程中被折磨至死的犯罪"嫌疑人"的具体数字，几乎无官方统计的发布，透过笔记掌故，则可供大致推测参考。

（三）陋规之繁多

纪昀《阅微草堂笔记》记述，佐幕有"四救先生"之称，即"救生不救死、救官不救民、救大不救小、救旧不救新"之说，对于"救生不救死"，作者解释为"死者已死，断无可救，生者尚生，又杀以抵命，则多死一人，故宁委曲以出之，而死者衔冤与否，则非所计也"②。意思是死人之上，再添一死，有违冥道。刘体仁《异辞录》从司法官"失出失入"受到的处分轻重迥异角度进行了诠释：失出五案以上，臬司降一级调用，督抚降一级留任，准抵；失入一案，臬司降二级调用，督抚降二级留任，均不准抵，故有"救生不救死"之说。也就是说，失出处罚较轻，失入处罚特重，宁愿失出，不愿失入。《异辞录》进一步举例说明盗案处理中，失出失入的特殊性及可能产生的后果：因为盗案情节特别严重，仅比逆案轻一等，处理起来，"十人为盗，劫一人家，十人皆死罪，欲减轻其一，必先为之开脱，言仅把风而未入门，亦不免烟瘴充军"。如此处理，连锁影

---

① 张集馨：《道咸宦海见闻录》，第95~96页。
② （清）纪昀：《阅微草堂笔记》卷十八"姑妄听之"（四），中国文史出版社，1981，第28页。

响到一批司法官、准司法人员及当事人之间的认罪顶凶选择："州县亲民之职，苟境内出盗案，限中未能缉获，则展期半年为再限，三限至四限为止，过此四限，则开缺候缉，谓之"四参案"；地方官不幸而罹此咎，较之贪赃革职为尤甚，革职能另案开复，此惟有捕务之一途，舍是则万劫不复矣。"这直接导致："官闻盗则穷治，役闻盗则急迫；人家匿盗，则立往自首，恐为窝家所牵累；途中遇盗，则群起而攻，否则望邻见证，亦难免祸也。"犹如保甲株连之制，一人、一户犯罪，可能殃及无辜，既然官府可以在出罪、入罪之间权衡，则涉罪群体也可以在两害、两利之间选择，"薄罪代杖，重犯顶凶，极平常事也……顶凶每出于械斗，本有死罪，以一死免众人之死，而许赡其妻子；或同罪而因其贫，或非贫而抱恶疾，案件虽多，案情大率如此。"① 较之于《阅微草堂笔记》，《异辞录》对"救生不救死"的司法潜规则解释，更符合晚清司法实情。

司法官员利用职权，对原、被两造通吃者比比皆是。如崇彝《道咸以来朝野杂记》就记述了同治初年山西发生的一则案例：山西富民杜姓之妇杨氏妯娌二人争产，词讼连年，各不相让。于是山西地方官自州县至臬司，均大发其财；当时山西巡抚为英桂，也得到两造好处，故案件"累年不结"。其中以臬使马佳氏所得最多，后以查办去职，银多无法携带，就在省中换买黄金（当时一两黄金值银十二两），黄金几乎被他买绝，"黄金贼"也因此成了马佳氏的混名。② 汪康年《汪穰卿笔记》所记的东三省情形亦与此类似："讼非赂不行"，无论原告、被告，必需纳贿，一般以贿赂的多寡确定案件的胜负："赂而负，是我之力不足也，人事已尽矣；苟不纳贿而负，则群起而尤之曰：'人事而不尽，宜其败也'。"③ 办案官即使收了贿，也未必保证案件终审时就能赢定，但官员总能找到理由搪塞当事人。

清朝反贪到底打了多少"老虎"，拍了多少"苍蝇"，官方缺少统计，掌故笔记中却有关于此类繁琐工作的一些记载。朱彭寿《旧典备征》就曾将清朝顺治到光绪朝，数以百计的二品以上大员受到刑事处罚的案例进行

① 刘体仁：《异辞录》卷三，第14~15页。
② （清）崇彝：《道咸以来朝野杂记》，北京古籍出版社，1982，第86~87页。
③ （清）汪康年：《汪穰卿笔记》，第169页。

了统计，并列举了处罚案由、受处罚时间以及惩处或平反经过，为研究清代吏治及司法行政提供了诸多线索。所列受处罚大臣中，有的系违法乱纪，触犯律条，被依法惩处；有的因耿直敢言，忤逆君旨，遭受不公处断；有的前遭朝廷冤屈、后被平反起用；有的前有朝廷重用、后有刑罚加身……①该掌故笔记的记录，具有当今的"大数据"统计性质。

清代外官体制仪注及司法人员之间的交往，尤其是司法佐杂人等，伺候上官、期派差遣时的卑劣样态，在坊间流传的一些词牌曲令中也有唱和，朗朗上口，刻薄诙谐。瞿兑之在《杶庐所闻录》中就收录了较多材料，在《北梦录》中就录有韩朝衡《嘲京官曲》及其他诸家嘲外官曲，如《妙香室丛话》载通州仲进士就职粤东，有羊城候补南词云："……【庆东原】上衙门蜂争闹，望委牌似蚁著盘熬，坐客厅还故意商谈笑，有的说出洋捕盗（佐杂获盗以知县用），有的说雁塔名标（即用），有的说恭逢大挑，有的说学司马题桥（捐纳），有的说因公罣误，引见重来到。【乔木查】正说时，首台来到了，忙向旁边靠。又一会六大三阳都已到，无限跟班，笑语喧嚣。【搅筝琶】俺已向旁边靠，奈从者势偏骄，争路走双手交推，站地立更抛人在脑，俺只得背着脸扭着腰，暗里麋糟。休恼，没威权敢自骄，是个闲曹。"又载裘慎甫《游宦述怀》云："……【南画眉序】书札纷纷到，幕友长随荐不了，要逢迎当道，怕得罪同僚，有那大来头任意捞刀，那带肚的作怪蹊跷，门印仓道歹嫌好，分股子争多竞少；【南绝世催】公私扰扰，打抽丰干和湿不能少，写知单多和寡须送早，稍迟延差役家丁到署吵，正项银钱难缴，陋规银钱难要，并不是甘做那赖酝酶。"主官与佐杂、佐杂与佐杂之间的关系，在捐纳广开之后，"益形鄙俗，笑柄弥多"。②这类资料照例不入"正史"，却能讽刺幽默地反映官场滑稽丑态，堪称另类"官场现形记"。

五、掌故笔记法律史料的恰当利用

晚近笔记掌故的作者多处于晚清、民国易代之际，故追记前朝及当世

---

① 参见朱彭寿《旧典备征》卷五"大臣罣法"，中华书局，1982，第121~127页。
② 参见瞿兑之《杶庐所闻录》"官场形态"，辽宁教育出版社，1997，第36~40页。

掌故者尤多，加之言路开禁，顾忌渐少，作者可据实记述，恣肆评议。晚近涉及法律内容的掌故笔记作者群，大致有这几类：第一，所述法律故事或重大案件的亲身经历者；第二，追述相关法律制度的名流学者或研习者；第三，新闻报刊从业者或实际采访者；第四，借阅摘抄、校正考辨同期相关记载的编校者；第五，高官世家或名人后代记录尊长、同僚、师友口耳传闻或议论内容者。区别于传统笔记掌故的是，晚清民国时期，倡导科学，学以致用，不少作者多视记录鬼怪者为迷信，甚至有意回避；笔记掌故作者大都自命其作可以补充正史，故多具有一定史家责任。① 有的作者为文素来严谨，善于利用新式图书工具细心查证，很大程度上保证了笔记掌故的高质量和可信度。不过，笔记掌故毕竟与规范的学术论文或著作不同，道听途说、添加油醋者在所难免，需要后世阅读利用者注意鉴别，择善而用。

（一）择优阅读利用

笔记掌故作者出身或职业特点，很大程度上决定了笔记掌故史料的可靠性。了解作者身份有助于选择优质掌故笔记。诸如：

《道咸宦海见闻录》的作者张集馨（1800—1878）经历了晚清道咸同光四个时期，中过进士，供职于翰林院，外放为山西朔平知府，在山西、福建、陕西、四川、甘肃、河南、直隶、江西等省任过知府、道员、按察使、布政使、署理巡抚等职，直到同治四年（1865）被劾革职为止，历时三十年。该笔记（或年谱式笔记掌故）的记录从 1 岁开始，止于 61 岁，② 是他人生经历的完整记录，含有丰富的司法实践体验。

《庚辛提牢笔记》作者白曾焯，1900 年冬就担任了提牢主事官职，首日记事即庚子年（1900）十月二十五日，完成于辛丑年（1901）腊月以前。当时京师已开始动乱，义和团运动被镇压，"囹圄一空"，而中央刑部衙门又在美国占据的地界内，已呈现"喧宾"夺主之势，侵权与保守的斗争"如弩激箭"，一触即发。在这种局势之下，白曾焯受知于刑部尚书薛

---

① 参见黄霖《民国笔记小说粹编·总序》，刘成禺《世载堂杂忆　续编》，第 19 页。
② 参见张集馨《道咸宦海见闻录》，丁明楠"序"，第 3 页。

允升，以"整饬刑政必自监狱始"的重任临危受命。① 当时京师监狱遭遇变故，作者身临其境，该笔记掌故所记，具有现场实感。

刘成禺，京师大学堂毕业，赴日本，入成城学校，又留学美国加州大学。归国后，历任参议院议员、大元帅府高等顾问、大总统府宣传局主任、大本营参议、监察院监察委员。追随孙中山革命，善言辞，广交游，师事马相伯、容闳、辜鸿铭等前辈，与黎元洪、伍廷芳、冯自由、章太炎、邹容、蔡锷、杨度等名流过从甚密。曾被袁世凯政府通缉。所著《洪宪纪事诗簿注》《世载堂杂忆　续编》等笔记掌故，记录清末民初故事最多。前著有孙中山、章太炎作序，中山先生称其"宣阐民主主义"；太炎先生谓其"所知袁氏乱政时事，刘诗略备，后之作史者可资摭拾"。简又文、谢兴尧1936年4月14日"弁言"中，称赞其"诗外有诗，注上加注，人证物证，两无漏遗。每条故实，因果详明，更以初稿遍寄当时关系人物之尚存在者，一一加以校订，务求详尽。其记事求真，治学不苟之精神，于此可见，得不称为一代良史信史乎？"② 后著是1944年在重庆接受朋友建议，每日书写，后人将其汇成《世载堂杂忆　续编》付梓，留下诸多史料。

《趋庭随笔》作者江庸，早年留学日本，就读于早稻田大学法制经济科，曾任修订法律馆专任纂修、法律学堂总教习、大理院推事、京师法律学堂监督、京师高等审判厅厅长、司法总长、法律编查馆总裁、私立朝阳大学校长、律师、《法律评论》创办者等，协助沈家本修订法律。其本人即系一代著名法律精英之一。

著有多部掌故笔记的瞿兑之，系清末名臣瞿鸿禨之子，曾国藩之女曾纪芬的女婿，瞿同祖的叔叔。他曾求学于北京译学馆及上海圣约翰大学、复旦大学，接受过新式教育，作为文人，他治学严谨，精通方志学、社会风俗史、秦汉史、掌故学、职官制度及唐代诗文笺著等，著有《方志考稿》《历代职官简释》《汪辉祖传述》《汉代风俗制度史》《人物风俗制度丛谈》《养和室随笔》《杶庐所闻录》，辑有《中国社会史料丛钞》等，他

---

① 薛梅卿、杨育棠点注：《〈庚辛提牢笔记〉点注·导言》，第3页。
② 刘成禺：《洪宪纪事诗本事簿注》"弁言"，第203~204页。

大力提倡"掌故学",旨在"正史"之外,用"杂史"来保存与发掘真实而完整的史料。有人甚至称他是继王国维、梁启超之后,可与陈寅恪相颉颃的"史学大师"。① 不管该评价是否恰当,瞿兑之、瞿同祖叔侄均为近世法律社会史大家。

其他如徐一士、徐凌霄、黄濬、马叙伦、刘体仁等,或为著名报人,或为社会活动家,或为名人之后,交游广泛,见闻多元,所言所传,多有凭据,足资参阅。

(二)留心辨伪

掌故笔记的随笔性、庞杂性决定了其所载所述,未必完全经过严格的史实考证,学者利用这些资料时,要保持应有的警惕,多援旁证,于无用处见有用,于不信处采有信。正如徐一士指出的那样:在掌故学者看来,"可有不可信的材料,而没有不可用的材料",严格的掌故学者,需要对各种资料加以对比、联想,此处无用,或许在他处有用,"需要有老吏断狱的能力,头脑要冷静,记忆要丰富,心思要灵活,眼光要锐敏,不以辨证为目的而却能尽辨证之用,这才是所需要的掌故学者"。② 如中华书局出版《世载堂杂忆》时,董必武曾为之作序,指出该书存在一定讹错,但也承认刘成禺"以诗名海内,《世载堂杂忆》为随笔之类,虽不无耳食之谈、谬悠之说,然多遗闻轶事,其中有《纪事诗本事簿注》所未及者,甚可喜,亦可观也"③。所以,对于"耳食之谈、谬悠之说"之类的记载,后世学人应发扬"老吏断狱"之功,用心求证。

笔记掌故所记为前朝、前人之事,作者也均已成为历史中人,今人参阅笔记掌故时,对于原作者身份也得留心留意,以防张冠李戴。当然,这不仅适用掌故笔记的作者,也适用于其他历史著作的作者。兹举两例为证。其一,《异辞录》的作者。中华书局1988年出版的《异辞录》,署名

① 周劭:《瞿兑之与陈寅恪》,《闲话皇帝》,上海书店,1994,第113页,转引自黄霖《民国笔记小说粹编·总序》,刘成禺《世载堂杂忆 续编》,第20~21页。

② 徐一士编著:《一士类稿》《一士谈荟》"瞿(兑之)序",第8、13页。

③ 参见郑逸梅著《南社丛谈:历史与人物》,中华书局,2006,第138~139页;刘成禺《世载堂杂忆 续编》,张继红"导言",第4页。

为"刘体智撰"，其他出版社所出《异辞录》（如上海书店 1984 年影印版）作者则署名为"刘体仁著"。该笔记掌故作者究竟系刘体智，抑或刘体仁？刘体仁号"辟园"，留有《辟园史学四种》，该书序言有"辟园翁好读书，手不释卷，光宣之际，盱衡当世，益究心于史事，每有所触，皆笔之于书……积日既久，得《十七史说》《通鉴札记》《续历代年表》《异辞录》四种，翁初无意传世，及门子弟不忍湮没，汇以付印……"一段，末尾署名"庐江刘体智"。"辟园翁"刘体仁，即为《辟园史学四种》的作者，刘体智"不忍"其兄长的著作被"湮没"，将其"汇以付印"，且为之作序。① 可见刘体智只是《辟园史学四种》（含《异辞录》）的作序者，而非作者。中华书局版点校者刘笃龄恰系刘体智的嫡孙，后人是否故意想为嫡亲先人增光添彩，也未可知，但该笔记掌故作者为刘体仁，更符合历史事实。其二，《谏书稀庵笔记》作者。该书 1 册，不分卷，上海小说丛报社印行（1922 年 6 月 10 日再版）题"清御史陈庆湞著"，又曰"著作者潍县陈庆湞"，署名也有张冠李戴之嫌。据徐一士考证，作者系潍县人，为道光朝陈官俊的侄孙陈恒庆（字子久），同治癸酉举人，光绪丙戌进士，历御史给事中，外放奉天锦州府知府。印行者惟知清末言官有陈庆桂，而又误桂为湞，"遂漫为题署，未免可笑"。尽管如此，徐一士还是肯定了该掌故笔记"记京朝故事，名人轶事，社会琐闻，乡里风土等，可多观，有价值之笔记也"。② 虽然署名未必影响著作本身的价值，但作为史料利用，了解作者生活的时代背景，求证制度物件，亦当不容忽视。

另外，掌故笔记善恶并书的特点及其史料真实性问题，也值得注意。正如冯尔康指出的那样，笔记著述的写作原则，不同于方志、族谱的地方是善恶并书，而不是书善不书恶，作者是有着强烈治世目标的人，为改变邪风弊俗，不怕写人的隐私；冯先生又提醒，笔记作者因己身的好恶，对笔下的人物溢美、中伤的情况也是有的，读者不能对此忽焉不校。③ 读者尚且要如此，研究者就更加要注意甄别，谨慎采摘，力求秉笔治史。如徐凌霄、徐一士《凌霄一士随笔》与李伯元《南亭笔记》中所记的法律人赵

① 参见刘秀凤《〈异辞录〉作者辨》，《文献》1993 年第 3 期。
② 参见徐一士著《近代笔记过眼录》，第 56~57 页。
③ 参见冯尔康《清代人物传记史料研究》，天津教育出版社，2005，第 417~419 页。

舒翘的形象，就有善恶、褒贬之别，与这三位作者臧否人物的标准当有一定关联。再如《世载堂杂忆》记著名法律人徐谦，曾祖为"昆山三徐"（徐乾学、徐元文、徐秉义）之一的徐乾学的后代，祖父徐骏因文字狱获祸，据说曾有毒毙授业老师的恶名，后迁居安徽；继有其父徐宝善，再至徐谦，[1] 作者似乎在隐约彰显徐谦祖父之恶，而徐谦的政治操守民国时期就颇有争议，不乏微词，至于徐与刘成禺相交如何，在此不拟求证。另如陈伯熙《上海轶事大观》中谈及曹汝霖，则张扬其祖父曹锡宝为监察御史时，抗辞执奏、疏劾和珅的壮举，意在通过祖、孙对比，抨击曹汝霖"专为卖国奴、玷辱祖德"的行径。[2] 所以，善恶并书的背后，不排除作者评判人物、事件的价值取舍。当然，这种现象本身也是历史的一个部分。

（三）注意由点到面、由点到线的整合

笔记的特点，内容为"杂"，形式为"散"。以"内容论，主要在于"杂"，不拘类别，有闻即录；以形式论，主要在"散"，长长短短，记叙随宜，治史者需要放眼搜罗，广泛阅读，感知敏锐，[3] 对作者的身份背景、品性认知及成书时段等，均应加以观察。就法律史而言，需注意法律制度、大案要案及法界逸闻趣事之间的横向关联，以及与"正史"资料的比对勘校，作类型化归纳整理，进行纵向梳理，横向比较，总结出共性特征。

笔记掌故固然有趣，但距离真正的"历史"还有距离，应该把它们视为七彩板上的拼图之一、之二……，选择性征引，由点到面，整体考察法律制度或法律人物。笔记掌故中不少内容也是通过转述前人的著作成果而来，因此要注意相关法律制度及法律现象的发展演变轨迹，由点到线，把相关史料作为探寻法律史的线索，循踪追问，作进一步深究。

总之，由于历史上法律制度多存于典章、律令、判牍及各类政书中，官方的正统记述必须中规中矩，后世看到的判决过程及结果，经过官方的

---

① 参见刘成禺《世载堂杂忆 续编》，第28~29页。

② 陈伯熙：《上海轶事大观》"曹汝霖之祖"，上海书店出版社，2000，第42页。

③ 参见来新夏《民国笔记小说大观》"序言"，第1页；刘叶秋《历代笔记概述》，第4~5页。

统一格式化，难以逾越规范，于是程式千篇一律，表述固定呆板，缺乏生动描述，读来生硬枯燥，兴味索然。法律实施的过程并非总是单一线型，法律人物也并非千人一面，运用晚近掌故笔记中的法律史"野史"资料，考察其所折射出的法律与社会、文本与实践，以及法律与人物之间的互动关系，有助于全面认识晚清民国时期法律制度的创制、法律运行样态及法律人物形象，补其细节，增其趣味，消减法律制度史单线记录有余、多维立体不足的缺陷，亦不失为一种法律社会史观。

《中国古代法律文献研究》第十七辑

2023 年，第 415~428 页

2022 年度台湾地区中国法律史
研究论著目录

游逸飞　施羽纯

一、通　　代

【专著】

1. 甘怀真《皇权、礼仪与经典诠释：中国古代政治史研究》（增订版），台大出版中心，2022 年 7 月。

2. 江隐龙《罪与罚，谁说了算？：从古文物看见历代律法的模样》，时报文化，2022 年 7 月。

3.［韩］权惠永《古代韩中外交史：遣唐使研究》，楼正豪译，秀威资讯科技，2022 年 7 月。

4. 余英时《中国历史研究的反思：古代史篇》，联经，2022 年 8 月。

5. 陈景良《学步古今：中国法律史略论稿（一）》，花木兰文化，2022 年 9 月。

6. 陈景良《学步古今：中国法律史略论稿（二）》，花木兰文化，2022 年 9 月。

7. 陈景良《学步古今：中国法律史略论稿（三）》，花木兰文化，2022 年 9 月。

8. 陈景良《学步古今：中国法律史略论稿（四）》，花木兰文化，2022 年 9 月。

【论文】

1. 徐晓宁《八字理论变革和科举制度关系之探讨》，《台湾科技大学人文社会学报》18：2，2022 年 6 月。

2. 张倪菁《中国古代戏杀伤罪探析》，《新北大史学》31，2022 年 7 月。

3. 陈熙远《身系囹圄之神——帝制中国的狱神信仰与地方祀典》，《新史学》33：3，2022 年 9 月。

4. 杜正胜《中国是怎么形成的？》，《古今论衡》39，2022 年 12 月。

【书评】

1. 于晓雯《评介〈中国古代的法典、制度和礼法社会〉》，《台湾师大历史学报》68，2022 年 12 月。

【研究讨论】

1. 刘恒妏《二十年来台湾法律史学科论文研究回顾（1995—2017）》，《台湾史研究》29：2，2022 年 6 月。

二、先　秦

【专著】

1. 郑榆家《清华简中郑国事类简集释及其相关问题研究》，花木兰文化，2022 年 3 月。

2. 汪美葵《从周文传统到孔子：〈左传〉中的"德"、"礼"思想研究》，花木兰文化，2022 年 3 月。

3. 江秋贞《〈清华大学藏战国竹简（柒）·越公其事〉考释》，花木兰文化，2022 年 3 月。

4. 蒋庆《〈周官〉今文说：儒家改制之"新王制"刍论》，奉元，2022 年 7 月。

5. 谢尧亭、秦艳兰《晋国兴衰六百年：从一方诸侯到称霸中原，晋国史诗磅礴巨献》，崧烨文化，2022 年 11 月。

6. 黄圣松《〈左传〉空间地域与行政区划析论》，学生书局，2022 年

12 月。

【论文】

1. 黄源盛《儒法之间——荀子的礼法思想方法再探》，《东吴法律学报》33：3，2022 年 1 月。

2. 高专诚《政治家：遍观天下政治，融合礼法王霸》，氏著《寻觅，荀祕，先秦时代最后一位大儒：即使礼崩乐坏，世界还是会照常运转》，崧烨文化，2022 年 1 月。

3. 黄慧芬《西周金文册命礼仪中的"兼职"问题——兼论〈周礼〉治官思想进程》，《中国文哲研究通讯》32：1，2022 年 3 月。

4. 古育安《试说清华简〈成人〉"刑之无赦"的观念背景——兼谈〈尚书大传〉的"五刑"之说》，《中国文哲研究通讯》32：1，2022 年 3 月。

5. 陈子君《由〈合集〉29004 看商代的轮荒耕作制》，《中国文字》2022 年夏季号（总第 7 卷），2022 年 6 月。

6. 薛健吾《为什么统一天下的是秦国？"历史制度主义"对"新古典现实主义"的补充》，《政治科学论丛》92，2022 年 6 月。

7. 李庭纬《〈管子〉"经俗"、"经产"、"经臣"之霸王学析论》，《应华学报》26，2022 年 6 月。

8. 萧振声《法家哲学》，氏著《先秦哲学隅论》，万卷楼，2022 年 8 月。

9. 黄铭《国法与人情——从〈公羊〉学论亲亲相隐的限度》，《哲学与文化》49：11，2022 年 11 月。

10. 陈岘《君位继承及其合法性来源——以〈春秋〉中隐、桓继位正当性之争为例》，《哲学与文化》49：11，2022 年 11 月。

11. 游逸飞《分权与集权——早期中国秦楚郡制的关系与比较》，《法制史研究》39，2022 年 12 月。

12. 陈弘学《先秦儒家是否肯定"大义灭亲"说？关于当代学界正反辩论的分析与评价》，《中正汉学研究》40，2022 年 12 月。

13. 许惠琪《"义果自天出也"：墨子政法思想新探》，《中正汉学研究》40，2022 年 12 月。

【书评】

1. 陈岘《书评：黎汉基，〈《谷梁》政治伦理探微——以"贤"的判断为讨论中心〉》，《哲学与文化》49：5，2022 年 5 月。

三、 秦汉魏晋南北朝

【专著】

1. 贾尚轩《自由与无为：论西汉初年的帝国体制与黄老思想》，文津，2022 年 1 月。

2. 俞林波《秦汉杂家治国思想体系研究：以〈吕氏春秋〉〈淮南子〉为中心》，花木兰文化，2022 年 3 月。

3. 陈惠美、谢莺兴整理《徐复观教授〈两汉思想史卷一〉手稿整理汇编》，东海图书馆，2022 年 3 月。

4. 陈惠美、谢莺兴整理《徐复观教授〈两汉思想史卷二〉手稿整理汇编》，东海图书馆，2022 年 8 月。

5. 陈惠美、谢莺兴整理《徐复观教授〈两汉思想史卷三〉手稿整理汇编》，东海图书馆，2022 年 11 月。

【论文】

1. 黄建龙《西北汉简文书与行政运作》，《新北大史学》30，2022 年 1 月。

2. 吴晓昀《皇权的回音——西汉中晚期孔子论述的道、政调处》，氏著《道与政之间：周秦汉之际的孔子论述》，新文丰，2022 年 1 月。

3. 石升烜《再论汉代出入关符的制作、左右与使用——从居延汉简 65.9、65.10 合符谈起》，《"中研院"历史语言研究所集刊》93：1，2022 年 3 月。

4. 王璟《汉之得人，于兹为盛——汉武帝时期士人处境探究》，氏著《汉武帝时期士人处境探究：以"士不遇"之作为主的考察》，五南，2022 年 4 月。

5. Robin D. S. Yates, "Dated Legislation in the Late-Qin State and Early Empire", *Asia Major* 35: 1, 2022.6.

6. 黄怡君《汉代功次升迁制度考》，《"中研院"历史语言研究所集刊》93：2，2022 年 6 月。

7. 高震寰《居延汉简简册复原成果整理（上）》，《古今论衡》38，2022 年 6 月。

8. ［日］广濑熏雄《长沙五一广场东汉简牍分类研究（之一）——长沙郡文书》，《第十二届汉代文学与思想国际学术研讨会论文集》，政大中文系，2022 年 9 月。

9. 陈伟《新见简牍与秦至西汉早期的傅籍制度》，《"中研院"历史语言研究所集刊》93：4，2022 年 12 月。

10. 邹水杰《东汉缪宇墓题记"彭城相行长史事吕守长"疏证》，《"中研院"历史语言研究所集刊》93：4，2022 年 12 月。

11. 游逸飞《媵制已死，娣媵仍存——以东汉扶风大族与江苏大云山西汉江都王陵陪葬墓为例》，《清华学报》新第 52 卷第 4 期，2022 年 12 月。

12. ［日］鹰取佑司《秦汉时代对逃犯采取的措施——以〈张家山汉简.二年律令〉122—124 的分析为中心》，陈捷译，《法制史研究》39，2022 年 12 月。

13. 高震寰《居延汉简简册复原成果整理（下）》，《古今论衡》39，2022 年 12 月。

14. 王万隽《东汉至三国武陵郡的屯戍体系与武陵蛮》，《成大历史学报》63，2022 年 12 月。

15. 黄怡君《西汉晚期的三公制与新莽四辅制再探》，《早期中国史研究》14，2022 年 12 月。

16. 许伟恒《从刘秀用人政策论东汉前期统治集团的构成》，《早期中国史研究》14，2022 年 12 月。

【书评】

1. ［日］平松明日香《佐藤达郎，汉六朝时代の制度と文化.社会》，《汉学研究通讯》41：2，2022 年 5 月。

四、隋 唐 五 代

【专著】

1. 卢建荣《谁在统治地方：唐宋地方治理文化打造史》，暖暖书屋文化，2022 年 3 月。

2. 董文阳《唐代岭南国家化进程研究》，花木兰文化，2022 年 3 月。

3. 刘闯《唐末五代州县与其城池变动研究》，花木兰文化，2022 年 9 月。

4. 刘怡君《援经入律：〈唐律疏议〉立法枢轴与诠释进路》，万卷楼，2022 年 11 月。

【论文】

1. 王廷君《从告身到法书：徐浩〈朱巨川告身〉卷研究》，《故宫学术季刊》39：3，2022 年 3 月。

2. 郭津嵩《僧一行改历与唐玄宗制礼》，《"中研院"历史语言研究所集刊》93：2，2022 年 6 月。

3. 龙玉芬《五代南方王国与城隍神信仰的互动：以吴越王钱镠为例》，《华冈史学》9，2022 年 6 月。

4. 张凯茹《唐代法律中的自残现象》，《新北大史学》31，2022 年 7 月。

5. 邱翔《唐律疏议中军士身分的展现》，《新北大史学》31，2022 年 7 月。

6. 郑显文、张媛媛《唐代"天下之法"的观念和限制君权的法律范式》，《法制史研究》39，2022 年 12 月。

7. 陈彦良《兴元、贞元灾变——唐德宗初期的两税、蝗旱与饥荒》，《台大历史学报》70，2022 年 12 月。

8. 张广达、蔡长廷、许正弘《唐宋变革时期中原王朝与内陆亚洲主要族群政权的互动》，《东吴历史学报》42，2022 年 12 月。

9. 杜慧卿《唐元和时期宰相的郡望与选任》，《人文社会科学研究》16：4，2022 年 12 月。

10. 施厚羽《中官打人——从宝历元年（825）崔发案看暴力与中晚唐的士阉关系》，《早期中国史研究》14，2022 年 12 月。

【书评】

1. 翁铭远《评介卢建荣，〈聚敛的迷思：唐代财经技术官僚雏形的出现与文化政治〉》，《洄澜春秋》17，2022 年 9 月。

五、辽宋金元

【专著】

1. 施译涵《宋代后妃祭祀之礼研究：以仪式象征、礼仪思想与性别秩序为核心》，花木兰文化，2022 年 3 月。

2. 陈俊达《从"交邻"到"封贡"：高丽与辽朝交聘研究》，万卷楼，2022 年 5 月。

3. 梅哲浩《南宋临安知府研究》，花木兰文化，2022 年 9 月。

4. 蒋武雄《宋辽外交研究三论》，花木兰文化，2022 年 9 月。

5. 周思成、林鹄、邱靖嘉、张帆、陈晓伟《辽夏金元史：多元族群的冲突与交融》，三民，2022 年 9 月。

6. ［美］伊沛霞（Patricia Buckley Ebrey）《宋徽宗》，韩华译，联经，2022 年 10 月。

7. 梁庚尧《北宋的改革与变法：熙宁变法的源起、流变及其对南宋历史的影响》，台大出版中心，2022 年 11 月。

【论文】

1. 李春圆《元代的官府放贷及其历史定位》，《"中研院"历史语言研究所集刊》93：1，2022 年 3 月。

2. 陈威睿《元代〈春秋〉科试议题研究——以"试题类型"、"程文答卷"与"许用胡〈传〉"为核心》，《中国文哲研究集刊》60，2022 年 3 月。

3. 唐欣伟《从攻势到守势：权力平衡、观念转变与澶渊之盟的形成》，《政治科学论丛》92，2022 年 6 月。

4. 朴炳培《敌对的朝贡体系：辽金与高丽关系》，《政治科学论丛》92，2022 年 6 月。

5. 许正弘《从开创帝业到三宫协和：元仁宗朝前答己太后的政治活动》，《成大历史学报》62，2022 年 6 月。

6. 林佑安《宋元以下道封制度的形成与发展》，《政大史粹》37，2022 年 9 月。

7. 蒋楠楠《南宋司法裁判中的法理及其功能——以〈名公书判清明

集〉为研究中心》，《法制史研究》39，2022 年 12 月。

8. 邵长财《元代江南秋税粮额初探——明清江南重赋之前史》，《汉学研究》40：4，2022 年 12 月。

9. 蒋武雄《宋派任使辽正旦使副日期考》，《东吴历史学报》42，2022 年 12 月。

10. 罗晏松《镇守淮汉——元初中统年间（1260—1264）的汉军大都督府》，《中正历史学刊》24，2022 年 12 月。

【书评】

1. 胡兴东《揭开元朝刑部形成的历史面纱——陈佳臻〈元代刑部研究〉评述》，《法制史研究》39，2022 年 12 月。

六、明　清

【专著】

1.［美］苏成捷（Matthew H. Sommer）《中华帝国晚期的性、法律与社会》，谢美裕、尤陈俊译，华艺学术，2022 年 3 月。

2. 李文良《契约与历史：清代台湾的垦荒与民番地权》，台大出版中心，2022 年 2 月。

3. 杨舒逸《督陶榷使唐英之研究》，花木兰文化，2022 年 3 月。

4.［日］岩井茂树著《朝贡、海禁、互市：近世东亚五百年的跨国贸易真相》，廖怡铮译，八旗文化，2022 年 3 月。

5. 杨胜祥《明史云南广西土司传考证》，花木兰文化，2022 年 3 月。

6.［美］魏斐德（Frederic Wakeman, Jr.）《大清帝国的衰亡》（增订新版），廖彦博译，时报文化，2022 年 3 月。

7. 庄吉发译注《满文原档〈满文原档〉选读译注：太祖朝（七）》，文史哲，2022 年 4 月。

8. 庄吉发译注《满文原档〈满文原档〉选读译注：太祖朝（八）》，文史哲，2022 年 5 月。

9. 杜佑宁《清朝科举考试与旗人的政治参与》，秀威资讯科技，2022 年 5 月。

10. ［日］松浦章《清代中国商人与海商及其活动》，博扬文化，2022年 7 月。

11. 陈惠馨《清代法制新探——以〈大清律例〉为核心》，元照，2022年 7 月。

12. 邱仲麟主编《傅斯年图书馆藏古籍珍本丛刊续编》，新文丰，2022年 7 月。

13. 庄吉发译注《满文原档〈满文原档〉选读译注：太祖朝（九）》，文史哲，2022 年 8 月。

14. 庄吉发译注《满文原档〈满文原档〉选读译注：太祖朝（十）》，文史哲，2022 年 9 月。

15. 孔伟伟《明清泽州科举研究》，花木兰文化，2022 年 9 月。

16. 陈睿腾《引进与融合：晚清新政时期学校教育制度改革研究》，花木兰文化，2022 年 9 月。

17. 林玉茹《向海立生：清代台湾的港口、人群与社会》，联经，2022年 12 月。

【论文】

1. 蔡至哲《朝鲜王朝君臣对明代中华秩序的接受与抗拒》，氏著《中、韩儒者的秩序追求：以朝鲜朱子学儒者为中心的观察》，新文丰，2022 年 1 月。

2. 孔德维《异端为官——雍正年间穆斯林官员的不道德嫌疑》，《新史学》33：2，2022 年 6 月。

3. ［日］松浦章《清代前期上海与日本长崎间的贸易》，收入［日］松浦章编《近代东亚海域交流：文化传播与文化变迁》，博扬文化，2022 年 6 月。

4. 倪孟安《清乾隆年间宗室弘晸涉入静海县"冒认地亩"案之分析及其影响》，《德明学报》45，2022 年 7 月。

5. 张业祥《朱元璋宗教政策演变之探究》，《史汇》24，2022 年 6 月。

6. 李华彦《隆庆至万历初期（1567—1583）的京边军事革新》，《清华学报》52：2，2022 年 6 月。

7. 卫姿伃《清代中、后期张家口税关财政收支转变》，《暨南史学》

24&25，2022 年 7 月。

8. 卢正恒《海洋环境史视野下台湾海峡海难：以清代班兵与水师为讨论中心》，《人文及社会科学集刊》34∶3，2022 年 9 月。

9. 阮宝玉《清代漕粮搭运体制的滥觞与成形》，《"中研院"历史语言研究所集刊》93∶3，2022 年 9 月。

10. 杨奇霖《清朝与喀尔喀蒙古的政教互动（1723—1733）——以二世哲布尊丹巴灵童选定及其迁居多伦诺尔为中心》，《"中研院"历史语言研究所集刊》93∶4，2022 年 12 月。

11. 李丽芳《纸上筑室——析论清代刑案书写文化》，《法制史研究》39，2022 年 12 月。

12. 梁弘孟《共犯关系下的"准服制以论罪"——以〈刑案汇览〉"听从尊长杀害以次尊长"类案件为例》，《法制史研究》39，2022 年 12 月。

13. 黄琴唐《情理法的融贯——清代中国的裁判理念及其当代思辨》，《法制史研究》39，2022 年 12 月。

14. 吴景杰《清代中央与地方立法的协商：以"窃盗"之各省专条为例》，《台湾师大历史学报》68，2022 年 12 月。

15. 吴景杰《清代重庆城的"坊"与城市管理》，《东吴历史学报》42，2022 年 12 月。

16. 谭家齐《明太祖〈瘴恶录〉的史料价值及书中呈现的明代法制弊病》，《明代研究》39，2022 年 12 月。

17. 吴舒岚《明代的军站与站军》，《明代研究》39，2022 年 12 月。

18. 朱耿佑、陈韵如《清治台湾与律例正统的距离：以死后立嗣及其在地多样性为例》，《台湾史研究》29∶4，2022 年 12 月。

【书评】

1. 杜金《清代的"健讼"话语：为何书写？如何解读？——评尤陈俊〈聚讼纷纭：清代的"健讼之风"话语及其表达性现实〉》，《法制史研究》39，2022 年 12 月。

2. 何薇《植造清代：维系木材贸易的产权和财政制度——评 *Meng Zhang*、*Timber and Forestry in Qing China: Sustaining the Market*》，《法制史

研究》39，2022 年 12 月。

3. 余福海《微观透视清代基层行政的典范——评白德瑞（Bradly W. Reed）〈爪牙：清代县衙的书史与差役〉》，《法制史研究》39，2022 年 12 月。

4. 王天驰《キム・ハンバク（Kim Hanbark），〈配流刑の时代——清朝と刑罚〉》，《近代史研究所集刊》118，2022 年 12 月。

5. 蔡名哲《书评：杜佑宁著，〈清朝科举考试与旗人的政治参与〉》，《中国边政》226，2022 年 12 月。

七、 近现代（1840—1949）

【专著】

1. 何佳龙《“日治”时期理蕃政策研究：以东台湾“集团移住”与“蕃地稻作”为例》，东台湾研究会文化艺术基金会，2022 年 2 月。

2. 张国淦《枭雄淘尽：北洋从政实录》，蔡登山主编，新锐文创，2022 年 4 月。

3.［美］工飞仙著《版权谁有？翻印必究？：近代中国作者、书商与国家的版权角力战》，林纹沛译，台湾商务，2022 年 5 月。

4. 加藤阳子、肖如平、岩谷将、周珞、洪小夏、原刚、深町英夫、张世瑛、张玉萍、傅应川、苏圣雄《重探抗战史（一）：从抗日大战略的形成到武汉会战 1931—1938》（全新修订版），郭岱君主编，联经，2022 年 5 月。

5. 小谷贤、岩谷将、洪小夏、原刚、张世瑛、傅应川、黄勇、苏圣雄《重探抗战史（二）：抗日战争与世界大战合流 1938. 11—1945. 08》，郭岱君主编，联经，2022 年 5 月。

6. 杨莲福、陈谦主编《民间私藏民国时期暨战后台湾资料汇编 行政法规篇（19 册）》，博扬文化，2022 年 5 月。

7. 王启明《晚清新疆官办教育研究》，万卷楼，2022 年 6 月。

8. 余英时《中国历史研究的反思：现代史篇》，联经，2022 年 8 月。

9. 余英时《余英时政论集》，联经，2022 年 8 月。

10. 游鉴明《日本殖民下的她们：展现能力，引领台湾女性就业的职场女先锋》，台湾商务，2022 年 9 月。

11. 张道奎《民国时期国家意识形态的变迁：以儒学为探讨中心》，花木兰文化，2022 年 9 月。

12. 金欣《宪法与利维坦：康有为、孙中山、张君劢的立国与立宪思想》，花木兰文化，2022 年 9 月。

13. 吴文星《"日治"时期台湾的社会领导阶层》（修订版），五南，2022 年 9 月。

14. 李理、赵国辉《近代闽台互动中的解纷止争》，花木兰文化，2022 年 9 月。

15.〔日〕矢内原忠雄《帝国主义下的台湾》（2022 新译版），黄绍恒译，大家，2022 年 10 月。

16. "原住民族委员会"、"国史馆"编《史料导读：台湾"原住民族"抗争运动史》，"原住民族委员会"，2022 年 10 月。

17.〔日〕伊能嘉矩《台湾蕃政志（伊能嘉矩增订）中译版》，〔日〕凤气至纯平、周俊宇译，"国史馆"台湾文献馆，2022 年 10 月。

18. Awi Nokan（吴永昌）、何孟侯撰文《真正的"赛德克"："赛德克"民族视野下的雾社事件特展专辑》，"国史馆"台湾文献馆，2022 年 11 月。

19. 许文堂、王云程、薛化元、李为桢《战争与财政》，二二八基金会，2022 年 11 月。

20. 肖如平、岩谷将、林孝庭、洪小夏、张世瑛、陈立文、鹿锡俊、黄自进、潘敏、嵯峨隆、杨天石、苏圣雄《重探抗战史（三）：抗战与中国之命运》，郭岱君主编，联经，2022 年 12 月。

21. 陈俊强、洪健荣、林佩欣主编《文协百年：近代东亚跨域比较的观点》，台北大学海山学研究中心，2022 年 12 月。

22. 张家荣编著《南洋复命——"国史馆"台湾文献馆藏档案"日治"时期南洋视察报告书汇编（一）》，"国史馆"台湾文献馆，2022 年 12 月。

【论文】

1. 王文隆《从国际法的视角看中国远征军》，周惠民主编《档案中的中国远征军》，政大出版社，2022 年 1 月。

2. 游博清《晚清天津海关对海河下游水文的认知、利用与应对（1861—1899）》，《清华学报》52：1，2022 年 3 月。

3. 林志宏《土龙山传奇——"满洲国"时期在地农民的抗日及其叙事》，《台大历史学报》69，2022 年 6 月。

4. 徐兆安《以考试清算学校：1920 与 1930 年代中国的教育破产论与会考实验》，《"中研院"近代史研究所集刊》116，2022 年 6 月。

5. ［日］八百谷晃义《晚清政治改革中的蒙学公会与〈蒙学报〉——以叶瀚为中心的分析》，《台湾师大历史学报》67，2022 年 6 月。

6. 姜子浩《日军在华北的军政支配结构与民众的因应——以食粮对策为中心（1937—1945）》，《"国史馆"馆刊》72，2022 年 6 月。

7. 胡龙隆《Shen Congwen's *The Husband* — Miao Marriage and Christian Marriage Law in the Early Republic》，《哲学与文化》49：6，2022 年 6 月。

8. 何娟娟《简述日据时期台湾银行引进的日本版纸币》，收入［日］松浦章编《近代东亚海域交流：文化传播与文化变迁》，博扬文化，2022 年 6 月。

9. 金凤珍《"朝鲜＝属国、属邦"论考》，收入陈玮芬主编《东亚儒学与经典诠释：跨文化的考察》，"中研院"文哲所，2022 年 6 月。

10. 林志宏《重建合法性——"满洲国"的地方调查、模范村及其"教化"》，《"中研院"近代史研究所集刊》117，2022 年 9 月。

11. 陈昕劭《1941 年中美双方对封存资金的意见与实施》，《"国史馆"馆刊》73，2022 年 9 月。

12. ［日］朝野嵩史《中国撤销客邮与日本的外交因应（1920—1922）》，《政大史粹》37，2022 年 9 月。

13. 沈国明《身份之祸？——一九四一年"台湾戏""日籍台侨"剧员在马来亚被捕事件始末》，收入黄国华、陈志豪、刘雯慧编《文史浮罗：东南亚文学、文化与历史论集》，中山大学人文研究中心，2022 年 11 月。

14. 姜水谣、张志云《英国在"满洲国"治外法权的废除（1932—1941）》，《台大历史学报》70，2022 年 12 月。

15. 林亨芬《取缔与维权：日本对"南满马贼"问题的认识及肆应

（1904—1922）》，《"中研院"近代史研究所集刊》118，2022 年 12 月。

16. 赵帅《五四运动中的学生、党派与舆论——以傅斯年、罗家伦被诬一事为中心》，《"中研院"近代史研究所集刊》118，2022 年 12 月。

17. 吴景杰《十九世纪中期重庆城的客栈窃案、客商诉讼与栈规运作》，《法制史研究》39，2022 年 12 月。

18. 李涛《僧侣从军？——抗战后期汉藏教理院兵役案的争议（1943—1944）》，《"国史馆"馆刊》74，2022 年 12 月。

19. 郑绍钰《驼峰两面之争议：美国对华租借物资在缅甸战场与中国战场的竞争（1942—1945）》，刘维开主编《域外作战的宣传与外交》，政大出版社，2022 年 12 月。

20. 倪管嬣《佛教与国家：近代国家建构对佛教经济基础的挑战》，氏著《国家、知识、信仰：〈佛学丛报〉与清末民初佛教的近代转型》，秀威资讯科技，2022 年 12 月。

21. 徐圣凯《禁用生煤："日治"台湾的燃煤空污与煤烟防止运动》，《台湾史研究》29：4，2022 年 12 月。

22. 吴俊莹《"拂尘项目"与国民党当局对二二八事件诠释的学术转向》，《台湾史研究》29：4，2022 年 12 月。

【书评】

1. 郑佑均《书评：〈帝国弃民：日本在台湾"蕃界"内的统治（1874—1945）〉》，《新北大史学》30，2022 年 1 月。

2. 吴艾岑《评介 Between Birth and Death: Female Infanticide in Nineteenth-Century China》，《暨南史学》24&25，2022 年 7 月。

3. 张以璇《评介李进亿〈水利秩序之形成与挑战——以后村圳灌溉区为中心之考察（1763—1970）〉》，《新北大史学》31，2022 年 7 月。

4. 黄嵩清《评介洪郁如编，〈性别与权力（台湾史论丛 女性篇）〉》，《新北大史学》31，2022 年 7 月。

5. 赖宥廷《评李佩蓁，〈地方的视角：清末条约体制下台湾商人的对策〉》，《新北大史学》31，2022 年 7 月。

《中国古代法律文献研究》第十七辑

2023 年，第 429~442 页

2022 年度国外中国法律史
研究论著目录

［日］吉永匡史　　［日］金　珍

杨　霜　　［法］梅凌寒　　［德］施可婷

一、通　代

（一）英文

【专著】

1. Garret Pagenstecher Olberding, *The Exercise of the Spatial Imagination in Pre-Modern China: Shaping the Expanse*. Ed. Garret Pagenstecher Olberding, Berlin, De Gruyter, 2022.

2. Patricia Buckley Ebrey, *The Cambridge Illustrated History of China. 3rd ed*, Cambridge: Cambridge University Press, 2022.

【书评】

1. Jeremy Tanner, "*Rulers and Ruled in Ancient Greece, Rome, and China* Edited by Hans Beck and Griet Vankeerberghen. Cambridge: Cambridge University Press, 2021. 453 pp. ISBN: 9781108485777 (Cloth)", *The Journal of Asian Studies* 81: 2, 2022, pp.442 – 445. DOI: https://doi.org/10.1017/S0021911822000456.

（二）德文

【专著】

1. Liang Zhiping, *A Study of Legal Tradition of China From a Culture Perspective: Searching for Harmony in the Natural Order*［文化视角下的中国法律传统研究：在自然秩序之中寻求和谐］. Singapore: Springer Nature Singapore, 2022.

二、先　秦

（一）英文

【专著】

1. Zhaoyang Zhang（张朝阳）, *A History of Civil Law in Early China: Cases, Statutes, Concepts and Beyond*, Leiden; Boston: Brill Nijhoff, 2022.

2. Paul Nicholas Vogt, *Kingship, Ritual, and Royal Ideology in Western Zhou China*, Cambridge: Cambridge University Press, 2022. DOI: https://doi.org/10.1017/9781009042741.

【论文】

1. Ondřej Škrabal, *"Where There Is Unity, Order Results: Manufacturers' Labels and the Creation of Standards in the Late Warring States Period"*, T'oung Pao 108.3－4, 2022, pp.319－368. DOI: https://doi.org/10.1163/15685322－10803006.

三、秦汉魏晋南北朝

（一）日文

【专著】

1. 飯田祥子《漢新時代の地域統治と政権交替》, 汲古書院,

2022 年。

2. 池田雄一《中国古代の律令と地域支配》，汲古書院，2022 年。

【论文】

1. 飯田祥子《五一広場東漢簡牘にみる後漢中期の人の移動と管理》，《東洋史研究》81－1，2022 年。

2. 椎名一雄《賄賂からみた秦の地域支配の一側面——『嶽麓書院藏秦簡』を手掛かりとして》，《歴史評論》861，2022 年。

3.「秦漢法制史料の研究」班《岳麓書院所蔵簡《秦律令（壹）》訳注稿 その（5）》，《東方学報》京都 97，2022 年。

4. 陶安あんど《岳麓秦簡司法文書集成『為獄等状四種』訳注稿——事案十》，《法史学研究会会報》25，2022 年。

5. 専修大学『二年律令』研究会《『岳麓書院所蔵秦簡（参）』訳注（六）——第一類案例〇六「詈過誤失坐官案」》，《専修史学》72，2022 年。

6. 鷹取祐司《秦漢代「庶人」考証》，《中国出土資料研究》26，2022 年。

7. 栖身智志《岳麓書院蔵秦簡『秦律令（壹）』尉卒律訳注（二）》，《史滴》43，2022 年。

8. 張雯雯《北魏宗廟祭祀制度の研究》，《國學院大學大学院紀要》（文学研究科）53，2022 年。

9. 野口優《漢代における矯制と璽書偽造》，《古代文化》74－2，2022 年。

10. 福永善隆《前漢後半期における御史と尚書——監察制度の展開からみた》，《東洋学報》104－1，2022 年。

11. 水間大輔《魏晋南北朝の不道罪》，《中央学院大学法学論叢》35－2，2022 年。

12. 水間大輔《悪逆・不睦・不義・内乱の起源と変遷》，《中央学院大学法学論叢》35－2，2022 年。

13. 山本堯《楚国政権構造試論——考古資料よりみた政権基盤の變遷》，《東洋史研究》81－3，2022 年。

14. 林怡冰《秦三級監造制度考——青銅器銘文を中心に》，《東洋史研究》81‐1，2022 年。

15. 鷲尾祐子《長沙における居民管理制度の変遷——漢から三国吴
までの里》，《東洋史研究》81‐2，2022 年。

【书评】

1. 板橋暁子《小野響著『後趙史の研究』》，《唐代史研究》25，
2022 年。

2. 岩本篤志《小野響著『後趙史の研究』》，《古代文化》73‐4，
2022 年。

3. 楯身智志《佐藤達郎『漢六朝時代の制度と文化・社会』》，《歴
史学研究》1029，2022 年。

4. 福永善隆《佐藤達郎著『漢六朝時代の制度と文化・社会』》，
《史学雑誌》131‐6，2022 年。

（二）韩文

【论文】

1. 김선민（金羡珉）《魏晉시기 관리의 三年喪 "解官" 법제화 과정
（魏晉時期官員的三年喪 "解官" 法制化過程）》，《東洋史學研究》158，
2022 年。

2. 김선민（金羡珉）《南朝시대 三年喪 "解官" 법률의 시행상 문제점
과 개선책（南朝時期三年喪 "解官" 在法律實踐上的問題及其改善方
案）》，《中國古中世史研究》65，2022 年。

3. 史家瑞《秦時 "癃者" 的刑罰探析與當代價值——以睡虎地秦簡爲
中心》，《中國史研究》140，2022 年。

4. 오준석（吳峻錫）《秦漢 遷律의 성립과 폐지（秦漢遷律的成立和
廢止）》，《中國史研究》141，2022 年。

5. 임병덕（林炳德）《秦漢律과 韓非子（秦漢律與韓非子）》，《人
文學誌》58，2022 年。

6. 임병덕（林炳德）《漢文帝 刑制改革과 刑罰制度의 變化 —『荊州
胡家草場西漢簡牘』 자료를 중심으로（漢文帝刑制改革與刑罰制度的變
化——以《荊州胡家草場西漢簡牘》 爲中心）》，《동서인문（東西人

文）》18，2022 年。

【书评】

7. 임병덕（林炳德）《21 세기 出土法制史料를 망라한 中國古代法制史研究 — 任仲爀, 고대 중국의 통치메커니즘과 그 설계자들 : 상앙, 진시황, 한고조 (경인문화사, 2021) 을 중심으로（包羅 21 世紀出土法制史料去研究中國古代法制史——評任仲爀《古代中國的治理机制及其設計者們：商鞅、秦始皇、漢高祖》, 坡州：景仁文化社, 2021 年）》,《中國古中世史研究》63，2022 年。

（三）英文

【专著】

1. Yongqin Guo(郭永钦), *Land and Labor Tax in Imperial Qing China (1644 - 1912)*. Leiden: Brill, 2022. DOI: https://doi.org/10.1163/9789004512948.

2. Anthony J Barbieri-Low, *The Many Lives of the First Emperor of China*, Seattle: University of Washington Press, 2022.

【论文】

1. Kin Sum Li (Sammy), "Attaining Accuracy and Precision of Measuring Containers During the Qin Dynasty", *Journal of Chinese history = Zhongguo li shi xue kan* 6 - 1, 2022, pp.1 - 22. DOI: https://doi.org/10.1017/jch.2020.47.

2. Gianamar Giovannetti-Singh, "Rethinking the Rites Controversy: Kilian Stumpf's Acta Pekinensia and the Historical Dimensions of a Religious Quarrel", *Modern Intellectual History* 19 - 1, 2022, pp. 29 - 53.DOI: https://doi.org/10.1017/S1479244320000426.

3. Jingrong Li, "The Governance of New Territories During the Qin Unification", *T'oung Pao* 108.1 - 2, 2022, pp.1 - 35. DOI: https://doi.org/10.1163/15685322 - 10801003.

4. Robin D.S Yates, "The Fate of the Defeated: Qin's Treatment of Their Enemies", *Bamboo and Silk* 5 - 1, 2022, pp.1 - 72. DOI: https://doi.org/10.1163/24689246 - 00402015.

5. Kiyoshi Miyak (宮宅潔), "The Withdrawal of the Qin Army from

Qianling Prefecture: From the End of Conquest to the Beginning of Occupation", *Bamboo and Silk* 5 - 1, 2022, pp.73 - 105. DOI: https://doi.org/10.1163/24689246 - 00402016.

6. Zhenhong Yang (楊振紅), "The Statute Regarding the Remarriage of Women in The Qin Bamboo Slips in the Collection of Yuelu Academy (Vol. 5) and the Scandal of Lao'ai", *Bamboo and Silk* 5 - 1, 2022, pp.106 - 131. DOI: https://doi.org/10.1163/24689246 - 00402017.

7. Fuminori Tsuchiguchi (土口史記), "A Preliminary Study of ' Other Post Slips' from Liye Site J1", *Bamboo and Silk* 5 - 1, 2022, pp.132 - 158. DOI: https://doi.org/10.1163/24689246 - 00402018.

8. Suyoung Son, "Circulating the Code: Print Media and Legal Knowledge in Qing China. By Ting Zhang", *Journal of the American Oriental Society* 142 - 1, 2022, pp. 226 - 229. DOI: https://doi.org/10.7817/jaos.142.1.2022.rev016.

9. Robin D. S. Yates, "Dated Legislation in the Late-Qin State and Early Empire", *Asia Major* 35 - 1, 2022, pp.121 - 163.

10. Kanli Chen (陳侃理), "Stories of Resurrection in the Qin Manuscripts and the Transformation of Burial Customs in the Qin Dynasty", *Bamboo and Silk* 5 - 2, 2022, pp.263 - 287. DOI: https://doi.org/10.1163/24689246 - 20220023.

11. Pui-ling Tang (鄧佩玲), "On the Death Penalty as Seen in the Falü Dawen 法律答問 Manuscript from the Shuihudi 睡虎地 Qin Slips: A Discussion of the Terms Lu 戮 and Dingsha 定殺", *Bamboo and Silk* 5 - 2, 2022, pp.288 - 312. DOI: https://doi.org/10.1163/24689246 - 20220024.

12. Chang Xu (徐暢), "A Review of the Hot Topics in 20 Years of Collating and Researching the Documents from the Three Kingdoms State of Wu Excavated at Zoumalou", *Bamboo and Silk* 5 - 2, pp.313 - 348. DOI: https://doi.org/10.1163/24689246 - 20220025.

13. Glenda Chao, "When is a Qin Tomb not a Qin Tomb? Cultural (De) construction in the Middle Han River Valley", *Asian Perspectives* 61 - 2, 2022, pp. 253 - 284. DOI: https://doi.org/10.1353/asi.2022.0026.

14. Brian Lander, "Making Use of the Land: The Political Ecology of

China's First Empire", *Journal of Chinese History* 中國歷史學刊 7 - 1, 2023, pp. 1 - 19. DOI: https://doi.org/10.1017/jch.2022.19.

15. Qiaomei Tang (唐巧美), "Politicization of Ritual Matters: Debates on 'Two Principal Wives' (Liangdi) in Early Medieval China", *Early Medieval China* *28*, 2022, pp.52 - 72, DOI: https://doi.org/10.1080/15299104.2022.2101768.

16. Charles Holcombe, "Lords of the Marches: Imperial Identity on the Margins in Early Fourth-Century China", *Early Medieval China* 28, 2022, pp.27 - 51. DOI: https://doi.org/10.1080/15299104.2022.2101767.

【书评】

1. Mu-chou Poo (蒲慕州), "*Ancient Egypt and Early China: State, Society, and Culture* By Anthony Barbieri-Low. Seattle: University of Washington Press, 2021. 352 pp. $ 50.00 (cloth)", *Journal of Chinese History* 中國歷史學刊 6 - 1, 2022, pp.145 - 148. DOI: https://doi.org/10.1017/jch.2021.30.

2. Keith N. Knapp, "Review of *The Jiankang Empire in Chinese and World History* by Andrew Chittick", *Harvard Journal of Asiatic Studies* 82 - 1, 2022, pp.151 - 158. DOI: https://doi.org/10.1353/jas.2022.0008.

3. Andreas Janousch, "Jiankang Empire in Chinese and World History. By Andrew Chittick", *Journal of the American Oriental Society* 142 - 3, 2022, pp. 761 - 763. DOI: https://doi.org/10.7817/jaos.142.3.2022.r0041.

四、隋 唐 五 代

(一) 日文

【论文】

1. 岡野誠《唐代における王命と常典——唐断獄律第十八條の検討を中心として（上）》，《法律論叢》94 - 6，2022 年。

2. 岡野誠《唐代における王命と常典——唐断獄律第十八條の検討を中心として（下）》，《法律論叢》95 - 1，2022 年。

3. 柿沼陽平《隋唐随身符制新探——玄宗即位以前を中心に》，《古代文化》74－3，2022 年。

4. 十川陽一《牧の運営からみた官人身分——日唐牧制の比較から》，《続日本紀研究》429，2022 年。

5. 辻正博《隋唐国制の特質》，《荒川正晴編『岩波講座世界歴史　06 中華世界の再編とユーラシア東部　4~8 世紀』》，岩波書店，2022 年。

6. 中村正人《唐代以降における強盗の共犯に関する規定の変遷について》，《代表・川村康『唐宋を中心とする前近代中国法の継承と発展に関する基礎的研究』》，科学研究費報告書，2022 年。

7. 中村正人訳・唐律疏議講読会《『唐律疏議』闘訟律現代語訳稿（四）》，《金沢法学》65，2022 年。

8. 吉永匡史《日唐における律学博士と明法》，《坂上康俊編『古代中世の九州と交流』》，高志書院，2022 年。

【书评】

1. 上村正裕《千田豊著『唐代の皇太子制度』》，《唐代史研究会》25，2022 年。

2. 堀井裕之《林美希著『唐代前期北衙禁軍研究』》，《唐代史研究》25，2022 年。

3. 三谷芳幸《土肥義和著『燉煌文書の研究』——前篇（第一部均田制）》，《唐代史研究》25，2022 年。

（二）韩文

【论文】

1. 김진（金珍）《唐 玄宗‘開元 입법’의 맥락과 효과 — 법전 格後勅의 형성 과정을 중심으로（唐玄宗“開元立法”的脉絡與效果——以法典《格後敕》的形成過程爲中心）》《中國古中世史研究》65，2022 年。

2. 김현라（金賢羅）《고려율령의 혼인무효규정에 보이는 고려의 결혼관 — 당송과의 비교를 통하여（從高麗律令的婚姻無效規定看高麗的婚姻觀——與唐宋的比較）》，《法學研究》25，2021 年。

3. 박재명（樸哉明）《베트남 국조형률（國朝刑律）과 중국의 당률（唐律）상관관계에 관한 소고（越南國朝刑律與中國唐律的關係考察）》，

《외법논집（外法論集）》46 - 3，2022 年。

（三）英文

【论文】

1. Deng Xiaonan（邓小南）and Q. Edward Wang, "Imperial China in transition: Politics and society in the 10th-13th centuries—Editors' introduction", *Chinese Studies in History* 55: 1 - 2, 2022, pp.1 - 5. DOI: 10.1080/00094633. 2022.2080475.

2. Huang Kuan-chung（黄贯中）, "County officials close to the people—Power structures and the operation of grassroots society", *Chinese Studies in History* 55: 1 - 2, 2022, pp.6 - 39. DOI: 10.1080/00094633.2022.2078646.

【书评】

1. Christian de Pee, "*The Making of Song Dynasty History: Sources and Narratives, 960 - 1279 CE* By Charles Hartman. Cambridge: Cambridge University Press, 2021. 400 pp. $ 120.00（cloth）", *Journal of Chinese History* 中國歷史學刊 6 - 2, 2022, pp.374 - 377. DOI: https://doi.org/10.1017/jch.2022.15.

五、辽宋金元

（一）日文

【论文】

1. 川村康《法構造の新展開》，《荒川正晴・冨谷至編『岩波講座世界歴史　07　東アジアの展開　8~14 世紀』》，岩波書店，2022 年。

2. 島居一康《宋初の節鎮再編と府州軍監——唐宋時代の軍制と行政（6）》，《唐宋変革研究通訊》13，2022 年。

3. 趙晶（山口智哉訳）《南宋時代の姦通事件における立証のジレンマ》，《平田茂樹他編『宋代とは何か』》，勉誠出版，2022 年。

4. 德永洋介《宋代官僚制の形成——元豊官制の歴史的意義》，《荒川正晴・冨谷至編『岩波講座世界歴史　07　東アジアの展開　8~14 世紀』》，岩波書店，2022 年。

5. 宮崎聖明《北宋官制の構造と展開——「元豊官制改革」の歴史的位置づけ》，《平田茂樹他編『宋代とは何か』》，勉誠出版，2022 年。

6. 宮澤知之《金代後期の弊制》，《唐宋変革研究通訊》13，2022 年。

（二）韩文

【论文】

1. 조원（趙阮）《여말선초（麗末鮮初）원제국 법전（法典）『지정조격（至正條格）』의 활용과 그 의미（麗末鮮初元帝國法典《至正條格》的適用及其意義）》，《포은학연구（圃隱學研究）》29，2022 年。

六、明　清

（一）日文

【专著】

1. キム・ハンバク《配流刑の時代》，京都大学学術出版会，2022 年。

【论文】

1. 祁蘇曼《明代の問刑実務における「参語」——『不平鳴稿』を題材に》，《立命館東洋史学》45，2022 年。

2. 木下慎梧《「准」と「不准」の間——清代中国における訴訟係属判断の様態》，《東洋文化研究所紀要》181，2022 年。

3. 杉山清彦《マンジュ大清国の支配構造》，《弘末雅士編『岩波講座世界歴史　12　東アジアと東南アジアの近世　15～18 世紀』》，岩波書店，2022 年。

4. 豊嶋順揮《『皇明條法事類纂』卷二九の条例復元について》，《立命館文学》678，2022 年。

5. 葉勝《清朝後期の駐防八旗——太平天国の乱と杭州八旗》，《史林》105－3，2022 年。

（二）韩文

【论文】

1. 강원묵（薑元默）《曆獄의 飜案과 그 의미（曆獄的翻案與其含義）》,《中國史研究》141, 2022 年。

2. 김한밝（Kim, Hanbark）《三流道里表와 清代의 内地유배（三流道里表與清代的内地流配）》,《法史學研究》66, 2022 年。

3. 김한밝（Kim, Hanbark）《清代 사법에서 十惡의 위치와 역할（十惡在清代司法中的位置和作用）》,《대구사학（大邱史學）》148, 2022 年。

4. 조병식（趙炳植）《새로운 결사·집회의 출현과 清 정부의 대응 — 1908 년「結社集會律」의 제정과 적용을 중심으로（新結社、集會的出現與清政府的應對——以 1908 年"結社集會律"的制定與適用爲中心）》,《中國近現代史研究》93, 2022 年。

5. 조병식（趙炳植）《關東州 중국인의 사법권을 둘러싼 중·일의 각축 － 개평사건（1907—1908）을 중심으로（中日在關東州管轄權問題上的衝突——以蓋平事件［1907—1908］爲中心）》,《東洋史學研究》161, 2022 年。

（三）英文

【专著】

1. Xiaolin Duan(段晓琳), *An Object of Seduction: Chinese Silk in the Early Modern Transpacific Trade, 1500–1700*, Lanham; Boulder; New York; London: Lexington Books, 2022.

2. Daniel Barish, *Learning to Rule: Court Education and the Remaking of the Qing State, 1861–1912*, New York, NY: Columbia University Press, 2022. DOI: https://doi.org/10.7312/bari20328.

3. Robert J Antony, *The Golden Age of Piracy in China, 1520–1810: a Short History with Documents*, Lanham; Boulder; New York; London: Rowman & Littlefield, 2022.

4. Akhtar and Ali Humayun, *1368: China and the Making of the Modern World, Stanford, California: Stanford University Press*, 2022.

5. Laura Hostetler and Xuemei Wu eds, *Qing Imperial Illustrations of Tributary Peoples (Huang Qing Zhigong Tu): A Cultural Cartography of Empire*, Leiden; Boston: Brill, 2022.

6. Maura Dykstra, *Uncertainty in the Empire of Routine: the Administrative Revolution of the Eighteenth-Century Qing State*, Cambridge, Massachusetts: Harvard University Asia Center, 2022.

7. Lawrence Zhang, *Power for a Price: Purchase of Official Appointments in Qing China*, Massachusetts: Harvard University Asia Center, 2022.

8. Richard G. Wang, *Lineages Embedded in Temple Networks: Daoism and Local Society in Ming China.* Cambridge (Massachusetts): Harvard University Asia Center, 2022.

【论文】

1. Derek Heng, "' Melaka' in Chinese Texts: Archivalisation and Macro Patterns Related to Records of Melaka in the Ming and Qing Periods (Fifteenth to Eighteenth Centuries)", *Journal of the Economic and Social History of the Orient* 65 – 3, 2022, pp. 471 – 496. DOI: https://doi. org/10. 1163/15685209 – 12341574.

（四）法文

【论文】

1. Claude Chevaleyre 施振高, "Insiders by Analogy: Slaves in the Great Ming Code", *Slavery & Abolition*, 43 – 3 (2022), pp. 460 – 481.

2. John Chaney 吉木, « Esprits et revenants à Chaoyang. Deux affaires judiciaires du juge Lan (1680 – 1733) » (《潮阳神鬼：蓝公 ［1680—1733］ 断案二则》), *Impressions d'Extrême-Orient* 14, (2022). DOI: https: //journals. openedition.org/ideo/2488.

3. Frédéric Constant 梅凌寒, « Penser le droit dans la Chine des Qing » (《中国清代法律之思辨》), *Revue de Synthèse* (2022), 143 (3 – 4), pp. 393 – 421.

七、 近现代（1840—1949）

（一）日文

【论文】

1. 佐藤良聖《20 世紀初頭の渤海・黄海海域における領海制度と漁業紛争》，《史学雑誌》131－11，2022 年。

2. 趙天恩《甲申政変における善後処理と清朝外交の制度運用——清朝外交への醇親王奕譞の関与を中心に》，《中国研究月報》76－5，2022 年。

3. 東山京子《台湾総督府文書からみる近代日本の文書管理制度における文書廃棄について》，《社会科学研究》（中京大学）42－1，2022 年。

4. 藤野聖哉《清末民初上海県の土地管理制度——咸豊 5 年～民国 6 年，「執業田単」をめぐる構想と運用》，《史学雑誌》131－12，2022 年。

【书评】

1. 中村元哉《金子肇著『近代中国の国会と憲政——議会専制の系譜』》，《史学雑誌》131－10，2022 年。

（二）英文

【专著】

1. Liping Wang, *The Imperial Creation of Ethnicity: Chinese Policies and the Ethnic Turn in Inner Mongolian Politics, 1900－1930*, Leiden, The Netherlands: Brill, 2022. DOI: https://doi.org/10.1163/9789004511781.

2. Michael Ng, *Political Censorship in British Hong Kong: Freedom of Expression and the Law (1842－1997)*, Cambridge, United Kingdom: Cambridge University Press, 2022. DOI: https://doi.org/10.1017/9781108908580.

3. Vivienne Xiangwei Guo, *Negotiating A Chinese Federation: The Exchange of Ideas and Political Collaborations Between China's Men of Guns and Men of Letters, 1919－1923*, Leiden, The Netherlands: Brill, 2022. DOI: https://doi.org/10.1163/9789004528659.

4. Ryan Martínez Mitchell, *Recentering the World: China and the Transformation of International Law*, Cambridge, United Kingdom; New York, NY: Cambridge University Press, 2022. DOI: https://doi.org/10.1017/9781108690157.

【论文】

1. Kubo Mariko, "Modern Chinese law from the perspective of Japanese legal academics: A discussion on criminal justice", *Chinese Studies in History* 55 – 4, 2022, pp.304 – 318. DOI: https://doi.org/10.1080/00094633.2022.2135320.

（三）德文

【专著】

1. Veicht, Matthias, *Rezeption und Zivilrechtskodifikation in China seit 1900: Eine rechtsvergleichende Untersuchung unter besonderer Berücksichtigung der kaufrechtlichen Mängelhaftung in Deutschland, Festlandchina und Taiwan* [Reception and Codification of Civil Law in China since 1900: A Comparative Law Study with Special Reference to Liability for Defects under the Law of Sale in Germany, Mainland China and Taiwan; 1900 年以来中国民法的接受与编纂：以德国、中国大陆和中国台湾地区买卖法中的瑕疵责任为特别参照的比较法研究], Schriften zum Ostasiatischen Privatrecht [东亚私法著作]; 9. Tübingen: Mohr Siebeck, 2022.

《中国古代法律文献研究》稿约

　　《中国古代法律文献研究》为中国政法大学法律古籍整理研究所所刊，于 1999 年创刊，自 2010 年始改版为年刊，2023 年起改为半年刊。欢迎海内外同仁不吝赐稿。

　　《中国古代法律文献研究》以中国古代法律文献为主要研究对象，刊发原创性的学术论文、书评和研究综述。本刊以中文简体字出版，来稿以 2 万字以下为宜，同时请附 300 字以内的中文摘要、关键词与英文标题；如是外文稿件，请作者授予本刊中文版的首发权利。已经公开发表（包括网络发表）过的中文稿件，请勿投稿。本刊采取同行专家匿名评审制度，将在收到稿件后两个月内回复作者有关采用与否的信息。

　　有关投稿中的版权问题，请作者自行妥善解决。

　　来稿一经刊发，本刊将向作者寄赠该辑图书 2 册。

　　来稿请附作者简历、详细通讯地址、邮编、电子邮件等联系方式，以纸版或电子版形式，分别寄至：

　　（100088）　北京海淀区西土城路 25 号中国政法大学法律古籍整理研究所

　　电子邮箱：gdflwxyj@ outlook. com

　　　　　　　 gdflwxyj@ 163. com

《中国古代法律文献研究》编辑部

Journal of Chinese Ancient Legal Literature Studies

The Journal of Chinese Ancient Legal Literature Studies is edited by the Institute for Chinese Ancient Legal Documents, China University of Political Science and Law. It was published for four times during the period of 1999 − 2007. The Institute starts to publish it annually from 2010. From 2023, it will be changed into a semi-annual journal. Submission of papers both from domestic and overseas is welcomed.

The Journal mainly focuses on the research of the legal literature in ancient China, publishing original academic papers and book reviews, each of which should be no more than 20,000 words. The journal will be published in simplified Chinese, please submit your paper with a Chinese abstract no more than 300 words, keywords and an English title. If it is a paper in other language, the authorization for publication of its Chinese version in this journal for the very first time will be appreciated. If the paper in Chinese was published in any form including on Internet, please don't submit again. All the papers submitted will be reviewed and examined by the scholars in an anonymous manner. Whether it is accepted or not, the author will be informed within two months upon the receipt of the paper.

For copyright related matters, please properly address on your own in advance.

Once the paper is published, the contributors will receive two copies of the journal.

The paper for contribution, prepared in soft or hard copy, and supplied with a brief resume of the author and his/her detailed information for contact, such as the address, post code, and email etc., shall be sent to the following address:

Institute for the Research of Legal Literature in Ancient China, China University of Political Science and Law, Beijing (100088), China.

E-mail: gdflwxyj@ outlook. com

gdflwxyj@ 163. com

Institute for the Research of Legal Literature in Ancient China

China University of Political Science and Law

《中国古代法律文献研究》撰稿凡例

一、论文缮打格式

字体：中文请使用宋体简体字，英文请使用 Times New Roman。字号：正文五号字，注解小五号字。

二、标题层级

请依次使用 一、 （一） 1. （1） A. a.

三、标点

请使用新式标点，除破折号、省略号各占两格外，其他标点均占一格。书刊及论文名均请使用《 》。

四、数字表示

公元纪年使用阿拉伯数字，中国年号、古籍卷数使用中文数字（年号例如建武二十五年、贞观八年、乾隆三十五年，卷数例如卷一〇、卷二三、卷一五四）。第一次涉及年号者，请用（ ）配加公元纪年。

五、注释体例

请采取当页脚注、每页连续编码的方式。

注释号码采用阿拉伯数字表示，作①、②、③……，每页重新编号。

再次征引，不需出现来源书刊或论文的全部信息，采用"作者，书名/论文名，页码"的形式。

引用古籍，应依次标明作者、书名、卷数、版本，如（清）顾炎武著，黄汝成集释：《日知录集释》卷一五，清道光十四年嘉定黄氏刻本。

引用专著（包括译者）或新印古籍或古籍之点校整理本，应依次标明作者（包括译者）/整理者、书名、章/卷数、出版者、出版年代、版次（初版无需标明）、页码，如瞿同祖：《瞿同祖法学论著集》，中国政法大学出版社，1998，第50页；（清）黄宗羲著，全祖望补修，陈金生、梁运华点校：《宋元学案》（第1册），中华书局，1986，第150页。

引用论文，应依次标明作者、论文名称、来源期刊/论文集名称、年代、卷次、页码，如徐世虹：《对两件简牍法律文书的补考》，载中国政法大学法律古籍整理研究所编《中国古代法律文献研究》（第2辑），中国政法大学出版社，2004，第90页；张小也：《明清时期区域社会中的民事法秩序——以湖北汉川汀汊黄氏的〈湖案〉为心》，《中国社会科学》2005年第6期，第190页。

引用外文文献，依常规体例，如 Brian E. McKnight, *Law and Order in Sung China*, Cambridge University Press, 1992, pp. 50-52.

图书在版编目（CIP）数据

中国古代法律文献研究. 第十七辑／中国政法大学
法律古籍整理研究所编；刘自稳主编. — 上海：中西
书局，2023
ISBN 978-7-5475-2184-7

Ⅰ. ①中… Ⅱ. ①中… ②刘… Ⅲ. ①法律-古籍研
究-中国-文集 Ⅳ. ①D929-53

中国国家版本馆 CIP 数据核字（2023）第 210489 号

ZHONGGUO GUDAI FALV WENXIAN YANJIU(DI SHIQI JI)

中国古代法律文献研究(第十七辑)

中国政法大学法律古籍整理研究所　编

刘自稳　主编

责任编辑	李碧妍
装帧设计	黄　骏
责任印制	朱人杰
出版发行	上海世纪出版集团
	®中西书局（www.zxpress.com.cn）
地　址	上海市闵行区号景路 159 弄 B 座（邮政编码：201101）
印　刷	上海肖华印务有限公司
开　本	700 毫米×1000 毫米　1/16
印　张	28.5
字　数	438 000
版　次	2023 年 12 月第 1 版　2023 年 12 月第 1 次印刷
书　号	ISBN 978-7-5475-2184-7/D·097
定　价	138.00 元

本书如有质量问题，请与承印厂联系。电话：021-66012351